# PARADOXOS ORGANIZACIONAIS

Dados Internacionais de Catalogação na Publicação (CIP)
(Câmara Brasileira do Livro, SP, Brasil)

Paradoxos organizacionais : uma visão
transformacional / Flávio Carvalho de
Vasconcelos, Isabella Freitas Gouveia de
Vasconcelos, (orgs.). -- São Paulo : Pioneira
Thomson Learning, 2004.

Vários autores.
Bibliografia.
ISBN 85-221-0441-7

1. Organizações 2. Paradoxos I. Vasconcelos,
Flávio Carvalho de. II. Vasconcelos, Isabella
Freitas Gouveia de.

04-2784     CDD-658.001

**Índice para catálogo sistemático:**
1. Paradoxos organizacionais : Teoria
organizacional : Administração  658.001

# PARADOXOS ORGANIZACIONAIS

## Uma Visão Transformacional

Flávio Carvalho de Vasconcelos
Isabella Freitas Gouveia de Vasconcelos
(orgs.)

**THOMSON**

Austrália   Brasil   Canadá   Cingapura   Espanha   Estados Unidos   México   Reino Unido

**THOMSON**

**Gerente Editorial:**
Adilson Pereira

**Editora de Desenvolvimento:**
Ada Santos Seles

**Supervisora de Produção Editorial:**
Patricia La Rosa

**Produtora Editorial:**
Danielle Mendes Sales

**Copidesque:**
Danae Stephan

**Revisão:**
Regina Elisabete Barbosa e
Sandra Lia Farah

**Composição:**
Virtual Laser Ltda.

**Capa:**
Ana Lima

Copyright © 2004 de Pioneira Thomson Learning Ltda., uma divisão da Thomson Learning, Inc. Thomson Learning™ é uma marca registrada aqui utilizada sob licença.

Impresso no Brasil.
*Printed in Brazil.*
1 2 3 4  06 05 04

Rua Traipu, 114
3º andar – CEP 01235-000
São Paulo – SP
Tel.: (11) 3665-9900
Fax: (11) 3665-9901
sac@thomsonlearning.com.br
www.thomsonlearning.com.br

Todos os direitos reservados. Nenhuma parte deste livro poderá ser reproduzida, sejam quais forem os meios empregados, sem a permissão, por escrito, da Editora. Aos infratores aplicam-se as sanções previstas nos artigos 102, 104, 106 e 107 da Lei nº 9.610, de 19 de fevereiro de 1998.

Dados Internacionais de Catalogação na Publicação (CIP)
(Câmara Brasileira do Livro, SP, Brasil)

Paradoxos organizacionais : uma visão transformacional / Flávio Carvalho de Vasconcelos, Isabella Freitas Gouveia de Vasconcelos, (orgs.). -- São Paulo : Pioneira Thomson Learning, 2004.
Vários autores.
Bibliografia.
ISBN 85-221-0441-7
1. Organizações
2. Paradoxos I. Vasconcelos, Flávio Carvalho de.
II. Vasconcelos, Isabella Freitas Gouveia de.
04-2784   CDD-658.001

**Índice para catálogo sistemático:**
1. Paradoxos organizacionais : Teoria organizacional : Administração 658.001

*Dedicamos este livro, com amor, ao nosso filho Flávio Victor, esperança e alegria de nossas vidas e a melhor obra conjunta que já fizemos.*

*Este livro também é dedicado a Fernando Cláudio Prestes Motta, nosso eterno mestre, amigo e exemplo profissional, que nos ajudou a compreender a importância social da pesquisa e da produção do conhecimento.*

*Gostaríamos de agradecer em especial a André Ofenhejm Mascarenhas, que muito colaborou na execução desta obra, e a todos os co-autores que nos deram a honra de publicar conosco.*

FLÁVIO CARVALHO DE VASCONCELOS
ISABELLA FREITAS GOUVEIA DE VASCONCELOS

# SOBRE OS AUTORES

**André Ofenhejm Mascarenhas** — Pesquisador, bacharel em Administração pela Escola de Administração de Empresas de São Paulo, da Fundação Getulio Vargas (FGV/EAESP), bacharel em Ciências Sociais pela Faculdade de Filosofia, Letras e Ciências Humanas da USP; mestre e doutorando em Administração pela FGV/EAESP, ambos com concentração em Organizações e Recursos Humanos. Publica regularmente em periódicos científicos e freqüenta os principais congressos da área de organizações e gestão de pessoas, tais como Eneo, Egos e Enanpad. Ganhou menção honrosa por trabalho apresentado em co-autoria com a Profa. Isabella Freitas Gouveia de Vasconcelos na área de Gestão de Pessoas no Enanpad 2003, aperfeiçoado e incluído neste livro como Capítulo 3. Versão anterior de seu trabalho em co-autoria com o Prof. Gideon Kunda e com a Profa. Isabella Freitas Gouveia de Vasconcelos, incluído neste livro como Capítulo 8, foi vencedor do 1º prêmio RAE — PricewaterhouseCoopers, sobre Inovação em Gestão, em 2002. É co-autor, com o Prof. Flávio Carvalho de Vasconcelos, do livro *Tecnologia na gestão de pessoas: estratégias de auto-atendimento para o novo RH*, publicado pela Editora Thomson Learning. E-mail: *andremascar@gvmail.br*.

**Beatriz Maria Braga Lacombe** — Professora da FGV/EAESP, graduada em Administração de Empresas pela Michigan Technological University e mestre em Administração de Empresas pela FGV/EAESP (área de concentração em Recursos Humanos). É hoje doutoranda em Administração de Empresas pela Faculdade de Economia e Administração da USP (área de concentração em Recursos Humanos). Participa regularmente de congressos nacionais e internacionais na área de Administração, como Enanpad, Eneo e Academy of Management. Ganhou o prêmio Anpad na área de Recursos Humanos em 2000, em co-autoria com Maria José Tonelli, e em 2002, em co-autoria com Miguel Pinto Caldas e Maria José Tonelli. Publica em periódicos científicos nacionais e internacionais. Seus interesses de pesquisa incluem Gestão de Pessoas, Carreiras Organizacionais e Ensino e Pesquisa em Administração. E-mail: *bialacombe@fgvsp.br*.

**Carlos Osmar Bertero** — Professor titular da FGV/SP nas áreas de Organizações e Estratégia. Bacharel em Filosofia pela USP, com mestrado e doutorado pela Michigan State University e pela Cornell University, respectivamente. Suas atividades incluem docência em cursos de *stricto sensu* e de educação para executivos. É co-autor do livro *Cultura e poder nas organizações*, coordenado por Maria Tereza Fleury e Rosa Maria Fischer, e do Handbook *de estudos organizacionais*, v. 1, organizado por Miguel Pinto Caldas, Roberto Fachin e Tânia Fischer, entre outros. Tem várias publicações em periódicos científicos na área de administração e participa dos principais congressos da área. Atua nas áreas de Análise Organizacional e Estratégia Empresarial. E-mail: *cbertero@fgvsp.br*.

**Clóvis L. Machado-da-Silva** — Ph.D. em Estudos Organizacionais e Estratégia e Mestre em Fundamentos Sociais e Filosóficos pela Michigan State University, bacharel e licenciado em Sociologia e Ciência Política pela Universidade de Brasília. Professor titular e coordenador do Grupo de Pesquisa em Estudos Organizacionais e Estratégia do Centro de Pesquisa e Pós-Graduação em Administração da Universidade Federal do Paraná, professor-visitante da FGV/EAESP; pesquisador nível 1-A do CNPq e presidente da Anpad. Membro do Conselho Editorial de diversas revistas acadêmicas nacionais e estrangeiras, publica sistematicamente em periódicos científicos, entre outros. Freqüenta regularmente os principais congressos de sua área de atuação, assim como coordenou inúmeros eventos científicos da Anpad. Suas áreas de interesse em pesquisa são Teoria Institucional, Cultura e Mudança Organizacional, Estratégia em Organizações, Procedimentos Quantitativos e Qualitativos de Pesquisa em Organizações. E-mail: *clms@terra.com.br*.

## Sobre os Autores

**Eros E. da Silva Nogueira** — Pesquisador, bacharel em Administração pela Faculdade Católica de Administração e Economia de Curitiba/PR, bacharel em Direito pela Universidade Federal do Paraná, pós-graduado *lato sensu* em Administração pelo CDE/FAE com concentração em Marketing, mestre em Administração pelo Centro de Pós-graduação em Administração da Universidade Federal do Paraná, com concentração em Estudos Organizacionais, doutorando pela FGV/EAESP (área de concentração em Organizações e Recursos Humanos). Pesquisador associado do CEPPAD/UFPR, tem publicado e apresentado trabalhos de natureza científica; freqüenta os principais congressos da área de organizações e gestão de pessoas, tais como Eneo e Enanpad, entre outros. E-mail: *Eros@gvmail.br*.

**Flávio Carvalho de Vasconcelos** — Bacharel em Administração Pública pela FGV/EAESP e bacharel em Direito pela USP. Possui mestrado em administração de empresas também pela FGV/EAESP e doutorado pela *École des Hautes Études Commerciales*, Paris, além de ter cursado um *Diplome d'Études Approfondies* em Sociologia das Organizações pelo *Institut d'Études Politiques* de Paris. Atualmente é professor-adjunto e pesquisador do Departamento de Administração Geral e Recursos Humanos da FGV/EAESP, no qual ministra aulas e orienta dissertações e teses nos cursos de mestrado e doutorado dessa instituição. Freqüenta os principais congressos da área de administração, como 3E, Eneo, Enanpad, Egos, *Strategic Management Society* e *Academy of Management*. Recebeu menção honrosa por artigo no Enanpad na área Gestão de Pessoas em 2001 em conjunto com Isabella Freitas Gouveia de Vasconcelos, incluído neste livro como Capítulo 6. Em 2002 recebeu menção honrosa em artigo na área de Estratégia e foi agraciado com o prêmio Anpad na área de Organizações por artigo feito conjuntamente com Miguel Pinto Caldas. Em 2003 ganhou menção honrosa no Enanpad na área de Estratégia com artigo em co-autoria com Luis Ledur Brito e ganhou o prêmio Anpad nesta mesma área com este mesmo co-autor. Publica regularmente nos principais periódicos da área de administração. Suas áreas de interesse em pesquisa são Estratégia Empresarial e Análise Organizacional. E-mail: *fvasconcelos@fgvsp.br*.

**Gideon Kunda** — Professor associado no Departamento de Estudos do Trabalho da Universidade de Tel-Aviv, Ph.D. em Administração e Estudos Organizacionais pelo *Sloan School of Management* do MIT em 1987, tem por interesse pesquisas relacionadas aos aspectos culturais do trabalho e das organizações. Seu livro *Engineering culture: control and commitment in a high-tech corporation*, eleito Livro do Ano pela seção de cultura da *American Sociological* em 1994, foi traduzido recentemente para o hebraico e para o italiano. É co-autor, junto com Stephen Barley, de *Bringing work back in*, publicado pela *Organization Science*, e de *Design and devotion: surges of rational and normative ideologies of control in managerial discourse*, publicado pela *Administrative Science Quarterly*. É co-autor, com John Van Maanen, de *Changing scripts at work: managers and professionals*, publicado nos *Annals of the American Academy of Political and Social Sciences*. Seu novo livro, com Stephen Barley, *Gurus, hired guns and warm bodies: itinerant experts in a knowledge economy*, será publicado pela Princeton University Press, examina a organização social do trabalho temporário entre os engenheiros do Vale do Silício. E-mail: *kunda@post.tau.ac.il*.

**Isabella Freitas Gouveia de Vasconcelos** — Bacharel em Direito pela USP, mestre em Administração de Empresas com especialização em Organização e Recursos Humanos pela FGV/EAESP, *Diplome d'Études Approfondies* em Sociologia pela Universidade de Paris IX Dauphine, doutora pela *École des Hautes Etudes Commerciales*, Paris. Professora e pesquisadora nos cursos de mestrado e doutorado em Administração da Universidade Presbiteriana Mackenzie, orientando dissertações e teses; professora do Departamento de Administração Geral e Recursos Humanos da FGV/EAESP, no Curso de Especialização em Administração para Graduados, ministrando as disciplinas "fator humano" e "análise e transformação das organizações". Publicou em co-autoria com Fernando C. Prestes Motta o livro *Teoria geral da administração*; co-autora do livro *Mudança organizacional*, coordenado por Thomaz Wood Jr. Publica regularmente em periódicos científicos e freqüenta os principais congressos da área de Organizações e Gestão de Pessoas, tais como Eneo, Egos, Enanpad e *Academy of Management*. Ganhou menção honrosa por artigo apresentado em co-autoria com Flávio Carvalho de Vasconcelos na área de Gestão de Pessoas no Enanpad 2001, incluído neste livro como Capítulo 6, e também por trabalho apresentado em co-autoria com André Ofenhejm Mascarenhas nesta mesma área, no Enanpad 2003, incluído neste livro como Capítulo 3. Seu trabalho em co-autoria com o Prof. João Marcelo Crubellate, incluído neste livro como Capítulo 10, foi indicado para o prêmio de melhor artigo do Terceiro Encontro da *Iberoamerican Academy of Management*, realizado em São Paulo em 2002. E-mail: *ivasconcelos@yahoo.com*.

**João Marcelo Crubellate** — Graduado em Administração pela Universidade Estadual de Maringá (PR), mestre em Estratégia e Organizações pela Universidade Federal do Paraná e doutorando na FGV/EAESP. Participa e apresenta com freqüência trabalhos em importantes congressos nacionais e internacionais nas áreas de estratégia e organizações, como Enanpad, Eneo e 3Es. Seu trabalho em co-autoria com a Profa. Isabella Freitas Gouveia de Vasconcelos, incluído neste livro como Capítulo 10, foi indicado para o prêmio de melhor artigo do Terceiro Encontro da *Iberoamerican Academy of Management*, realizado em São Paulo em 2002. Publica regularmente em periódicos científicos nacionais em suas áreas de interesse (pesquisas em Teoria Organizacional, Teoria Institucional em Organizações, Estratégia). É professor no Departamento de Administração da Universidade Estadual de Maringá (PR). E-mail: *jmcrubellate@aol.com*.

**Maria José Tonelli** — Psicóloga, mestre e doutora em Psicologia Social pela PUC/SP; professora da FGV/EAESP desde 1988, atualmente dedicada ao ensino e à pesquisa na área de Estudos Organizacionais Críticos, voltados para a compreensão do comportamento das pessoas e dos grupos nas organizações. Já publicou diversos artigos em revistas da área e coletâneas. Entre seus interesses de pesquisa mais específicos, destaca-se a questão do trabalho e das novas tecnologias. Participa regularmente de congressos como Enanpad, *Academy of Management* e Eneo. Além disso, procura colaborar com o desenvolvimento da vida acadêmica em tarefas organizativas e, com os professores Thomaz

Wood Jr. e Vicky Jones, organizou a terceira edição, realizada na FGV/EAESP em 2003, da *Iberoamerican Academy of Management* e, em 2004, o terceiro Eneo, em conjunto com os professores Clóvis L. Machado-da-Silva, Carlos Osmar Bertero e Rafael Alcadipani, também hospedado pela FGV-EAESP. Entre os anos de 2003 e 2004 foi coordenadora da área de Comportamento Organizacional no Enanpad. Em 2000, ganhou, com a Profa. Beatriz Maria Braga Lacombe, o prêmio Anpad na área de Recursos Humanos justamente com o artigo incluído neste livro como Capítulo 2. E-mail: *jmtonelli@fgvsp.br*.

**Maria Luisa Mendes Teixeira** — Doutora em Administração de Empresas pela FEA/USP; professora na área de Comportamento Organizacional do programa de Pós-graduação *stricto sensu* em Administração de Empresas da Universidade Presbiteriana Mackenzie. Durante algum tempo dedicou-se a estudos sobre *Confiança*, os quais geraram apresentações em congressos e publicações nacionais e estrangeiras. Atualmente coordena o Núcleo de Gestão Baseada em Valores da Universidade Presbiteriana Mackenzie, desenvolvendo projetos de pesquisa, os quais têm gerado publicações e dissertações sobre o tema. Seu principal interesse de pesquisa concentra-se na influência dos valores dos executivos na gestão de empresas. Liderou os projetos de pesquisa "Os valores dos executivos e a orientação ética na gestão do terceiro setor" e "A influência do sentido de vida e a orientação social dos gestores", subsidiados pelo Mackpesquisa. Atualmente lidera o projeto de pesquisa "Os valores éticos dos gestores e o sentido de vida". Como consultora de empresas, tem atuado em processos de diagnóstico e mudança de valores, em uma aproximação entre valores declarados e internalizados. Participa assiduamente de congressos como Enanpad e Eneo, apresentando trabalhos desenvolvidos e promovendo debates. E-mail: *mallu@mackenzie.com.br*.

**Mário Aquino Alves** — Doutor e mestre em Administração de Empresas pela FGV/EAESP, onde se graduou em Administração Pública, e em Direito pela USP. Foi *Visiting Researcher* no Centre for Voluntary Organization da London School of Economics and Political Science. Participa e apresenta com freqüência trabalhos em importantes congressos nacionais e estrangeiros na área de organizações, como Enanpad, Eneo, Egos e *Academy of Management*, e na área do Terceiro Setor, como nas conferências da *International Society for the Third Sector Research*. É professor da Universidade Presbiteriana Mackenzie e da FGV/EAESP. Publica atualmente nos principais periódicos nacionais na área de administração e seus interesses em pesquisa são Comunicação nas Organizações, Terceiro Setor e Responsabilidade Social Corporativa. E-mail: *maalves@fgvsp.br*.

**Roberto Max Protil** — Graduado em agronomia pela Universidade Federal de Viçosa, possui especializações em Administração Rural pela Universidade Federal de Lavras e Mecanização Agrícola pela Universität Hohenheim (Alemanha). Mestre em Administração pela Universidade Federal do Rio Grande do Sul e doutor em Administração pela Georg-August-Universität Göttingen (Alemanha). É autor do livro *Logistik in Landwirtschaftlichen Genossenschaften* (Logística em Cooperativas Agrícolas) e coordenador e co-autor do livro *Tecnologia da informação no agronegócio cooperativo*. Participa e apresenta trabalhos há mais de 15 anos em importantes eventos nacionais e internacionais nas áreas de Logística, Administração e Agronegócio. Possui vários artigos em periódicos científicos nacionais nestas mesmas áreas. Professor titular do programa de pós-graduação em Administração da Pontifícia Universidade Católica do Paraná, é responsável pelo grupo de pesquisa do processo decisório apoiado pela tecnologia da informação. É vice-coordenador de dois projetos de intercâmbio acadêmico com a Alemanha: Projeto Unibral, com a Fachhochschule Konstanz, e Projeto Probral, com a Georg-August-Universität Göttingen; pesquisador do CNPq e coordenador do comitê assessor da área de Administração e Economia da Fundação Araucária; e consultor de empresas nas áreas de logística e sistemas de informações. Seu interesse de pesquisa concentra-se no estudo do agronegócio com ênfase em cooperativas agroindustriais, tendo desenvolvido estudos referentes ao processo decisório, sistemas logísticos, modelagem empresarial, sistemas de informação e de apoio à decisão, além de cultura e mudança organizacional. E-mail: *protil@ppgia.pucpr.br*.

# APRESENTAÇÃO

Pode-se definir paradoxo como a representação pelo indivíduo ou grupo de sua experiência, sentimentos, crenças e interações mediante dois estados aparentemente inconsistentes, duas realidades opostas e aparentemente irreconciliáveis. Para esse indivíduo ou grupo, a fim de caracterizar-se como um paradoxo, deve haver o sentimento de que essas dimensões opostas são mutuamente excludentes e não podem coexistir ou ser conciliadas. Dessa forma, estudos na área de psicologia social mostram que os indivíduos, para lidar com as organizações complexas nas quais estão inseridos e com a realidade, tendem a simplificar suas percepções em torno de duas dimensões. Nas organizações, são descritos como paradoxos representações polarizadas e socialmente construídas, do tipo *discurso e prática, autonomia e conformidade, passado e futuro, aprendizagem e mecanização do trabalho, liberdade e vigilância* etc.

Na realidade, não se trata de um conceito novo. O conceito de paradoxo vem sendo utilizado desde a década de 1950 nos estudos organizacionais. Merton foi um dos primeiros autores a tratar desse tema. Para ele, toda ação social produz um paradoxo básico, tendo conseqüências contraditórias, dado o fato de que, para cada efeito desejado de uma ação, existe uma série de efeitos secundários, não desejados ou previstos, que se contrapõem aos efeitos buscados pelos indivíduos ao agir. Assim, para cada efeito "positivo" (*intended consequence*) existe um efeito que contraria as expectativas dos gerentes e administradores (*unintended consequence*). A existência dessas contradições inerentes à ação social pode provocar tensões nas organizações e conduzir a fenômenos como resistência organizacional e emergência de conflitos.

Atualmente, o estudo dos paradoxos organizacionais alcança novo patamar de relevância. Em um contexto de transição entre os modelos industrial e pós-industrial de produção, os discursos das organizações mudam rapidamente, enquanto as mudanças efetivas nos sistemas produtivos acontecem de modo mais lento em razão de sua grande complexidade.

Dessa maneira, reforçam-se atualmente as contradições, as ambigüidades e a pluralidade de representações, discursos e perspectivas. Um dos paradoxos mais citados é o *paradoxo discurso* versus *prática*. As organizações adotam rapidamente o novo discurso informacional, mas as práticas organizacionais continuam as mesmas. Os efeitos dessa dicotomia são discutidos em profundidade neste livro. Outro tipo de paradoxo a ser tratado é o paradoxo temporal, em torno das dimensões passado e futuro, entre outros temas a serem debatidos.

A *Parte I* deste livro traz a fundamentação teórica básica para a leitura dos capítulos seguintes. No *Capítulo 1*, conceituamos e exemplificamos os paradoxos organizacionais, além de relacioná-los aos conceitos de identidade e de mudança social. Exploramos também a relação entre os paradoxos organizacionais e determinados modelos de gestão de pessoas, posicionando a discussão no contexto socioeconômico atual das organizações. Apresentamos então um panorama da pesquisa sobre o tema, que pode ser dividido em três grandes visões: os estudos baseados na crítica à burocracia, aqueles baseados na sociologia interpretativa e o paradigma psicanalítico. Ao final do capítulo, discutimos também uma visão operacional dos paradoxos organizacionais.

Na *Parte II*, apresentamos cinco estudos que relacionam os paradoxos à mudança organizacional. Como vimos anteriormente, em um período de transição do modelo industrial de produção para o modelo pós-industrial, a estrutura das organizações e sua dinâmica são objetos de grandes discussões. Nesse contexto, os amplos processos de transformação pelos quais passam as organizações requerem a análise das ambigüidades e contradições inerentes a essas mudanças. Essas são as razões que justificam o estudo da mudança organizacional em uma visão dialética de análise.

Iniciamos essa discussão analisando especificamente o paradoxo discurso *versus* prática existente em muitas organizações nacionais. O *Capítulo 2* traz assim a análise dos resultados de uma extensa pesquisa que identificou uma grande disparidade entre o discurso dos especialistas e a prática de gestão de pessoas nas organizações brasileiras. Este capítulo indica uma fase de transição pela qual as organizações brasileiras passam atualmente, de uma atuação predominantemente operacional para modelos mais orgânicos de gestão de pessoas, nos quais a aprendizagem organizacional é uma variável progressivamente defendida e valorizada.

A partir dessa constatação, o *Capítulo 3* aponta a atual intensificação desse paradoxo nas organizações, que adotam rapidamente novos discursos de gestão de pessoas voltados para a aprendizagem e a mudança, mas encontram, na prática, dificuldades operacionais para a implementação de fato dos novos modelos de gestão. Discutimos o caso de uma organização que conseguiu diminuir a polarização entre as dimensões discurso e prática gerencial por meio da emergência do modelo político de gestão de pessoas.

No *Capítulo 4*, analisamos o paradoxo perceptivo entre as dimensões temporais passado e futuro, apontando os efeitos nefastos dessa polarização. Mostramos como, no processo de modernização do sistema organizacional, os gestores podem se voltar para a construção do futuro da organização destruindo a dimensão do passado e da história, dentro de uma visão fáustica da mudança organizacional. Em contrapartida a essa visão, utilizamos a metáfora de Janus, deus romano que representa as transformações e transições. Nessa perspectiva, concebe-se o futuro como uma continuidade do passado, recombinando-se e expandindo seus conteúdos e dimensões, e lidando com os paradoxos e contradições como parte do processo. Mostramos que é possível a evolução da organização a partir de uma visão dialética, construindo seu futuro a partir do passado.

O *Capítulo 5* aprofunda essa discussão e exemplifica questões levantadas no capítulo anterior. Apresentamos um estudo de caso em uma organização que diminuiu a percepção polarizada dos indivíduos em torno das dimensões passado e futuro por meio de um amplo processo de mudança gerido pelo próprio grupo organizacional.

O *Capítulo 6* retoma conceitos discutidos nos capítulo anteriores e os analisa em um outro contexto: os processos de mudança organizacional para a certificação ISO 9000. A partir da análise de dois estudos de casos em organizações que passavam por esses processos, os autores discutem os limites dos métodos de consultoria tradicionais e propõem o modelo de gestão dos paradoxos como forma de lidar com problemas perceptivos e também como método de consultoria alternativo, próprio do modelo transformacional de gestão de pessoas.

Na *Parte III* deste livro, tratamos especificamente de cultura e diversidade nas organizações. Como apontam diversos autores, a atenção à dimensão simbólica é uma das características do novo modelo de produção pós-industrial, o que a fez objeto de intensas discussões entre pesquisadores e administradores.

A partir da perspectiva simbólica e cultural, discutimos no *Capítulo 7* o conceito de *paradoxo cultural na gestão de pessoas*. Esse conceito diz respeito à existência simultânea de interpretações inconsistentes das mesmas práticas sociais na organização, resultado de leituras divergentes da realidade organizacional. Também analisamos os conflitos gerados por essas interpretações divergentes em termos de sua influência na evolução do sistema organizacional.

O desenvolvimento do tema paradoxos culturais na gestão de pessoas implica, entretanto, o distanciamento dos tradicionais conceitos de cultura utilizados por pesquisadores organizacionais, que enfocam as manifestações culturais interpretadas de maneira consistente no sistema organizacional. No *Capítulo 8*, exploramos essa questão por meio de uma discussão interdisciplinar acerca da utilização do conceito de cultura organizacional entre pesquisadores e administradores. Além disso, analisamos princípios teóricos e metodológicos que, ao nortear a visão de pesquisadores e administradores, permitem avançar em relação às deficiências das definições tradicionais de cultura organizacional.

No *Capítulo 9*, discutimos a temática da gestão da diversidade por meio da análise do falso paradoxo masculino *versus* feminino nas organizações, dentro da tradição de estudos ligados ao gênero em teoria organizacional. Mostramos também que o modelo burocrático caracteriza-se pela reprodução da estrutura social patriarcal, na qual valores e comportamentos considerados masculinos são vistos como ideais. Nossas conclusões mostram que se deve buscar um equilíbrio dinâmico entre as dimensões masculina e feminina nas organizações.

# Apresentação

A *Parte IV* deste livro traz quatro capítulos que tratam de valores e gestão nas organizações, analisados sob a perspectiva dos paradoxos organizacionais. No *Capítulo 10* discutimos um paradoxo contemporâneo percebido no contexto das relações empregatícias. As organizações solicitam aos indivíduos que se comprometam com o projeto da empresa, dedicando-se aos seus objetivos e metas, mas, ao mesmo tempo, esses trabalhadores devem estar atentos ao fato de que as relações de trabalho são transitórias. Trata-se do paradoxo entre as dimensões de transitoriedade e de permanência, e podemos utilizar a expressão metafórica "que seja infinito enquanto dure" para exprimir essa lógica de trabalho. Este capítulo explora tal assunto por meio de uma análise crítica, discutindo possíveis conseqüências da emergência desses novos valores no contexto das relações de trabalho no que diz respeito à formação da identidade dos indivíduos.

A partir da articulação entre os conceitos de cultura e identidade organizacional, discutimos no *Capítulo 11* o senso compartilhado de realidade em uma organização estatal extinta por incorporação. Nesse contexto cultural, foram identificados valores, normas, expectativas de papéis e padrões efetivos de interação social, bem como as ambigüidades e tensões entre esses elementos, que em seu conjunto denotam a existência de estruturas sociais específicas na organização. Este estudo chama a atenção para a importância dessas estruturas a fim de se compreender os desdobramentos e os processos adaptativos pós-incorporação ou pós-aquisição.

No *Capítulo 12*, tratamos da temática da gestão do terceiro setor ao discutirmos as disfunções da burocracia em uma fundação comunitária, em uma perspectiva mertoniana. O paradoxo da solução da dependência de recursos, presente nessa fundação, diz respeito à existência de elementos funcionais e disfuncionais na mesma finalidade de uma organização. Veremos neste capítulo que, ao tentar fazer com que as organizações a ela filiadas se tornassem menos dependentes de recursos externos, a fundação estudada acabou por criar um outro tipo de dependência, dessa vez em relação a ela própria e às determinações de sua estrutura dirigente.

No *Capítulo 13*, tratamos do paradoxo entre valores declarados e valores efetivamente praticados em uma organização. Em uma época na qual as organizações exercem o controle normativo, isto é, o controle baseado na idéia de que a administração pode regular o comportamento dos indivíduos por meio de seus valores e emoções, é freqüente que as pessoas polarizem suas percepções do sistema organizacional entre duas dimensões da mesma realidade: de um lado, os valores declarados oficiais pela organização, mas não praticados efetivamente, e, de outro, os valores praticados, mas não declarados. Este capítulo explora tal paradoxo ao mostrar que por trás dessa bipolaridade podem estar mascarados interesses e forças conflitantes.

Para terminarmos, o posfácio de Carlos Osmar Bertero discute um fenômeno relevante que permeia a atuação de acadêmicos e de praticantes na área de organizações: o paradoxo entre a teorização e a prática administrativa. Esse paradoxo diz respeito à lacuna existente entre a teoria e a prática administrativa, o que implica uma separação artificial e desnecessária desses dois grupos de profissionais que tratam do mesmo objeto: a administração.

FLÁVIO CARVALHO DE VASCONCELOS  
ISABELLA FREITAS GOUVEIA DE VASCONCELOS  
Organizadores

# SUMÁRIO

## PARTE I
**PARADOXOS ORGANIZACIONAIS — PESQUISA E PRÁTICA, 1**

1. Paradoxos Organizacionais e a Dialética da Mudança: uma Visão Transformacional da Gestão de Pessoas, 3
   *Flávio Carvalho de Vasconcelos e Isabella Freitas Gouveia de Vasconcelos*

## PARTE II
**PARADOXOS ORGANIZACIONAIS E MUDANÇA, 51**

2. O *Paradoxo Básico da Administração de Recursos Humanos*: o Discurso *versus* a Prática de Gestão de Pessoas nas Empresas, 53
   *Beatriz Maria Braga Lacombe e Maria José Tonelli*

3. Gestão do *Paradoxo Discurso* versus *Prática* — Aprendizagem e Informatização da Administração de RH, 75
   *André Ofenhejm Mascarenhas, Flávio Carvalho de Vasconcelos e Isabella Freitas Gouveia de Vasconcelos*

4. Identidade e Mudança: o Passado como Ativo Estratégico, 107
   *Flávio Carvalho de Vasconcelos e Isabella Freitas Gouveia de Vasconcelos*

5. Gestão do *Paradoxo Passado* versus *Futuro*: uma Visão Dialética da Gestão de Pessoas, 127
   *André Ofenhejm Mascarenhas, Isabella Freitas Gouveia de Vasconcelos e Flávio Carvalho de Vasconcelos*

6. ISO 9000, Consultores e Paradoxos: uma Análise Sociológica da Implementação dos Sistemas de Qualidade e da Gestão de Pessoas, 145
   *Flávio Carvalho de Vasconcelos e Isabella Freitas Gouveia de Vasconcelos*

## PARTE III
**PARADOXOS, CULTURA E DIVERSIDADE NAS ORGANIZAÇÕES, 173**

7. Paradoxos Culturais na Gestão de Pessoas — Cultura e Contexto em uma Cooperativa Agroindustrial, 175
   *André Ofenhejm Mascarenhas, Isabella Freitas Gouveia de Vasconcelos e Roberto Max Protil*

8. Cultura Organizacional e Antropologia Interpretativa — Ultrapassando a Abordagem de Integração na Pesquisa e na Prática, 197
   *André Ofenhejm Mascarenhas, Gideon Kunda e Isabella Freitas Gouveia de Vasconcelos*

9. Batom, Pó-de-arroz e Microchips — O Falso Paradoxo entre as Dimensões Masculina e Feminina nas Organizações e a Gestão da Diversidade, 230
   *André Ofenhejm Mascarenhas, Flávio Carvalho de Vasconcelos e Isabella Freitas Gouveia de Vasconcelos*

## PARTE IV
### PARADOXOS ORGANIZACIONAIS, VALORES E GESTÃO, 253

10. Transitoriedade e Permanência nas Relações de Trabalho: Discursos Paradoxais para a (Des)Construção Social da Identidade, 255
    *Isabella Freitas Gouveia de Vasconcelos e João Marcelo Crubellate*

11. Identidade e Paradoxos Organizacionais na Alfândega Brasileira, 286
    *Clóvis L. Machado-da-Silva e Eros E. da Silva Nogueira*

12. Fundações Comunitárias e Parcerias: o Paradoxo da Solução da Dependência de Recursos, 329
    *Mário Aquino Alves*

13. Confiança. Confiança? O Paradoxo entre Valores Declarados e Atitudes, 347
    *Maria Luisa Mendes Teixeira*

Posfácio: o Paradoxo da Teorização e da Prática Administrativa, 365
*Carlos Osmar Bertero*

# PARTE I

PARADOXOS
ORGANIZACIONAIS —
PESQUISA E
PRÁTICA

# 1

# PARADOXOS ORGANIZACIONAIS E A DIALÉTICA DA MUDANÇA: UMA VISÃO TRANSFORMACIONAL DA GESTÃO DE PESSOAS[1]

*Flávio Carvalho de Vasconcelos*
*Isabella Freitas Gouveia de Vasconcelos*

"Ah, se a gente pudesse se organizar com o equilíbrio das estrelas tão exatas nas suas constelações. Mas parece que a graça está na meia-luz, na ambigüidade."

LYGIA FAGUNDES TELLES,
AS HORAS NUAS

## 1. Paradoxos Organizacionais: uma Perspectiva Dialética de Análise da Sociedade

O tema paradoxos organizacionais nas literaturas estrangeira e nacional tem sido analisado por uma grande quantidade de textos, em diferentes correntes de pesquisa (Eisenhardt, 2000; Lewis, 2000; Vasconcelos et al., 2003). Esses trabalhos mostram, dentro da perspectiva hegeliana, que os indivíduos e grupos organizacionais costumam representar suas experiências mais significativas e a realidade complexa na qual se inserem em torno de duas dimensões paradoxais mutuamente excludentes. Trata-se de uma forma de o indivíduo ou grupo lidar com os diversos elementos à

---

1. Este capítulo foi elaborado com o apoio do FGV/EAESP/NPP — Núcleo de Pesquisas e Publicações da FGV/EAESP.

sua volta, principalmente aqueles aos quais é vulnerável (Lewis, 2000). Esse tema envolve uma concepção dialética da evolução humana e social.

Hegel (1941) tratou em profundidade das contradições lógicas e perceptivas. Para o filósofo, a lógica baseia-se na dialética tese-antítese e síntese, que é a única maneira pela qual podemos alcançar a realidade e a verdade como movimento interno da contradição. Hegel afirma que a realidade é o fluxo eterno dos contraditórios. Assim, termos paradoxais não são dois positivos excludentes, mas dois predicados contraditórios do mesmo sujeito que só existem negando-se um ao outro (Sabelis, 1996). Dessa forma, o paradoxo se expressa pela proposição "A e não-A", em uma impossibilidade lógica de se atribuir ao mesmo objeto, ao mesmo tempo, duas qualidades opostas e mutuamente excludentes (Poole e Van de Ven, 1989).

Segundo a corrente filosófica hegeliana, a contradição dialética revela um sujeito que surge, se manifesta e se transforma graças à contradição de seus predicados, tornando-se outro a partir do que era pela negação interna desses predicados. Em lugar de a contradição ser o que destrói o sujeito, ela é o que o movimenta e transforma, fazendo-o síntese ativa de todos os predicados postos e negados por ele. Dessa maneira, a dialética é a força que move o conhecimento do mundo e de si pelo sujeito (Myeong-Gu e Creed, 2002). Veremos esses aspectos mais detalhadamente a seguir.

Uma perspectiva dialética de análise estuda a construção social da realidade através do construto social, das contradições geradas por estes, da práxis social e da transformação do sistema social original. A denominação *construto social* refere-se ao sistema social produzido a partir de interações políticas dos indivíduos em busca de seus interesses específicos. Padrões culturais e sociais emergem dessas interações, se solidificam e são institucionalizados no sistema social recém-formado. Esse sistema social ou construto é composto por diversos grupos e estruturas interconectadas de forma mais ou menos autônoma, que produzem também padrões culturais e sociais específicos (Poole e Van de Ven, 1989). Um exemplo seria um sistema organizacional formado por regras, normas e padrões de comportamento gerais, e que contivesse subgrupos e subsistemas cada qual com suas microdinâmicas ou subculturas particulares. As rupturas e inconsistências nos diversos subgrupos do sistema organizacional geram ambigüidades e contradições perceptivas, explicadas a partir da práxis.

A práxis é a livre e criativa reconstrução desse sistema social a partir da dialética, uma vez que subgrupos organizacionais podem se movimentar no sentido de questionar o sistema e as regras presentes e agir politicamente no sentido de modificá-las (Davis et al., 1995). Os indivíduos insatisfeitos com as regras são agentes de mudança em potencial. As contradições perceptivas e os paradoxos, que incomodam esses agentes, geram a energia para a transformação do construto social ou sistema inicial. Dessa forma ocorre a evolução dialética, e o estudo dos paradoxos organizacionais se insere nesse contexto. Relacionaremos a seguir esse processo dialético com a mudança organizacional e a gestão de pessoas.

## 1.1 Conceituando Paradoxos Organizacionais

Pode-se então definir o paradoxo como a representação, pelo indivíduo ou grupo, de sua experiência, sentimentos, crenças e interações através de dois estados aparentemente inconsistentes, de duas realidades opostas e aparentemente inconciliáveis. O indivíduo percebe a realidade por meio de uma proposição "A e não-A". Para esse indivíduo ou grupo, a fim de caracterizar-se como um paradoxo, deve haver o sentimento de que essas dimensões opostas são mutuamente excludentes e não podem coexistir ou serem conciliadas.

Em organizações, são descritos e ressentidos como paradoxos dualidades do tipo *autonomia e conformidade, novo e velho, aprendizagem e mecanização do trabalho, liberdade e vigilância* etc., que influenciam a maneira como os indivíduos e grupos sociais agem (Eisenhardt, 2000). A própria organização é representada pelos diversos grupos que a compõem dessa forma ambígua e dual (Carvalho, 2002; Vasconcelos e Mascarenhas, 2003).

É importante salientar algumas diferenças entre o que seria uma representação paradoxal da realidade e um simples conflito de interesses. Caso um indivíduo receba ordens opostas de diferentes chefes simultaneamente, isso não constitui um paradoxo em sua percepção, mas um conflito de poder. A percepção paradoxal da realidade surge quando o indivíduo percebe e ressente a organização ou uma parte específica desta de forma ambígua. As representações paradoxais são assim dirigidas a um mesmo objeto, seja ele um conjunto de experiências, seja um grupo social específico ou um indivíduo (Myeong e Creed, 2002).

Freqüentemente a institucionalização de uma nova ordem social gera percepções polarizadas e tensões no sistema organizacional, produzindo mais tarde resistências e conflitos. É comum, pois, que o estudo de paradoxos esteja relacionado ao estudo do conflito e de fenômenos de mudança e transformação social. Mas por que o conflito? Associamos o estudo de paradoxo à transformação e ao conflito tendo em vista que percepções do tipo "A e não-A" geram processos psicológicos de *dissonância cognitiva* (Festinger, 1957). Crenças e sentimentos opostos em relação ao mesmo objeto perceptivo produzem estresse e tensão no indivíduo. Ao agir para tentar reduzir essa tensão, o indivíduo pode conformar-se à ordem social ou agir em alguma medida para transformá-la, o que freqüentemente envolve algum tipo de conflito com a ordem vigente, em maior ou menor grau (Festinger, 1957).

Festinger define cognição como um conjunto de crenças sobre algo. Em algum momento da vida, os indivíduos podem se ver prisioneiros de um impasse entre crenças ou sentimentos que se contrapõem em seu foro íntimo. Essa dicotomia ou impasse sobre a própria ação ou sobre os próprios sentimentos provocam tensão e desconforto psicológico, o que o autor chama de dissonância cognitiva. Nesse momento, o indivíduo poderá se apegar aos seus valores antigos, recusando a nova perspectiva que lhe provoca estresse. Nesse caso, ele se apegará à ordem social anterior, preservando o *status quo* e resistindo ao novo. Ou, ao contrário, ele poderá se apegar aos novos valores, sentimentos ou perspectivas, negando os anteriores, opostos aos primeiros. Nesse caso, para reduzir as tensões, ele contribuirá com a nova ordem social. Nessa dinâmica, o indivíduo poderá contribuir para a transformação de si e da sociedade ou adotar uma postura conservadora. Afirmar sua nova identidade ou apegar-se às dimensões antigas pode envolver conflitos sociais em uma postura de mudança. Veremos isso melhor a seguir.

## 1.2 Dialética e Conflito: a Base da Identidade

No contexto dos processos de mudança organizacional e das relações sociais de conflito deles decorrentes, as questões relacionadas à identidade dos indivíduos tornam-se especialmente relevantes. Nesse contexto, os trabalhos de Hegel sobre dialética são especialmente importantes, pois tratam da formação do indivíduo do ponto de vista cognitivo (compreensão do mundo, acesso à racionalidade) e afetivo (o jogo de relações entre os desejos), situando o papel do conflito nas relações sociais (Kojève, 1980; Hegel, 1941). Segundo o filósofo, não há separação entre o nível cognitivo e o nível afetivo do indivíduo no que se refere à sua percepção polarizada da realidade. Hegel mostra em seus trabalhos a interdependência entre esses dois lados (Kojève, 1980).

Recusando a redução do indivíduo ao universo único da razão, Hegel analisa a formação do ser humano segundo uma dupla dialética que conduz à racionalidade e ao reconhecimento de si. O indivíduo não é capaz de completar o processo de obtenção da compreensão do mundo da qual fala Hegel e do desenvolvimento de sua capacidade de raciocínio se ele não é reconhecido em suas relações afetivas como alguém que detém de forma autônoma um desejo. Dessa maneira, a luta entre os desejos dos diferentes indivíduos envolve uma relação social cujo objeto é o reconhecimento de si próprio pelos outros. É vencendo esse conflito que o ser humano pode obter o reconhecimento de sua individualidade. Trata-se do conceito de *dialética do mestre e do escravo*.

Segundo a análise de Hegel (1941), os indivíduos lutam até a "morte" pela posse de objetos de desejo. Nessa tentativa de imposição de sua força ao outro, o indivíduo luta na realidade para obter o reconhecimento de seu ser e de sua autonomia. Podemos dizer, portanto, que, além do objeto de desejo, o ser humano necessita que o outro reconheça sua força e sua validade como indivíduo autônomo, que se diferencia dos outros por uma série de características particulares. Não existe conciliação possível nesse tipo de dialética, pois a vitória representa o reconhecimento pelo outro do ser individual e o fracasso significa renunciar a esse reconhecimento e submeter-se.

Para que haja o reconhecimento, é necessário que um dos indivíduos esqueça seu próprio desejo ou o renuncie e aceite reconhecer o desejo do outro e sua força. Nesse caso, o *escravo*, que perdeu ou renunciou o conflito e o reconhecimento, se coloca a serviço do reconhecimento do desejo do outro, preservando-se da luta, mas perdendo em parte a autonomia na orientação de suas atividades. O *mestre* adota o conflito como forma de ação, arriscando-se à "morte", mas ganha o trabalho do outro a serviço do reconhecimento do seu desejo. A *dialética do mestre e do escravo*, nesse contexto, está inserida em uma realidade social particular, ou seja, esse confronto é concreto e ocorre em situações específicas, dependendo dos meios e recursos controlados por cada um de acordo com sua posição dentro da organização.

A partir do conceito hegeliano de *dialética do mestre e do escravo*, Sainsaulieu (1987) mostra como o acesso à identidade é o resultado de um processo conjunto de *identificação* e de *diferenciação* que se expressa nas relações intersubjetivas em dois níveis:

- no nível da relação afetiva identificatória que não envolve relações de conflito;

- no nível político, do jogo de poder social, no qual o indivíduo se desliga do primeiro nível impondo sua diferença.

Pode-se dizer então que, enquanto a identidade da criança é fortemente ligada à história de suas identificações sucessivas, a identidade do adulto depende também dos meios sociais de que ele dispõe para sustentar sua diferença nos conflitos e, dessa forma, sair da cadeia de identificações (Sainsaulieu, 1987). O adulto deve ter condições sociais mínimas para enfrentar a luta simbólica e poder sair-se vencedor pelo menos algumas vezes, a fim de libertar-se da cadeia contínua de identificações com os poderosos que o envolve e afirmar sua própria individualidade, diferenciando-se.

Percebe-se, dessa maneira, que a identidade do ser humano é um conceito dinâmico, resultado do jogo de relações envolvido nas experiências de luta e conflito, e uma variável especialmente relevante nos processos de transformação organizacional. A transformação de um sistema social é um processo contínuo: à medida que o novo sistema social se afirma e a nova práxis se instaura, produzem-se diversas rupturas com o sistema social anterior, o que gera polarizações perceptivas nos indivíduos inseridos nos diversos níveis do sistema. Nesse contexto, os indivíduos deparam com a necessidade de buscar novos padrões de identidade.

As relações de conflito e negociação são especialmente importantes nesses momentos, pois podem ser vistas como maneiras de se formar e de consolidar novos padrões de identidade. A mudança organizacional é concebida nessa perspectiva como uma crise não-regressiva, superada pela consolidação de um novo sistema social com novos jogos, práticas e hábitos entre os atores. A mudança gera contradições porque existe ruptura com o antigo sistema organizacional, porém o novo sistema deve ser negociado a partir do construto anterior, que oferece a única experiência humana disponível para a consolidação do novo.

## 2. O Paradoxo Passado *versus* Futuro e os Modelos de Gestão de Pessoas

Continuamos esta discussão explorando um dos tipos mais freqüentes de paradoxos organizacionais e ligando-o a determinados modelos de gestão de pessoas. Trata-se do *paradoxo passado* versus *futuro*, a polarização entre padrões passados e futuros de identidade em processos de mudança organizacional. A identificação e a discussão desses modelos de gestão de pessoas é o pano de fundo necessário para o desenvolvimento do tema. É preciso destacarmos que adotamos um conceito de modelo de gestão de pessoas que não se restringe ao seu caráter instrumental, mas diz respeito às diferentes lógicas que influenciam o comportamento na organização. Assim, o modelo de gestão de pessoas sistematiza componentes políticos, ideológicos, sociais e comportamentais que orientam a ação e a decisão no contexto organizacional.

## 2.1 O Paradoxo Passado *versus* Futuro

Em processos amplos de mudança organizacional, a valorização de uma nova competência técnica e a negação simultânea da competência anteriormente valorizada podem produzir ambigüidades perceptivas. Durante a transição do antigo sistema organizacional para o novo, o grupo detentor da competência antes valorizada freqüentemente percebe ao mesmo tempo setores da organização que ainda reafirmam de forma relevante o valor dessa competência e grupos que negam o valor de suas habilidades.

Esse fato implica a associação simultânea da competência técnica tanto ao vigor e ao futuro da organização quanto ao seu passado e decadência. Essa dualidade, decorrente da transição entre sistemas técnicos e de políticas de comunicação ineficientes e de caráter messiânico, pode gerar percepções polarizadas (Vasconcelos e Vasconcelos, 2001). O indivíduo, ao ver progressivamente negado o valor social de suas competências durante o processo de mudança, vivencia um processo de negação simbólica do que constituía sua identidade em um dado sistema, o que aumenta sua angústia e dissonância cognitiva (choque de crenças e valores), levando-o muitas vezes a resistir ao "novo", ao "progresso" e ao "futuro" apresentados de forma messiânica. Diferentes formas de percepção do tempo na sociedade e nas organizações se contrapõem (Vergara e Vieira, 2003; Nogueira, 2003).

Marshall Berman, ao descrever em seu livro a sensação de ruptura gerada pela implantação de uma nova ordem social, utiliza a frase de Marx: "Tudo que é sólido desmancha no ar". O que antes parecia sólido e norteava a vida de indivíduos e grupos na organização de repente parece desaparecer e desfazer-se. Baudelaire (1857) fala dos paradoxos do progresso e da modernidade em seu ensaio *Heroísmo da vida moderna*:

> Deixo de lado a questão de saber se, pelo contínuo refinamento da humanidade, proporcionalmente aos prazeres que se lhe oferecem, o progresso indefinido não vem a ser a mais cruel e engenhosa tortura; se, procedendo como o faz pela sua autonegação, o progresso não viria a ser uma forma de suicídio permanentemente renovada, e se, enclausurado no círculo de fogo da lógica divina, o progresso não seria como o escorpião que se fere com a sua própria cauda — progresso, esse eterno desiderato que é o seu próprio desespero (Berman, 1988, p. 75).

Vemos aqui que a transformação aportada pelo progresso na perspectiva modernista é trazida pela sua contínua autonegação ou contradição lógica, o paradoxo que faz nascer a angústia. Para Baudelaire, compreender essa transformação da modernidade, bem como reconstruir o sentido de si próprio, de seu trabalho e de sua vida após essa autonegação, é a arte do indivíduo que "reconstrói a si mesmo em meio à angústia e à beleza do caos". Assim, caos e confusão fazem parte dessa caminhada e da transição de um sistema para outro.

É fácil, porém, o indivíduo se perder nesse caminho. Em alguns casos, a tarefa poderá ser menos árdua se a pessoa for ajudada a lidar com as contradições e paradoxos próprios à reconstrução do sentido de suas experiências e de sua identidade. Caso contrário, o indivíduo pode ficar preso a crises de angústia e a bloqueios afetivos provocados por sua impossibilidade de libertar-se de representações paradoxais e de polarizações para fazer a síntese de seu conhecimento.

A polarização *passado* versus *futuro* e rupturas simbólicas entre essas duas dimensões na organização atrapalham essa transição. A polarização pode ser representada pelo dilema da modernização. De acordo com a lenda, Fausto, no processo de modernização da sociedade narrado por Goethe, deve aceitar o fato de que tudo quanto foi criado "agora" deve ser irremediavelmente destruído a fim de consolidar o caminho para mais criação, para o novo (Berman, 1988). Esse tipo de proposição está ligado ao *Modelo Instrumental de Gestão de Pessoas.*

Em outra proposição, pode-se gerar o novo a partir do passado, em uma continuidade que engloba rupturas e contradições, mas que lida com esses fenômenos. Trata-se do *Modelo Transformacional de Gestão de Pessoas,* representado metaforicamente pela imagem do deus romano Janus, que representa as transformações e transições. Nesta perspectiva, concebe-se o futuro como uma continuidade do passado, recombinando-se e expandindo seus conteúdos e dimensões, e lidando com os paradoxos e contradições como parte do processo evolutivo (Lindemans, 1997).

## 2.2. Modelo Instrumental de Gestão de Pessoas: a Metáfora de Fausto e a Racionalidade Superior

O mito de Fausto é uma das lendas clássicas mais importantes da civilização ocidental. As primeiras histórias sobre os feitos de Fausto datam do século XVI, quando Johann Spiess escreveu *Faustbuch*, na edição original em 1587, e Christopher Marlowe escreveu *The tragic story of Doctor Faust*, originalmente em 1588 (Marlowe, 1994). Desde então, a lenda de Fausto tem sido contada várias vezes e traduzida para diversas línguas. Além de livros, ela tem inspirado filmes e óperas, fazendo de Fausto um dos heróis mais populares dos últimos 400 anos. O sucesso dessa lenda deve-se à ressonância que as questões levantadas pelo mito encontraram em diversas civilizações, entre as quais as contradições e as dificuldades provocadas pelos processos de modernização e pelas mudanças sociais bruscas. O mito de Fausto é também um arquétipo que nos permite entender alguns aspectos significativos da mudança estratégica em organizações contemporâneas.

O poeta alemão J. W. Goethe escreveu, entre 1770 e 1832, uma das mais sofisticadas versões da história de Fausto, em sua edição original (Goethe, 1962). Goethe iniciou seu trabalho quando tinha 21 anos, e só o considerou concluído um ano antes de sua morte, 62 anos depois. Esse trabalho foi concebido durante um dos mais turbulentos períodos da história da Europa Ocidental, que abrangeu a Revolução Francesa, as guerras napoleônicas e o início da Revolução Industrial. Nesse período, os conceitos de modernização ocupavam o centro dos debates políticos e inspiravam também a expressão artística da época.

Nas versões mais primitivas do mito de Fausto, antes de Goethe, esse personagem foi representado como um homem ambicioso que vendia sua alma para o Diabo em troca de certos bens como dinheiro, sexo, fama e glória. No entanto, na obra de Goethe, Fausto possui um ideal mais nobre e altruístico, o sonho de libertar a humanidade do sofrimento e da dor. O personagem de Goethe é animado pelo sonho da modernização e do progresso, reunindo assim o ideal romântico de desenvolvimento com o ideal épico de uma nova ordem e de uma nova sociedade construídas a partir do nada, por meio do planejamento e da aplicação de uma *racionalidade superior*. A fim de criar seu admirável mundo novo, Fausto vende sua alma em troca do acesso irrestrito ao conhecimento e à sabedoria. O *projeto fáustico de mudança* implica ruptura com o passado, pois se baseia na imposição de uma racionalidade perfeita e impecável a um mundo medieval, considerado imperfeito.

Nessa perspectiva, o programa de Fausto é similar ao de vários programas de mudança organizacional instrumentais, nos quais se adota como pressuposto o fato de que a mudança deve originar-se da imposição de um novo modelo, baseado em uma racionalidade superior definida pelos dirigentes, a qual deve reger o novo sistema, formatando a organização na medida do possível. A resistência à mudança, nesse paradigma, é vista como ato irracional a ser reprimido de forma autoritária. Uma mudança fáustica, brusca, imposta em nome do desenvolvimento econômico da empresa e que rompe com o passado e com a história da organização, pode provocar uma crise identitária em alguns grupos organizacionais e gerar fortes fenômenos de resistência organizacional, comprometendo o futuro do sistema (Vasconcelos e Vasconcelos, 2001).

A percepção do tempo no *Modelo Instrumental de Gestão de Pessoas* é unidimensional, baseada na ruptura entre passado e futuro. Esse modelo propõe a padronização e a homogeneização das formas de percepção da realidade, da representação da mesma e dos processos de tomada de decisão. A organização deve desenvolver técnicas a fim de obter essa padronização, diminuindo a variedade cultural na empresa (Schuler, 1987; Martory e Crozet, 1988; Peretti, 1990; Besseyre des Horts, 1988).

## 2.3 A Dimensão Política e a Diversidade Cultural: em Direção ao Modelo Transformacional de Gestão de Pessoas

Diferenciando-se do modelo anterior, o *Modelo Político de Gestão de Pessoas* propõe a negociação no processo de mudança. É a negociação política entre as diversas partes, que possuem culturas, valores e formas de cognição diferentes, que construirá a base de confiança comum que permitirá a ação conjunta dos indivíduos e a construção da coesão necessária ao funcionamento futuro do sistema. Os diretores e gerentes são os árbitros dessa negociação e não se reconhece a existência de uma racionalidade superior.

Trabalha-se nesse modelo com o pressuposto da *racionalidade limitada* de Simon, ou seja, que toda decisão é relativa ao sujeito que decide e é limitada pelo acesso restrito deste último às informações, dada sua posição na estrutura organizacional. Outras limitantes no processo de decisão seriam a cultura, as atitudes, os valores e as disposições cognitivas e afetivas do sujeito que decide, no momento em que toma a decisão. A adoção desse pressuposto tem como conseqüência o fato de que se reconhece igual validade às diversas formas de racionalidade e expressão cultural dos atores organizacionais em seus diversos níveis.

A percepção do tempo aproxima-se da imagem de Janus, antes mencionada: partindo-se do passado e da história, e lidando com contradições e rupturas, em uma visão contínua, o grupo organizacional constrói seu futuro a partir do construto social anterior (Simon, 1955; Beer Wakon et al., 1985). O modelo político trabalha o conceito de resistência à mudança e as formas de superá-la, mas não incorpora análises profundas dos fenômenos afetivos ligados a ela.

## 2.4 O *Modelo Transformacional de Gestão de Pessoas* e os Estudos Organizacionais

O *Modelo Transformacional de Gestão de Pessoas* assimila questões sobre a afetividade nas organizações em um grau de profundidade não assumido nos outros modelos, que são mais prescritivos (Brabet, 1993). A maioria dos trabalhos acadêmicos sobre paradoxos organizacionais segue uma linha de estudos críticos, baseada no paradigma pós-moderno, e tem como premissas os princípios desse modelo. Os temas tratados são, por exemplo, a confiança como forma de regulação social nas organizações, a estruturação do tempo e do espaço, a diversidade organizacional, a análise do discurso, a estética organizacional, a filosofia, a religiosidade, os universos de significação e legitimação simbólicos, a identidade organizacional, a mudança e a ambigüidade, entre outros (Harvey, 2000; Arac, 1986; Giddens, 1990).

O *Modelo Transformacional de Gestão de Pessoas* é um metamodelo, por ser mais um conjunto de premissas, teorias e idéias dispersas e inter-relacionadas por meio de temas específicos do que um modelo prescritivo, estruturado em torno de regras específicas. Esse metamodelo transformacional é estruturado em torno das seguintes posições básicas:

- A organização é constituída por atores sociais e é considerada um sistema cultural, psicológico, político e histórico.
- A organização apresenta convergências e divergências essenciais, frutos de uma dialética de evolução contínua, a ser gerida em permanência.
- Os atores organizacionais são ao mesmo tempo racionais e irracionais, possuindo pulsões de vida e de morte (temas recorrentes da psicanálise e da psicodinâmica organizacional).
- As referências teóricas são múltiplas (antropologia, sociologia, economia, história, psicodinâmica, psicologia cognitivista, construtivismo, filosofia etc.).
- A postura metodológica é eclética, adotando-se, entre outras formas, a análise crítica e discursiva, a análise comparativa e histórica, a análise do discurso, a pesquisa-ação e a pesquisa etnográfica.
- A eficiência econômica não é ligada à eficiência social.
- O meio ambiente é considerado uma realidade socialmente construída, e não um dado objetivo da realidade.
- Valoriza-se a diversidade cultural e os aspectos éticos da decisão.
- A mudança é estudada em seus efeitos locais e globais.
- As decisões são estudadas em seu aspecto contingente e específico, não existindo um único modelo ideal de comportamento e de estrutura organizacional a ser seguido (crítica a uma única racionalidade superior ou modo de ação).
- Valorização de conceitos como racionalidade limitada pela da reconstituição da lógica de ação dos atores sociais.

O *Modelo Transformacional de Gestão de Pessoas* trabalha com a gestão de aspectos contraditórios característicos da vida atual, e é o mais crítico dos três modelos aqui apresentados. Ele coloca em questão os dois tipos de harmonia que embasam os modelos anteriores: a *harmonia individual* e a *harmonia social*.

Assim, nos modelos instrumental e político, os indivíduos são movidos na empresa por uma dupla lógica: uma lógica utilitarista, que os leva a tentar atingir objetivos econômicos, e uma lógica de realização pessoal, que os considera como seres buscando o desenvolvimento de suas potencialidades e de suas responsabilidades. Além disso, esses dois modelos assumem também o pressuposto da harmonia social, que supõe modos de regulação macrossocial ao qual se integram as empresas. O modelo instrumental e o modelo político propõem de fato processos quase espontâneos (tipo "mão invisível-mercado" e funcionamento democrático da sociedade).

O modelo transformacional, no entanto, denuncia a inadequação desses modos de regulação salientando as contradições de nosso sistema econômico. Além disso, esse modelo afirma a ambivalência e a contradição interna, os aspectos psíquicos, a complexidade dos processos de socialização e os fenômenos simbólicos e inconscientes (Brabet, 1993). O modelo transformacional ressalta a interdependência entre a sociedade e as organizações e o processo dialético de construção-desconstrução que constitui a evolução conjunta desses dois níveis, em uma interestruturação constante, baseada em interações contínuas.

Em nosso contexto socioeconômico atual, o abandono de modelos simplificados se faz necessário, pois lidamos com uma sociedade complexa. Mas quais são as principais mudanças que enfrentamos atualmente, que tornam a discussão sobre os paradoxos organizacionais relevante e que fazem das premissas do modelo transformacional e da visão dialética da mudança uma abordagem mais interessante para a discussão do comportamento humano nas organizações? Discutiremos essa questão a seguir.

## 3. A Mudança no Contexto Socioeconômico das Organizações: a Transição do Modelo Industrial para o Pós-Industrial

Castells (1999), Domenico De Masi (2000) e outros autores estudam o surgimento de uma nova estrutura social, fruto da reestruturação do modo capitalista de produção. Trata-se de um processo de transição do *modelo industrial* para o *modelo pós-industrial* de produção. No novo modo de produção, a fonte de produtividade é ligada à geração, processamento, acumulação e utilização do conhecimento, processo apoiado pela tecnologia. Nesse processo contínuo de afirmação de uma nova ordem, as ambigüidades e contradições se instauram. Entre as principais transformações, os autores citam as seguintes:

a) **A globalização e a tecnologia de informação**

Como coloca Castells, a partir da década de 1980 a maior circulação de bens e capitais tornou-se possível graças ao *modo informacional de desenvolvimento*. A tecnologia permite o contato entre os diversos mercados instantaneamente, garantindo o acesso a informações e o trabalho a distância e aumentando a velocidade com que circulam capital, produtos e serviços. No atual sistema econômico, o processamento da informação é continuamente focado na melhoria da produtividade, em um círculo virtuoso. Ou seja, novas tecnologias permitem processar informações melhor e mais rapidamente, sendo fonte de uma maior produtividade (Castells, 1999).

b) **Uma sociedade multicultural**

Outro ponto salientado por Castells é a *diversidade cultural*. O uso da tecnologia da informação faz com que se consolide um novo sistema de comunicação que promove a integração global da produção e da distribuição de idéias. Nesse tipo de sociedade, a diversidade cultural é uma realidade: pessoas com diferentes princípios, valores, formas de comportamento e religiões agrupam-se em redes multiculturais interativas segundo interesses semelhantes e mobilizam-se por conquistas sociais e políticas.

Domenico De Masi compara a sociedade industrial à pós-industrial. O autor, ao analisar a sociedade industrial, mostra que, para a maioria dos indivíduos que realizam tarefas repetitivas, o trabalho não oferece realização pessoal e limita a aprendizagem. Isso acontece porque esse sistema está comprometido com a produtividade e não com o desenvolvimento individual. Dessa forma, a realização pessoal e as oportunidades de desenvolvimento são privilégio de poucos. De Masi sustenta que na sociedade pós-industrial haveria uma diminuição progressiva da jornada de trabalho e o lazer (ou *ócio criativo*) ofereceria aos indivíduos novas possibilidades de desenvolvimento e de realização não encontradas no ambiente de trabalho. Como vemos, a aprendizagem, o desenvolvimento e a realização pessoal são valores que ganham importância na análise das organizações e de toda a sociedade (Castells, 1999; De Masi, 2000).

Em se tratando de organizações, são quatro os pontos fundamentais levantados pelos autores que tratam do Modelo Pós-Industrial:

- **A concentração da atenção na mudança organizacional** — A estrutura organizacional e sua dinâmica se tornam objetos de estudo intensivo por parte dos pesquisadores e teóricos da administração (Pettigrew, Woodman et al., 2001).
- **A dimensão simbólica** — Buscam-se mecanismos de integração e de coesão organizacionais, valorizando-se a dimensão simbólica e cultural da empresa (Heracleous e Barrett, 2001).
- **A aprendizagem organizacional** — Embora vários teóricos já tivessem estudado a aprendizagem nas organizações, no início da década de 1990 Peter Senge operacionaliza e divulga esse conceito em seu livro *A quinta disciplina* (Senge, 1990; Arthur e Aiman-Smith, 2001).
- **A autonomia individual** — Busca-se um equilíbrio entre a autonomia individual e a produtividade (Arthur e Aiman-Smith, 2001).

Diversos acadêmicos sustentam que as organizações devem transformar-se rapidamente tendo em vista a adaptação aos atuais cenários socioeconômicos contingentes e mutantes. Nesse sentido, o tema mudança organizacional ressurge com vigor no cenário acadêmico atual. Esses trabalhos argumentam que o período de transição entre os modelos industrial e pós-industrial exige mudanças importantes nas formas de produção e de gestão de pessoas. Essas mudanças, no que se refere à gestão simbólica e à concessão de maior autonomia individual, entre outros fatores, são difíceis de serem implementadas (Woodman, Cameron et al., 2001; Lovelace, Shapiro et al., 2001).

Nesse contexto, as mudanças no discurso das organizações ocorrem rapidamente, enquanto as mudanças efetivas nos sistemas produtivos acontecem de modo mais lento devido à sua complexidade. Isso provoca um aumento da distância entre o discurso professado pelas organizações e os modelos efetivamente praticados por elas (Pettigrew, Woodman et al., 2001). Assim, reforçam-se atualmente as contradições, as ambigüidades e a pluralidade de representações, discursos, perspectivas e sentimentos.

As contradições entre discursos e prática são discutidas por uma corrente teórica importante, o *neoinstitucionalismo*. As organizações adotam rapidamente novos modelos de gestão em um esforço de adaptação aos novos tempos, mas a efetiva implementação das novas estruturas nem sempre é tão simples. Segundo estudos neoinstitucionalistas, as organizações incorporam estruturas e ferramentas não apenas porque são mais eficientes, mas também porque foram institucionalizadas em seu setor como sendo "as melhores". Sua adoção passa a ser fonte de legitimidade e de recursos no meio, tendo em vista os investimentos em imagem institucional feitos pelos dirigentes. Esses trabalhos mostram que, nesse contexto, a obediência estrita às normas é uma ficção. Na prática, existe o fenômeno do *decoupling* — a separação entre as normas e a prática administrativa, gerando contradições perceptivas nos atores sociais (Powell e DiMaggio, 1991; Myeong-Gu e Creed, 2002).

Em resumo, freqüentemente as organizações adotam em teoria os novos modelos de gestão, mas a prática reflete menos essas mudanças. Nem sempre os modismos e os modelos considerados os melhores em uma determinada área são eficientes ou adequados ao negócio e ao contexto cultural específico das organizações (Caldas e Wood Jr., 1999). Essas contradições trazem conseqüências nefastas: ao se identificar com o novo discurso empresarial, os indivíduos desenvolvem expectativas de aprendizado que muitas vezes não são atendidas, o que gera frustrações e perda de confiança nos gestores. Não são criadas as competências necessárias para se lidar com as novas ferramentas de gestão e sistemas de TI, utilizados aquém do seu potencial (Mascarenhas e Vasconcelos, 2003; Myeong-Gu e Creed, 2002).

## 4. A Pesquisa sobre Paradoxos Organizacionais: os Estudos Críticos e o Paradigma Pós-Moderno

A maioria dos estudos que tratam do tema paradoxos organizacionais segue as premissas do modelo transformacional, retomando os clássicos de administração e atualizando-os sob uma perspectiva crítica. Podemos situar esses estudos em três linhas, dentro do Paradigma Pós-Moderno. Para termos uma visão geral da produção acadêmica sobre o tema, veremos com mais detalhes cada uma dessas correntes teóricas:

- **Estudos baseados na crítica à burocracia** — Esses estudos retomam os teóricos clássicos que desenvolvem trabalhos de crítica à burocracia e ao controle burocrático (Merton, Selznick, Blau e Scott, Crozier) e os atualizam agregando dimensões novas com base nos estudos dos paradoxos.
- **Estudos baseados no paradigma psicanalítico e psicodinâmico** — A partir dos trabalhos clássicos do Tavistock Institute de Londres, diversos autores retomam estudos de Melanie Klein, Elliot Jacques, Bion e outros, revendo e atualizando esses trabalhos, com base no conceito de paradoxos.
- **Estudos de sociologia interpretativa baseados na tecnologia** (interacionismo simbólico) — Esses estudos retomam os trabalhos de Goffman, Peter Berger e Thomas Luckmann, entre outros autores, e trabalham o conceito de paradoxos na aprendizagem organizacional, na formação da identidade, na cultura organizacional e na análise do discurso.

### 4.1 A Crítica à Burocracia

A primeira corrente teórica retoma os clássicos, elaborando críticas atualizadas à burocracia. Merton foi um dos primeiros autores a tratar do tema paradoxos organizacionais, criticando a chamada ilusão de controle por parte dos gerentes e burocratas e mostrando que tal controle não é possível, pois sempre existem disfunções. Merton descreve assim os problemas da personalidade burocrática — o excessivo apego

## Capítulo 1  Paradoxos organizacionais e a dialética...

às regras e a busca por uma excessiva coerência e harmonia organizacional que não são possíveis. O autor alega que a contradição e o conflito são parte constitutiva das organizações.

Merton (1936) afirma em seu texto *The unanticipated consequences of purposive social action* que toda ação social produz conseqüências contraditórias, dado o fato de que para cada efeito desejado de uma ação, existe uma série de efeitos secundários, não desejados ou previstos, que se contrapõem aos efeitos buscados pelos indivíduos ao agir. Assim, para cada efeito esperado (*Intended Consequence*) existe um efeito que contraria as expectativas dos gerentes e administradores (*Unintended Consequence*). A existência dessas contradições inerentes à ação social provoca tensões nas organizações que conduzem a fenômenos como a resistência organizacional e a emergência de conflitos (Merton, 1950). Merton e outros autores estudam esses fenômenos prendendo-se a uma análise racional dos mesmos.

Criticando também o controle burocrático por sua ilusão de obter harmonia social e eliminar conflitos, Selznick (1955) mostra como os paradoxos estão sempre presentes nas organizações. O autor observou em seu estudo clássico *TVA and the grass roots* algumas disfunções burocráticas típicas da organização:

- *A contradição entre teoria e prática, discurso e ação*. Na organização estudada pelo autor, institucionalizaram-se novos conceitos e modelos, mas a tentativa de implementar essas políticas mostrou as discrepâncias entre o discurso e a prática, podendo provocar paradoxos perceptivos nos atores sociais, que passam a conceber a ação dos dirigentes de forma ambígua.
- *O conformismo e a inovação*. A tendência dos burocratas da organização de se apegar às normas e aos procedimentos formais bloqueava a inovação e a renovação administrativa. Indivíduos ressentiam ao mesmo momento a urgência de inovar e a pressão por manter-se dentro das regras.

Lawrence e Lorsch (1967) tratam também de alguns paradoxos organizacionais. Para esses autores, um dos principais paradoxos é a contraposição entre *diferenciação* e *integração* das estruturas organizacionais. Segundo eles, em toda organização, ao mesmo tempo em que as estruturas se preocupam em se diferenciar, dado o seu caráter complexo, elas devem se preocupar em manter um mínimo de integração. São criados mecanismos para controlar as tendências "centrífugas" das diversas partes que a compõem. Essas duas dimensões, em um dado momento, podem ser ressentidas como paradoxais pelos membros da organização, que por sua vez podem se sentir pressionados pela organização ao mesmo tempo a se integrar ao todo e a se diferenciar enquanto subsistema (Lawrence e Lorsch, 1969; Jaffee, 2001).

Blau e Scott (1970) também abordam um paradoxo próprio à administração, que diz respeito à polarização entre o *planejamento administrativo* e a *iniciativa e criatividade*. O avanço tecnológico no mundo moderno exige das organizações uma enorme criatividade. Entretanto, a necessidade de planejamento persiste e, com ela, a de controle. A maior parte dos mecanismos de controle, porém, inibe a iniciativa e a criatividade individual. Os autores acreditam que tais paradoxos são manifestações do dilema maior entre ordem e liberdade. Longe de lastimar tais oposições, porém, eles sustentam que são elas as responsáveis pelo desenvolvimento das organizações, pois esse é um processo essencialmente dialético (Blau e Scott, 1970).

Trabalhos atuais sobre reestruturação e mudança organizacional salientam a ambigüidade e a pluralidade das organizações mostrando que a busca por harmonia e controle burocrático é ilusória. É preciso conviver com contradições e polarizações, lidando com seus efeitos, pois elas são constitutivas das organizações. McKinley e Scherer (2000), por exemplo, partem da perspectiva de Merton para analisar as organizações atuais, especialmente os processos de mudança e reestruturação organizacionais. Os autores mostram que em organizações atuais os processos de reestruturação organizacional geram coerência e produzem sentido para os dirigentes, mas sua implementação produz perda de sentido e confusão no ambiente organizacional, levando a médio prazo à elaboração de um novo processo de reestruturação. Dessa forma, a mudança organizacional produz simultaneamente para alguns grupos um sentimento de coerência e para outros grupos um sentimento de caos e desordem. Essa ambigüidade está sempre presente nas organizações e não pode ser eliminada.

### 4.2 A Psicodinâmica e os Efeitos dos Paradoxos: Conflitos e Estresse no Sistema Organizacional

A psicodinâmica organizacional é a segunda corrente teórica que aborda o tema paradoxos organizacionais. A partir da fundação da International Society for the Psychoanalytic Study of Organizations, esse tema tem sido recorrente em trabalhos de diversos autores dentro dessa linha (Kets De Vries, 1995; Schein e De Vries, 2000; Frost e Robinson, 1999; Hirschhorn, 1997; Gabriel, 1999; e Diamond, 1993). Em uma tradição de estudos de origem francesa, autores como Dejours (1987) e Enriquez (1991) também tratam desse tema. Seus estudos abordam principalmente os efeitos afetivos dos paradoxos no sistema organizacional (estresse, conflitos) e as formas de lidar com esses feitos. Os trabalhos clássicos na linha da psicodinâmica e da psicanálise organizacional de autores como Eric Trist, Harold Bridger, Elliot Jacques, Kennet Rice, Eric Miller, Wilfred Bion e Melaine Klein, entre outros, são retomados atualmente dentro dessa perspectiva. Antes de analisarmos os estudos atuais, faremos uma breve revisão de conceitos clássicos que fundamentam os trabalhos sobre o tema.

Segundo a escola psicodinâmica, a personalidade básica do indivíduo é estruturada de maneira polarizada. Baseando-se nos trabalhos de Freud sobre a ambigüidade de pulsões que caracteriza todo ser humano, dividido entre a pulsão de vida (Eros) e a pulsão de morte (Thanatos), Melanie Klein mostra que o indivíduo, desde sua infância, tem que lidar com essa polaridade básica, buscando um equilíbrio contínuo entre as duas dimensões representadas pelo *id* e pelo *superego*. Melanie Klein mostra como o adulto constrói sua vida psíquica a partir da construção de sua afetividade, que começa na infância. Assim, entre as estruturas que compõem a personalidade, o ego seria o princípio de realidade, a parte organizada da personalidade que procura unir e conciliar as reivindicações do id (instintos, fantasias e desejos) e do superego (moral e regras sociais) com as do mundo externo (Klein, 1965).

A partir dos estudos de Melanie Klein, Elliot Jacques (1955) mostra que a organização na qual o indivíduo trabalha é fonte simultânea de recursos, reconhecimento e recompensas, mas também de privações, frustrações e punições. A organização é percebida pelo indivíduo de forma ambígua e dual, ao mesmo tempo como um objeto "bom" e um objeto "mau". Para sobreviver e permanecer na organização, o indivíduo tende a reduzir a bipolaridade de suas percepções lidando com essas duas dimensões e apegando-se ao aspecto positivo de sua percepção, fazendo uma síntese de seu paradoxo. Trata-se do fenômeno da clivagem ou da separação de pulsões do qual falam os autores. Sendo constitutiva da percepção humana, essa polarização ocorre sempre. O indivíduo ou grupo de indivíduos faz a síntese de uma polarização e logo outra ressurge, em um processo contínuo.

Transpondo essas idéias para a realidade organizacional atual, estudos mostram que especialmente em processos de reestruturação e mudança, quando são questionados os modos de organização, as representações polarizadas e paradoxais da realidade, bem como as reações defensivas, tendem a aumentar. A mudança reforça as representações paradoxais porque ao mesmo tempo em que as estruturas burocráticas "protegem", pois as regras oferecem um caminho certo e seguro para os indivíduos (Diamond, 1993), as estruturas burocráticas "sufocam" e os indivíduos projetam seus desejos por novas realidades em seu anseio por mudança.

O estresse e a angústia freqüentemente acompanham os fenômenos de mudança nas organizações na medida em que os indivíduos se sentem ameaçados e tentam compreender a realidade que os cerca simplificando-a a fim de lidar com ela. Nesse contexto, diversos estudos tratam de várias reações defensivas, tais como regressão, negação, clivagem, isolamento, racionalização ou sublimação, que são mecanismos inconscientes para lidar com o estresse provocado pela percepção dicotômica da realidade. Alguns desses trabalhos argumentam que os indivíduos sob a pressão da mudança podem ficar prisioneiros de representações paradoxais que os bloqueiam, que os impedem de decidir e de agir. Isso pode ser prejudicial para sua saúde mental, pois tais bloqueios produziriam ainda mais estresse, em um círculo vicioso. Esses processos impedem a ação dos indivíduos ou grupos, gerando resistência organizacional e limitação da comunicação entre grupos e afetando o sistema social de modo geral (Dejours, 1987; Enriquez, 1997; Caldas e Wood Jr. 1999; Gabriel, 1999; Ketz De Vries, 1995).

Os estudos mais críticos sobre o tema apenas o descrevem e se opõem a qualquer intervenção, por considerar que esses são fenômenos complexos (Schein e Vries, 2000; Hirschhorn, 1993; Enriquez, 1991; Dejours, 1987; Frost e Robinson, 1999). Outros estudos sustentam que, dado esse contexto, é fundamental reconhecer e lidar com a resistência organizacional e com bloqueios afetivos gerados pelos mecanismos de defesa, dentro de um modelo psicodinâmico de intervenção (Hirschhorn, 1997; Kets De Vries, 1995; Brown e Starkey, 2000). Idéias recorrentes nesses trabalhos, os paradoxos e os conflitos não podem ser considerados "bons" ou "maus"; eles podem ser funcionais para os indivíduos e disfuncionais para a organização ou vice-versa, dependendo do ponto de vista. Mesmo que a polarização no caso específico se resolva, ela tende a renascer para o indivíduo e para a organização em um outro patamar, mais tarde, pois se trata de um elemento constitutivo da percepção e da mente humana. Alguns estudos nessa linha sugerem três atitudes diante dos paradoxos a fim de se lidar com os mesmos:

- **Aceitação dos paradoxos como processo cognitivo próprio do ser humano** — A dualidade e a ambigüidade fazem parte da realidade organizacional, e lidar com dimensões opostas e incoerentes e com a tensão decorrente desse estado faz parte da realidade atual, cada vez mais complexa e ambígua. Os indivíduos podem resolver questões pontuais, decidir e agir, porém a dualidade e a polarização voltarão em um momento posterior, como parte constitutiva do processo evolucionário do indivíduo e da organização. Logo, a convivência com tensões provocadas por pólos opostos que coexistem num mesmo momento, tanto no indivíduo quanto no grupo, e a aceitação dessas dualidades faz parte do processo evolutivo. A renúncia ao sonho do controle absoluto e da busca por coerência e harmonia no sistema social é parte constitutiva dessa proposição.

- **Confrontação em relação a uma percepção polarizada em particular** — Aceitando-se as percepções paradoxais como fenômenos contínuos que sempre renascem, confronta-se a percepção paradoxal em particular. Trata-se da destruição do paradoxo e da bipolaridade pelo apego a uma das dimensões. Estudos em psicodinâmica, desde os clássicos baseados em Melanie Klein até os mais atuais, confirmam o fato de que os indivíduos, em um dado momento, podem possuir representações da organização mutuamente excludentes — a organização pode ser percebida simultaneamente como um objeto "bom", fonte de recompensas, e um objeto "mau", fonte de frustrações. Essa percepção simultânea e antagônica do mesmo objeto gera uma reação defensiva, o *fenômeno de clivagem*, que leva o indivíduo ou o grupo a separar as projeções positivas das negativas e apegar-se a uma delas. O indivíduo ou grupo se apegará às pulsões positivas para sobreviver dentro do sistema organizacional e nele permanecer ou se apegará ao pólo negativo para justificar seu desligamento do mesmo. Por exemplo, o indivíduo, ao ressentir pulsões positivas e negativas ao mesmo tempo em relação à sua chefia e a fim de permanecer na organização, rejeitará as percepções negativas atribuídas ao chefe. Ele arrumará então um "bode expiatório" — projetará a culpa pelos problemas em outros indivíduos — e manterá a boa imagem do chefe, ou se verá impossibilitado de permanecer no sistema organizacional.
- **Transcendência em relação à percepção paradoxal** — Diversos autores argumentam que representações paradoxais são realidades subjetivas, projeções de indivíduos ou grupos, mas a polarização não necessariamente encontra suporte consistente nos fatos da realidade externa. Assim, o

indivíduo ou grupo pode superar a bipolaridade de modo diferente do anterior, não se apegando a uma das dimensões, mas encontrando elementos na realidade que o permita chegar a uma síntese entre as duas dimensões. Assim, em termos de sua percepção, passará pelas fases de tese, antítese e eventual bloqueio, e caminhará para uma síntese (Denilson et al., 1995; Amason, 1966; Cameron e Quinn, 1988; Farson,1996; Westenholz, 1993; Ropo e Hunt, 1995; Pole e Van De Ven, 1989).

## 4.3 O Interacionismo Simbólico e as Pesquisas sobre os Paradoxos Organizacionais

O Interacionismo Simbólico trabalha com a concepção da organização enquanto fenômeno cultural, fundamentado na *Teoria do Papel*, derivada do trabalho de teóricos norte-americanos como James et al. (1934), base da sociologia fenomenológica. Para essa corrente, os indivíduos exercem papéis nas organizações e se comunicam para construir o sentido comum de sua ação. Utilizando uma metáfora teatral, pode-se dizer que a organização é um conjunto de papéis e representações. Os estudos atuais que lidam com essa corrente tratam de paradoxos e contradições no exercício desses papéis organizacionais. Descreveremos a seguir os pressupostos desses estudos.

Retomando os clássicos, os estudos que tratam dos paradoxos no exercício de papéis nas organizações partem da idéia de que os indivíduos constroem e apreendem os significados compartilhados socialmente, e se relacionam com os outros por meio de esquemas tipificados ou papéis sociais. Dependendo dos papéis que representa, o indivíduo é levado a interiorizar certos modos específicos de conhecimento e a acumular certas informações, não somente do ponto de vista cognitivo, mas também emocional. Ele incorpora certos tipos de emoção, ética, valores e normas característicos dos papéis que desempenha e que interiorizou.

Esses papéis regulam a interação entre os indivíduos e lhes fornecem expectativas recíprocas tendo em vista os diversos contextos sociais que experimentam em sua vida cotidiana. Os atores identificam o tipo de contexto social vivido em sua experiência atual, interpretam a situação e procuram em seu repertório o tipo de papel, conduta e linguagem adequados ao cenário em questão, agindo em função desse referencial. Os papéis tornam habituais certos tipos de comportamento em determinadas situações e interações sociais. Dessa forma, os atores sociais tendem a agir de acordo com certos padrões preestabelecidos socialmente e por eles incorporados em sua socialização primária. Esses padrões pré-estruturam sua ação, mas não a determinam.

Analisando o discurso, os estudos dessa linha teórica mostram que existem diferentes tipos de repertórios culturais relativos a conjuntos de papéis incorporados por grupos sociais distintos. Dentro desses diferentes repertórios culturais existem tipos de papéis que são acessíveis a todos os seus membros, ou ao menos aos atores potencialmente aptos a representá-los. O sistema social mais amplo é constituído por todos esses conjuntos de papéis e formado pela convivência desses diversos grupos distintos. Dessa forma, o estoque de conhecimentos de uma sociedade é estruturado em termos do que é pertinente ou não para certos tipos de papéis específicos, que correspondem a certos tipos de atores sociais.

A maioria dos estudos organizacionais que parte dessa linha teórica considera as organizações como cenas de espetáculo e baseiam seus argumentos nas idéias de Berger e Luckmann (1989) e nos trabalhos de Goffman (1959) relativos à metáfora teatral. Weick, em um estudo que se tornou um clássico, discute a idéia de *Retrospective Sense Making*. Segundo o autor, as explicações e justificativas que os indivíduos e grupos dão sobre sua ação são racionalizações *a posteriori*, criadas para justificar a própria ação, buscando coerência entre sua história passada e seu momento presente e construindo assim o sentido comum (Weick, 1955). A fim de construir esse sentido comum da ação organizacional, Weick argumenta que o grupo organizacional só pode reagir aos dados ou aos problemas que foram previamente percebidos, reconhecidos e compreendidos pelos seus membros. Esses dados os integram como elementos de análise nas representações, gráficos e mapas causais que fazem da organização e de seus problemas. Desse modo, as organizações só podem reagir aos dados e aos elementos que seus membros instituíram (*enacted*) por meio de sua atividade cognitiva (Weick, 1955).

Nessa linha de pensamento, diversos estudos tratam dos paradoxos como contradições e fenômenos que atrapalham a construção de sentido comum pelo grupo organizacional e dificultam sua ação. Esses trabalhos abordam temas como:

- As dificuldades dos indivíduos em conciliar papéis sociais diferentes e contraditórios que exigem, ao mesmo tempo, éticas, linguagem e posturas opostas.

- Contradições que dificultam o aprendizado organizacional e a comunicação, e conseqüentemente a criação de um sentido comum para a ação (*organizational sensemaking*).

Esses estudos mostram que, em função da complexidade dos sistemas culturais, é natural o surgimento de conflitos nas organizações, que podem ser genericamente chamados *conflitos de papéis*. As origens e as conseqüências dos conflitos de papéis narrados nesses trabalhos podem ser resumidas na afirmação de que expectativas contraditórias de papéis provocam pressões opostas no indivíduo intensificando seus conflitos internos. Esses conflitos podem ser de vários tipos:

- O conflito interno que ocorre quando as expectativas de papel de um indivíduo são incompatíveis entre si, com relação ao seu desempenho de um papel específico. O indivíduo pode ser solicitado por diversas dimensões opostas e mutuamente excludentes em relação ao desempenho de um mesmo papel.

- O conflito quando as expectativas de um papel são incompatíveis com as expectativas de outro papel desempenhado pela mesma pessoa em outro contexto. Nesse caso, a pessoa se sente ao mesmo tempo obrigada a "ser A e não-A" ou a fazer "A e não-A" ao mesmo tempo, quando, sendo apenas um indivíduo, não pode atender a ambas as demandas ao mesmo tempo.

- O conflito interno que ocorre quando as expectativas de uma pessoa se chocam com as expectativas do conjunto de papéis em que está inserida. Nesse caso, o indivíduo sofre com a polarização perceptiva decorrente da existência simultânea de suas expectativas pessoais de papel e das expectativas compartilhadas pelo grupo no qual se insere.

Se associarmos as idéias do Interacionismo Simbólico a uma visão hegeliana, perceberemos que o conflito de papéis e os paradoxos são constitutivos do ser humano e de seu grupo, pois influenciam na formação contínua de sua identidade, processo cognitivo e compreensão da realidade. Logo, entender as percepções paradoxais dos grupos em organizações e descrevê-las dentro desse contexto oferece um referencial muito rico ao pesquisador. É possível acompanhar e descrever essas percepções paradoxais observando como evoluem as subculturas dos diversos grupos em relação à organização, no processo dialético de tese, antítese e síntese. Estudos recentes das organizações como esferas teatrais e cenas de espetáculos refletem essa tendência de pesquisa (Wood Jr., 2001; Chanlat, 1992).

## 5. Gestão do Paradoxo: Corrente Crítica e Visão Operacional

Dentro dos pressupostos da análise dialética, considera-se que a organização, ao estruturar parcialmente mas concretamente diversas formas de acesso à experiência e à racionalidade, abriga grupos de atores que possuem culturas diversas e igualmente válidas dentro de seu contexto social. Dentro dessa corrente de pesquisas, na qual se insere o estudo dos paradoxos organizacionais, não é possível falar em uma *racionalidade superior*, apesar do predomínio temporário de certos modelos cognitivos e simbólicos nas organizações e nos diversos setores da economia.

Como vimos, essa linha de estudos considera que a mudança e a institucionalização da nova práxis social, à medida que progridem, geram paradoxos, dualidades e percepções polarizadas nos grupos de indivíduos. A mudança gera contradições e paradoxos porque implica uma ruptura parcial com as práticas e hábitos do antigo sistema social. A resistência à mudança é um fenômeno comum: diante da mudança das condições de trabalho, muitos resistem, pois se sentem ameaçados por transformações que poderão dificultar sua adaptação a um novo ambiente no qual as capacidades relacionais, hábitos e estratégias desenvolvidas na situação anterior não sirvam mais como meio de integração ou de sobrevivência na nova estrutura.

Os fenômenos de resistência à mudança ocorrem devido ao fato de as rupturas abalarem as estruturas profundas relacionadas à identidade do indivíduo, ou seja, sua forma de se relacionar com os outros individualmente ou em grupo; sua capacidade de percepção, análise e ação política; sua propensão a seguir ou não um certo tipo de liderança; sua afetividade etc. Conflitos de crenças, valores e sentimentos ocorrem nesse contexto, fazendo com que os indivíduos, ao lidar com essas tensões provocadas pela dissonância cognitiva, ajam em um sentido ou em outro, confirmando inteiramente o novo sistema social, aderindo a ele mesmo parcialmente, ou recusando-o totalmente. Nesse sentido, sugerimos que o novo sistema social deve ser elaborado a partir do construto social anterior, que oferece a única experiência humana disponível para a consolidação do novo.

Ao tratar do tema paradoxos organizacionais, uma corrente crítica de autores recusa-se a análises prescritivas, simplesmente analisando as contradições e percepções paradoxais e as reações a elas, e descrevendo os rumos que a mudança toma a partir das ações de resistência organizacional. Uma outra corrente de autores propõe, dentro de uma visão menos crítica e mais operacional, a gestão da mudança e das percepções paradoxais dos indivíduos. Analisaremos esta última corrente com mais detalhes.

## 5.1 A Gestão das Contradições e a Mudança Organizacional

A partir dos pressupostos do *Modelo Transformacional de Gestão de Pessoas*, alguns autores propõem a *gestão das contradições* por meio da assessoria de antropólogos, sociólogos, psicólogos e líderes transformacionais, a fim de efetuar um diagnóstico anterior do sistema social e de se prever, dentro do processo de mudança organizacional, uma estrutura de transição que ofereça aos atores sociais um espaço de reconstrução identitária individual e coletiva. Esses espaços de reconstrução pessoal, ou zonas de experimentação, seriam estruturas organizacionais nas quais os atores sociais entrariam progressivamente em contato com as regras do novo sistema em um verdadeiro processo de aprendizagem organizacional, desenvolvendo heuristicamente as habilidades necessárias a sua adaptação, a partir de seu perfil anterior, encontrando assim novas perspectivas e formas de diferenciar-se no novo sistema e trabalhar essas percepções polarizadas. A fim de evitar os fenômenos de resistência à mudança, os autores sugerem a necessidade de uma abordagem terapêutica da gestão de pessoas, que se propõe a diagnosticar e ajudar os indivíduos nos momentos de transição dentro da empresa (Caldas, 2000; Heckscher, 1995).

Essa corrente considera que, em caso de mudança organizacional, os indivíduos necessitam desenvolver *estratégias adaptativas* correspondentes à nova situação, seja utilizando as antigas práticas sociais e normas de relação, seja criando novas formas de interação. A anomia, ou incapacidade de reconstituir um novo universo de normas e interações, geralmente é conseqüência de uma mudança radical na estrutura de poder e nas relações quotidianas de trabalho, e leva freqüentemente ao fracasso de programas de mudança organizacional fáusticos. Não podendo consolidar alianças políticas vitoriosas na nova organização como o faziam na antiga organização, os atores sociais não aceitam o fracasso e resistem a fim de preservar os meios sociais de manutenção de seu sucesso.

Esses autores consideram que, como não se mudam rapidamente estruturas internas resultantes de uma ação adaptativa desenvolvidas durante anos, a resistência à mudança pode ser diminuída na medida em que se ofereçam possibilidades de ação ao indivíduo, dentro da nova estrutura, nas quais ele possa utilizar os meios de ação e cognição desenvolvidos na estrutura organizacional anterior para identificar-se com o novo projeto de organização proposto, adaptando parcialmente suas estratégias de ação às novas perspectivas que lhe são oferecidas.

*5.1.1 A Liderança e a Mudança Organizacional*

No que se refere à condução do processo de mudança organizacional, alguns autores destacam a importância da liderança. Bergamini (1994) faz uma distinção importante entre dois tipos de liderança: a *transacional* e a *transformacional*. Segundo a autora, o primeiro tipo caracteriza-se pela relação de troca não duradoura entre o líder e o liderado, que pode ser política, psicológica ou econômica. A liderança transacional é marcada pelo comportamento condicionado, no qual um indivíduo aceita seguir um líder porque este possui os meios para viabilizar a troca, seja por meio da remuneração, da influência política etc. No processo de liderança transacional, o seguidor aceita as ordens do líder por uma questão de poder formal, o que implica benefícios de caráter extrínseco ao seguidor. A relação de troca entre o líder e o seguidor desaparece no momento em que aquele não pode mais recompensar ou punir os liderados. Em um modelo de liderança transacional, o líder geralmente consegue a submissão das pessoas à sua racionalidade devido ao poder formal e à prerrogativa do exercício da recompensa ou punição. Entretanto, o processo transacional de liderança ignora as necessidades reais dos liderados que influenciam em seu comprometimento e motivação para as ações executadas, o que torna comum o fenômeno de resistência em processos de mudança liderados dessa maneira.

Em uma outra perspectiva, Smircich e Morgan (1982) e Bergamini (1994) discutem a liderança do tipo transformacional, ou administração dos sentidos, processo no qual o líder influencia na definição da realidade dos liderados. Esse relacionamento caracteriza-se pela articulação da experiência e dos sentidos compartilhados pelo grupo social de forma que se viabilize determinados modos de ação. Nesse processo, o relacionamento entre líder e seguidor é marcado pela necessidade existente ou pela solicitação do seguidor em potencial. Esse tipo de liderança caracteriza-se pelo conhecimento, por parte do líder, das necessidades intrínsecas do liderado para que aconteça a satisfação motivacional que permite a ação. O líder transformacional procura motivos potenciais entre seus seguidores e os assume como pessoas totais. Em um processo de liderança transformacional, está implícita a idéia de grande sensibilidade do líder em relação aos liderados, o que implica um relacionamento de duplo sentido, a partir do qual o líder conhece as necessidades dos liderados e estes influenciam o líder no que diz respeito a suas capacidades e possibilidades de atuação. Em um processo de liderança transformacional, o líder não necessita de sua autoridade formal para conseguir a adesão dos liderados. Os vínculos entre os dois tornam-se mais próximos daqueles tipicamente afetivos, o que faz com que o liderado siga o líder voluntariamente. Bergamini descreveu o processo de liderança transformacional da seguinte maneira:

> Confrontado pelas diferentes solicitações vindas desses dois mundos, interior e exterior, na maioria das vezes o indivíduo é levado a questionar a validade daquelas crenças que nele já se achavam enraizadas. Nesse processo, não raro as pessoas podem acabar sucumbindo diante da necessidade de fazer uma opção pessoal em favor de apenas uma destas propostas que lhe parecem dissonantes, senão até mutuamente exclusivas. (...) É nessa oportunidade que o líder pode administrar o significado das opções com as quais se defronta o seu seguidor. (...) Ao assumir o papel que lhe é próprio, o líder natural aparece como alguém que está apto a equacionar as duas realidades existentes no mundo e na vida pessoal de cada um, naquilo que tanto um como o outro possuem de fantasias, de imaginário e de simbólico (Bergamini, 1994, p. 110).

Um processo de mudança fáustica, que rompe com o passado e com a história da organização, pode ser relacionado à liderança transacional e ao *Modelo Instrumental de Gestão de Pessoas*. Como vimos, nessas intervenções, os líderes normalmente decidem pela implementação de novos modelos e sistemas organizacionais que consideram superiores, descartando antigos modelos consolidados. A identidade dos indivíduos, criada a partir da interação social no contexto antigo, entra em crise na medida em que seu referencial social tradicional não é mais relevante (Weick e Westley, 1996). A negação do passado organizacional leva à polarização da percepção dos indivíduos entre o referencial passado, que era conhecido, seguro e permitia a construção da identidade até então, e o referencial futuro, que é incerto e obscuro para a construção de uma nova identidade. Os fenômenos de resistência à mudança e da anomia social são descritos nesse cenário.

Evitar um processo de mudança fáustica requer, segundo os autores que tratam da gestão das contradições, padrões transformacionais de liderança. Isso implica a administração do significado das mudanças organizacionais, isto é, como as mudanças organizacionais vão ser interpretadas pelos indivíduos e como elas vão influenciar na construção dos novos padrões de identidade.

### 5.1.2 Liderança Transacional e Transformacional nos Processos de Reengenharia

A fim de exemplificar a adoção de diferentes práticas de gestão de pessoas em situações de mudança radical e de crise, apresentaremos os trabalhos de dois autores sobre o tema. Trata-se de pesquisas realizadas nos Estados Unidos e na França sobre a implementação de programas de reengenharia e a demissão em massa dos empregados que levantam questões similares. Esses trabalhos ilustram bem a questão da liderança na gestão das contradições, discutida acima.

Charles Heckscher (1995), em seus estudos sobre a reengenharia realizados no começo da década de 1990 nos Estados Unidos e publicados no livro *White-collar blues*, entrevistou 250 gerentes em 14 organizações americanas e estudou as diferentes práticas de administração de recursos humanos utilizadas na gestão da mudança. A partir dos resultados encontrados, o autor classificou as empresas em dois grupos: o primeiro, composto por 10 empresas, foi denominado grupo das *organizações perturbadas*. O segundo grupo, composto por quatro empresas, foi chamado de grupo das *organizações dinâmicas*.

No grupo das *organizações perturbadas*, o autor verificou que a reação da maioria dos gerentes médios e executivos, tendo em vista a crise provocada pelo processo de demissão em massa, foi a negação da realidade e da crise da empresa, adotando uma postura conformista. Em uma atitude de evasão, a maioria desses executivos se concentrava intensamente em suas atividades individuais, tentando desenvolver uma visão de otimismo ingênuo em relação ao futuro, ignorando a mudança e os conflitos e tentando "escapar", "sobreviver" e não ser "vítima" das transformações ocorridas na empresa. O autor verificou que a atitude desses gerentes era induzida pela forma como o departamento de recursos humanos apresentava as mudanças que ocorriam na organização. Nessas empresas, formulava-se um discurso oficial otimista e messiânico em relação ao futuro e negava-se o impacto das mudanças atuais e os efeitos da reengenharia sobre o pessoal. Essas empresas adotavam, em sua maioria, práticas próximas ao *Modelo Instrumental de Recursos Humanos*, e a reengenharia e a demissão em massa dos empregados tinham sido implantadas de modo autoritário, por meio de uma liderança transacional. Apesar do discurso, o ambiente nessas organizações era de medo e angústia: o sentido de grupo ou comunidade tinha sido irremediavelmente rompido, e se instaurava uma crise de confiança.

Nas *organizações dinâmicas*, Heckscher verificou que os executivos e gerentes enfrentavam a reengenharia com mais realismo, tentando perceber claramente suas opções para o futuro (ficar ou não na empresa), analisando suas oportunidades de carreira e formulando estratégias mais definidas de ação. Nessas empresas, o discurso oficial não era messiânico ou prometia um futuro brilhante: a direção fornecia dados sobre o mercado, os custos e a concorrência e explicava os procedimentos que estavam sendo adotados e suas razões. Não se procurava negar as dificuldades do procedimento de despedida em massa ou o custo social do mesmo. Ofereciam-se treinamentos nos quais se procurava desdramatizar a mudança, ajudar os executivos a enfrentar as dificuldades de reinserção no novo sistema ou ainda oferecia-se aconselhamento pessoal e ajuda concreta para os que saíam da empresa para arrumar novos empregos ou abrir negócios próprios.

Apesar do ambiente de angústia e temor provocado pela mudança brusca, os indivíduos eram estimulados a tentar lidar com esses sentimentos de forma criativa, buscando soluções pessoais e respostas à crise. Difundia-se uma ideologia de empresa que não negava o custo e as dificuldades da mudança e procurava-se negociar com os diversos grupos organizacionais. Apesar da crise, essas empresas mostravam-se menos afetadas pelas dificuldades da mudança e vislumbravam-se soluções mais concretas e realistas para lidar com os obstáculos. Os gerentes não ficavam prisioneiros do pânico e da angústia e não adotavam atitudes de conformismo, evasão, negação da realidade ou otimismo ingênuo como nas empresas perturbadas.

Outro autor, Renaud Sainsaulieu (1987), em pesquisas realizadas na França na década de 1980, notou uma situação similar àquela observada por Heckscher na década de 1990 nos Estados Unidos. Sainsaulieu notou que, em organizações que adotavam práticas típicas do *Modelo Instrumental de Recursos Humanos* em situações de mudança, os atores sociais apresentavam uma atitude que o autor chamou de *bloqueio burocrático taylorista*. Eles negavam as dificuldades da mudança, adotavam comportamentos conformistas ou evasivos e não conseguiam lidar com os problemas e formular alternativas de ação. Em algumas poucas organizações francesas, porém, Sainsaulieu encontrou entre os atores sociais em situações de mudança profunda e crise uma atitude que chamou de *responsabilidade ativa*, relativa à manutenção de seus empregos. O autor chamou essas organizações de *organizações de desenvolvimento social*. Heckscher e Sainsaulieu, dessa forma, chegam a conclusões similares sobre o comportamento dos atores sociais em relação à mudança e ao modelo de gestão de pessoas implementado nas organizações.

Em ambas as pesquisas, os autores verificaram que as práticas de recursos humanos instrumentais tendem a induzir atitudes de evasão, conformismo, paralisia e negação da realidade nos atores sociais, reforçando o ambiente de angústia, medo e ruptura presentes no sistema. Nos raros casos encontrados de *organizações dinâmicas* (Heckscher, 1995) e *organizações de desenvolvimento social* (Sainsaulieu, 1987), os autores verificaram práticas próximas à liderança transformacional. Ou seja, não é "bom negócio" para as organizações, nos cenários socioeconômicos atuais, a adoção de práticas de gestão de pessoas que levem ao conformismo e ao bloqueio burocrático taylorista, segundo expressão de Renaud Sainsaulieu. Indivíduos mais autônomos e politizados contribuem melhor para a organização no contexto atual. Não se "compra", porém, o indivíduo pela metade: indivíduos mais politizados tenderão a ser mais questionadores, a não aceitar todas as políticas empresariais, e demandarão melhores condições de trabalho e de desenvolvimento.

## 6. Antes de Avançarmos: um Primeiro Caso de Paradoxo Organizacional

Após essas reflexões e antes de avançarmos em nossa discussão, apresentaremos rapidamente um caso de paradoxo organizacional. Trata-se de uma contradição perceptiva nas organizações, o *paradoxo aprendizagem* versus *automação*. Mostraremos a existência simultânea de dois estados perceptivos excludentes em uma organização que possui uma estrutura de *call center*. Essa dualidade é percebida de maneira distinta pelos diversos grupos organizacionais.

O funcionamento das centrais de atendimento implica a existência de uma estrutura rígida de controle, que gera estresse organizacional e limita a aprendizagem dos indivíduos. Os operadores responsáveis pela interface com esses sistemas trabalham de modo mecânico e padronizado, sem acesso a informação nova e útil que seja relevante para o aprimoramento de seu próprio trabalho. Essa tecnologia automatiza e mecaniza o trabalho desses indivíduos (Vasconcelos et al., 2003). No entanto, as centrais de atendimento geram informação útil para a organização. As informações obtidas nas centrais são transmitidas para outros setores, permitindo que outros grupos incorporem informação nova e aperfeiçoem sua atuação, questionando e reconfigurando os próprios métodos de trabalho.

Assim, ao mesmo tempo em que a tecnologia das centrais de atendimento permite a informatização de alguns setores da organização, ela automatiza e mecaniza o trabalho humano necessário para o desenvolvimento da atividade, o que constitui uma contradição em termos. Ao receberem as mensagens organizacionais relacionadas aos modelos ideais de comportamento dos empregados, baseados no aprimoramento profissional e na aprendizagem, os funcionários da central de atendimento sentem a pressão para se adaptar a esses padrões, mas não conseguem, em razão da forte estrutura que os controla constantemente.

Apesar dessa situação, apenas parte dos funcionários da central de atendimento da organização estudada estrutura sua experiência por meio do paradoxo *aprendizagem* versus *automação*, e sente-se excluída do processo de aprendizagem. Apenas parte dos operadores incomoda-se por realizar tarefas mecânicas e repetitivas. Os outros atendentes não percebem essa contradição e não representam sua experiência de trabalho por essas duas dimensões. Eles gostam de seu trabalho e não se importam com o fato de não terem maior autonomia ou responsabilidades.

6.1 A Central de Atendimento de uma Empresa de Energia

A organização estudada, uma grande empresa do setor de energia elétrica, estava sendo privatizada. Logo, ela adotava rapidamente estruturas e formas de organização típicas de empresas privadas que atuam nesse setor. Em um curto período de tempo, a empresa implementou vários sistemas de informação e aumentou consideravelmente em tamanho suas centrais de atendimento, realizando grandes investimentos na área. Essa organização recebia, em média, 700 mil ligações telefônicas por mês em suas centrais de atendimento, chegando a picos de 60 mil ligações por dia, sendo 80% delas destinadas ao tratamento de assuntos comerciais: pedidos de ligação de energia elétrica ou religação, débito em conta, alteração e informações sobre pagamento de faturas de consumo. Das 700 mil ligações, 20% permitia o acesso a informações mais relevantes para o funcionamento dos sistemas da empresa, já que a partir de reclamações dos usuários é possível tomar-se ciência de alguns problemas nos métodos de funcionamento e aprimorá-los. Essas informações eram passadas adiante para outros departamentos, permitindo, em alguns casos, o redesenho de processos e a inovação e aprendizagem de circuito duplo — reconfiguração do processo ou trabalho a partir do questionamento do anterior. A Central de Atendimento tinha assim uma função estratégica: facilitar o relacionamento com os clientes, além de gerar informações úteis para a informatização de outros setores da organização.

O atendimento telefônico era mais formalizado que o feito pessoalmente. Existiam aproximadamente 200 roteiros com as frases e a seqüência de atendimento previamente estabelecida. Cada item tinha sido estudado e definido com o objetivo de prestar um atendimento padronizado, de pouca duração e de qualidade. Desde o "nome da empresa, nome do atendente, boa tarde", até o "a (nome da empresa) agradece sua ligação", tudo foi pensado, acompanhado e podia ainda ser alterado para ganhar tempo ou qualidade no atendimento. A qualquer momento, um funcionário do apoio entrava em qualquer linha e monitorava o atendimento. Nem o atendente nem o cliente percebiam essa avaliação sendo realizada. O objetivo era verificar se o atendimento estava sendo executado segundo os procedimentos definidos no *Manual de Atendimento Informatizado*, além da dicção, entonação e polidez do atendente. O TMA, tempo médio de atendimento, era determinado e monitorado em tempo real pelo líder da área e pelos monitores, por intermédio de um sistema apresentado graficamente que apontava a duração de cada ligação em andamento, em cada PA, ou posto de atendimento, de todas as centrais.

## 6.2 Os Grupos de Atendentes

Os atendentes representavam sua organização e se autoclassificavam em três grupos sociais. O primeiro incluía os atendentes "da casa" — antigos funcionários da empresa, que trabalhavam anteriormente na organização em tarefas rotineiras e mecânicas e cuja ida para a central de atendimento foi percebida como um "alívio e uma promoção, pois o trabalho é flexível, com menos horas de trabalho". O segundo incluía os *deficientes físicos* (como eles mesmos se denominam), indivíduos portadores de deficiências contratados por meio de convênio com uma associação. Estes demonstravam uma atitude de gratidão e de reconhecimento em relação à empresa, pois estariam normalmente excluídos do mercado de trabalho, e encontraram na empresa uma oportunidade de inserção importante. Finalmente, havia os *terceirizados*, contratados por uma prestadora de serviços. O contrato com a prestadora de serviço devia-se à necessidade crescente de mão-de-obra e ao fato de a Associação dos Deficientes Físicos não ter conseguido responder às necessidades da empresa.

Os terceirizados eram jovens estudantes universitários que só estavam desempenhando aquelas tarefas temporariamente, "sacrificando-se" por não ter outra escolha. Esses indivíduos revelaram considerar aquele emprego um "mal necessário", de caráter temporário, pois se sentiam realizando tarefas que "os emburreciam, mecanizavam e alienavam". A maioria dos indivíduos desse grupo pretendia terminar a faculdade e conseguir empregos melhores, uma vez que adotava os ideais de qualificação, aprendizagem e desenvolvimento. Sentia que esse objetivo estava em contradição com o trabalho que executava, mas este era um mal necessário para poder concluir sua formação escolar fora do ambiente de trabalho. Freqüentar outros ambientes tornava-se fundamental como forma de evasão para que pudessem suportar um ambiente que percebiam como opressivo.

Os outros dois grupos não representavam sua experiência como um paradoxo que os oprimisse, como fazia o grupo dos terceirizados. A maioria dos deficientes considerava que estava tendo uma chance a mais e estava feliz por dispor de uma inserção profissional, realizando um trabalho que considerava dinâmico. Muitos não possuíam maiores ambições no que se refere ao aprendizado ou ao desenvolvimento além de suas tarefas específicas. Não ressentiam o fato de realizarem tarefas mecânicas. Ao contrário, ficavam felizes por conseguir realizá-las, uma vez que suas expectativas eram mais baixas. Ressentiam-se apenas do fato de suas sugestões não serem mais ouvidas pela direção do setor. O mesmo ocorria com os atendentes "da casa", que há anos estavam habituados a realizar tarefas mecânicas e repetitivas em outras unidades da empresa e que agora se sentiam felizes por realizar o mesmo tipo de tarefa, porém em um turno de seis horas.

## 6.3 O Paradoxo Automação *versus* Aprendizagem

Essa pesquisa mostrou que os atores sociais que realmente incorporam o ideal de aprendizado, qualificação e desenvolvimento percebem as contradições entre o discurso oficial da empresa e as condições de trabalho que lhes são oferecidas. Sabem que seu trabalho produz informação útil para outros setores, mas à custa de seu "sacrifício". Esse sacrifício, no entanto, é temporário: os atores sociais terceirizados já entram na empresa planejando o dia em que sairão da atividade, após conquistar uma qualificação ou um diploma superior. Eles necessitam de formas de evasão em sua vida particular, a fim de suportar o trabalho.

No entanto, os atores sociais que não adotam o ideal de aprendizado, desenvolvimento e qualificação ignoram esses modelos e toleram melhor o sistema. Suas expectativas normalmente são baixas: ou vieram de empregos com uma rotina de trabalho mais estressante, como no caso dos operadores "da casa", ou não têm projetos de desenvolvimento de carreira, como no caso dos deficientes, para quem o fato de ter um trabalho já é motivo de satisfação. Alguns deles até esperam ser promovidos na empresa, mas a partir das possibilidades que lhes forem naturalmente oferecidas.

O fato é que, a fim de evitar a alta rotatividade, como no caso dos *terceirizados*, os gerentes da área preferem contratar indivíduos dos dois outros grupos, que permanecem mais no setor por estarem conformados com o tipo de trabalho e com as perspectivas que ele oferece. Eles não têm mais nada "a perder" na organização. A fragmentação das tarefas e a concentração do aprendizado em procedimentos específicos, a aprendizagem em circuito simples, a automação e mecanização do trabalho humano, ou seja, práticas que estão associadas ao modelo da organização "controladora" condenada pelo discurso empresarial atual, não os incomoda. O trabalho como ele está hoje organizado faz com que a geração de informações úteis para os outros setores e a informatização da empresa seja feita às custas do não-aprendizado e do conformismo de outros grupos. Percebe-se assim que, dependendo de suas expectativas e de seus fatores identitários, os atores sociais percebem e representam sua experiência de forma diferenciada. O paradoxo não existe para todos. Ele é uma forma de enação e de representação da realidade associado ao sentido que os indivíduos atribuem à sua experiência e aos seus objetivos pessoais.

Dessa maneira, percebemos que a tecnologia não traz em si um significado ou sentido próprio. São os atores sociais que, dependendo de suas experiências e expectativas e por meio das identificações vivenciadas em seus processos identitários, adotam ou não o discurso oficial, incorporando-o ou não em seu universo simbólico. Quando se identificam com o discurso e com os ideais professados e propagados na organização, desenvolvendo expectativas a eles relacionados, mas percebem que a prática organizacional é muito diferente, os atores sociais vivem as contradições geradas por essa dicotomia e representam sua realidade por meio de um paradoxo que passa a ser para eles fonte de insatisfação e de frustração na organização. Quando não se identificam com o discurso oficial e não incorporam em suas expectativas pessoais os ideais propagados pela organização, os atores sociais não percebem essas contradições, uma vez que para eles elas não são relevantes. Nesse caso, esses indivíduos não representam sua situação por meio do *paradoxo automação* versus *aprendizagem*.

## 7. Conclusão: Paradoxos Organizacionais — Visão Crítica ou Gerencial?

Apresentamos anteriormente vários conceitos. A mudança fáustica e conservadora, ou a mudança transformacional e a metáfora de Janus. Tratamos da adoção de uma linha de trabalho crítica ou mais voltada para a prática organizacional. À guisa de conclusão desta introdução, gostaríamos de salientar que, seja adotando-se uma postura crítica no que se refere aos paradoxos, seja adotando-se uma postura mais voltada para a gestão das mudanças, parece-nos importante destacar *a importância do conhecimento no sentido de ajudar os indivíduos a perceber as posições em jogo no sistema social*. De fato, independentemente de quais forem suas escolhas e de qual for a linha adotada, o *importante é que o conhecimento contribua para os atores sociais perceberem ao menos algumas das opções em jogo, a fim de poderem exercer um mínimo grau de liberdade na definição de suas existências.*

Peter Berger diz a esse propósito:

> Por um momento vêmo-nos realmente como fantoches. De repente, porém, percebemos uma diferença entre o teatro de bonecos e nosso próprio drama. Ao contrário dos bonecos, temos a possibilidade de interromper nossos movimentos, olhando para o alto e divisando o mecanismo que nos moveu. Este ato constitui o primeiro passo para a liberdade (Berger, 1989, p. 34).

## Referências Bibliográficas

AMASON, A. C. Distinguishing the effects of functional and dysfunctional conflict on strategic decision making: resolving a paradox for top management teams. *Academy of Management Journal*, 39, p. 123-148, 1996.

ARAC, J. *Postmodernism and politics.* Minneapolis: University of Minnesota Press, 1986.

ARTHUR, J., AIMAN-SMITH, L. Gainsharing and organizational learning: an analysis of employee suggestions over time. *The Academy of Management Journal*, 44, p. 4, ago. 2001.

BAUDELAIRE, C. *Fleurs du mal.* Paris: Seuil, 1857.

BEER, M. et al. *Human resource management.* Glencoe (Il.): Illinois Free Press, 1985.

BERGAMINI, C. Liderança: a administração do sentido. *Revista de Administração de Empresas* da Fundação Getulio Vargas, v. 34, n. 3, 1994.

BERGER, P., LUCKMANN, T. *A construção social da realidade.* Petrópolis: Vozes, 1989.

BERMAN, M. *Tudo o que é sólido desmancha no ar.* São Paulo: Cia. das Letras, 1988.

BESSEYRE DES HORTS, C-H. *Gérer les ressources humaines dans l'entreprise* — concepts et outils. Paris: Editions de l'Organisation, 1988.

BLAU, P. M., SCOTT, W. R. *Organizações formais.* São Paulo: Atlas, 1970.

BRABET, J. *Repenser la gestion des ressources humaines.* Paris: Economica, 1993.

BROWN, A. D., STARKEY, K. Organizational identity and learning: a psychodynamic perspective. *The Academy of Management Review*, 25(1), p. 102-120, 2000.

CALDAS, M. *Demissão.* São Paulo: Atlas, 2000.

CALDAS, M., WOOD JR., T. *Transformação e realidade organizacional.* São Paulo: Atlas, 1999.

CAMERON K. S. e QUINN, R. Organizational paradox and transformation. In: QUIN R. E., CAMERON K. S. (eds.). *Paradox and transformation:* toward a theory and change in management, 12-18. Cambridge, MA: Ballinger, 1998.

CARVALHO, M. Redes sociais: convergências e paradoxos na ação gerencial. ENANPAD, *Anais...*, 2002.

CASTELLS, M. *A Sociedade em rede.* São Paulo: Paz e Terra, 1999.

CHANLAT, J. F. Organizations as an imaginary theatrical field. In: *10th SCOS Standing Conference on Organizational Symbolism Proceedings...* Lancaster, UK, 1992.

DAVIS, A. S. et al. The Paradoxical process of organizational transformation: propositions and a case study. *Research in Organizationl Change and Development*, 10, p. 275-314, 1997.

DE MASI, D. *O futuro do trabalho:* fadiga e ócio na sociedade pós-industrial. Rio de Janeiro: José Olympio Editora, 2000.

DEJOURS, C. *A loucura do trabalho:* estudo de psicoterapia do trabalho. São Paulo: Cortez, 1987.

DENILSON, D. et al. Paradox and performance: toward a theory of behavioral complexity in managerial leadership. *Organization Science*, 6, p. 524-540, 1995.

DIAMOND, M. A. Bureaucracy as externalized self'system: a view from the psychological interior. In: HIRSCHHORN, L. CARONE, B. (eds.) *The psychodynamics of organization.* Philadelphia: Temple, p. 219-236, 1993.

EISENHARDT, K. M. Paradox, spirals, ambivalence: the new language of change and pluralism. *The Academy of Management Review*, 25(4), p. 703-706, 2000.

ENRIQUEZ, E. *L'organisation en analyse.* Paris: PUF, 1991.

FARSON, R. *Management of the absurd*: paradoxes in leadership. New York: Simon and Schuster, 1996.

FESTINGER, L. *A theory of cognitive dissonance*. New York: Prentice-Hall, 1957.

FROST, P., ROBINSON, S. The toxic handler: organizational hero and casualty, *Harvard Business Review*, 77, p. 97-106, 1999.

GABRIEL, Y. *Organizations in depth* — the psychoanalysis of organizations. London: Sage, 1999.

GIDDENS, A. *The consequences of modernity stanford*. Stanford University, 1990.

GOETHE, J. W. *Faust*. New York: Anchor, 1962.

GOFFMANN, E. *The presentation of self in every day life*. Garden City, N.Y.: Doubleday, 1959.

HARVEY, D. *The condition of postmodernity*. Malden: Blackwell, 2000.

HECKSCHER, C. *White-Collar blues*. New York, N.Y.: Basic Books, 1995.

HEGEL, F. *La phénomenologie de l'esprit*. Paris: Aubier, 1941.

HERACLEOUS, L. BARRETT, M. Organizational change as discourse: communicative actions and deep structure in the context of information technology implementation. *Academy of Management Journal*, v. 44, ago. 2001, p. 755-779, 2001.

HIRSCHHORN, L. Psychodynamics of safety. In: HIRSCHHORN, L.M., BARNETT, C. *The psychodynamics of organization*. Philadelphia: Temple, 1993.

_____. *Reworking authority*. Cambridge, Ma: The MIT Press, 1997.

JACQUES, E. Social systems as a defense against persecutory and depressive anxiety. 478-498. In: KLEIN, M. (ed.) *New directions in psycho-analysis*. London: Tavistock, 1955.

JAFFEE, D. *Organization theory* — tensions and change. Nova York: McGraw-Hill, 2001.

KETS DE VRIES, M. F. R. *Organizational paradoxes*: clinical approaches to management. New York: Routledge, 1995.

KLEIN, M. *Contributions to psycho-analysis*. Londres: Hogarth Press, 1965.

KOJÈVE, A. *Une introduction à la lecture de Hegel*. Paris: Seuil, 1980.

LAWRENCE P., LORSCH, J. *Organization and environment*: managing differentiation and interaction. Boston, MA: Harvard University Press, 1967.

LEWIS, M. W. Exploring paradox: toward a more comprehensive guide. *The Academy of Management Review*, 25(4), p. 760-776, 2000.

LINDEMANS, M. J. In: *Encyclopedia mythica*, 1997. Acessado em 11/03/2004. http://www.pantheon.org/areas/mythology/europe/roman/articles.html?/articles/j/janus.html

LOVELACE, K. et al. Maximizing cross-functional new product teams innovativeness and constraint adherence: a conflict communications perspective. *The Academy of Management Journal*, 44, 4, ago 2001.

MARLOWE, C. *Dr. Faustus*. New York: Dover Pubns, 1994.

MARTORY, B., CROZET, D. *Gestion des ressources humaines*. Paris: Natan, 1988.

MCKINLEY, W., SCHERER, A. G. Some unanticipated consequences of organizational restructuring. *The Academy of Management Review*, 25(4), p. 735-752, 2000.

MEAD, G. H. *Mind, self and society*. Chicago: University of Chicago Press, 1934.

MERTON, R. The Unanticipated consequences of purposive social action. *Social Forces*, XVIII, p. 560-568, 1936.

_____. The role-set: problems in sociological theory. *British Journal of Sociology*, VIII, p. 106-120, 1950.

MYEONG-GU, S., CREED, D. Institutional contradictions, praxis and institutional change: a dialectical perspective. *Academy of Management Review*, 27, 2, p. 222-247, 2002.

NOGUEIRA, E. O tempo nas organizações: conceitos e resultados de estudo exploratório de caso. Enanpad, *Anais...*, Atibaia, 2003.

PERETTI, J. M. *Ressources humaines*. Paris: Vuibert, 1990.

PETTIGREW, A. et al. Studing organizational change and development: challenges for future research. *The Academy of Management Journal*, 44, 4, ago. 2001, p. 716-737, 2001.

POOLE, M. S., VAN DE VEN, A. H. Using paradox to build management and organization theories. *The Academy of Management Review*, 14, p. 562-578, 1989.

POWELL, W., DIMAGGIO, P. *The new institutionalism in organizational analyses*. Chicago: Chicago University Press, 1991.

ROPO, A., HUNT, J. G. Entrepreneurial processes as virtuous and vicious spirals in a changing opportunity structure: a paradoxical perspective. *Entrepreneuship Theory and Practice*, 19(3), p. 91-111, 1995.

SABELIS, I. Temporal paradoxes: working with cultural diversity in organizations. In: W. KOOT, I., S. YBEMA (eds.). *Contradictions in context:* puzzling over paradoxes in contemporary organizations. Amsterdam: VU University Press, 1996.

SAINSAULIEU, R. *Sociologie de l'organisation et de l'entreprise.* Paris: PFNSP, 1987.

SCHEIN E., VRIES K. Crosstalk on organizational therapy. *The Academy of Management Executive*, v. 14, n. 1, p. 31-51, fev. 2000.

SCHULER, R. *Personnel and human resource management.* St. Paul (Miss.): West. 3ª ed., 1987.

SELZNICK, P. *TVA and the grass roots.* Berkeley: University of California Press, 1955.

SENGE, P. *The fifth discipline:* the art and practice of the learning organization. New York: Doubleday, 1990.

SIMON, H. A behavioral model of rational choice. *Quartely Journal of Economies*, LXIX, p. 99-118, 1955.

SMIRCICH, L., MORGAN, G. Leadership: the management of meaning. *The Journal of Applied Behavioral Science*, 18(3), p. 257-273, 1982.

VASCONCELOS, I. et al. Tecnologia, paradoxos organizacionais e gestão de pessoas. *Revista de Administração de Empresas*, v. 43, n. 2, abr./jun. 2003.

VASCONCELOS, I., MASCARENHAS, A. Paradoxos organizacionais e tecnologia da informação: uma análise crítica da implantação de sistemas de auto-atendimento na área de gestão de pessoas da Souza Cruz. XXVII ENANPAD, *Anais...*, Atibaia, 2003.

VASCONCELOS, I., VASCONCELOS, F. Gestão de pessoas e identidade social: um estudo crítico. *Revista de Administração de Empresas da EAESP/Fundação Getulio Vargas*, v.1, jan./mar. 2001.

VERGARA, S. C., VIEIRA, M. M. F. Sobre a dimensão tempo-espaço na análise organizacional. ENANPAD, *Anais...* Atibaia, 2003.

WEICK, K. *Sensemaking in organizations.* New York: Sage, 1995.

WEICK, K. E., WESTLEY, F. Organizational learning affirming an oxymoron. In: CLEGG, S.; HARDY, C.; NORD, W. (eds.). *Handbook of organization studies.* 440-458. Thousand Oaks, CA: Sage, 1996.

WESTENHOLZ, A. Paradoxical thinking and change in frames of reference. *Organization Studies*, 14, p. 37-58, 1993.

WOOD, T. *Organizações espetaculares*. Rio de Janeiro: Editora Fundação Getúlio Vargas, 2001.

WOODMAN, R. et al. Special research forum: change and development journeys into a pluralistic world. *Academy of Management Journal*, v. 44, n. 4, ago 2001, p. 697-714.

# PARTE II

## PARADOXOS ORGANIZACIONAIS E MUDANÇA

# 2

# O PARADOXO BÁSICO DA ADMINISTRAÇÃO DE RECURSOS HUMANOS: O DISCURSO VERSUS A PRÁTICA DE GESTÃO DE PESSOAS NAS EMPRESAS

*Beatriz Maria Braga Lacombe*
*Maria José Tonelli*

## 1. Introdução — O Paradoxo *Discurso* versus *Prática* na Gestão de Pessoas

Tratamos neste capítulo do *paradoxo discurso* versus *prática,* que pode ser conceituado como a existência simultânea de duas realidades contraditórias: o discurso da organização e sua prática em relação a um mesmo objeto. O *paradoxo discurso* versus *prática* gera percepções inconsistentes nos indivíduos, que polarizam a interpretação da realidade ao seu redor entre as dimensões opostas "discurso" e "prática". Ao assimilar promessas e discursos gerenciais que produzem expectativas mas não se realizam, alguns grupos de atores sociais podem desenvolver reações defensivas que aumentam o nível de frustração, tensão e estresse no sistema organizacional.

Este capítulo explora o *paradoxo discurso* versus *prática* básico na gestão de pessoas e na área de RH. Ao se revisar a literatura sobre a administração de recursos humanos (ARH) nas últimas décadas, fica claro um descompasso significativo entre a percepção de problemas e a identificação de tendências pelos diversos autores e formadores de opinião na área e a prática efetiva de gestão de pessoas, principalmente nas empresas brasileiras. O movimento da administração de pessoal para a gestão de pessoas é bastante conhecido, tendo ocorrido em épocas diversas em países diferentes, ou mesmo em diferentes setores da economia. Entretanto, é possível constatar que, apesar do conceito de *administração estratégica de recursos humanos* ter surgido no início da década de 1980 nos Estados Unidos, e de ter sido reconhecido como necessário pelas organizações no Brasil alguns anos depois, pesquisas mostram como esse modo de se pensar RH era ainda incipiente no final da década de 1980. Além disso, pode-se dizer que na década de 1990 a maioria das empresas ainda não adotava as práticas recomendadas por autores estrangeiros e nacionais.

Este capítulo detalha os resultados de uma pesquisa realizada em 1999 para sugerir a ocorrência do *paradoxo discurso* versus *prática* na gestão de pessoas. Com o objetivo de explorar a realidade das organizações, investigamos como a área de RH estrutura e conduz suas ações para comparar essa realidade às idéias que norteiam o desenvolvimento de tais práticas. Organizamos este capítulo da seguinte maneira: na primeira parte é apresentada uma breve revisão teórica sobre a evolução do papel da área de Recursos Humanos; a segunda parte traz um panorama de como tem sido, nas duas últimas décadas, a prática nas empresas brasileiras; na terceira parte, fazemos algumas considerações metodológicas e apresentamos um resumo das opiniões dos especialistas consultados e dos resultados da investigação nas empresas. Nessa seção, comparamos ainda os dados obtidos sobre a prática das empresas às idéias propostas por Fisher (1998) sobre os modelos de gestão de pessoas denominados *ARH estratégica* e *ARH para vantagem competitiva*. Na última parte, questionamos alguns dos resultados e fazemos indicações para pesquisas futuras.

## 2. A Administração Estratégica de Recursos Humanos — Uma Revisão Histórica

A década de 1980 foi marcada pela emergência das *abordagens estratégicas* da administração de recursos humanos. O conceito de Planejamento Estratégico para Recursos Humanos (PERH), por exemplo, surgiu no início dessa década com base no desenvolvimento de duas proposições. A primeira, conhecida como *Michigan Concept* e desenvolvida por Tichy e seus colaboradores, definia PERH como a ligação de missão, estratégia, estrutura e RH e punha mais ênfase temporal e quantitativa na missão e na estratégia, com o RH se adequando a esses fatores. O PERH consistia, basicamente, em desenvolver estrategicamente quatro fatores: seleção, avaliação, remuneração e desenvolvimento. A segunda, o *Harvard Concept*, enfatizava mais a perspectiva da gestão da administração de recursos humanos, ressaltando o papel não só de adaptador, mas de interventor no planejamento estratégico. Eram quatro as áreas-chave para determinação de políticas de RH: grau de influência do empregado (participação); fluxo de RH (recrutamento, utilização e demissão); sistema de recompensas; e sistemas de trabalho (organização do trabalho). Essas áreas seriam afetadas pelos interesses dos *stakeholders*, o que inclui os empregados, e por fatores situacionais, como características da força de trabalho, filosofia da administração, estratégias de negócios, mercado de trabalho, sindicatos etc. (Staehle, 1990).

O papel estratégico a ser desempenhado pelo RH passou a ser repensar as atividades próprias da área em termos estratégicos, ou seja, integrar os objetivos de longo prazo da organização, as variáveis relevantes do ambiente e as necessidades decorrentes em termos de pessoas. Devana, Fombrun e Tichy (1984) descrevem então como deveriam ser os subsistemas de seleção, avaliação, recompensas e desenvolvimento a partir da ótica estratégica e, principalmente, a partir da visão da organização a respeito do tipo de contrato que deveria ser estabelecido com seus empregados. Essa visão compreenderia elementos como a relação que a organização queria estabelecer com o empregado, se limitada a recompensar o desempenho ou se baseada na troca de comprometimento por qualidade do trabalho a ser realizado; o grau de participação esperado dos empregados; a ênfase dada ao recrutamento, interno ou externo, quando necessário; e se o desempenho seria avaliado de forma individual ou em equipes, ou ainda por uma mistura dos dois. Era essa visão que definiria, em princípio, como os subsistemas seriam administrados. Esses conceitos podem ser genericamente chamados de *modelo de gestão de pessoas*, que não se restringe apenas ao caráter instrumental da gestão de pessoas, mas engloba também um componente real e dinâmico, "uma lógica de atuação que é ao mesmo tempo política, social, ideológica e comportamental" (Fisher, 1998, p. 47). O modelo, ao simplificar a realidade, orienta a decisão e a ação.

Apesar de reconhecer que organizações diferentes poderiam adotar visões diferentes, os autores assinalavam as vantagens de se adotar alguns conceitos no planejamento estratégico de recursos humanos. Entre eles, a idéia de que a seleção devia privilegiar o recrutamento interno, pois "bons gerentes (...) não nascem, são feitos" (Devana et al., 1984, p. 45). A necessidade de se formar gerentes dentro da organização, em vez de se buscar sempre no mercado, aliada à necessidade de se planejar onde e quando alocar esses executivos, daria ênfase ao desenvolvimento de pessoas, o que se refletiria em todos os outros subsistemas de recursos humanos.

Conforme ressalta Albuquerque (1987), a necessidade de se pensar recursos humanos estrategicamente decorreu, principalmente, do reconhecimento da importância de se considerar o ambiente externo na formulação das estratégias de negócios, e da existência de um *gap* entre as necessidades previstas para a implantação dessas estratégias e as realidades que as organizações enfrentavam em termos de pessoas para implantá-las. Springer e Springer (1990) avaliam que a prática de recursos humanos na década de 1990 seria basicamente focada em:

- Recrutamento: ênfase no recrutamento interno como melhor forma de adequação aos objetivos estratégicos.

- Análise de funções: deveria ser utilizada cada vez mais, sob a forma de descrição, especificação e avaliação de funções, com a finalidade de fornecer informações para todo o espectro das atividades de RH, e não mais como controle ou imposição de tarefas predeterminadas.

- Treinamento e desenvolvimento: os autores previam um grande crescimento da função treinamento. *In-house training* para o pessoal operacional, uma vez que a proximidade do local de trabalho permitiria a resolução de problemas específicos. Já para o nível gerencial, previam o foco no desenvolvimento de competências, que compreendem conhecimento, habilidades e atitudes, por meio de treinamentos tanto técnicos quanto comportamentais.

No começo da década de 1990, uma nova visão da gestão de pessoas começa a ser formulada. Albuquerque (1992) discute como mudanças nas relações de trabalho ocorreriam graças à intensificação da competitividade. Uma nova concepção de empresa competitiva começaria a ser desenhada. Essa concepção da organização, que teria como objetivo maior atender aos interesses dos *stakeholders*, previa como política de recursos humanos a manutenção das pessoas na organização, mas de modo flexível, com intercâmbio entre carreiras e funções, e o foco colocado no desempenho das equipes. Fica clara, portanto, a importância da preparação desses empregados para funções presentes e futuras, além das habilidades de se trabalhar em grupos.

Na década de 1990, Anthony et al. (1996) indicaram que a estratégia de RH deveria, além de reconhecer os impactos do ambiente, enfocar o longo prazo, considerar todo o pessoal (e não apenas os operacionais) e ser integrada à estratégia corporativa. Os autores ressaltam que as funções de recursos humanos deveriam ser alinhadas à estratégia da empresa, mas sugerem que "todos os gerentes devem ser vistos como gerentes de Recursos Humanos" (ibidem, p. 17). Os gerentes, mesmo os de linha, começam a serem vistos como responsáveis pela utilização eficiente e eficaz de seus subordinados, e ao profissional de RH é designado o papel de aconselhamento e de coordenação dos esforços para que os gerentes possam desempenhar essa nova função. Uma interdependência entre gerentes e profissionais de RH deveria se desenvolver, na medida em que os gerentes se tornam cada vez mais capazes de resolver "problemas de pessoas" e o profissional de RH se torna cada vez mais capaz de compreender as várias dinâmicas encontradas em cada área.

Siehl e Bowen (1997) identificam um outro papel para o RH, ligado às mudanças pelas quais passam as relações de trabalho. De acordo com os autores, o antigo contrato psicológico existente entre empregado e empresa, que previa uma relação duradoura, um emprego para a vida toda, tornou-se obsoleto e vem ruindo com a flexibilização das relações de trabalho e o surgimento de novas formas de se trabalhar. Era preciso, portanto, redefinir e comunicar um novo contrato psicológico. O profissional de RH deveria trabalhar com a alta administração o conteúdo desse contrato, e então mostrá-lo aos trabalhadores. Os autores viam também como grandes desafios para o RH do final de década a facilitação do trabalho entre trabalhadores separados fisicamente e a promoção da flexibilidade entre as pessoas, acostumadas a outro modo de agir.

Ao final da década de 1990, Mohrman e Lawler III (1997) apontaram uma mudança importante nas regras do jogo: as empresas precisavam de maior desempenho das pessoas e ofereciam menor comprometimento. Esse paradoxo redefiniria as preocupações de RH, que deveria se transformar realmente em um parceiro que ajudasse a desenvolver novas abordagens para seleção, treinamento, planejamento de carreiras, recompensas e habilidades essenciais. Os autores indicaram também a tendência do estabelecimento de alianças e parcerias interorganizacionais, entre as empresas e entre estas e universidades e governos, para desenvolver os requisitos necessários a novos tipos de contrato de trabalho, como, por exemplo, programas de treinamento e desenvolvimento de carreira, além de benefícios mais flexíveis, aconselhamento financeiro etc.

Fisher (1998) resume o novo significado assumido pela ARH a partir da década de 1990, a *ARH como vantagem competitiva*. Com a perspectiva voltada para o negócio da empresa, começou a ser discutido o papel das pessoas para se atingir a competitividade. Se a estratégia é a diferenciação e a obtenção de vantagem competitiva, caberia à ARH garantir que as pessoas fossem também fonte de vantagem competitiva. As empresas precisariam buscar formas novas e criativas de gestão; à ARH caberia transmitir as estratégias às pessoas e transformá-las em agentes de competitividade. Com base nas tendências e nos desafios apontados por Ulrich (1998), o autor atribui quatro funções principais à área de recursos humanos: as funções estratégicas e competitiva, a função de promover e auxiliar os processos de mudança e a função responsável pelo envolvimento dos empregados com a empresa. Para o autor, o papel da ARH *como vantagem competitiva* se amplia em relação às abordagens estratégicas, desenvolvidas na década de 1980, conforme ilustrado no Quadro 2.1.

## Capítulo 2  O paradoxo básico da administração...

**Quadro 2.1** — ARH estratégico *versus* ARH como vantagem competitiva

| RH | Estratégico | Como Vantagem Competitiva |
|---|---|---|
| Período aproximado | 1980-1990 | 1990- |
| Condições que propiciam surgimento | Reconhecimento da importância dos fatores do ambiente; necessidade de vincular gestão de pessoas às estratégias da organização. | Maior competitividade; necessidade de diferenciação; pessoas vistas como recursos para vantagem competitiva. |
| Papel | Adaptação das pessoas às necessidades estratégicas. | Transmissão das estratégias às pessoas, transformando as pessoas em agentes de competitividade. |
| Funções e contribuições | Motivação dos empregados e manutenção da segurança e do bom ambiente, garantindo envolvimento. | Viabilização de vantagem competitiva sustentável, com gestão de pessoas focada na mudança e no envolvimento dos empregados. |
| Principais atividades | Treinamento, recrutamento interno, desenvolvimento; busca de práticas ideais; terceirização; descentralização. | Administração de rede de agentes organizacionais — gerentes e parceiros internos e externos; administração de programas que dependem do comportamento de pessoas; criação de instrumentos de gestão para pessoas; mensuração dos impactos de RH; manutenção da capacidade intelectual da organização; orientação para um desenvolvimento integrado. |

Adaptado de Fisher, A.L. *A constituição do modelo competitivo de gestão de pessoas no Brasil – um estudo sobre as empresas consideradas exemplares*, Tese de Doutoramento, Faculdade de Economia, Administração e Contabilidade da Universidade de São Paulo, 1998.

## 3. A ARH no Brasil

O caso brasileiro é bastante peculiar, conforme já apontado por diversos autores (Albuquerque, 1987; Dutra, 1993; Fisher, 1998). Apesar da necessidade de se tratar a ARH como estratégica já ter aparecido na literatura no início da década de 1980 (Barbosa, 1981; Bertero, 1982; entre outros), o reconhecimento dessa necessidade e sua implementação prática deu-se com anos de atraso em função, principalmente, das condições macroeconômicas vigentes, que não propiciavam ou ditavam a necessidade das mudanças preconizadas. Vejamos com mais detalhes como isso aconteceu.

No final da década de 1980, duas pesquisas confirmaram a situação apenas incipiente da ARH estratégica. Na primeira, Dutra (1987), ao estudar os profissionais da área de Recursos Humanos, admite que, apesar de terem encontrado um grande espaço para a ação dentro das empresas brasileiras em função do aumento da complexidade organizacional do país, o grupo estudado ainda estava mais preocupado com problemas de relações sindicais do que com o redesenho da área em si, sua estrutura e seus instrumentos. Em geral, a maior preocupação das áreas de RH, recém-instaladas nas empresas, ainda se restringia aos aspectos operacionais do trabalho.

Na segunda pesquisa, Albuquerque (1987) afirma que "parece haver um crescente entendimento entre pesquisadores e profissionais de Administração de Recursos Humanos do caráter estratégico de que se revestem suas atividades", caráter este devido, em grande parte, ao aumento da complexidade do ambiente externo e da influência de suas variáveis sobre a organização (ibidem, p. 11). O autor destaca a necessidade de profissionais multidisciplinares, com capacidade para reconhecer mudanças e seus impactos nas políticas das empresas, seja a curto ou a longo prazo. Em pesquisa realizada com 168 empresas do centro-sul do país, o autor comenta que "muito embora não se evidencie uma ligação forte entre planejamento estratégico e planejamento estratégico de recursos humanos, já se configura uma tendência de aceitação do planejamento estratégico de recursos humanos por parte da alta administração" (ibidem, p. 213). Na maioria das empresas pesquisadas, o executivo da área era envolvido de alguma forma no processo de formulação das estratégias organizacionais. Essa tendência, entretanto, só se mostraria mais relevante ao final da década seguinte.

Nos primeiros anos da década de 1990, conforme observa Fisher (1998), as estratégias adotadas pelas empresas para enfrentar os novos cenários eram tipicamente reativo-defensivas, concentradas no enxugamento e na redução de custos. Até então, o foco das preocupações era muito mais como gerir a área financeira, dada a necessidade de convivência com as altas taxas de inflação e os inúmeros planos e choques econômicos, produzindo empresas "inchadas", com pouco controle sobre custos e desperdícios e até mesmo sobre a eficiência da produção. Entretanto, a década de 1990 é marcada por profundas transformações no cenário econômico, afetando diretamente o padrão de competitividade das empresas brasileiras. É nessa época que fica mais evidente a importância da abordagem estratégica da gestão de recursos humanos. Duas pesquisas datadas de 1995 refletem o que estava acontecendo com a ARH, como resposta a essas transformações.

Venosa e Abbud (1995), em pesquisa realizada em 1998 com dirigentes de empresas, mostram que as funções vistas como mais importantes dentro da área de Recursos Humanos eram recrutamento e seleção, benefícios, treinamento e departamento pessoal, ou seja, as rotinas burocráticas. O planejamento de carreira formalizado não existia em 69,89% das empresas pesquisadas; 60,22% não tinha planejamento de pessoal; 50,54% não fazia avaliação de desempenho; 31,18% não tinha serviço social; e 31,18% não fazia pesquisa de salários. Privilegiava-se, portanto, as atividades mais burocráticas, valendo-se ainda do princípio de que, desde que se recrutasse a pessoa certa para o lugar certo, pagando-lhe um salário justo e treinando-a adequadamente, os problemas com pessoal estariam resolvidos. Corroborando essa hipótese, os autores descobriram que, na opinião dos dirigentes, as empresas não possuíam políticas de RH bem estruturadas e aplicadas, o que dava margem, então, aos procedimentos informais.

A pesquisa de Curado et al. (1995) junto aos dirigentes da área de Recursos Humanos de 100 empresas também mostrou que a maior parte das empresas pesquisadas tinha a atuação de sua área de RH voltada para questões trabalhistas e operacionais (ibidem). As políticas e práticas de RH, ainda pouco sofisticadas e diversificadas, também não eram claramente formuladas ou sistematizadas. A maior parte das empresas (61%) ainda era estruturada como Departamento Pessoal (DP), e as atividades e funções pertinentes à área eram centralizadas nesse departamento. Das funções previstas por um PERH anteriormente descrito, o recrutamento interno era pouco utilizado (12%), o treinamento era pouco privilegiado para todos os níveis de empregados e a administração de carreiras também era pouco expressiva nas empresas com estrutura de DP, revelando uma falta de preocupação com a tradução de planejamento estratégico em ações e, portanto, com o longo prazo. É interessante ressaltar que apenas 35% das empresas tinham um planejamento estratégico formalizado, e a participação da área de RH era mais restrita às fases de fornecimento de informações e execução.

Dos resultados das duas pesquisas, pode-se perceber que, apesar do reconhecimento da necessidade de se tratar a ARH de forma estratégica, como indicado na pesquisa de Albuquerque (1987), na prática, a participação da área se restringia à administração dos processos operacionais. As atividades que caracterizavam uma ARH estratégica, como, por exemplo, o treinamento, o recrutamento interno, a busca de práticas ideais e a utilização de terceirizações e descentralização de processos, ainda eram pouco difundidas. Durante a década de 1990, enquanto as empresas brasileiras não tinham nem ao menos uma ARH estratégica, já era desenvolvido o conceito de ARH como vantagem competitiva, ampliando ainda mais o leque das atividades necessárias ao gerenciamento de pessoas da empresa competitiva.

Fisher (1998) reconhece que a partir de 1995 começa a surgir uma nova tendência nas estratégias adotadas pelas empresas brasileiras, em função do reconhecimento da importância que passou a ter o cliente em ambientes competitivos. O autor mostra como essa mudança de foco não somente impactou os processos produtivos, como também levou as empresas a repensar os processos de gestão de pessoas, a exemplo do que já vinha acontecendo em outros países. Entre os programas mais adotados estão: planejamento estratégico, implementação do trabalho em equipe, Gestão da Qualidade Total, aquisição de equipamentos automáticos, planejamento das necessidades de materiais (MRP), programa de conservação de energia, redução do *lead time* e terceirização, entre outros. Pôde-se perceber o quanto esses e outros programas que se seguiram eram dependentes do envolvimento e da atuação das pessoas para que pudessem ter sucesso, o que indicava a necessidade de a ARH adotar novas perspectivas.

## 4. A Pesquisa

Apresentamos agora os resultados de uma pesquisa mais recente, realizada em 1999, com o objetivo de comprovar a ocorrência do *paradoxo discurso* versus *prática* na gestão de pessoas. Com o objetivo de explorar a *realidade prática* das organizações, investigamos inicialmente 100 empresas da Grande São Paulo para saber como a área de Recursos Humanos estava conduzindo suas ações. Foram considerados os seguintes aspectos: como está a estruturação da área de RH, políticas e práticas mais utilizadas, grau de planejamento e estruturação das atividades e envolvimento da área de RH com programas de mudança organizacional. As empresas selecionadas foram sorteadas aleatoriamente do índice *Dun&Bradstreet 10.000*. O questionário aplicado continha 64 questões sobre os itens anteriormente mencionados, e a maioria era composta de questões fechadas. Ao final, foram feitas duas questões abertas sobre as principais preocupações da área e as perspectivas de mudança vislumbradas pelos profissionais entrevistados, que eram, em geral, os responsáveis (gerentes, supervisores, superintendentes ou diretores) pela área.

Em relação ao *discurso*, foi realizada paralelamente uma pesquisa semelhante com 14 especialistas da área, entre acadêmicos e consultores, de diferentes regiões do país, em 1998 e 1999. As entrevistas com os especialistas foram gravadas e transcritas, e o material apresentado é resultado de um recorte efetuado a partir de duas questões introdutórias: *o que define a área de RH na sua concepção? Quais as funções que deveriam ser realizadas pela área de RH?*

## 4.1 A Pesquisa com Acadêmicos e Consultores

Apresentamos no Quadro 2.2 trechos das entrevistas que melhor resumiam a opinião dos entrevistados. Nosso objetivo foi identificar como cada um definia os conceitos relevantes à área e como esses conceitos poderiam ser associados à tipologia dos modelos de gestão de pessoas proposta por Fisher (1998), anteriormente descrita.

**Quadro 2.2** — Resumo das definições e funções da área de RH para 14 entrevistados

**Definição e função da área de RH para os entrevistados**

1. "Acho que é a área encarregada de gerar e produzir um *comportamento organizacional* na empresa coerente com o seu negócio."

2. "*Você seleciona, você recruta, mas isso pode ser feito até por uma outra [empresa], pode ser terceirizado*. Então, eu acho o seguinte: o indivíduo, entrando na organização, passa por três áreas fundamentais. A primeira seria o desenvolvimento, na qual são empregadas as mais complexas fórmulas. A segunda seria a questão da *remuneração*, esta remuneração significando salário, benefícios e o aspecto simbólico do reconhecimento no trabalho. E a terceira eu diria que é *a questão do controle*, que seria a forma como esse indivíduo é visto dentro da organização, o que está muito ligado ao modelo de gestão."

3. "De um lado, há a cúpula da organização, que *define as grandes diretrizes estratégicas*, e a área de Recursos Humanos. Na relação com esse ator, a área de RH tem um papel importante não só de participar, mas de dar o suporte metodológico de informação, de tendência de mercado, de análise da realidade organizacional nessa reflexão estratégica da organização."

4. "Hoje é uma área que tenta estabelecer e botar um pé na *equação estratégica de negócios da empresa*, criando argumentos de que recursos humanos são mais importantes. Não consegue convencer a liderança da empresa e se ocupa de uma tarefa importante que é *criar condições de promover o auto-desempenho*."

5. "Olha, eu tenho uma visão de que a área de RH *deve ter uma preocupação global, geral e estratégica com a gestão das pessoas nas organizações*. O primeiro eixo, para mim, seria o eixo voltado para a questão do desempenho no sentido de garantir um sistema de trabalho de alto desempenho, de desempenho satisfatório, e aí eu acho que temos uma grande função e uma grande importância. Eu acho que *o segundo grande eixo é como ajudar a organização, a gestão e os gerentes a lidar com as trocas do indivíduo com a organização*. Vejo também *um terceiro eixo* — nem sei que rótulo vou dar a ele —, que seria uma visão mais prospectiva do futuro em termos do elemento humano na organização."

6. "Eu acho que a área de RH é uma área estratégica e uma área de apoio. No passado, ela foi sempre vista mais como uma área de apoio, o que foi um erro. É uma área que permeia toda a empresa, e tem que ser vista como tal."

7   "Então o pessoal de RH é fundamental no sentido de *captar, desenvolver, preparar as pessoas para serem geridas e para permitirem à organização sobreviver*. Agora, o RH deve promover o desenvolvimento dos gestores para que eles sejam capazes de gerir gente."

8   "O que eu vejo é, principalmente, o *desenvolvimento e a educação*. Quando digo educação, é no sentido de proporcionar uma aprendizagem, que é fundamental; quer dizer, a gente não fala mais em treinamento, a gente fala em desenvolvimento, a gente fala na possibilidade de ser educado dentro de uma organização para alcançar o conhecimento global."

9   "Eu acho que a área de RH é responsável pela *gestão de desempenho das pessoas. O RH tem que estar integrado à estratégia da empresa, ao que a empresa está fazendo no curto e no longo prazo*."

10  "A área de RH eu defino como *a grande responsável por trazer e manter bons profissionais*, de qualquer nível, por colocá-los dentro da empresa e se preocupar com seu desenvolvimento, por colocar as pessoas certas nos lugares certos, por fazer um acompanhamento da faixa salarial adequada ao perfil que ele procura. Desde o recrutamento e a seleção de profissionais de todos os níveis na empresa, *até o desenvolvimento e treinamento desses profissionais para estarem sempre atualizados, além de atualização da remuneração para que eles estejam realmente trabalhando e se desenvolvendo bem e recebendo os salários compatíveis com suas posições. Eu acho que cultivar um papel social, de relacionamento com a comunidade e com a sociedade*, também é responsabilidade do RH."

11  "*A área de RH é uma área facilitadora que produz recursos e condições para a produção do desempenho exigido pelo negócio e pelo crescimento psicológico das pessoas.*"

12  "Eu acho que até seis ou oito anos atrás existia uma perspectiva de trabalhos muito técnicos, e a área de RH estava muito relacionada às atividades tradicionais do departamento pessoal — salários, pagamentos, legislação e coisas nesse sentido. Eu acho que hoje existe uma perspectiva muito mais globalizante, preocupada justamente com as mudanças que estão ocorrendo e com as novas exigências em função de questões como qualificação do trabalhador, multifuncionalidade, politecnia e outras nesse sentido. Existe uma perspectiva hoje de trabalhar com recursos humanos muito mais no sentido de políticas de recursos humanos, de estratégias de recursos humanos."

13  "*Antes de falar em funções, eu prefiro falar da filosofia, porque tudo decorre daí. Qual é a filosofia dessa empresa? Como é que ela vê as pessoas?* Então, em função de como ela vê as pessoas, ela vai definir o papel das pessoas e a recompensa a ser oferecida."

14  "A área de RH seria estruturada a partir de uma política de desenvolvimento de pessoas, passando a se preocupar não só com a produtividade, mas com a qualidade de vida dos profissionais que trabalham com a empresa. Seu trabalho seria o de *pôr as pessoas certas nos lugares certos*."

Do Quadro 2.2, de acordo com as tendências indicadas no modelo de Fisher (1998), é possível verificar que as idéias dos especialistas podem ser reunidas em dois grandes grupos. O primeiro grupo (1, 2, 7, 8, 9, 10, 12, 14), mais numeroso, possui uma visão da área de RH como estratégica. O segundo grupo (3, 4, 5, 6, 11, 13) apresenta uma visão da área de RH mais próxima do conceito de modelo de gestão para vantagem competitiva. É possível verificar que, mesmo dentro da comunidade de especialistas, os conceitos diferem bastante.

## 4.2 A Pesquisa com as Empresas

Os resultados desta pesquisa mostram uma evolução na prática da ARH, se comparada às pesquisas mencionadas anteriormente. O Quadro 2.3 mostra um resumo de como estão sendo realizadas as principais funções típicas de uma ARH estratégica.

**Quadro 2.3** — Resumo da prática das principais funções da ARH em 100 empresas da Grande São Paulo

| Funções desempenhadas | % de utilização |
|---|---|
| Centralização total das atividades | 58 |
| Centralização de algumas atividades | 34 |
| *Terceirização* | 56 |
| • recrutamento | 20 |
| • seleção | 18 |
| • treinamento e desenvolvimento | 19 |
| • folha de pagamento | 13 |
| *Recrutamento* | |
| • indicação de funcionários | 83 |
| • jornais | 75 |
| • recrutamento interno | 74 |
| *Treinamento* | |
| • nível operacional: *on-the-job* | 75 |
|     aulas práticas instrutor interno | 56 |
| • nível técnico: *on-the-job* | 73 |
|     cursos externos curta duração | 62 |
| • nível gerencial: cursos externos curta duração | 83 |
|     *on-the-job* | 82 |
| Participação em congressos e seminários | 82 |
| *Administração de carreira* | |
| • pesquisa salarial | 68 |
| • classificação de cargos e salários | 64 |
| *Planejamento estratégico de RH* | 59 |

Do Quadro 2.3 pode-se inferir um movimento bem definido em relação a uma ARH estratégica, conforme as características dessa abordagem apresentadas no Quadro 2.1. Apesar de a maior parte das empresas ainda ter as atividades de RH centralizadas em um único departamento, já era expressivo o número de empresas que adotava uma estrutura mista, com a descentralização de algumas funções, seleção e treinamento. O recrutamento interno aparece como uma das mais fortes fontes de recrutamento. O treinamento também se apresenta bem mais expressivo do que nas pesquisas anteriores. Consideradas em conjunto, estas duas tendências sugerem um investimento maior na manutenção e no desenvolvimento de um quadro de pessoas. A administração de carreiras mostra uma preocupação e uma abertura para o ambiente externo. O índice de empresas que adota programas de planejamento estratégico também evoluiu. Em 90% das empresas visitadas, a área de RH participava do planejamento estratégico de alguma maneira. Sua participação era bastante significativa no fornecimento de informações (76%) e na execução dos programas (71%), mas era menos freqüente no processo de planejamento propriamente dito (56%). Esses números parecem indicar que, apesar de já estar mais perto da alta direção e de ter mais responsabilidade pelos processos decisórios, pelas políticas e por sua implantação, a ARH parecia ter ainda um papel mais de seguidor e de adaptador dos recursos humanos às políticas do que propriamente de interventor ou criador conjunto da estratégia organizacional, como propõe o modelo de ARH como vantagem competitiva.

A pesquisa mostrava uma evolução na ARH estratégica. A abordagem estratégica podia não estar totalmente implementada, mas podia-se perceber que a maioria das empresas já havia mudado uma ou outra atividade, numa tentativa de se modernizar a administração de pessoas. A tendência de se tentar manter e de oferecer treinamento aos empregados se contrapunha à ênfase na redução de custos apontada para os primeiros anos da década de 1990. Mas e a ARH como vantagem competitiva, tendência sugerida pela literatura, será que ganhava terreno nas empresas brasileiras?

Para verificar se havia alguma tendência nesse sentido, analisaram-se as respostas dadas às duas questões abertas dos questionários.

A primeira pergunta tratava das maiores preocupações da área de RH no momento; a segunda, das perspectivas de mudança para a área.

Em relação à primeira pergunta, as principais preocupações referiam-se às atividades típicas de RH, como treinamento, desenvolvimento, recrutamento, motivação, remuneração, benefícios etc. A maior parte das respostas, 39%, entretanto, salientava um aspecto mais problemático, sugerindo que a implantação das políticas ou atividades não havia ocorrido de forma integrada, de acordo com um planejamento de gestão de pessoas para a construção das relações que se buscava entre a empresa e o empregado. As mudanças também foram apontadas como preocupações por 15% dos entrevistados. É interessante notar que se reconhecia a necessidade de mudança, mas as mudanças eram, em sua maior parte, ligadas às atividades de RH mencionadas como as maiores preocupações, ou seja, atividades que podem ser agrupadas como atividades tradicionais da área. As preocupações estratégicas vêm a seguir, juntamente com as preocupações de ordem operacional e de produtividade. Incluem-se nas preocupações estratégicas o desenvolvimento e a manutenção de talentos, a implantação de formas de remuneração mais ligadas ao desempenho e a estruturação e sistematização dos procedimentos relacionados às atividades de RH. Entre as preocupações operacionais e de produtividade, estão incluídos problemas de organização do trabalho, de melhoria de processos e rotinas etc.

Em relação à segunda pergunta, 30% dos entrevistados responderam que não havia perspectivas de mudança; 16% afirmou que o RH deveria ter uma atuação mais estratégica para o futuro; 16% declarou que estavam previstas mudanças estruturais e nas relações de poder; 9% indicou mudanças relacionadas às atividades de RH; 8% mudaria para alcançar maior eficiência e qualidade ou para obter a certificação da ISO; e 5% pretendia mudar para se tornar uma área de RH efetivamente.

Para que se pudesse avaliar melhor as respostas dadas, foi feita uma análise qualitativa, caso a caso, associando as principais preocupações e perspectivas de mudança a outros dados, como natureza do capital, número de funcionários e a existência ou não de planejamento estratégico. Pode-se constatar a formação de três grupos principais, revelando preocupações e perspectivas de mudanças semelhantes em estágios notadamente diferentes da ARH:

- O primeiro grupo, representando 28% da amostra, era composto de empresas com até 500 funcionários, predominantemente de capital nacional (apenas duas exceções) e que possuíam ou não planejamento estratégico. As principais preocupações deste grupo referiam-se a problemas financeiros enfrentados pelas empresas, ameaçadas até mesmo em sua sobrevivência. Os entrevistados reconheciam a necessidade de implantação de políticas e de sistematização da área para redução da informalidade — causa de inúmeros problemas —, de melhorar processos de produção, de se treinar mais os empregados etc., mas o problema financeiro era um determinante e, sem a solução deste, nada seria mudado. É interessante observar que o planejamento estratégico, nesses casos, se resume a projeções financeiras para a empresa.

- O segundo grupo representava 19% da amostra e já havia completado uma primeira grande reestruturação da área de RH. Composto principalmente por grandes multinacionais com planejamento estratégico estruturado e com boa participação de RH no programa, essas empresas revelaram preocupações bastante diversas, mostrando abordagens diversificadas de se pensar RH com foco no negócio para a obtenção de vantagem competitiva. A necessidade de mudança contínua, a atenção ao cliente interno, a captação e retenção de pessoas e a determinação de competências e habilidades eram outras preocupações de quase todas as empresas pesquisadas. A aplicação das novas técnicas variava bastante entre uma e outra, indo da adoção de um misto de atividades centralizadas e descentralizadas até a previsão de término da área de RH, contratando apenas consultores para facilitar os trabalhos. Todas demonstravam ter programas a serem implantados, ou seja, mudanças deviam ocorrer em um futuro próximo, pois, apesar de já terem mudado bastante, consideravam que ainda havia muito o que fazer.

- O terceiro grupo, 53% da amostra, demonstrava estar em fase de transição entre os dois estágios mencionados anteriormente. As empresas que compunham esse grupo eram grandes em sua maioria, mas havia também algumas com menos de 500 funcionários. O que mais chamou a atenção nas entrevistas desse grupo foi o fato de estarem todos sintonizados com a necessidade de promover mudanças. Entretanto, as mudanças que já haviam sido introduzidas não foram suficientes para provocar grandes impactos, ficando a sensação de que faltava uma programação para a mudança, ou uma visão do objetivo a ser alcançado. Exemplo disso são empresas que implementaram políticas estruturadas em apenas parte da organização e programas de treinamento não atrelados a uma perspectiva de longo prazo. Os responsáveis pela área consideravam que o RH precisava participar mais do planejamento e do processo decisório, que ainda precisava se consolidar mais; alguns reconheciam, entretanto, que por parte da alta direção a vontade de mudar era apenas parcial. Essas empresas já haviam passado por reestruturações, em sua maioria, mas demonstraram ter muitos problemas com a motivação de pessoas, revelando uma falta de política integrada para se efetuar mudanças.

Os três grupos identificados podem ser associados às abordagens mencionadas por Fisher (1998), citadas anteriormente. O primeiro grupo ainda está na fase operacional da ARH, na qual as preocupações se voltam, principalmente, à redução de custos e à sobrevivência, merecendo atenção, portanto, os problemas legais que devem ser contornados para não complicar ainda mais sua situação. É um grupo composto por profissionais que reconhecem a necessidade de mudar, mas que não conseguem se fazer ouvir, dada a premência da situação financeira da empresa. Alguns se mostram bastante pró-ativos, lutando por mais treinamentos, na medida em que conseguem associar treinamento a maior produtividade, mas são ações isoladas, sem perspectivas de continuidade ou de evolução.

O terceiro grupo parece estar mais relacionado à abordagem da ARH estratégica, notando-se entretanto vários estágios de desenvolvimento da ARH dentro do grupo. As empresas reconhecem a necessidade de se investir mais em recursos humanos, mas os processos tomam as mais variadas formas, demonstrando, em geral, uma grande dose de confusão na adoção de conceitos e na aplicabilidade dos mesmos. A impressão que fica é que há uma noção clara da necessidade de se "ter e ser RH", mas que o significado disso ainda está sendo trabalhado dentro de cada empresa. Algumas, por exemplo, procuram melhorar processos apenas para a obtenção de certificados ISO; outras optam por "implantar esse RH todo" apenas porque "está todo mundo fazendo isso"; outras ainda declaram ser necessário "ser estratégico", sem entender bem o que está por trás dos conceitos envolvidos. Isso retrata a falta da visão a que se referem Devana, Fombrun e Tichy (1984), o que torna a ação fragmentada e os processos desintegrados e demorados, nem sempre atingindo os objetivos a que se propunham. Pode-se dizer que uma parte dessas empresas ainda está na fase reativo-defensiva descrita por Fisher (1998), mas que há outras mais integradas e já sentindo a necessidade de mudar o foco dos processos de mudança.

O segundo grupo é o que se aproxima da abordagem de ARH como vantagem competitiva. Tendo já passado por fases de reestruturação tanto da empresa como da própria área, nota-se a constante preocupação em se pensar o papel de RH dentro da empresa, com foco no negócio, nos clientes interno e externo, na mudança constante e em metas de longo prazo. Aqui não se fala mais em treinamento de pessoas, mas de capacitação, qualificação, retenção e desenvolvimento. Várias das empresas atuam em mercados bastante competitivos, como o de telecomunicações e o de informática, por exemplo, reforçando a idéia de que quanto mais turbulento o ambiente, maior é a necessidade de se administrar pessoas para a obtenção de vantagens competitivas.

## 5. Considerações Finais

O que esses dados nos informam é que parece existir um descompasso entre o discurso e a prática dos diversos atores que compõem o cenário da ARH. Enquanto especialistas da área defendem uma abordagem da gestão de pessoas como vantagem competitiva, apenas uma pequena parte das empresas adota essa abordagem. Além disso, percebemos que a abordagem estratégica, discutida nos meios acadêmicos e empresariais desde a década de 1980, ainda não é uma realidade consolidada. Não foi possível, já que grande parte dos dados era quantitativa, observar se as práticas referidas tinham a qualidade necessária para que pudessem ser incluídas verdadeiramente dentro de cada um dos modelos apresentados. Portanto, ainda é possível questionar o quanto as respostas refletem um comportamento "para inglês ver", ou o quanto correspondem a mudanças efetivas. Caldas e Wood (1997), pesquisando empresas brasileiras, mostraram que modelos ou conceitos são adotados ou por imposição das matrizes ou por "pacotes" de consultores, e que na verdade são apenas discursos da alta direção ou da gerência que não correspondem à realidade das práticas adotadas. Dessa maneira, as limitações de nossa pesquisa nos levam a considerar a possibilidade de a realidade das empresas ser ainda bem diferente.

Por outro lado, a heterogeneidade das práticas reforça a diversidade dos conceitos apresentados pelos próprios especialistas entrevistados nesta pesquisa. A área de Recursos Humanos tem sido tradicionalmente caracterizada por uma grande ambigüidade, tanto na definição de conceitos como em suas aplicações. De fato, cabe ressaltar que os conceitos envolvidos nas práticas da gestão de recursos humanos podem ser objeto de polêmicas, que não foram consideradas no âmbito deste trabalho. A problematização desses conceitos envolve desde as práticas tradicionais da gestão de recursos humanos até aquilo que tem sido chamado de evolução da área.

Não é de hoje que a área de RH se apresenta repleta de contradições, conforme já apontado em diversos trabalhos (ver, por exemplo, Legge, 1999), de modo que cabe considerar que, se a área já comporta toda essa problematização, as pesquisas existentes sobre as empresas brasileiras deveriam avançar, especialmente do ponto de vista qualitativo, para esclarecer como estas práticas estão sendo aplicadas na realidade. Vale a pena investigar com maior profundidade a relação existente entre: a) o discurso dos especialistas internacionais, isto é, a teoria produzida por pesquisadores das principais escolas de RH fora do Brasil, e o discurso de especialistas brasileiros, b) o discurso dos especialistas internacionais e as práticas das empresas brasileiras, c) o discurso dos especialistas nacionais e as práticas das empresas brasileiras, d) o discurso das empresas e as práticas das empresas, e) o discurso dos especialistas nas universidades e as práticas desenvolvidas pelas consultorias na área, f) o discurso das consultorias e as práticas realizadas pelas empresas etc., só para citar alguns exemplos de paradoxos que podem permear a teoria e a ação da ARH.

## Referências Bibliográficas

ALBUQUERQUE, L. G. *O papel estratégico de recursos humanos*. São Paulo, 1987. Tese (livre-docência) — Faculdade de Economia, Administração e Contabilidade da Universidade de São Paulo.

_____. Competitividade e recursos humanos. *Revista de Administração da USP*, v. 27 (4), out./dez. 1992.

ANTHONY, W. P. et al. *Human resource management* — a strategic approach. Orlando, Harcourt Brace & Co., 1996.

BARBOSA, J. R. O papel estratégico dos recursos humanos no processo de renovação organizacional, um estudo de caso: a ECT. *Cadernos EBAP*, FGV, 1981.

BERTERO, C. O. A administração de recursos humanos e o planejamento empresarial. *Revista de Administração de Empresas*, v. 22, n. 1, p. 5-13, jan./mar., 1982.

CALDAS, M. WOOD, T. For the english to see: the importation of managerial technology in late 20th century Brazil. *Organization*, v. 4, n. 4, p. 517-534, 1997.

CURADO, I. et al. *Perfil da gestão de recursos humanos na Grande São Paulo*. São Paulo: Senac, 1995.

DEVANA, M. A. et al. *Strategic human resource management*. New York: John Wiley & Sons, 1984.

DUTRA, J. *Administração de carreiras:* uma proposta para repensar a gestão de pessoas. Faculdade de Economia (tese de doutoramento, administração e contabilidade da Universidade de São Paulo), 1993.

DUTRA, J. S. *Profissionais de recursos humanos* — um grupo à procura de legitimação (dissertação de mestrado). Escola de Administração de Empresas de São Paulo/FGV, 1987.

FISHER, A. L. *A constituição do modelo competitivo de gestão de pessoas no Brasil* — um estudo sobre as empresas consideradas exemplares (tese de doutoramento, Faculdade de Economia, Administração e Contabilidade da Universidade de São Paulo), 1998.

LEGGE, K. *HRM* — rhetorics and reality. London: McMillan, 1999.

MOHRMAN, S. A., LAWLER III, E. E. Transforming the human resource function. *Human Resource Management*, v. 36, n. 1, p. 157-162, 1997.

SIEHL, C., BOWEN, D. The future of human resource management: March and Simon (1958) revisited. *Human resource management*, v. 36, n. 1, p. 57-63, 1997.

SPRINGER, B., SPRINGER, J. HRM in the US — Celebration of its centenary. In: PIEPER, R. (ed.) *Human resource management:* an international comparison. Berlin: Walter de Gruyter, 1990.

STAEHLE, W. H. Human resource management and corporate strategy. In: PIEPER, R. (ed.) *Human resource management:* an international comparison. Berlin: Walter de Gruyter, 1990.

ULRICH, D. *Os campeões de recursos humanos:* inovando para obter os melhores resultados. São Paulo: Futura, 1998.

VENOSA, R., ABBUD, M. *A importância da área de recursos humanos segundo os principais dirigentes de empresas* (relatório de pesquisa). Núcleo de Pesquisas e Publicações, EAESP/FGV, 1995.

# 3

# GESTÃO DO PARADOXO
# *DISCURSO* VERSUS *PRÁTICA* —
# APRENDIZAGEM E INFORMATIZAÇÃO
# DA ADMINISTRAÇÃO DE RH[1]

*André Ofenhejm Mascarenhas*
*Flávio Carvalho de Vasconcelos*
*Isabella Freitas Gouveia de Vasconcelos*

## 1. Introdução — Gestão de Pessoas no Brasil, a Aprendizagem e a Tecnologia da Informação

Uma revisão da literatura nacional e internacional sobre a gestão de pessoas nos mostra que a aprendizagem é uma variável progressivamente valorizada nas organizações atuais. Os autores sustentam que a emergência de novos modelos de gestão de pessoas deve ter como um de seus objetivos principais a politização e a qualificação dos indivíduos de maneira a viabilizar a aprendizagem e o contínuo aperfeiçoamento do sistema organizacional (Fischer, 1998 e 2002; Fischer e Albuquerque, 2001). No Brasil, a aprendizagem também é discutida no âmbito da gestão de pessoas. Como vimos no capítulo anterior, a literatura indica uma importante fase de transição entre modelos predominantemente operacionais para modelos mais orgânicos de gestão de pessoas, estes chamados genericamente de *ARH como vantagem competitiva*.

Podemos relacionar a emergência de modelos orgânicos de gestão de pessoas e a aprendizagem à implementação da tecnologia da informação na administração de RH, mais especificamente, aos sistemas de

---

1. Este capítulo foi elaborado com o apoio do FGV/EAESP/NPP — Núcleo de Pesquisas e Publicações da FGV/EAESP — e do FGV/EAESP/CIA — Centro de Informática Aplicada da FGV/EAESP.

RH auto-atendimento. Esses sistemas possibilitam o amplo acesso do funcionário a informações e funções personalizadas e relevantes à administração de seu relacionamento com a organização. Pode-se dizer que a implementação da tecnologia da informação vem sendo considerada uma maneira de se viabilizarem novos arranjos organizacionais da gestão de pessoas e a aprendizagem nas organizações (Mascarenhas, 2003).

A partir da discussão do *paradoxo discurso* versus *prática* básico da gestão de pessoas no Brasil, feita no capítulo anterior, abordaremos neste capítulo a administração das contradições nas organizações nesta época de transição de modelos. Ao mesmo tempo em que as organizações adotam novos discursos sobre a gestão de pessoas e a aprendizagem, os indivíduos encontram dificuldades operacionais para a implementação e a consolidação de novas estruturas e comportamentos, o que intensifica a percepção polarizada das dimensões *discurso* e *prática* no sistema organizacional. Entendemos que esse tipo de contradição é comum em situações nas quais se tenta consolidar novos modelos de gestão sem, no entanto, observar a complexidade característica das organizações. Apresentaremos um estudo de caso em uma organização na qual foram criadas condições favoráveis para a emergência de um novo *modelo de gestão de pessoas* caracterizado pela aprendizagem, diminuindo a percepção paradoxal em tal contexto.

## 2. O *Paradoxo Discurso* versus *Prática* e seus Efeitos

Tratamos neste capítulo da gestão do *paradoxo discurso* versus *prática*. Esse tipo de contradição acontece quando os indivíduos percebem a existência simultânea de duas realidades inconsistentes na organização: seu discurso e sua prática efetiva em relação a um mesmo objeto. O *paradoxo discurso* versus *prática* gera percepções polarizadas e conflitantes nos indivíduos, que interpretam a realidade ao seu redor por meio de dimensões opostas de *discurso* e *prática*.

São vários os efeitos indesejados desse tipo de paradoxo organizacional. A partir das percepções polarizadas entre dimensões *discurso* e *prática* incoerentes e de discursos gerenciais que produzem expectativas que não se realizam, os indivíduos desenvolvem reações defensivas que aumentam o nível de tensão no sistema organizacional. Essas tensões conduzem a fenômenos como a resistência organizacional e a emergência de conflitos e frustrações, que impedem a consolidação de processos de mudança e de reestruturação (Kets De Vries, 1995).

A piora do clima organizacional deve-se às frustrações geradas por essas contradições, como narram diversos estudos. Mais especificamente, quando "compram" os ideais de qualificação e aprendizagem pregados pelo discurso oficial, vários indivíduos sentem que tais idéias estão em contradição com o trabalho mecânico que executam, que os impede de alcançar concretamente seus objetivos, construindo novas competências. Essa percepção, bem como um estilo gerencial incompatível com a aprendizagem organizacional, explica o fato de a implementação de sistemas de informação baseados nessas competências falhar, isto é, de o sistema ser implementado mas não ser utilizado na prática como deveria (Vasconcelos e Vasconcelos, 2002; Carvalho e Lopes, 2001; Vieira e Misoczky, 2000; Leão Jr., 2001). Dessa forma, reforça-se o ciclo vicioso: contradições muito grandes entre o discurso e a prática gerencial, que produzem nos indivíduos expectativas de desenvolvimento que não são concretizadas, geram frustração e tensão organizacional que dificultam a construção das competências necessárias à implementação bem-sucedida de certos sistemas de informação que exigem maior autonomia e preparação técnica dos indivíduos, reforçando ainda mais a distância discurso-prática na mesma organização (Teixeira et al., 2001; Seleme e Andrade, 1999; Souza, 2000; Soares e Pimenta, 2000).

## 3. A Tecnologia da Informação e a Aprendizagem

Shoshana Zuboff descreve o fato de que, por sua própria natureza, a tecnologia da informação atual é caracterizada por uma dualidade fundamental, sua capacidade para *automatizar* e *informatizar*. Podemos ainda relacionar as duas funções da tecnologia à aprendizagem, como descrito por Chris Argyris (1992) dentro de uma linha cognitivista de análise. Argyris definiu o *single looping learning* e o *double looping learning*, ou aprendizagem de circuito simples e aprendizagem de circuito duplo.

Em primeiro lugar, a tecnologia pode ser utilizada para *automatizar* operações. O objetivo é substituir o esforço e a qualificação humanos pelo trabalho de máquinas, que permite que os mesmos processos sejam executados a um custo menor, com mais controle e continuidade. Essa função está relacionada ao modelo industrial e permite que se melhorem continuamente os processos e que se atinja maior eficiência nos procedimentos já conhecidos e sistematizados (Zuboff, 1994 e 1988). A *aprendizagem de circuito simples* pode ser associada à automatização e baseia-se na detecção do erro e na sua correção, preservando-se, no entanto, os pressupostos do sistema operacional, ou seja, os valores de base que inspiram o funcionamento do sistema. No que se refere aos processos de produção ou administrativos, pode-se dizer que se trata da melhoria contínua de processos, na qual aprimora-se cada vez mais a eficiência de um dado processo, aperfeiçoando-se a sua prática e a sua execução até um nível ótimo, sem se questionar, no entanto, os valores de base do sistema ou as suas etapas de funcionamento. A aprendizagem de circuito simples refere-se ao indivíduo que aperfeiçoa ou incorpora novas práticas na medida em que elas não contradigam os seus pressupostos e valores de base. Não há questionamento dos seus valores e práticas anteriores (Argyris e Schön, 1978).

A tecnologia tem, entretanto, um outro potencial: a *informatização*. Nesse caso, vai-se além da mera automação; gera-se e divulga-se uma informação nova que pode ser usada para aperfeiçoar o próprio sistema organizacional. Essa função da tecnologia está vinculada ao modelo informacional e permite a geração de informação nova, útil ao indivíduo que trabalha na interface com a máquina para o questionamento do sistema atual e a comparação de diferentes sistemas. A informatização está relacionada à *aprendizagem de circuito duplo*, base da inovação, que envolve um processo de percepção e exploração das possibilidades do ambiente. Em primeiro lugar, o indivíduo tem acesso a novas informações; em segundo, compara as informações obtidas com as normas de funcionamento de um dado sistema ou processo, ao que se segue o questionamento da pertinência das normas de funcionamento do sistema e a iniciação de ações corretivas apropriadas, que podem envolver a mudança das práticas, dos valores e dos pressupostos do sistema ou processo antigo. No que se refere aos processos produtivos e gerenciais, propõe-se questionar habitualmente as suas bases de funcionamento, valendo-se de novas informações obtidas, redesenhando-se o processo produtivo, a tecnologia ou a organização, ou incluindo-se modificações relevantes no sistema desde que se façam necessárias.

O processo de aprendizagem, porém, não é simples e envolve contradições e *paradoxos discurso versus prática*. Argyris e Schön (1978), em sua teoria perspectiva da ação *(theory of action perspective)*, mostram que os indivíduos agem de acordo com suas crenças e seus pressupostos — valores que embasam sua ação e oferecem padrões *(frames)* de interpretação da realidade. Parte desses padrões, crenças e pressupostos pode ser modificada, transformando, assim, a ação e o comportamento dos indivíduos, pressuposto da aprendizagem (Argyris e Schön, 1978). No entanto, Argyris e Schön descrevem as *rotinas defensivas* que impedem a adoção efetiva de práticas que se oponham às crenças básicas dos indivíduos. Os indivíduos não adotam comportamentos ou não tomam conhecimento de informações que lhes produzam desconforto e angústia. Dessa forma, existe uma defasagem entre a *teoria adotada* (o que se diz que se faz) e a *teoria efetivamente praticada* (como realmente se age): os indivíduos podem dizer que são favoráveis à incorporação de certo tipo de comportamento, podem até acreditar na sua validade, mas um bloqueio cognitivo os impede de adotar esses comportamentos na prática (Argyris e Schön, 1978).

## 4. A Abordagem Sociotécnica: Sistema Social e Implantação da Tecnologia

A *abordagem sociotécnica* teve grande impacto na teoria das organizações. De acordo com essa abordagem, o trabalho não pode ser considerado um conjunto de tarefas rotineiras, individuais e justapostas, mas um sistema de atividades que tem uma unidade clara, formada por partes diferenciadas que devem tanto ser integradas como interagir. A partir dessa idéia, devemos a Trist a identificação de dois subsistemas organizacionais, cuja interação determina o trabalho real:

- o subsistema técnico;
- o subsistema social.

O *subsistema técnico* inclui as demandas da tarefa, a implantação física e o equipamento existente, correspondendo, portanto, à eficiência potencial da organização. O *subsistema social* inclui as relações sociais daqueles encarregados da execução das tarefas, que transformam a eficiência potencial em eficiência real (Motta e Vasconcelos, 2002, p. 182). Os padrões de interação entre esses dois subsistemas, segundo os teóricos sociotécnicos, determinam a transformação da eficiência potencial em eficiência real.

Estudos recentes sobre o sistema social e a tecnologia nas organizações, de uma perspectiva sociotécnica, mostram que os indivíduos não são meras extensões das máquinas. Ao considerarmos que a interação máquina—ser humano determina a transformação do potencial de eficiência em eficiência real, podemos dizer que os indivíduos complementam as máquinas no ambiente organizacional. Apesar de modificar o horizonte de possibilidades, a tecnologia não define por si só a maneira como o trabalho será organizado e executado. Isso porque a tecnologia não traz um significado em si mesma, mas é apropriada e utilizada de acordo com os padrões cognitivos, os objetivos e a identidade dos indivíduos ao seu redor.

Como discute Zuboff (1994), as funções de *automatização* e *informatização* podem ser vistas como estratégias de implementação da tecnologia, e podem levar a organização a caminhos divergentes. Uma estratégia que enfatiza a automação concentra-se na máquina inteligente, em volta da qual os indivíduos trabalham de forma mecanizada. A estratégia informatizante, ao contrário, reconhece o valor e a função da máquina inteligente, mas somente no contexto de sua interdependência com pessoas inteligentes e motivadas à aprendizagem e à inovação. Cada uma dessas estratégias de utilização da tecnologia requer, portanto, subsistemas sociais distintos e capazes de, em interação com o subsistema técnico, transformar a eficiência potencial da tecnologia em eficiência real.

## 5. A Abordagem Sociotécnica: Tecnologia, Aprendizagem e Gestão de Pessoas

Os padrões de relacionamento entre empresas e empregados, mediados e administrados pela área de RH, sofreram significativa evolução no decorrer do último século. A literatura geralmente trata desse desenvolvimento a partir do conceito de *modelo de gestão de pessoas*. Segundo Fischer (2002), o modelo de gestão de pessoas é a maneira como uma empresa se organiza para gerenciar e orientar o comportamento humano no ambiente de trabalho. É importante destacarmos que o conceito de modelo de gestão de pessoas não se restringe ao seu caráter instrumental, mas diz respeito às diferentes lógicas que influenciam o comportamento na organização. O modelo de gestão de pessoas, dessa maneira, sistematiza componentes políticos, ideológicos, sociais e comportamentais que orientam a ação e a decisão no contexto organizacional.

Ao considerarmos as premissas da abordagem sociotécnica, é possível associarmos a cada estratégia de implementação da tecnologia determinado modelo de gestão de pessoas. A uma estratégia de *automatização* podemos relacionar o *Modelo Instrumental de Gestão de Pessoas*, associado às organizações industriais ou mecânicas e à aprendizagem de circuito simples. Segundo o *Modelo Instrumental de Gestão de Pessoas,* o mercado se impõe à empresa e sua estratégia é definida por seus diretores em função das pressões do mercado. A gestão de pessoas tem a função de implantar essa estratégia buscando a maximização dos resultados e a melhor *performance* dos empregados. Estes são considerados seres utilitaristas e condicionáveis *mediante* ações baseadas no conceito de estímulo-resposta e em técnicas behavioristas. Os profissionais de RH consideram possível induzir os indivíduos a adotar os comportamentos esperados, medindo-se as suas respostas aos estímulos dados, comparando-as aos resultados da produção e aos investimentos realizados.

De acordo com esse modelo de atuação gerencial, a área de Recursos Humanos tem o papel de contribuir para a implementação da estratégia da empresa no que diz respeito ao contexto social, sendo, portanto, uma espécie de intermediário entre a direção da empresa e os demais grupos organizacionais. Os profissionais de RH devem fomentar a construção da dinâmica social considerada mais adequada aos objetivos da organização. A existência de uma suposta *racionalidade superior*, a da direção, caracteriza esse modelo. Essa racionalidade superior implica a passividade dos indivíduos e grupos organizacionais diante da administração: esta possui as capacidades e a visão do mundo adequada para conduzi-los em direção ao sucesso geral. Segundo o modelo instrumental, o conflito é disfuncional e prejudicial ao sistema social. Procura-se evitar os conflitos ou resolvê-los rapidamente, pois se considera que um ambiente harmônico e com um alto grau de conformidade por parte dos indivíduos favorece a produtividade na empresa. Nesse sentido, a diversidade de opiniões, interesses e repertórios culturais é vista como nociva ao sistema social.

A uma estratégia de *informatização* podemos relacionar o *Modelo Político de Gestão de Pessoas*, associado às organizações pós-industriais, ou orgânicas, e à aprendizagem de circuito duplo. A estratégia informatizante requer o constante questionamento do sistema organizacional e das formas de comportamento. Fazem-se necessários, portanto, indivíduos qualificados, autônomos e questionadores. Dessa maneira, esses indivíduos devem ter uma inserção ativa na organização. O *Modelo Político de Gestão de Pessoas*, apresentado a seguir, está associado a esse perfil individual. Esse modelo rompe com premissas do modelo anterior e favorece a emancipação dos indivíduos, o seu desenvolvimento político e cognitivo e o seu acesso a uma identidade autônoma na organização, pré-requisitos para a aprendizagem de circuito duplo. Ao contrário, o modelo instrumental reduz a autonomia dos atores sociais e limita o seu desenvolvimento cognitivo e sua inserção política.

Nesse modelo de gestão, reconhece-se a existência de conflitos na organização, mas busca-se superá-los pela negociação, chegando-se a propostas de consenso entre as partes. São consideradas válidas as diversas lógicas de ator e critérios de ação encontrados na organização, tendo em vista as idéias de Simon (1955) sobre a *racionalidade limitada*. Segundo esse autor, todos os critérios de racionalidade são relativos ao ator social que decide, não existindo uma racionalidade absoluta inquestionável. Essas idéias vão de encontro ao princípio da racionalidade superior, a visão de mundo da administração, típica do modelo instrumental de gestão de pessoas.

O modelo político visa oferecer possibilidades de debate e de negociação na organização, a fim de promover o contraditório em busca de soluções mais completas em torno das quais se obtenham os consensos. Busca-se vislumbrar as diversas opções e critérios de ação antes de decidir, tendo-se como pressuposto que essa é uma forma mais inteligente de se lidar com a realidade complexa. O planejamento por cenários é um dos procedimentos adotados nesse sistema. Um bom gerente, de acordo com esse modelo, é um árbitro que tem por objetivo alcançar essa coesão integrando os interesses particulares dos diferentes grupos de atores sociais para uma solução negociada com a direção da empresa, resultando em *pactos políticos* (Brabet, 1993; Mascarenhas, 2003; Vasconcelos e Vasconcelos, 2002).

A organização é considerada um espaço de jogo estratégico entre os atores sociais, que possuem margens de atuação maiores ou menores dentro dessa arena política. A mudança, inserindo soluções sempre contingentes e temporárias, prevê a realização de objetivos de longo prazo como o da qualificação crescente da mão-de-obra, o do desenvolvimento de habilidades e competências e o da democratização das relações no trabalho.

As principais características do modelo político são:

- eficiência econômica negociada, não correspondendo necessariamente à eficiência social em curto prazo (aceitação de conflitos, buscando-se, no entanto, absorvê-los por meio da negociação política);
- avaliação dos resultados feita pelos grupos organizacionais envolvidos no processo de decisão;
- empresa construída socialmente pela ação política dos diversos grupos organizacionais;

- maior qualificação e politização dos grupos organizacionais para uma interação social eficaz;
- decisões racionais e éticas referindo-se à resolução de conflitos, à obtenção do consenso e às questões de poder;
- indivíduos vistos como atores políticos válidos com potencial de desenvolvimento positivo buscando concretizar ativamente seus próprios interesses; modelo ético aplicado à organização.

Dessa forma, Zuboff (1988) mostra que a plena utilização da tecnologia para a informatização e a aprendizagem de circuito duplo requer diversas inovações sociais na direção de padrões mais orgânicos de organização do trabalho, o que aumenta os riscos e a complexidade dessas mudanças. Ao reconhecermos a importância da interação adequada entre os subsistemas técnico e social nas organizações, percebemos que a transformação do modelo de gestão de pessoas por meio da tecnologia geralmente implica a construção de um novo sistema sociotécnico, caracterizado por novos comportamentos e valores. Nesse processo, *os relacionamentos entre os indivíduos* e outras variáveis como a sua *qualificação* e o seu *perfil motivacional*, a *estrutura organizacional* e a *comunicação* devem compor com a tecnologia um contexto que favoreça a sua plena utilização.

O *Modelo Político de Gestão de Pessoas* está ligado ao conceito de construção de uma harmonia social no longo prazo, a despeito dos conflitos, e favorece a aprendizagem de circuito duplo. Mostraremos a seguir como a implantação progressiva do *Modelo Político de Gestão de Pessoas* na organização favoreceu a consolidação de um perfil de funcionário autônomo e politizado na organização, mais apto à aprendizagem de circuito duplo.

## 6. Estudo de Caso: a Experiência de Informatização da Gestão de Pessoas na Souza Cruz S.A.

A Souza Cruz, pertence ao grupo British American Tobacco, é a décima quinta maior empresa privada no Brasil, com vendas de mais de 2,7 bilhões de dólares. Atuando nas áreas de fumo e cigarros, gera cerca de 4.700 empregos diretos, em postos de trabalho espalhados em todo o Brasil, além de empregar temporariamente 3.000 trabalhadores na época da safra de fumo. A empresa é uma das que mais recolhem impostos do país. São cerca de 45 mil famílias de produtores de fumo e cerca de 210 mil pontos-de-venda atendidos diretamente.

Atualmente, a Souza Cruz mantém diversas unidades espalhadas no Brasil, em uma estrutura organizacional marcada pela grande dispersão. A central administrativa, localizada em São Paulo, reúne alguns departamentos administrativos. As unidades fabris de Uberlândia e Cachoeirinha concentram os funcionários da produção, enquanto as quatro unidades de Processamento de Fumo, em Santa Cruz do Sul, Blumenau, Rio Negro e Patos reúnem os chamados "safreiros", funcionários da empresa em regime temporário, que trabalham na época da safra de fumo. A matriz, no Rio de Janeiro, concentra parte da administração e o corpo diretivo. Além disso, a empresa conta com estruturas de logística e de vendas espalhadas por todo o Brasil, uma força de trabalho móvel e pulverizada responsável pela comercialização e entrega dos produtos em todo o território nacional.

### 6.1 O Histórico da Gestão de Pessoas e o Projeto CSRH

Em decorrência das características relacionadas à organização e à disposição geográfica da força de trabalho, a área de RH da empresa tem se defrontado, historicamente, com desafios peculiares no que se refere à gestão de pessoas. A área de RH, antes das mudanças relacionadas à implementação da tecnologia, era organizada de forma totalmente descentralizada. A partir da definição das políticas corporativas de gestão de pessoas, que era feita na matriz, cada unidade da empresa contava com uma estrutura própria e completa de RH que se ocupava de processos operacionais e de parte dos processos estratégicos de administração de recursos humanos.

Os processos de RH, tanto os operacionais quanto os estratégicos, eram realizados a partir da intensa interação entre os analistas da área e os gestores da organização, e, por terem pouco apoio tecnológico, implicavam grande quantidade de trabalho. Esses processos, antes da implementação da tecnologia, caracterizavam-se pela troca intensiva de informações entre seus diversos atores, de maneira manual. Como declarou um executivo do RH:

> Em 90 não existia informática no setor, não tínhamos sequer um micro; nós trabalhávamos com um terminal da IBM. Até 90, 91, era tudo manual. O que se fazia uma vez por mês era a rolagem da folha de pagamento, que era feita no Rio de Janeiro. A gente montava as informações aqui no IBM, não só a unidade de Uberlândia como as demais; essas informações iam para o Rio e eram emitidos os contracheques. Nós não tínhamos acesso ao contracheque e aos relatórios como temos hoje; 99% era manual.

A estrutura organizacional e o desenho desses processos causavam uma morosidade ainda maior na administração de pessoas quando se tratava de funcionários baseados remotamente. Como declarou um executivo cliente de RH:

> Você imagina uma situação com a qual eu já convivi: eu emito um aviso de férias para alguém, e esta pessoa está sediada a quinhentos quilômetros de onde eu estou, e necessariamente ela tem que assinar este documento. Eu teria que alcançar essa pessoa e fazê-la assinar o documento e retorná-lo para mim, para então eu dar a minha assinatura e despachá-lo para uma central de recursos humanos, que iria colocar o *input* no sistema de férias de determinado funcionário.

No começo da década de 1990, a Souza Cruz deu início a um grande processo de racionalização organizacional, o que levou ao enxugamento da empresa. Durante essa década, sua força de trabalho foi reduzida em 50%, passando de 9.500 funcionários em 1991 para 4.700 em 2002. A área de RH viu-se diante do desafio de adaptar-se à nova realidade.

A pressão pela diminuição da força de trabalho da área levou à implementação de um projeto que viabilizasse a total reorganização do RH. Esse projeto deveria não somente possibilitar a redução do efetivo da área, acompanhando a racionalização de toda a organização, mas, principalmente, garantir novos padrões de atuação da área a partir da reorganização de seus processos e estruturas.

O projeto *Central de Serviços de Recursos Humanos* (CSRH) baseava-se na idéia de consultoria interna de recursos humanos, segundo a qual a área de RH deveria deixar de executar tarefas burocráticas e operacionais para concentrar-se na prestação de serviços estratégicos à organização. Os analistas de RH deveriam utilizar seus conhecimentos de questões humanas para dar suporte às demandas das áreas clientes, de forma que pudesse melhorar a qualidade dos processos de gestão de pessoas na organização. Essa idéia parte do princípio de que os processos de gestão de pessoas são de responsabilidade dos gerentes de linha, já que eles estão em contato direto e diário com as equipes.

### 6.2 Os Processos de Gestão de Pessoas Antes e Depois do Projeto CSRH

Os processos de administração de pessoas antes do projeto CSRH eram realizados pelos analistas de RH em cada unidade da organização. A maioria desses processos envolvia a interação intensiva entre analistas e gestores, o que implicava etapas desnecessárias de circulação de dados, em fluxos não-racionalizados nos quais o RH era o intermediário entre gestores e subordinados. Como declarou um cliente de RH, o processo de reembolso de despesas é um dos maiores exemplos das dificuldades que a organização enfrentava nesse sentido:

> [O reembolso de despesas] demorava vários dias. Imagine o seguinte: alguém em Angra dos Reis, ou em Cabo Frio, manda o papel pelo malote, que vai chegar em São Paulo para alguém assinar, digitar e depois creditar na conta do funcionário; isso vai demorar no mínimo cinco dias.

O projeto CSRH promoveu a ampla informatização dos processos de administração de pessoas por meio de diversos canais interativos, como a Unidade de Resposta Audível (URA), e o *RH on Line*. A URA é um canal automatizado de administração e atendimento de pessoas na organização. Trata-se de um sistema operado por telefone que disponibiliza diversos serviços e informações, como contracheques e saldo de pagamento. O *RH on Line* é um portal pelo qual os membros da organização têm acesso a diversos sistemas que possibilitaram a descentralização da alimentação das informações relacionadas aos processos de gestão de pessoas, como mostra a Figura 3.1. Esses sistemas possibilitaram a redução de etapas na execução dos processos, por meio da racionalização do fluxo de informações. O RH deixou de ser o intermediário nos processos de administração de pessoas. Como disse um cliente da área de RH:

> A responsabilidade pelo *input*, que era da área de RH já que ela tinha que colocá-lo no sistema, foi pulverizada para as pessoas. Com isso, ganharam os funcionários e gerentes; dessa forma, o funcionário faz o *input* e você, como gerente, faz só a aprovação. Agora se você vai mudar o horário dele, vai transferir, vai promover, é uma tarefa do gerente.

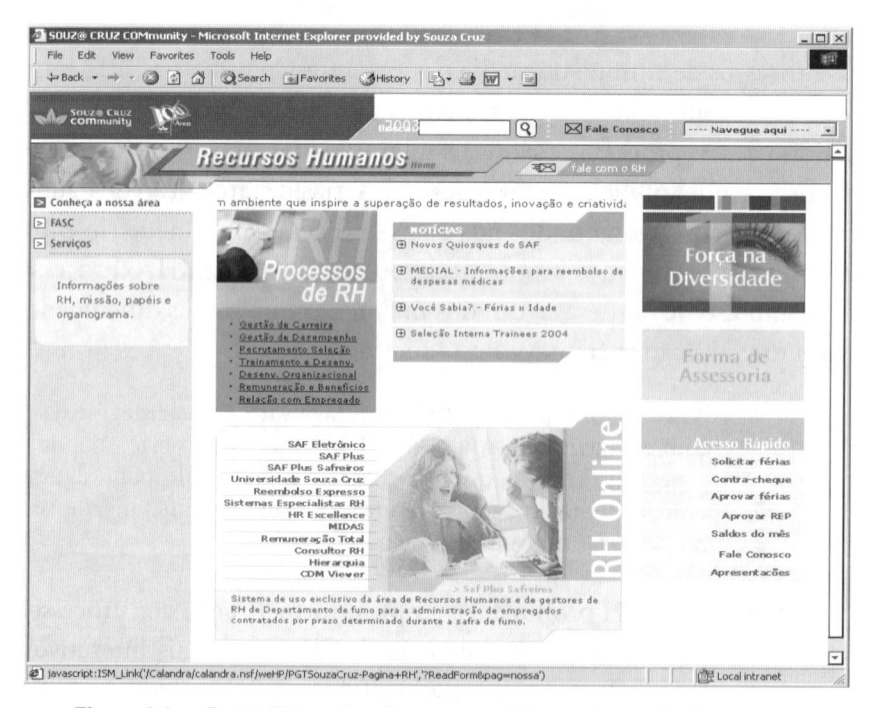

**Figura 3.1** — Portal *RH on Line*. Acesso aos sistemas de gestão de pessoas.

O portal *RH on Line* é acessado pelos funcionários da produção, pelos terminais espalhados nas unidades da empresa; por funcionários

**Capítulo 3** Gestão do paradoxo *discurso* versus *prática* — Aprendizagem...

de escritório e gestores mediante os terminais de microcomputadores; e por gestores e funcionários alocados remotamente por meio de computadores portáteis da empresa. Esse portal disponibiliza diversas funções, agrupadas em algumas modalidades de serviços. O *SAF eletrônico* é acessado por todos os funcionários da organização, por meio de senha individual, como mostra a Figura 3.2:

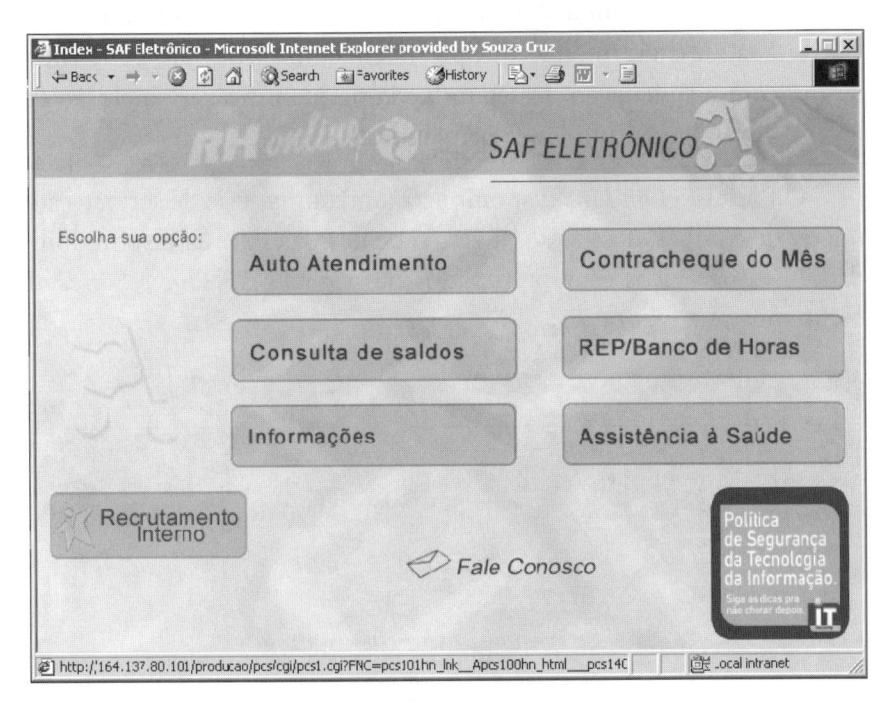

**Figura 3.2** — Portal *RH on Line*. SAF eletrônico: serviços acessados por todos os funcionários.

Os serviços disponíveis aos funcionários no SAF eletrônico são:

- *Recrutamento interno.* O funcionário disponibiliza, de acordo com seus interesses, seu minicurrículo pessoal, que é utilizado no processo de recrutamento interno. Tem acesso às vagas disponíveis na organização, bem como à inscrição no processo de seleção.

- *Contracheque.* Dá acesso ao contracheque do mês. O sistema permite sua impressão.

- *Consulta de saldos.* Disponibiliza o saldo de pagamentos diversos.
- *Banco de horas.* Fornece informações sobre saldo de horas e controle de horários.
- *Auto-atendimento.* Dá acesso a ferramentas e informações como últimos contracheques, administração de férias e benefícios. O sistema permite impressões.
- *Assistência à saúde.* Possibilita o acesso às políticas de assistência à saúde e ferramentas que permitem administrar tais benefícios, como: solicitação de segunda via da identificação, inclusão de dependentes, mudança de planos etc.

O Portal *RH on Line* disponibiliza ainda uma série de serviços aos líderes de equipes, destinados à gestão de pessoas sob sua responsabilidade. Esses serviços estão agrupados na página *SAF Plus e Safreiros*, como mostra a Figura 3.3:

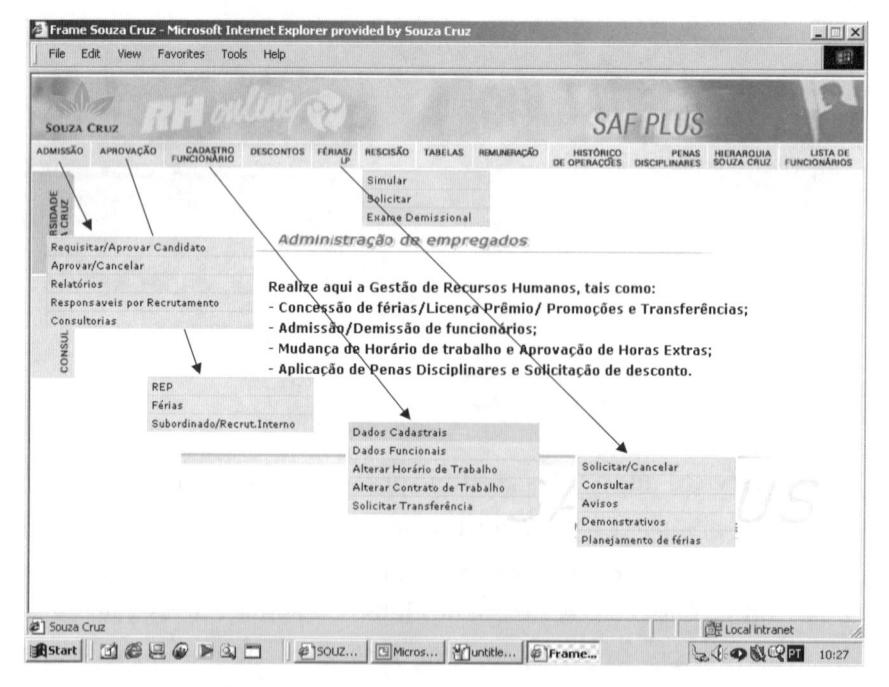

**Figura 3.3** — Portal *RH on Line*. SAF Plus e Safreiros: serviços acessados pelos gestores.

**Capítulo 3** Gestão do paradoxo *discurso* versus *prática* – Aprendizagem...

Os serviços disponíveis aos gestores no SAF Plus e Safreiros são:

- *Admissão*. Possibilita acesso às ferramentas necessárias para a administração das admissões — solicitação de candidatos, aprovação, relatórios etc.
- *Aprovação*. Os gestores aprovam diversas solicitações, como férias, alteração de horários e registro de horários.
- *Cadastro de funcionários*. Dá acesso a todas as informações pertinentes sobre os funcionários, como dados cadastrais, dados funcionais, solicitação de transferência e alteração de contrato de trabalho etc.
- *Descontos*. Disponibiliza as ferramentas necessárias para a administração de descontos, como, por exemplo, telefonemas particulares, equipamentos danificados e cargas incompletas.
- *Administração de férias*. Dá acesso às ferramentas necessárias para a administração das férias — solicitação, aprovação, demonstrativos etc.
- *Histórico de operações*. Disponibiliza o histórico pessoal de operações nos sistemas em duas opções: 15 e 30 dias.
- *Tabelas*. Dá acesso a tabelas de cargos existentes na organização, horários de trabalho e datas-limite para procedimentos de gestão de pessoas.
- *Lista de funcionários*. Fornece uma ferramenta de pesquisa para encontrar funcionários da organização.
- *Rescisão*. Disponibiliza as ferramentas necessárias para a administração das rescisões — solicitação, simulação, exame demissional etc.
- *Remuneração*. Fornece ferramentas relacionadas à avaliação de desempenho dos funcionários de escritório, bem como aos históricos das avaliações de desempenho e políticas de promoção, além de ferramentas de administração de promoções. Esse sistema alimenta também a remuneração por mérito.
- *Penas disciplinares*. Dá acesso a ferramentas para a aplicação de penas disciplinares, como advertências e suspensões.

- *Hierarquia da empresa.* Disponibiliza informações sobre a estrutura organizacional.

Em termos de processos de desenvolvimento de pessoas, a página da Universidade Souza Cruz concentra os cursos *on line* oferecidos aos funcionários, como mostra a Figura 3.4. Esses cursos são acessados por todos os funcionários da empresa e são acompanhados digitalmente. A empresa disponibiliza salas especiais em suas diversas unidades para o acompanhamento dos cursos.

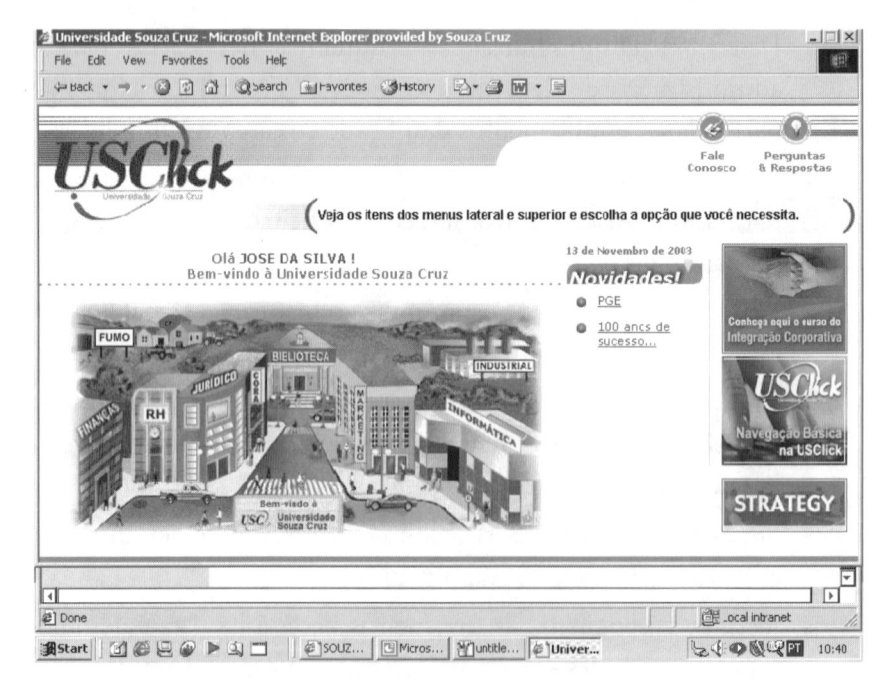

**Figura 3.4** — Portal *RH on Line*. Universidade Souza Cruz.

**Capítulo 3** Gestão do paradoxo *discurso* versus *prática* – Aprendizagem...

Na página do *Consultor de RH*, os gestores têm acesso a explicações detalhadas sobre procedimentos relacionados à gestão de pessoas, como desligamento, estagiários, penas disciplinares, recrutamento e seleção, absenteísmo etc., como mostra a Figura 3.5:

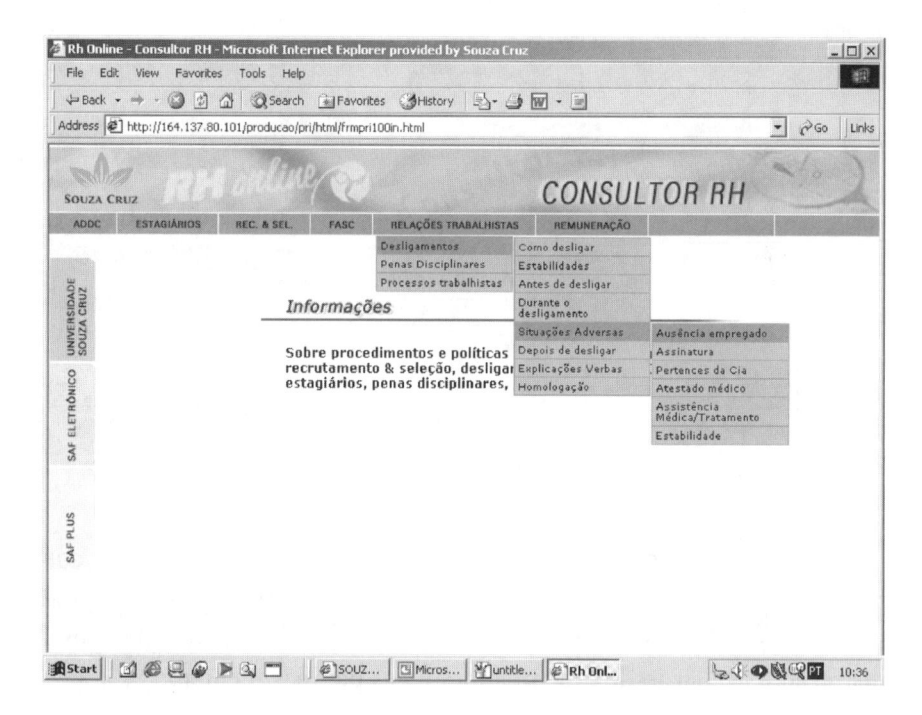

**Figura 3.5** — Portal *RH on Line*. Consultor de RH.

A página de *Reembolso Expresso* traz as ferramentas de reembolso relacionadas aos benefícios da empresa: assistências médica, oftalmológica e odontológica, medicamentos, fundo emergencial, educação etc. Essas ferramentas possibilitam a administração dos benefícios dos executivos, como mostra a Figura 3.6:

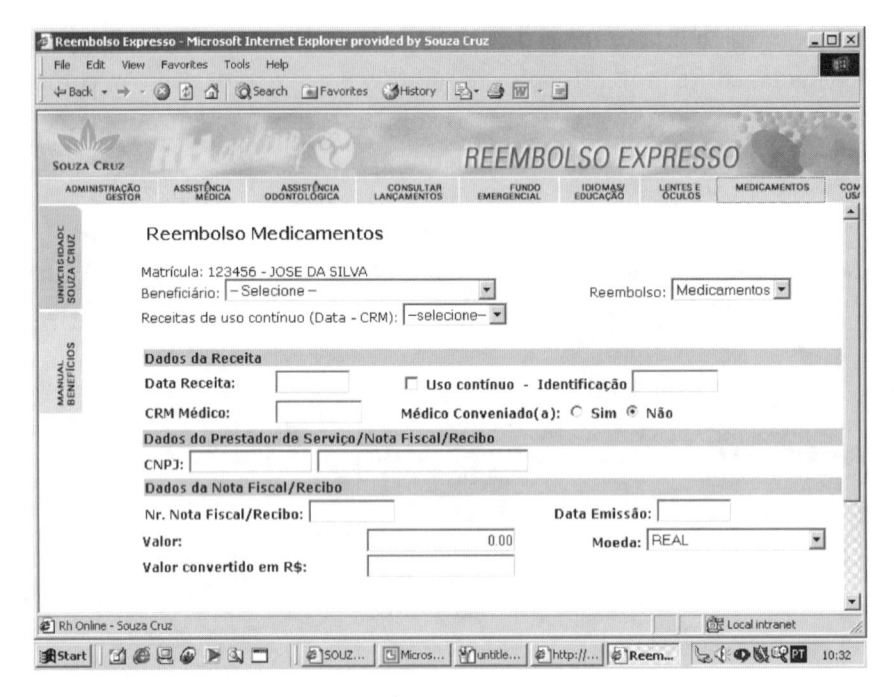

Paradoxos Organizacionais — Uma Visão Transformacional

**Figura 3.6** — Portal *RH on Line*. Reembolso Expresso.

O Portal *RH on Line* traz ainda diversas páginas por meio das quais os funcionários têm acesso a informações sobre a gestão de pessoas e as políticas da empresa, além de vários procedimentos de administração e avaliação de desempenho. Essas páginas incluem:

- *Políticas de RH.* Os gestores têm acesso a todas as políticas de recursos humanos da empresa, em um formato customizado. É possível encontrar políticas sobre relações industriais, recrutamento e seleção, idiomas, serviços de terceiros etc.

- *RH Excellence.* Os gestores têm acesso a um grande número de relatórios customizados sobre as características da força de trabalho da empresa. As informações incluem perfil educacional, desempenho, movimentações, processos trabalhistas etc.

- *Midas — Avaliação de desempenho.* Os gestores têm acesso aos formulários eletrônicos que devem ser regularmente preenchidos, conforme os critérios da empresa, para se avaliar o desempenho dos gestores subordinados.

- *Sistemas especialistas de RH.* Os gestores têm acesso a outros sistemas de administração de pessoal, como, por exemplo, o registro de horas extras trabalhadas.

A descentralização dos processos de administração de pessoas, viabilizada pela informatização, possibilitou sua racionalização uma vez que etapas desnecessárias de seus fluxos de informações foram suprimidas. A antiga centralização dos dados por parte do RH, que era responsável por sua introdução nos antigos sistemas, não existe mais. A descentralização da alimentação de dados possibilitou então maior rapidez e independência dos clientes de RH nesses processos:

> [os processos de administração] são executados no momento certo, no tempo certo, é diferente do passado: quando eu precisava do RH eu tinha que imaginar que o RH está em São Paulo, e eu estou em Maceió, e o malote vai sair de São Paulo, vai para tal cidade e depois vai para Maceió; o que implica em 24 a 48 horas de espera. Atualmente você não precisa mais esperar, você é quem toma a decisão, é *on line*: ótimo.

Um cliente de RH falou sobre a maior agilidade nos processos de administração de pessoas:

> Sobre esse processo, logicamente, hoje alguém imputa a solicitação de férias, como aconteceu comigo na semana passada e com o meu chefe; eu fiz a minha solicitação de férias, e ele eletronicamente recebeu uma mensagem falando: "olha tem férias aqui para você aprovar, por gentileza aprove o pedido de férias do Edson". Entrou no sistema e aprovou. Do ponto de vista de tempo, nós ganhamos, pois tínhamos muita burocracia.

A democratização das informações foi um dos principais benefícios do projeto:

> No passado o que circulava era papel, não circulava informação. Hoje eu tenho um sistema em que eu marco férias, vejo currículo, promovo, transfiro, demito, e obtenho qualquer informação sem levantar da cadeira. Se alguma coisa não estiver aqui eu ligo e em pouco tempo tenho a resposta. Quando eles não a possuem, esta chega no máximo em um dia.

Além da maior rapidez e independência dos gestores nos processos de RH, a informatização propiciou o aumento do acesso à informação relacionada à gestão de pessoas em todos os níveis da organização. Uma vez que o RH deixa de ser o intermediário entre chefes e subordinados por meio da informatização dos processos, o sistema organizacional passa a ter um nível maior de conhecimento sobre as práticas de gestão de pessoas. A democratização das informações e as novas ferramentas de gestão de pessoas tiveram diversas conseqüências no que diz respeito ao relacionamento entre chefes e subordinados, entre elas o menor poder vertical e a maior politização e responsabilidade nos relacionamentos. Um perfil mais qualificado e crítico de funcionários era estimulado por essas modificações. Os indivíduos passaram a negociar com sua chefia os interesses pessoais e organizacionais, na busca de melhores soluções para as questões de gestão de pessoas.

> Permitiu-se, com a instalação dos sistemas, que o funcionário tenha um nível muito maior de acesso à informação, desta forma ele passa a te demandar mais. O questionamento muitas vezes vem do acesso à informação; por esse aspecto aumenta a responsabilidade. Ao permitir o acesso, ele vai ter um nível de questionamento mais elevado.
>
> A idéia é sistematizarmos e disponibilizarmos aquelas informações que eles [os gerentes] precisam para gerir. Estas informações são várias, vou citar alguns exemplos: como está o *status* de férias da turma dele, como vão os treinamentos da área dele. (...) Informações da própria folha de pagamento, quanto custa para ele, *versus* o que ele tem planejado, enfim, são informações gerenciais relacionadas a ele e sua equipe, para que facilite a tomada de decisões, para que se redirecionem os esforços dele, essa é a idéia.

A democratização das informações sobre a gestão de pessoas e as novas ferramentas tecnológicas também permitiram mudanças na atuação dos analistas de RH em toda a organização. Atualmente, as estruturas de RH nas unidades ocupam-se do atendimento de demandas específicas sobre a administração de pessoas; do suporte às áreas clientes no que diz respeito à gestão de pessoas; e da tradução das demandas organizacionais para o desenvolvimento de políticas e serviços, em

## Capítulo 3 Gestão do paradoxo *discurso* versus *prática* – Aprendizagem...

interação constante com o RH corporativo no Rio de Janeiro. As novas responsabilidades dos analistas de RH nas unidades foram descritas da seguinte maneira por executivos e analistas da área:

> Uma promoção exige um apoio amplo do RH, afinal, não é só promover aquela pessoa, você tem que analisar as conseqüências do ponto de vista legal e de outros aspectos políticos da companhia. O gerente não sabe o contexto de todos os cargos existentes na fábrica, inclusive no setor dele, os salários, ele fica em dúvida e nós damos esse suporte a ele. Não se trata de autorizar a promoção, mas deixá-lo ciente das vulnerabilidades e alternativas em relação a sua decisão. Trata-se de uma análise da situação, e não uma decisão, já que a decisão é dele.
>
> Temos que tomar providências rápidas para que a demanda [de gestão de pessoas] não seja geral. Eu vejo então o que está acontecendo na tela, o que está acontecendo numa unidade ou na empresa como um todo. Posso antecipar estas questões sendo mais pró-ativa. Identifiquei que tal assunto sempre me traz problema, logo, antes desse problema acontecer, eu tenho que elaborar respostas para minimizar seus impactos.

No contexto do projeto CSRH, os conflitos mais relevantes potencializados pela implementação da Tecnologia da Informação (TI) coincidem com aqueles discutidos pela literatura especializada, e estão relacionados às grandes mudanças na organização do trabalho da área e nas responsabilidades pelas tarefas relacionadas à gestão de pessoas. A descentralização por meio da informatização, nesse contexto, e a concessão de uma maior autonomia aos funcionários é especialmente problemática, por que implica a transferência de responsabilidades de várias atividades da área de RH para as áreas clientes.

Dessa maneira, a descentralização gerou grandes conflitos com as áreas clientes, acostumadas a terem menos responsabilidades, ou nenhuma, em diversos processos administrativos. Esse conflito foi mais intenso com os gestores menos familiarizados com o trabalho informatizado, que, por terem dificuldades em se adaptar a essa modalidade de trabalho, viam a introdução do sistema como um grande aumento de suas tarefas diárias.

Os conflitos com a introdução da descentralização, entretanto, diminuíram na medida em que a organização foi compreendendo os grandes benefícios dos novos processos. A estratégia de implementação gradual acompanhada de um amplo processo de disseminação e qualificação foi essencial para a desmistificação da tecnologia. Os conflitos diminuíram conforme se notava que o tempo adicional gasto com determinadas rotinas e atividades era percebido como menor que o tempo economizado em outros aspectos dos novos processos.

## 6.3 Mudanças na Organização

Um dos aspectos mais importantes da implementação do projeto de informatização é o fato de a organização ter progressivamente implantado modificações de caráter mais geral compatíveis com as exigências da tecnologia. Por exigir um perfil de funcionário mais politizado, independente, capaz de processar e analisar informações, acessar a tecnologia e ser autônomo na gestão de processos, o projeto de autoatendimento não teria sido implantado com sucesso se não tivesse sido parte de um processo de mudança organizacional mais complexo, no qual a Souza Cruz também implementou um modelo de gestão próximo ao das organizações em aprendizagem, fazendo mudanças no perfil dos funcionários recrutados, na gestão de equipes, nos valores difundidos, nas formas de remuneração, nas políticas de desenvolvimento de pessoas e no desenho da estrutura organizacional.

De fato, os últimos quinze anos na organização foram marcados pela diminuição dos níveis hierárquicos da estrutura organizacional. De um modelo altamente verticalizado, a empresa estrutura-se atualmente de três a quatro níveis hierárquicos a menos. O perfil educacional mudou e a média de escolaridade aumentou na empresa a partir de novas políticas de desenvolvimento humano e contratação de pessoas. A comunicação na organização melhorou, conseqüência das mudanças na estrutura organizacional. Essas mudanças foram descritas da seguinte maneira por executivos da organização:

> Dez, quinze anos atrás, nós começamos a grande reestruturação em 1989-90, e aí sim os níveis começaram a cair. Você vê, temos a gerência e o analista, não tem mais ninguém nesse meio, logo, a comunicação ficou muito mais fácil; hoje você interage muito mais. A proximidade com o superior imediato facilita a comunicação; o que nós já falamos nesses encontros você comunica e negocia.
>
> É um pessoal [que trabalha em funções de escritório] que está concluindo o terceiro grau, no mínimo, e tem em média de 25 a 30 anos, com cerca de até 5 anos de empresa em sua maioria, sendo que 60% é do sexo masculino e 40% feminino mais ou menos nessa fase. A grande maioria, cerca de 80%, tem o superior concluído ou em conclusão.

As mudanças na organização descritas anteriormente foram o pano de fundo para a introdução do projeto CSRH e da consolidação do novo modelo de consultoria interna de recursos humanos, viabilizado pela TI. Além dessas mudanças, especificamente na área de RH, a transformação do *modelo de gestão de pessoas* na última década na empresa implicou também novas responsabilidades e novo perfil dos analistas, nova disposição espacial das equipes, melhoria na comunicação entre equipes e níveis hierárquicos, novas sistemáticas de desenvolvimento e remuneração etc.

## 7. Análise do Caso: Novo *Modelo de Gestão de Pessoas* na Souza Cruz

As amplas mudanças técnicas e sociais empreendidas na organização viabilizaram a emergência do *Modelo Político de Gestão de Pessoas*, em um movimento de distanciamento do modelo instrumental. Nesse processo, foi necessário abandonar princípios do modelo instrumental, como a premissa da existência de uma racionalidade superior e a visão estritamente utilitarista dos indivíduos, que deveriam adaptar-se a uma estrutura organizacional pensada unilateralmente como sendo um instrumento racional de produção econômica. O modelo político propõe que a organização que pretenda viabilizar a aprendizagem deve assumir a complexidade do comportamento social e incorporar a idéia de conflito e divergência, tendo em vista os diferentes interesses dos atores organizacionais.

A informatização da gestão de pessoas na organização estudada viabilizou a emergência desses novos padrões orgânicos de interação social entre seus membros. Uma vez que o RH deixou de ser intermediário nas negociações dos interesses entre os gerentes e subordinados, os indivíduos se aproximaram e passaram a dialogar mais para a gestão conjunta não só dos aspectos técnicos do trabalho, mas também daquelas questões ligadas ao desenvolvimento pessoal e organizacional por meio da operacionalização dos sistemas de RH. Ao estimular novos padrões de relacionamento entre os diversos atores sociais relevantes por meio do maior acesso às informações relativas à gestão de pessoas, aumentou-se a emancipação dos indivíduos. Conforme a interação entre chefes e subordinados nas equipes de trabalho ganha papel central na gestão de pessoas, a organização assume a complexidade do comportamento social e incorpora a idéia de conflito e divergência, tendo em vista os diferentes interesses dos atores organizacionais. É possível, então, a construção de um contexto social no qual os indivíduos podem expressar mais livremente suas racionalidades. Nos processos de negociação entre os atores sociais, as decisões tendem agora a ser mais ricas e completas.

A emergência desse novo *modelo de gestão de pessoas* relaciona-se diretamente à *aprendizagem* na medida em que os novos padrões orgânicos são condições para que a nova informação seja aproveitada de forma a melhorar o desempenho organizacional. As amplas mudanças técnicas e sociais empreendidas viabilizaram a emergência de um contexto organizacional mais favorável à *aprendizagem*, na medida em que a nova informação foi democratizada, novas ferramentas de trabalho foram disponibilizadas e os indivíduos foram preparados para lidar com esses novos elementos. Estimulou-se a politização dos indivíduos por meio de ações como novas políticas de recrutamento e seleção, mudanças da estrutura organizacional, das formas de comunicação e gestão de equipes e da política de desenvolvimento de pessoas.

A constante especulação sobre as possibilidades dos sistemas de RH auto-atendimento permite, por exemplo, a identificação de novas oportunidades na prestação de serviços para a organização. Nossas observações mostram que, nesse novo contexto, os analistas do RH são liberados de atividades operacionais para se concentrar em tarefas mais analíticas, contribuindo para a formulação e a implementação da estratégia da organização por meio da definição de novas competências, seleção e desenvolvimento de novos talentos, identificação das lideranças, elaboração de planos diferenciados de remuneração e desenvolvimento de carreiras etc. Os funcionários de RH desenvolveram, assim, habilidades e competências mais voltadas para a proposição de novas idéias e para a inovação das atividades de RH da organização. Pode-se dizer que esses indivíduos contribuem para a construção de uma organização que apresenta níveis mais altos de cooperação e inovação. Sua atuação contribui para a geração de recursos estratégicos e para a construção de uma organização capaz de aproveitar plenamente o potencial desses recursos.

## 8. Considerações Finais: Gestão do *Paradoxo Discurso* versus *Prática* e a Transição de Modelos de Gestão de Pessoas na Souza Cruz

As organizações brasileiras encontram-se em uma importante fase de transição no que diz respeito à gestão de pessoas, e uma das tendências discutidas atualmente pela literatura é a implementação da tecnologia para viabilizar modelos de gestão que favoreçam a aprendizagem (Fischer e Albuquerque, 2001; Lacombe e Tonelli, 2000; Mascarenhas, 2003). Nesse contexto, as organizações adotam rapidamente novos discursos sobre a gestão de pessoas, mas encontram dificuldades operacionais para a implantação das novas estruturas sociais e comportamentos, intensificando a polarização entre a percepção das dimensões *discurso* e *prática* dos indivíduos. Como mostra a abordagem sociotécnica, isso acontece porque a pura implementação da tecnologia não viabiliza a aprendizagem em circuito duplo.

Podemos dizer que a mudança organizacional é um processo de criação coletiva no qual os indivíduos criam e instauram novas regras para a cooperação e o conflito. Nesse processo, negociam-se interesses para a emergência e consolidação de novas estruturas e de uma nova ordem social. De fato, ao se implementar um novo modelo ou ferramenta de gestão, a mudança nos padrões técnicos é somente parte do processo de instauração de novos jogos políticos, novas formas de distribuição e controle de recursos, hábitos e práticas sociais, além da construção de novas competências que favoreçam a sua implantação efetiva.

Dessa forma, a emergência de um contexto organizacional favorável à aprendizagem é algo complexo e requer a qualificação e a politização dos indivíduos, no sentido de estimular a autonomia bem como a capacidade de questionamento e inovação. Na realidade, trata-se não apenas da implementação da tecnologia, mas da gestão da mudança para a construção de um sistema sociotécnico que favoreça a aprendizagem em circuito duplo. Nesse sentido, o abandono de premissas do modelo instrumental de gestão de pessoas e a emergência do modelo político permitem a transição de um sistema autoritário para um sistema mais politizado e favorável à aprendizagem.

Nesse processo, pode-se dizer ainda que o novo sistema social só pode ser construído a partir do sistema anterior, com o qual se deve romper parcialmente para a construção de novas competências e para a instauração de uma nova distribuição de recursos e poder. O sistema social anterior fornece a maioria das competências disponíveis para a criação do novo. Deve-se, então, coordenar a transição dos indivíduos para o novo sistema, negociando soluções com os diversos grupos de atores sociais. Caso a organização compatibilize bem a mudança de sistemas técnicos e informáticos com essa transição, favorecerá a estratégia informatizante descrita por Zuboff (1988). Ao estimular um novo perfil de funcionário, ao diminuir a distância entre chefias e subordinados, ao promover a negociação entre os grupos e a reforma da área de RH, a organização estudada implementou a tecnologia segundo uma estratégia de informatização, procurando estimular a aprendizagem de circuito duplo e a inovação no sistema organizacional.

A Souza Cruz diminuiu a polarização entre as dimensões *discurso* e *prática* e deu passos importantes para a criação de um sistema propício à aprendizagem em circuito duplo. No entanto, como afirmam Argyris e Schön (1978), os bloqueios à aprendizagem são muitos e a distância entre a teoria professada e a prática organizacional é uma realidade comum nas organizações atuais. Pode-se dizer que, apesar da emergência do *Modelo Político de Gestão de Pessoas*, a aprendizagem não acontece naturalmente à medida que é criado um ambiente favorável a ela e são dadas ferramentas tecnológicas para facilitá-la. Permitiu-se que os indivíduos construíssem o contexto e consolidassem competências necessárias à implantação de sistemas de informação baseados na democratização das informações. Entretanto, a aprendizagem acontecerá à medida que o sistema social consolide novas formas de gestão e comportamentos que a operacionalizem. A gestão de pessoas, portanto, precisa ir além da criação de um ambiente propício à aprendizagem, pois deve viabilizar mecanismos que a operacionalizem efetivamente. Caso esses mecanismos não sejam consolidados, a organização não viabilizará a ampla utilização do novo fluxo de informações para a melhoria do sistema social. Para que se investigue com mais profundidade o envolvimento dos indivíduos nos processos de aprendizagem, é necessário verificar a implementação efetiva desses mecanismos em toda a organização, o que deve ser o objetivo de futuras pesquisas.

No processo de construção de uma dinâmica social caracterizada pela aprendizagem, outras variáveis se mostram relevantes. O problema da descentralização da gestão de pessoas para os gerentes de linha deve receber atenção especial. Os gerentes de linha assumem um novo e importante papel, no qual o seu estilo de liderança e o envolvimento com a dinâmica social dos grupos passam a ser dois componentes importantes do novo modelo de gestão de pessoas. A atuação dos gerentes de linha deve refletir os pressupostos básicos do modelo de gestão de forma que facilite a construção dessa nova dinâmica. De posse da nova informação sobre a gestão de seus subordinados, os gerentes de linha devem assumir o papel de árbitros entre os múltiplos interesses de suas equipes no processo de desenvolvimento organizacional. Além de inviabilizar a aprendizagem, gerentes de linha imersos nos novos contextos informatizados mas que mantêm perfis de gestão desatualizados podem causar percepções contraditórias nos membros da equipe e gerar estresse e frustração na organização.

A questão da capacitação dos profissionais de Recursos Humanos também se mostra crítica. A informatização e a reorganização da gestão de pessoas permitiram que esses profissionais passassem a executar outras funções no contexto organizacional. As antigas funções operacionais, que demandavam grande quantidade de recursos e tempo dos profissionais, deixaram de estar no centro das responsabilidades da área, e foram substituídas pelas preocupações com questões mais estratégicas, como o suporte estratégico e o fomento da liderança. Entretanto, as novas funções do RH requerem a capacitação dos seus profissionais para a execução de atividades especializadas, nas quais o seu papel principal é trazer conhecimento. É necessário, portanto, que eles estejam à altura dessas novas responsabilidades. Por se concentrarem historicamente em atividades consideradas operacionais, podemos argumentar que esses profissionais ainda devem se preocupar com o preparo teórico que embasa a utilização das ferramentas práticas. Pesquisas mostram que os profissionais de RH estruturam suas ações a partir de conceitos baseados em mitos, crenças e intuição, conceitos esses muito distantes das conclusões científicas sobre temas relevantes à gestão de pessoas. O aumento da capacitação dos profissionais é, assim, essencial para que sejam exercidas plenamente todas as funções atribuídas atualmente à área (Lacombe e Tonelli, 2003; Rynes, Colbert, Brown, 2002).

Vemos que a consolidação de uma organização em aprendizagem e a institucionalização da aprendizagem em circuito duplo é um processo contínuo a ser sempre perseguido; não se trata de uma ação gerencial com um fim determinado no tempo e no espaço, mas de uma jornada permanente. A organização estudada mostra ter desempenhado bem esses passos. Pesquisas futuras poderão verificar se foram realmente criados os fundamentos duradouros de uma *Learning Organization* ou não. A implantação de uma organização em aprendizado não é um destino final, mas um processo, uma viagem contínua de progressivo aperfeiçoamento.

## Referências Bibliográficas

ARGYRIS, C. *On organizational learning*. Cambridge, MA: Blackwel, 1992.

_____, SCHÖN, D. *Organizational learning:* a theory of action perspective. Reading, Mass.: Addison-Wesley, 1978.

BRABET, J. *Repenser la gestion des ressources humaines?* Paris: Economica, 1993.

CARVALHO, C., LOPES, F. Convergência estrutural e processual entre teatros e museus no Rio Grande do Sul. In: ENANPAD, *Anais...*, Campinas, 2001.

FISCHER, A. *A constituição do modelo competitivo de gestão de pessoas no Brasil* – um estudo sobre as empresas consideradas exemplares. Tese (Doutorado) — Faculdade de Economia, Administração e Contabilidade da Universidade de São Paulo, 1998.

FISCHER, A. Um resgate conceitual e histórico dos modelos de gestão de pessoas. In: FLEURY, M. (org.). *As pessoas na organização*. São Paulo: Gente, 2002.

FISCHER, A., ALBUQUERQUE, L. Tendências que orientam as decisões dos formadores de opinião em gestão de pessoas no Brasil. In: ENANPAD. *Anais...*, Campinas, 2001.

KETS DE VRIES, M. *Organizational paradoxes:* clinical approaches to management. New York: Routledge, 1995.

LACOMBE, B., TONELLI, M. O discurso e a prática: o que nos dizem os especialistas e o que nos mostram as práticas das empresas sobre os modelos de gestão de recursos humanos. Florianópolis. In: ENANPAD. *Anais...*, Florianópolis, 2000.

_____. Na areia movediça. *RAE Executivo*, v. 1, n. 2, nov. 2002 a jan. 2003.

LEÃO JR., F. P. Formação e estruturação de campos organizacionais: um modelo para análise do campo cultural. Campinas. In: ENANPAD, *Anais...*, Campinas, 2001.

MASCARENHAS, A. *Tecnologia da informação e gestão de pessoas:* valor estratégico da TI na transição da área de RH. Dissertação (Mestrado) — EAESP/FGV, São Paulo, 2003.

MOTTA, F., VASCONCELOS, I. *Teoria geral da administração*. São Paulo: Thomson Learning, 2002.

RYNES, S. et al. HR Professional' beliefs about effective human resource practices, correspondence between research and practice. *Human Resource Management*, v. 41, n. 2, verão 2002, p. 149-174.

SELEME, A., ANDRADE, A. Campo de aprendizagem: otimizando a mudança organizacional. In: ENANPAD, *Anais...*, Foz do Iguaçu, 1999.

SIMON, M. A behavioral model of rational choice. *Quarterly Journal of Economics*, v. LXIX, p. 99-118, 1955.

SOARES, R., PIMENTA, S. O homem e a máquina: de operador a espectador. In: ENANPAD, *Anais...*, Florianópolis, 2000.

SOUZA, Y. Conversação e aprendizagem organizacional: perspectivas para a investigação. In: ENANPAD, *Anais...*, Florianópolis, 2000.

TEIXEIRA, F. et al. C. Diferenças entre inovação tecnológica e desempenho: evidências de uma rede de aprendizado. In: ENANPAD, *Anais...*, Campinas, 2001.

VASCONCELOS, I., VASCONCELOS, F. Gestão de recursos humanos e identidade social: um estudo crítico. *Revista de Administração de Empresas*. São Paulo, EAESP/FGV, v. 42, n. 1, p. 64-78, jan./mar. 2002.

VIEIRA, M. M., MISOCZKY, M. C. Instituições e poder: explorando a possibilidade de transferências conceituais. In: ENEO, *Anais...*, Curitiba, 2000.

ZUBOFF, S. Automatizar/informatizar: as duas faces da tecnologia inteligente. *Revista de Administração de Empresas*, São Paulo, v. 34, n. 6, nov./dez. 1994.

_____. *In the age of the smart machine*: the future of work and power. New York: Basic Books, 1988.

# 4

# IDENTIDADE E MUDANÇA: O PASSADO COMO ATIVO ESTRATÉGICO[1]

*Flávio Carvalho de Vasconcelos*
*Isabella Freitas Gouveia de Vasconcelos*

## 1. Introdução — O *Paradoxo Passado* versus *Futuro*

Como vimos no primeiro capítulo deste livro, em processos amplos de mudança organizacional, a valorização de uma nova competência técnica e a negação simultânea da competência anteriormente valorizada podem produzir ambigüidades perceptivas. Durante a transição do antigo sistema organizacional para o novo, o grupo detentor da competência antes valorizada freqüentemente percebe ao mesmo tempo setores da organização que ainda reafirmam de forma relevante o valor dessa competência e grupos que negam o valor de suas habilidades.

Esse fato implica a associação simultânea da competência técnica tanto ao vigor e ao futuro da organização quanto ao seu passado e decadência. Essa dualidade, decorrente da transição entre sistemas técnicos e de políticas de comunicação ineficientes e de caráter messiânico, pode gerar percepções polarizadas (Vasconcelos e Vasconcelos, 2001). O indivíduo, ao ver progressivamente negado o valor social de suas competências durante o processo de mudança, vivencia um processo de negação simbólica do que constituía sua identidade em um dado sistema, o que aumenta sua angústia e dissonância cognitiva (choque de

---

1. Este texto foi elaborado com o apoio do FGV/EAESP/NPP — Núcleo de Pesquisas e Publicações da FGV/EAESP.

crenças e valores), levando-o muitas vezes a resistir ao "novo", ao "progresso" e ao "futuro" apresentados de forma messiânica. Diferentes formas de percepção do tempo na sociedade e nas organizações se contrapõem (Vergara e Vieira, 2003; Nogueira, 2003).

Marshall Berman, ao descrever em seu livro a sensação de ruptura gerada pela implantação de uma nova ordem social, utiliza a frase de Marx: "Tudo que é sólido desmancha no ar". O que antes parecia sólido e norteara a vida de indivíduos e grupos na organização, de repente parece desaparecer e desfazer-se. Baudelaire (1857) fala dos paradoxos do progresso e da modernidade em seu ensaio *Heroísmo da vida moderna*:

> Deixo de lado a questão de saber se, pelo contínuo refinamento da humanidade, proporcionalmente aos prazeres que se lhe oferecem, o progresso indefinido não vem a ser a mais cruel e engenhosa tortura; se, procedendo como o faz pela sua autonegação, o progresso não viria a ser uma forma de suicídio permanentemente renovada, e se, enclausurado no círculo de fogo da lógica divina, o progresso não seria como o escorpião que se fere com a sua própria cauda — progresso, esse eterno desiderato que é o seu próprio desespero (Berman, 1988, p. 75).

Vemos aqui que a transformação aportada pelo progresso na perspectiva modernista é trazida por sua contínua autonegação ou contradição lógica, o paradoxo que faz nascer a angústia. Para Baudelaire, compreender essa transformação da modernidade, bem como reconstruir o sentido de si próprio, de seu trabalho e de sua vida após essa autonegação, é a arte do indivíduo que "reconstrói a si mesmo em meio à angústia e à beleza do caos". Assim, caos e confusão fazem parte dessa caminhada e da transição de um sistema para outro.

É fácil, porém, o indivíduo se perder nesse caminho. Em alguns casos, a tarefa poderá ser menos árdua se a pessoa for ajudada a lidar com as contradições e paradoxos próprios à reconstrução do sentido de suas experiências e de sua identidade. Caso contrário, o indivíduo pode ficar preso a crises de angústia e a bloqueios afetivos provocados por sua impossibilidade de libertar-se de representações paradoxais e de polarizações para fazer a síntese de seu conhecimento.

A polarização *passado* versus *futuro* e rupturas simbólicas entre essas duas dimensões na organização atrapalham essa transição. A polarização pode ser representada pelo dilema da modernização. De acordo com a lenda, Fausto, no processo de modernização da sociedade narrado por Goethe, deve aceitar o fato de que tudo quanto foi criado "agora" deve ser irremediavelmente destruído a fim de consolidar o caminho para mais criação, para o novo (Berman, 1988). Em uma outra proposição, pode-se gerar o novo a partir do passado, em uma continuidade que engloba rupturas e contradições, mas que lida com esses fenômenos. Essa posição é representada metaforicamente pela imagem do deus romano Janus, que representa as transformações e as transições.

Concebe-se o passado e o futuro como uma continuidade por meio da recombinação e da expansão de conteúdos e dimensões. Nesta perspectiva, lida-se com as dicotomias e as contradições como parte do processo evolutivo (Lindemans, 1997).

Apresentaremos inicialmente a metáfora de Fausto, que representa bem muitos processos de mudanças em organizações contemporâneas. Discutiremos, então, o conceito de identidade e os mecanismos de construção e de perda da identidade no trabalho, base teórica para análise de nosso estudo de caso. Nessa pesquisa, realizada em uma empresa de informática francesa, ressaltaremos a importância do passado da organização como elemento essencial para a construção de seu futuro, tendo em vista os fenômenos de resistência organizacional normalmente encontrados nos processos de mudança.

## 2. A Metáfora de Fausto e a "Racionalidade Superior"

O mito de Fausto é uma das lendas clássicas mais importantes da civilização ocidental. As primeiras histórias sobre os feitos de Fausto datam do século XVI, quando Johann Spiess escreveu *Faustbuch*, na edição original em 1587, e Christopher Marlowe escreveu *The tragic story of Doctor Faust*, originalmente em 1588 (Marlowe, 1994). Desde então, a lenda de Fausto tem sido contada várias vezes e traduzida para diversas línguas. Além dos livros, ela tem inspirado filmes e óperas, fazendo de

Fausto um dos heróis mais populares dos últimos 400 anos. O sucesso dessa lenda deve-se à ressonância que as questões levantadas pelo mito encontraram em diversas civilizações, entre as quais as contradições e dificuldades provocadas pelos processos de modernizacão e pelas mudanças sociais bruscas.

O poeta alemão J. W. Goethe escreveu, entre 1770 e 1832, uma das mais sofisticadas versões da história de Fausto (Goethe, 1962). Goethe iniciou seu trabalho quando tinha 21 anos e só o considerou concluído um ano antes de sua morte, 62 anos depois. Nas versões mais primitivas do mito de Fausto, antes de Goethe, esse personagem foi representado como um homem ambicioso que havia vendido a sua alma para o Diabo em troca de certos bens como dinheiro, sexo, fama e glória. No entanto, na obra de Goethe, Fausto possui um ideal mais nobre e altruístico, o sonho de libertar a humanidade do sofrimento e da dor. O personagem de Goethe é animado pelo sonho da modernização e do progresso, reunindo assim o ideal romântico de desenvolvimento com o ideal épico de uma nova ordem e de uma nova sociedade construídas a partir do nada, por meio do planejamento e da aplicação de uma *racionalidade superior*.

A fim de criar o seu admirável mundo novo, Fausto vende sua alma em troca do acesso irrestrito ao conhecimento e à sabedoria. O *projeto fáustico de mudança* implica ruptura com o passado, pois se baseia na imposição de uma racionalidade perfeita e impecável a um mundo medieval considerado imperfeito. O mito de Fausto é um arquétipo que nos permite entender melhor alguns aspectos significativos da mudança estratégica em organizações contemporâneas.

## 3. Racionalidade Limitada, Ação Humana e Identidade

Herbert Simon e o grupo coordenado por ele no Carnegie Institute of Technology propuseram o conceito de *racionalidade limitada*, ou seja, a idéia de que a racionalidade é sempre relativa ao sujeito que decide, não existindo uma única racionalidade superior. Outros teóricos, em seguida, utilizaram os trabalhos de Simon para questionar os conceitos tayloristas da Escola Clássica de Administração, entre eles o *one best way*, que se baseava no pressuposto da existência de uma racionalidade superior nas organizações (Simon, 1947, 1957).

Mais tarde, em seus trabalhos sobre os processos de tomada de decisão nas organizações, autores como Elster (1983), Hirschmann (1970), Lindblom (1978), Cohen e March (1974) e Weick (1976) desenvolveram a *Teoria da ação racional*, mostrando que a ação humana não se limita aos objetivos que um indivíduo acredita possuir e nos quais ele acredita fundamentar sua ação cotidiana. A ação humana seria influenciada por elementos incertos, novos, que vão além dos princípios e ideais nos quais as pessoas imaginam basear sua ação. O contato com novas culturas, normas de comportamento e sistemas modifica os critérios de decisão anteriores das pessoas (Sainsaulieu, 1983; Friedberg, 1993).

Essas pesquisas, bem como as teorias de Festinger sobre *dissonância cognitiva*, permitem libertar o indivíduo do que Wrong chamou de uma concepção hiper-socializada do ser humano, que busca unicamente no passado dos indivíduos e em suas experiências de socialização marcantes a explicação de seus comportamentos presentes, adotando essa perspectiva de forma quase determinista (Wrong, 1977).

Se adotarmos essa visão não-determinista da ação humana e o pressuposto da racionalidade limitada, podemos dizer que a capacidade de ação estratégica varia de pessoa para pessoa, e é influenciada pelo presente e pelo passado do indivíduo. Isso quer dizer que a capacidade de perceber as oportunidades de ação, se prever e assumir os riscos de cada alternativa ao executar a decisão é própria de cada pessoa e influenciada pelo que Boudon chamou de um *efeito de posição*, ou seja, a posição que o indivíduo ocupa em um contexto de ação específico e que condiciona seu acesso às informações pertinentes, e por um *efeito de disposição*, ou seja, das características mentais, cognitivas e afetivas do indivíduo que decide, características estas que são em parte pré-formadas por sua socialização passada (Boudon, 1991).

Os atores sociais podem exercitar-se no aprimoramento de sua capacidade de ação estratégica por meio das interações cotidianas. No entanto, as diferentes capacidades que os indivíduos possuem de se relacionar individual ou coletivamente na empresa mostram que as condições do acesso e da defesa da própria identidade são desiguais e influenciadas pelas condições de trabalho às quais as pessoas estão submetidas.

## 4. O Desenvolvimento da Identidade Social dos Indivíduos a Partir do Trabalho

O conceito de *identidade* é utilizado por alguns psicólogos clínicos, como Erickson e Rogers, para expressar o sentimento de permanência e de continuidade que o indivíduo experimenta em suas relações sociais e que perde no caso de pressões extremas. Em relação à vida cotidiana, o conceito de identidade se refere ao esforço do indivíduo em realizar uma síntese de sua ação, equilibrando as forças internas e as forças externas que influenciam essa ação, a qual é fruto da inter-relação de sua realidade interior e da realidade externa construída pelo grupo social.

O reconhecimento dos outros é um dos elementos fundamentais na construção da identidade do indivíduo, e ocorre de modo dinâmico, a partir de suas interações sociais aqui e agora. Christophe Dejours afirma que "no mundo subjetivo, o sentido dado ao trabalho depende de jogos de identidade e participação. O que o indivíduo espera de seu trabalho é também uma retribuição moral: o reconhecimento". Dejours fala ainda da atribuição de sentido à própria experiência de trabalho pelos indivíduos e da importância do reconhecimento de utilidade, ou seja, utilidade social, econômica e técnica das contribuições particulares e coletivas à organização. O autor discute ainda o julgamento de beleza, ou seja, a validade ética e estética do trabalho. Ambas as formas de reconhecimento são conferidas pela hierarquia, pelos pares ou pelo grupo social, e influem na motivação dos indivíduos em relação ao seu trabalho e no conceito que desenvolvem de si próprios (Dejours, 1993).

Bergamini, ao tratar de liderança como administração do sentido, mostra como esses aspectos influenciam a motivação dos indivíduos para o trabalho. Diversos estudos desenvolvem os conceitos de identidade, mudança organizacional e cultura, aplicando-os às organizações, especialmente dentro do contexto brasileiro. Citamos aqui alguns destes estudos, que fornecem uma visão interessante do tema estudado neste capítulo (Caldas e Wood Jr., 1999; Motta e Alcadipani, 1999; Casali e Machado-da-Silva, 1999; Fernandes, 1999; Fleury, 1999; Borges-Andrade e Pilati, 2000; Antonialli, 2000; Machado-da-Silva e Nogueira, 2000; Aidar et al., 2000; Freitas, 2000; Terra da Silva, 1996; Segnini, 1996).

## 5. A Construção da Identidade no Trabalho: uma Releitura de Hegel

Como vimos, o reconhecimento do grupo social é um dos elementos fundamentais na construção da identidade pelos indivíduos. Sainsaulieu, sociólogo francês, faz uma releitura de Hegel a fim de fundamentar sua análise. Segundo ele, os trabalhos de Hegel são especialmente importantes, pois tratam da formação do indivíduo do ponto de vista cognitivo e afetivo, situando o papel do conflito nas relações sociais (Kojève, 1980; Hegel, 1941).

Analisando a filosofia de Hegel, Sainsaulieu salienta em sua análise sobre a formação da identidade a interdependência entre o *lado cognitivo*, ou seja, a compreensão do mundo, e o *lado afetivo*, ou o jogo de relações entre os desejos. Recusando a redução do indivíduo ao universo único da razão, Hegel analisa a formação do ser segundo uma dupla dialética que o conduz à racionalidade e ao reconhecimento de si. O indivíduo não é capaz de completar o processo de obtenção da compreensão do mundo da qual fala Hegel e do desenvolvimento de sua capacidade de raciocínio se não é reconhecido em suas relações afetivas como alguém que detém de forma autônoma um desejo. Uma dialética paralela que envolve, de um lado, o nível do desejo e, do outro, o nível da razão constitui o indivíduo completo.

A luta entre os desejos dos diferentes indivíduos envolve uma relação social cujo objeto é o reconhecimento de si próprio pelos outros. Vencendo esse conflito, o ser humano pode obter o reconhecimento de sua individualidade. A identidade do ser humano não é, então, o ponto de partida sobre o qual se constrói o mundo social, mas, ao contrário, é um conceito dinâmico, resultado do jogo de relações envolvidas nas experiências de luta e conflito por ele vivenciadas a cada momento.

Dessa forma, um ponto fundamental da filosofia hegeliana é mostrar como as experiências conflituosas do indivíduo terão mais tarde conseqüências importantes sobre sua identidade e sua "visão de mundo", ou seja, na formação de sua lógica de ator. A partir do conceito hegeliano de dialética do mestre e do escravo,[2] Sainsaulieu mostra como o acesso à identidade é resultado de um processo conjunto de identificação e de diferenciação que se expressa nas relações intersubjetivas em dois níveis:

- no nível da relação afetiva identificatória que não envolve relações de conflito;
- no nível político, do jogo de poder social, no qual o indivíduo se desliga do primeiro nível impondo sua diferença.

Percebe-se então que, se a identidade da criança é fortemente ligada à história de suas identificações sucessivas, a identidade do adulto depende também dos meios sociais de que dispõe para sustentar sua diferença nos conflitos e, dessa forma, sair da cadeia de identificações. O adulto deve ter condições sociais mínimas para enfrentar a luta por reconhecimento e afirmação identitária para consagrar-se vencedor pelo menos algumas vezes, a fim de poder sair da cadeia contínua de identificações com os poderosos que o envolve e afirmar a sua própria individualidade, diferenciando-se (Sainsaulieu, 1977).

As desigualdades no acesso aos recursos e ao poder nas relações entre adultos, principalmente no ambiente de trabalho, têm como conseqüência o fato de vários indivíduos não poderem impor sua diferença aos outros. Alguns privilegiados têm acesso aos meios concretos de impor sua diferença, fazendo os outros aceitarem suas idéias e sua mediação e impondo seus significados e seu pensamento. A morte simbólica, ou seja, a impossibilidade de refletir e de criar por si próprio, de atribuir sentido aos objetos e à experiência, pode gerar a perda da identidade.

---

2. Este conceito foi apresentado no primeiro capítulo deste livro.

A luta pelo poder não é então um fim em si, mas o sinal de um jogo mais profundo que envolve a personalidade dentro de uma relação social que se prolonga no tempo e no espaço (Vasconcelos, 2000).

## 6. O Mito de Fausto e a Mudança Organizacional: Estudo de Caso

O mito de Fausto pode ser usado para entendermos os programas de mudanças organizacionais. O projeto fáustico é similar a vários programas de mudança organizacional nos quais se adota como pressuposto o fato de que a mudança deve originar-se da imposição de um novo modelo, baseado em uma racionalidade superior definida pelos dirigentes, que deve reger o novo sistema, "formatando" a organização na medida do possível. A resistência à mudança, nesse paradigma, é vista como ato irracional a ser reprimido de forma autoritária.

Uma mudança fáustica, brusca, imposta em nome do desenvolvimento econômico da empresa e que rompe com o passado e com a história da organização, pode provocar uma crise identitária em alguns grupos organizacionais e gerar fortes fenômenos de resistência organizacional, comprometendo o futuro do sistema e o sucesso do programa de mudanças. O estudo de caso a seguir pretende ilustrar esse ponto de vista.

O grupo francês Bull S.A., 17ª empresa mundial de informática em 1995, foi criado em 1968 a partir de uma decisão estratégica do general De Gaulle, expressa no *Plan Calcul*. Chefe da resistência francesa na Segunda Guerra Mundial, o presidente francês pretendia assegurar em seu governo a independência militar e tecnológica de seu país, a fim de protegê-lo de novos conflitos internacionais. Como o governo americano, na época, não aceitava vender para os franceses o *know-how* em informática necessário para o desenvolvimento nuclear do país, o governo decidiu investir no setor e comprou, em 1968, a Compagnie Internationale d'Informatique (CII), precursora do Grupo Bull, empresa de informática totalmente controlada pelo Estado. Essa empresa, destinada durante anos a desenvolver sistemas proprietários para dar suporte em tecnologia para o Estado francês, recebia enormes subsídios e não precisava ter lucro, fato inédito no setor de informática, no qual a maioria das empresas é privada.

No começo da década de 1990, no entanto, aconteceram grandes mudanças no setor de informática: ruptura tecnológica com substituição progressiva dos sistemas proprietários por sistemas abertos Unix, intercambialidade de sistemas, ganho de poder dos clientes e perda da fidelização da clientela, queda nos preços, declínio dos grandes sistemas em favor dos pequenos. Essas mudanças no mercado fizeram com que as empresas cortassem custos e aumentassem a produção, dada a pequena margem de lucro dos produtos. Diante da crise do setor, a Bull, que já vinha dando prejuízo há anos, teve em 1993 uma perda líquida de 5 bilhões de francos franceses, ou seja, de aproximadamente 1 bilhão de dólares. Diante dessa situação, o novo governo francês decidiu pela intervenção na empresa e nomeou como interventor um político conhecido por ter reestruturado muitas organizações, e cujo estilo de gestão era considerado "duro". Recebendo 7 bilhões de francos de ajuda governamental, a última ajuda a ser concedida oficialmente à empresa pelo Estado, o interventor se comprometeu a reestruturá-la em dois anos, ou seja, até 1995, fazendo-a obter um lucro líquido positivo para que pudesse ser privatizada dentro desse prazo.

Até o início da década de 1990, antes da crise e da intervenção estatal e no período de abundância de recursos, a Bull possuía um sistema político de recursos humanos baseado na negociação sob o arbítrio da gerência, o que caracterizava um *loosely coupled system*. Esse sistema era formado por vários grupos heterogêneos com forte autonomia, no qual predominava a diversidade cultural. Os membros de cada um dos principais grupos organizacionais agiam estrategicamente, negociando seus interesses com os outros grupos e com a direção, até atingirem um compromisso aceitável. A empresa contava com uma mão-de-obra altamente qualificada e consciente de sua importância para o desenvolvimento do setor. A lógica predominante na organização era a lógica da produção, traduzida pela preocupação em se produzir o melhor produto possível, não importando a que custo.

Eram três os grupos organizacionais relevantes. Como a estrutura da Bull na época era a de uma burocracia profissional, dada a estrutura do mercado de informática baseada na oferta, havia uma concentração de poder por parte do grupo de engenheiros da unidade

*Entreprise Systems,* formada pelos *antigos profissionais* especializados nos sistemas de grande porte proprietários, atividade tradicional da Bull e sua maior fonte de renda. Em seguida, era possível identificar o grupo dos engenheiros especializados em Unix, os *novos profissionais,* grupo ainda emergente. Finalmente, vinham os *administradores* pertencentes aos departamentos de marketing, finanças e departamento de qualidade. Havia, no entanto, "espaço para todos" na organização.

Com a crise, a nova direção decidiu modernizar rapidamente a empresa, instaurando uma lógica de empresa privada a partir da implantação unilateral de um sistema de recursos humanos *instrumental,* dentro de um processo de racionalização burocrática. Assim, o antigo sistema democrático de negociação e busca de coesão entre os diferentes grupos, ou arbitragem gerencial, foi sendo substituído pela política da direção geral de homogeneizar esses grupos por meio da implantação de procedimentos de decisão padrão, obtendo assim, através de um programa de mudança organizacional implantado de forma *top-down,* uma maior convergência de objetivos na empresa. Esses procedimentos começaram a gerar resistência entre os *antigos profissionais,* engenheiros de *software* especializados na antiga tecnologia, que perdiam poder na nova estrutura e viam sua profissão desaparecer gradualmente, dada a ruptura tecnológica no setor.

Em 1995, a fim de acelerar essas mudanças, a direção geral resolveu implantar um programa de qualidade baseado na melhoria de processos e na formação de equipes interdisciplinares, que deveriam analisar o trabalho, propor soluções e adotar padrões em comum. A certificação ISO 9001 exigia que cada departamento e cada unidade escrevesse os procedimentos de execução de seu trabalho em detalhe, segundo o princípio da transparência técnica total e de intercâmbio da mão-de-obra. A idéia subjacente ao sistema de garantia de qualidade da ISO 9001 é que se o trabalho dos profissionais está expresso em procedimentos-padrão, a empresa fica menos dependente do *know-how* de cada especialista, pois seu trabalho poderá ser padronizado e transmitido mais facilmente a outros profissionais. O objetivo era não mais depender do conhecimento ou da experiência de um técnico em particular, mas formalizar essa experiência e esse conhecimento a fim de poder substituir este técnico em caso de necessidade.

A direção geral, em seu plano estratégico, propunha construir a "Nova Bull" — a empresa do futuro — baseando-se na nova tecnologia dos sistemas abertos, que substituiria gradualmente a antiga tecnologia proprietária. Esta seria ainda por dez anos a principal fonte de renda da empresa, representada pela "vaca leiteira" na matriz BCG. Os recursos gerados pelos sistemas proprietários eram assim transferidos para a implantação da tecnologia Unix, beneficiando os *novos profissionais* em detrimento dos *antigos profissionais*. Necessitando ainda da colaboração dos antigos profissionais por no mínimo dez anos, a empresa cometeu um erro em sua política de mudança, explicitado pela comunicação interna: rompeu com o passado da organização. O reconhecimento do trabalho dos *antigos profissionais* foi negado. Estes passaram a ver a tecnologia que tinham desenvolvido durante trinta anos, e que ainda gerava a maior parte dos lucros da empresa, como algo obsoleto e sem valor. Esse grupo perdia a autonomia, o direito à participação, a voz ativa na organização e o controle de recursos, e era excluído oficialmente da construção do futuro da organização na qual ocupava anteriormente um lugar de destaque. A identidade uma vez vencedora do grupo tinha sido ameaçada.

## 6.1 A Resistência ao Programa ISO 9001

Dada essa situação, os *antigos profissionais* resistiram, tentando sabotar o programa ISO 9001. Em dezembro de 1995, o grupo anunciou que não escreveria seus procedimentos e rotinas de trabalho de acordo com a exigência da ISO 9001, argumentando que não tinham "tempo a perder", que era "impossível dividir em processos e subprocessos, de forma mecânica" seu trabalho de criação e *design* de códigos, único e particular a cada indivíduo. Segundo eles, a norma ISO 9001 adaptava-se bem a uma fábrica de *hardware*, cujos procedimentos são inteiramente padronizados, mas não se adaptava a um laboratório de desenvolvimento de *softwares*. "Não se pode descrever e padronizar o processo de criação".

Diante dessa negativa, os membros do departamento de qualidade tiveram que escrever às pressas os procedimentos e rotinas de trabalho dos *antigos profissionais*, a fim de apresentar aos auditores externos um programa coerente. Eles correram o risco, devido à resistência dos *antigos profissionais*, de perder o certificado ISO 9001, cuja auditoria externa seria feita pelo órgão oficial de certificação *Afaq* (*Association Française d'Assurance Qualité*), em fevereiro de 1996. No último momento, o departamento de qualidade da unidade de negócios *Entreprise Systems* conseguiu "salvar" o processo de auditoria e obter a certificação ISO 9001, apesar da recusa dos *antigos profissionais* em colaborar.

Além de quase perder seu programa, o departamento de qualidade falhou também ao não fazer a ligação entre as unidades *Sistemas Abertos* e *Sistemas Proprietários*, conciliando o trabalho dos *novos profissionais*, especialistas na nova tecnologia, e dos *antigos profissionais*, especialistas na tecnologia proprietária antiga. A conciliação do trabalho dessas equipes permitiria melhorar o clima organizacional, dentro da proposta de formação de equipes multidisciplinares mistas, compostas por profissionais de ambos os programas.

## 6.2 As Razões que Possibilitaram a Resistência ao Programa ISO 9001

Segundo as entrevistas, os *antigos profissionais* puderam "se dar ao luxo" de desafiar abertamente o programa do departamento de qualidade devido a vários fatores:

a) O grupo tinha consciência de que sua atividade, mesmo em vias de desaparecer, ainda seria fundamental à organização durante os anos seguintes, para assegurar o período de transição tecnológica, uma vez que:

- estes sistemas deveriam ser ainda mantidos nos clientes durante dez anos, mesmo que sua fabricação fosse extinta a partir de 1999;
- a empresa necessitava do conhecimento especializado dos *antigos profissionais* para organizar a migração dos sistemas proprietários para Unix, desenvolvendo sistemas mistos;
- a empresa necessitava de seu conhecimento especializado para tentar desenvolver um *mainframe* totalmente baseado na tecnologia distribuída (sistemas abertos).

b) O programa foi implementado por um *staff* administrativo inferior: o departamento de qualidade. Caso o programa tivesse sido implantado diretamente pela direção geral, a resistência ao mesmo poderia ter gerado retaliações imediatas.

Além disso, segundo os entrevistados, a resistência ao programa foi uma mensagem à nova direção geral: "ainda existimos enquanto grupo"; "ainda temos um poder de ação considerável". Pretendia-se forçar a direção geral a rever seu planejamento estratégico, ou ao menos a começar a negociar com o grupo. As conseqüências desse movimento de resistência, no entanto, não se fizeram esperar. Diante do desafio aberto dos *antigos profissionais*, ao invés de negociar, a direção tomou uma nova decisão unilateral, anunciando em maio de 1996 uma nova reestruturação: a unidade à qual eles pertenciam, *Sistemas Proprietários*, foco de tensão, seria extinta e fundida à unidade *Sistemas Abertos*. Na nova unidade, os *antigos profissionais* trabalhariam em conjunto com os *novos profissionais* sob a chefia de um executivo experiente recrutado no exterior. O chefe dos *antigos profissionais*, um engenheiro especializado nos sistemas proprietários e altamente respeitado por seus pares, foi demitido por justa causa.

Pretendia-se, segundo os entrevistados, quebrar a resistência à mudança da unidade de sistemas proprietários, colocando-a sob controle dos *novos profissionais* e do pessoal de marketing, dentro da lógica de "dividir para dominar". Aperfeiçoava-se também nessa reforma a estrutura divisionalizada anunciada em novembro de 1995.

A maior parte dos *antigos profissionais* que entrevistamos nos revelou que, em resposta às retaliações da direção, eles decidiram desenvolver uma política de "resistência velada". Segundo essa política, eles "fingiam" colaborar e incorporar as propostas da direção em seu trabalho, mas na prática não as executavam, procurando frear o processo de mudança organizacional que os prejudicava e atrasar os projetos ligados aos novos produtos. Segundo as entrevistas, diante de uma política intransigente da direção geral, o grupo se considerava em um "beco sem saída", entre duas opções ruins:

- resistir abertamente e correr o risco de perder o emprego, sofrendo retaliações, uma vez que as negociações estavam encerradas;

- colaborar com um plano de mudança organizacional que a médio prazo traria o desaparecimento de sua profissão e, conseqüentemente, sua saída da organização.

Não vendo boas perspectivas futuras, esses profissionais não aceitavam ser classificados como parte do passado, da "Velha Bull", empresa que tinha fracassado e que deveria ser substituída pela "Nova Bull". Diante de tal situação, voltaram-se para o presente, escolhendo a tática de sobreviver como podiam no dia-a-dia, resistindo "como os gauleses irredutíveis da aldeia de Asterix reagem à invasão dos romanos, ou como a resistência francesa resistiu aos alemães durante a Segunda Guerra Mundial".

Em cada projeto ou atividade das quais os *antigos profissionais* participavam, havia sempre ambigüidades técnicas que poderiam ser usadas por um desses profissionais a fim de justificar um erro ou um fracasso. Dessa maneira, razões válidas eram utilizadas para legitimar o que era, na verdade, resultado de uma *política de sabotagem velada*. Essa política desenvolvia-se mais por omissões — ações que deixavam de ser tomadas a fim de se evitar ou corrigir um problema qualquer — do que por ações cujos responsáveis poderiam correr o risco de serem responsabilizados. Instalou-se assim um ambiente de guerra na organização, nocivo ao seu desenvolvimento.

## 7. Conclusão: Mudança Fáustica, Identidade e Resistência Organizacional

O processo de modernização das organizações muitas vezes cria uma dissonância entre passado e futuro, gerando paradoxos que rompem o sentido de comunidade organizacional. Como pudemos perceber neste capítulo, a mudança fáustica implica ruptura com o passado e com a história da organização, dentro de um processo de modernização normalmente implementado de forma autoritária pelos dirigentes. Esse modelo, que se baseia no pressuposto da existência de uma "racionalidade superior", impõe mudanças como o "futuro promissor messiânico, que traz a prosperidade". O passado passa a ser considerado ultrapassado, representando o retrocesso.

No entanto, podemos verificar que a organização, ao estruturar de forma parcial mas concretamente diversas formas de acesso à experiência e à racionalidade, abriga grupos de atores que possuem culturas diversas e igualmente válidas dentro de seu contexto. Ao contrário do pressuposto fáustico, não é possível falar em uma racionalidade superior, apesar do predomínio temporário de certos modelos cognitivos e simbólicos nas organizações e nos diversos setores da economia.

A *mudança fáustica* gera contradições porque implica uma ruptura parcial com as práticas sociais e hábitos do antigo sistema. A resistência à mudança é então um fenômeno comum: diante da mudança abrupta das condições de trabalho, muitos resistem porque se sentem ameaçados por transformações que poderão dificultar sua sobrevivência no sistema social. Essa resistência é resultado da percepção de que no novo ambiente as capacidades relacionais, hábitos e estratégias desenvolvidas na situação anterior não servirão mais como meio de integração ou de sobrevivência. Estamos falando de estruturas profundas no que se refere à identidade do indivíduo, ou seja, de sua forma de relacionar-se com os outros individualmente ou em grupo, de sua capacidade de percepção, análise e ação política, de sua propensão a seguir ou não um certo tipo de liderança, de suas afetividades etc.

Indivíduos que estão na organização há anos e que constituem recursos humanos importantes sentem-se subitamente desvalorizados, identificados com o passado, excluídos do futuro da organização e, mesmo sendo potencialmente úteis e necessários no novo sistema organizacional, passam a ter dificuldades para se integrar à nova organização. Muitas vezes, nesses processos, os mais capazes são os primeiros a sair e a conseguir recolocação profissional, e a organização perde seus melhores talentos rapidamente. O estresse dos remanescentes aumenta, pois os que ficam passam a trabalhar com medo de serem despedidos a qualquer momento, o que causa impacto negativo no clima organizacional. Muitas vezes os "deixados de lado", que não se integram na nova organização mas também não saem dela, tornam-se focos de resistência ao novo e de descontentamento.

No indivíduo, o ego tem uma função de síntese das modificações que ocorrem na história biológica do homem. O ego procura manter a coerência na história do indivíduo, apesar das modificações na sua biografia, reinterpretando e construindo a sua biografia *a posteriori*, dando coerência e sentido à mesma, integrando as modificações existentes na vida do indivíduo e mantendo o sentido de sua ação. Rupturas bruscas no sentido atribuído ao indivíduo em sua existência podem levar a confusão mental e anomia. Tal como o indivíduo, o grupo possui uma identidade a ser preservada. A organização também possui uma cultura, uma história própria, a qual gerou valores e premissas básicas, práticas e hábitos sociais que se cristalizaram. Rupturas bruscas nos valores, jogos de poder e práticas da organização podem trazer perda do sentido e da coerência ao grupo organizacional.

Os efeitos das rupturas fáusticas podem prejudicar a própria mudança a ser implementada. A fim de evitar esses fenômenos, o novo sistema deve ser elaborado a partir do construto social anterior, que oferece a única experiência humana disponível para a consolidação do novo. Nesse caso, deve-se ter em mente a importância de *espaços de transitoriedade* nos quais os indivíduos e grupos possam negociar novos parâmetros de trabalho e novas identidades individuais e coletivas a partir da realidade anterior. Ao contrário do pressuposto fáustico de romper com a história da organização, considerada fruto de um sistema obsoleto, nos espaços de transitoriedade o antigo sistema e o passado da organização fornecem os insumos humanos e os materiais que permitirão a construção do novo sistema, mesmo que este consolide práticas diversas e opostas às anteriores.

Deve-se compreender, portanto, que o passado e o conjunto de habilidades desenvolvidas pela organização em sua história fornecem os ativos estratégicos necessários à construção do futuro desta. Como no caso do indivíduo, buscar a coerência na história da organização é o ideal, mudando-se quando necessário, integrando novas habilidades, práticas sociais, tecnologias e competências, mas a partir das competências passadas da organização. Não se trata de jogar o passado da organização contra o futuro, mas de fazer com que os indivíduos construam suas novas competências e modifiquem suas condutas a partir de sua experiência, que na maioria das vezes pode ser reciclada e adaptada ao novo contexto. Nesse sentido, argumentamos que o passado não se contrapõe necessariamente ao futuro, mas é a base de sua construção. Como propõe a metáfora de Janus, a construção do caminho é repleta de contradições, mas a partir da história é possível expandir conteúdos e dimensões.

## Referências Bibliográficas

AIDAR, M. M. et al. Cultura organizacional brasileira. In: WOOD JR., T. (ed.) *Mudança organizacional*. São Paulo: Atlas, 1995.

ANTONIALLI, L. M. Influência da mudança de gestão nas estratégias de uma cooperativa agropecuária. *RAC — Revista de Administração Contemporânea*, v. 4, n. 1, p. 135-160, 2000.

BAUDELAIRE, C. *Fleurs du mal*. Paris: Seuil, 1857.

BERMAN, M. *Tudo o que é sólido desmancha no ar*. São Paulo: Cia. das Letras, 1988.

BORGES-ANDRADE, J., PILATI, R. Validação de uma medida de percepção de imagens organizacionais. *RAC — Revista de Administração Contemporânea*, v. 4, n. 1, p. 113-130, 2000.

BOUDON, R. *L'idéologie*. Paris: Seuil, 1991.

CALDAS, M., WOOD JR., T. *Transformação e realidade organizacional*: uma perspectiva brasileira. São Paulo: Atlas, 1999.

CASALI, A., MACHADO-DA-SILVA, C. Estratégia de internacionalização, complexidade estrutural e integração normativa em organizações: estudo de caso. *Revista Organização e Sociedade*, v. 6, n. 16, p. 35-51, 1999.

COHEN, M., MARCH, J. *Leadership and ambiguity*: the american college president. New York: McGraw-Hill, 1974.

DEJOURS, C. Intelligence pratique et sagese pratique: deux dimensions meconnues du travail reel. *Education Permanente*, n. 116, 1993.

ELSTER, J. *Sour grapes*: studies in the subversion of rationality. Cambridge, Mass: Cambridge University Press, 1983.

FERNANDES, S. R. Transformações no mundo do trabalho e a saúde psíquica: a ótica do estresse ocupacional. *Revista Organização e Sociedade*, v. 6, n. 16, 67-74, 1999.

FLEURY, M. T. A diversidade cultural abaixo do equador (nota técnica): 361-363, In: M. CALDAS et al. (eds.) Handbook *de estudos organizacionais*, v. 1. São Paulo: Atlas, 1999.

FREITAS, M. E. *Cultura organizacional*: identidade, sedução e carisma? São Paulo: Editora FGV, 2000.

FRIEDBERG, E. *Le pouvoir et la règle*. Paris: Seuil, 1993.

GOETHE, J. W. *Faust*. New York: Anchor, 1962.

HEGEL, F. *La phénomenologie de l'esprit*. Paris: Aubier, 1941.

HIRSCHMANN, A. *Exit voice and loyalty*. Cambridge, Mass: Harvard University Press, 1970.

KOJÈVE, A. *Une introduction à la lecture de Hegel*. Paris: Seuil, 1980.

LINDBLOM, C. The science of muddling through. *Public Administration Review*, XIX, 79-88, 1978.

LINDEMANS, M. Janus. In: *Encyclopedia Mythica*, 1997. Acessado em 11/03/2004. http://www.pantheon.org/areas/mythology/europe/roman/articles.html?/articles/j/janus.html

MACHADO-DA-SILVA, C., SILVA-NOGUEIRA, E. Instituições, cultura e identidade organizacional. In: 1º ENEO, *Anais*... Curitiba, 15-17 de jun. 2000.

MARLOWE, C. *Dr. Faustus*. New York: Dover Pubns, 1994.

MOTTA, F., ALCADIPANI, R. Jeitinho brasileiro, controle social e competição, p. 30-45 In: RAE — *Revista de Administração de Empresas*, EAESP/FGV, v. 39, n. 1, 1999.

NOGUEIRA, E. O tempo nas organizações: conceitos e resultados de estudo exploratório de caso. In: ENANPAD, *Anais*... Atibaia, 2003.

SAINSAULIEU, R. *L'identité au travail*. Paris: PNSP, 1977.

_____. La régulation culturelle des ensembles organisées. *L'année Sociologique* , p. 195-217, 1983.

SEGNINI, L. Sobre a identidade do poder nas relações de trabalho, p. 89-93. In: FLEURY, M. T., FISCHER, R. M. (eds.) *Cultura e poder nas organizações*. São Paulo: Atlas, 1996.

SIMON, H. *Administrative behavior*. New York: Doubleday, 1947.

_____. From substantive to procedural rationality, p. 55-81. In: BRYON H. (ed.) *Method and Appraisal in Economics*, v. 2, Mass.: Cambridge Univesity Press, 1957.

TERRA DA SILVA, M. O processo de formação de culturas regionais – Um estudo de caso sobre o metrô de São Paulo, p. 129-140. In: FLEURY, M. T., FISCHER, R. M. (eds.) *Cultura e poder nas organizações*. São Paulo: Atlas, 1996.

VASCONCELOS, I. Assurance qualité et changement organisationnel: la mise em place de l'ISO 9001 dans des grands constructeurs informatiques Français. Tese (doutorado) — HEC/França, jan. 2000.

VERGARA, S. C., VIEIRA, M. M. F. Sobre a dimensão tempo-espaço na análise organizacional. In: ENANPAD, *Anais*... Atibaia, 2003.

WEICK, K. Educational organizations as loosely coupled systems. *Administrative Science Quarterly*, mar. 1976.

WRONG, D. The oversocialized conception of man in modern sociology. In: DEMERATH, N., PETERSON, R. (eds.) *System, change and conflic*. New York: Free Press, 1977.

# 5

# GESTÃO DO *PARADOXO PASSADO* VERSUS *FUTURO*: UMA VISÃO DIALÉTICA DA GESTÃO DE PESSOAS[1]

*André Ofenhejm Mascarenhas*
*Isabella Freitas Gouveia de Vasconcelos*
*Flávio Carvalho de Vasconcelos*

## 1. Introdução

Como vimos no Capítulo 1 do livro e no capítulo anterior, a transição de um contexto socioeconômico para outro traz diversos temas à tona, como a percepção do tempo e do espaço pelos indivíduos no contexto da mudança de suas condições de trabalho e a forma como isso afeta os sentidos que os mesmos atribuem a sua realidade e a si próprios (Nogueira, 2003; Azevedo e Caldas, 2003; Vergara e Vieira, 2003). Neste capítulo, tratamos também da percepção do tempo e do espaço pelos atores sociais nas situações de mudança e de como eles reconstroem o sentido de seu trabalho a partir das transformações que vivenciam em seu cotidiano. Partindo do conceito de *paradoxo passado* versus *futuro*, discutimos o *Modelo Transformacional de Gestão de Pessoas* associado à visão dialética.

No capítulo anterior, analisamos os efeitos da polarização *passado* versus *futuro* e sugerimos, ao final, a importância de *espaços de transitoriedade*, nos quais os indivíduos negociam e reconstroem o sentido de sua ação, tornando-se atores da mudança organizacional. Neste capítulo, apresentaremos o caso de uma empresa que adotou estratégias de

---

1. Este capítulo foi elaborado com o apoio do FGV/EAESP/NPP — Núcleo de Pesquisas e Publicações da FGV/EAESP e da FGV/EAESP/CIA — Centro de Informática Aplicada da FGV/EAESP.

gestão de pessoas que permitiram evitar os efeitos nefastos do *paradoxo passado* versus *futuro* em um processo de grandes mudanças na organização do trabalho.

## 2. Paradoxos e Gestão de Pessoas: uma Perspectiva Dialética de Análise

Como vimos no Capítulo 1 deste livro, de acordo com a visão dialética, a transformação de um sistema social em outro é um processo contínuo. À medida que o novo sistema social se afirma e a nova práxis se instaura, produzem-se diversas rupturas com a práxis anterior, o que gera contradições e polarizações perceptivas nos indivíduos inseridos nos diversos níveis do sistema. Essas dualidades decorrentes da transição gradual entre sistemas sociotécnicos podem gerar percepções polarizadas do tipo "A e não-A", como o *paradoxo passado* versus *futuro*, com freqüente aumento de estresse, resistência à mudança e outras reações no sistema organizacional (Vasconcelos e Vasconcelos, 2000).

O indivíduo, ao ver progressivamente negado o valor de suas competências durante a mudança, vivencia um processo de negação simbólica do que era a base de sua identidade e valor social em um sistema anterior, o que aumenta sua angústia e dissonância cognitiva (choque de crenças e valores), levando-o muitas vezes a resistir ao "novo", ao "progresso" e ao "futuro" apresentados de forma messiânica (Festinger, 1957). Em outras palavras, quando a gestão das mudanças em uma organização adota uma perspectiva fáustica, segundo a qual o futuro é construído a partir da destruição do passado, ela favorece o surgimento de reações defensivas à mudança nos indivíduos. Os indivíduos que tinham identidades vencedoras na organização passada — poder, prestígio, formas de sobrevivência e competências consolidadas — se sentirão ameaçados diante da mudança se não puderem constituir ou conservar suas alianças vencedoras no novo sistema organizacional. Os *espaços de transitoriedade*, nos quais se negociam significados e padrões de mudança, permitem aos indivíduos trabalhar as contradições provocadas pela mudança, "apropriando-se" de seu destino e tornando-se atores na transformação organizacional. O caso apresentado neste capítulo ilustra bem essa perspectiva de ação transformacional.

## 3. Modelos de Gestão de Pessoas e a Mudança

Observam-se diferentes práticas de gestão de pessoas em empresas que implantam processos radicais de mudança. Dependendo da prática adotada, polariza-se o discurso entre *novo e velho, passado e futuro*, e a reação dos atores sociais em face da mudança pode variar entre comportamentos de conformismo, pânico, evasão, negação da realidade (Caldas, 2000) e tentativas de enfrentar com realismo a situação e encontrar soluções criativas na difícil tarefa de lidar com as contradições, paradoxos e autonegação trazidos pela transformação, conforme descrito por Berman (1988). Trata-se de um processo de reconstrução de sentido, como narram pesquisas sobre a importância dos sentidos do trabalho para os indivíduos (Morin et al., 2003; Antunes, 1999). Discutiremos a seguir dois modelos de gestão de pessoas que correspondem a diferentes paradigmas de administração da mudança.

O *Modelo Instrumental de Gestão de Pessoas* pressupõe a existência de uma racionalidade superior e de um melhor método de interpretação da realidade e de decisão. Diante da questão de como dar uma maior autonomia aos empregados, o problema que se apresenta à direção da área de Recursos Humanos de uma empresa é *como fazer com que a maioria dos indivíduos adote as formas de representação da realidade e de decisão consideradas como as melhores pelos diretores da empresa*. Nesse modelo, a variedade cultural na organização deve ser reduzida na medida em que os empregados devem adotar os mesmos critérios e a mesma lógica de ação da direção. Isso garante a homogeneização das decisões e comportamentos na empresa, reduzindo as incertezas. Incorporando os procedimentos de decisão e os critérios oficiais, os indivíduos adotariam rotinas administrativas e decisões em consonância com a estratégia elaborada pelos executivos, reproduzindo a ideologia dominante. Segundo essa visão, os indivíduos são considerados seres utilitaristas e condicionáveis por meio de ações baseadas no conceito de estímulo-resposta e em técnicas behavioristas (Brabet, 1993; Schuler, 1987; Martory e Crozet, 1988; Peretti, 1990; Besseyre des Horts, 1988).

O *Modelo Transformacional de Gestão de Pessoas* trabalha com a administração de aspectos contraditórios característicos da vida atual. Ele coloca em questão a harmonia individual e a lógica utilitarista que embasam o modelo anterior. O modelo transformacional afirma a ambivalência e a contradição interna, os aspectos psíquicos e a complexidade dos processos de socialização, fenômenos simbólicos e inconscientes. Dessa forma, denuncia a inadequação da lógica utilitarista de regulação, salientando as contradições de nosso sistema socioeconômico.

O modelo transformacional propõe a extensão da participação dos atores sociais no processo de decisão, tendo em vista que um número mais amplo de indivíduos dotados de maior autonomia estão implicados na evolução dos campos social e organizacional, os quais estão interconectados. O respeito à ética democrática é derivado do envolvimento coletivo no processo de construção/desconstrução dialético que caracteriza a mudança e a evolução.

Os teóricos desse modelo propõem soluções que consideram a ação dos indivíduos sob uma ótica menos racionalizada que nos modelos anteriores. A mudança implica uma dialética da ordem e da desordem que coíbe a implantação autoritária de programas rígidos. Ações de observação social, projetos negociados de forma provisória, estruturação de espaços transitórios de experimentação social e de pesquisa-ação fazem parte desse modelo. Propõe-se assim um tipo de "gestão da desordem", dos aspectos contraditórios que representam uma realidade social sempre mutável caracterizada por paradoxos irreconciliáveis. Esse modelo se afasta de proposições que pregam apenas a gestão das coerências racionais entre grupos, indivíduos e estruturas organizacionais.

O modelo transformacional, no entanto, é ambicioso na medida em que não assume uma posição conformista quanto ao *status quo*, propondo sua contínua invenção e reinvenção, redefinindo novas formas de organização, de relações entre indivíduos, grupos, empresas e sociedade, recusando modelos totalitários de mudança. A contingência de cada situação é sempre relembrada, criando um modelo no qual a especificidade de cada forma de representação e de cada racionalidade é vista como correspondendo ao contexto estratégico, cultural e socioeconômico no qual a organização está inserida (Apel, 1994; Habermas, 1992; Schein e Kets De Vries, 2000; Vasconcelos e Vasconcelos, 2001).

Alguns manuais de Recursos Humanos, como os de Storey e Sisson (1989) e de Blyton e Turnbull (1992), tentam incorporar essas análises na prática cotidiana dos procedimentos típicos de recursos humanos. No Brasil, os trabalhos de Bergamini (1998, 1994), Caldas e Wood. Jr. (1999) sobre liderança transformacional e administração do sentido se encaixam nesse modelo, além de outros autores que utilizam a perspectiva psicodinâmica no estudo organizacional.

## 4. Gestão de Pessoas e a Liderança

Como vimos no primeiro capítulo, é possível fazermos uma distinção importante entre dois tipos de liderança dos processos de mudança organizacional: a transacional e a transformacional. O primeiro tipo caracteriza-se pela relação de troca não duradoura entre o líder e o liderado, que pode ser política, psicológica ou econômica. A liderança transacional é marcada pelo comportamento condicionado, no qual um indivíduo aceita seguir um líder porque ele possui os meios para viabilizar a troca, seja pela remuneração, pela influência política etc. No processo de liderança transacional, o seguidor aceita as ordens do líder por uma questão de poder formal, o que implica benefícios de caráter extrínseco ao seguidor. A relação de troca entre o líder e o seguidor desaparece no momento em que aquele não pode mais recompensar ou punir os liderados. Entretanto, o processo transacional de liderança ignora as necessidades reais dos seguidores, que influenciam seu comprometimento e motivação para as ações executadas, o que torna comum o fenômeno de resistência em processos de mudança liderados desta maneira (Bergamini, 1994).

Em uma outra perspectiva, a liderança transformacional ou administração dos sentidos é o processo no qual o líder influencia na definição da realidade dos liderados. Esse processo caracteriza-se pela articulação da experiência e os sentidos compartilhados do grupo social de forma que se viabilizem determinados modos de ação. Nesse caso, o relacionamento entre líder e seguidor é marcado pela necessidade existente ou pela solicitação do seguidor em potencial. Esse tipo de liderança caracteriza-se pelo conhecimento, por parte do líder, das necessidades intrínsecas do liderado para que aconteça a satisfação motivacional que permite a ação. O líder transformacional procura motivos potenciais entre seus seguidores e os assume como pessoas totais. Em um processo de liderança transformacional está implícita a idéia de grande sensibilidade do líder em relação aos liderados, o que implica um relacionamento de duplo sentido a partir do qual o líder conhece as necessidades dos liderados e estes influenciam o líder no que diz respeito a suas capacidades e possibilidades de atuação (Smircich e Morgan, 1982; Bergamini, 1994).

Um processo de mudança fáustica, que rompe com o passado e com a história da organização, pode ser relacionado à liderança transacional e ao modelo instrumental de gestão de pessoas. Nessas intervenções, os líderes normalmente decidem pela implementação de novos modelos e sistemas organizacionais que consideram superiores, descartando antigos modelos consolidados. A identidade dos indivíduos, criada a partir da interação social no contexto antigo, entra em crise na medida em que seu referencial social tradicional não é mais relevante (Weick e Westley, 1996). A negação do passado organizacional leva à polarização da percepção dos indivíduos entre o referencial passado, que era conhecido, seguro e permitia a construção da identidade até então, e o referencial futuro, que é incerto e obscuro para a construção de uma nova identidade. Os fenômenos de resistência à mudança, de anomia e de confusão podem ser facilmente entendidos nesse cenário.

Evitar um processo de mudança fáustica requer padrões transformacionais de liderança. O líder deve garantir que o desequilíbrio psíquico causado pelas transformações no ambiente tenham suas conseqüências minimizadas nos indivíduos. O estudo de caso discutido a seguir ilustra um amplo processo de mudança organizacional conduzido segundo as premissas do *Modelo Transformacional de*

*Gestão de Pessoas.* Na organização estudada, o *paradoxo passado* versus *futuro* foi evitado por meio da construção de *espaços de transitoriedade* nos quais os sentidos atribuídos ao trabalho pelos profissionais puderam ser recriados, o que permitiu a diminuição das resistências e o engajamento dos profissionais à mudança.

## 5. Estudo de Caso: a Informatização da Gestão de Pessoas na DaimlerChrysler, Wörth

A unidade da DaimlerChrysler em Wörth, na Alemanha, produz veículos comerciais e especiais, em um ritmo de produção de 350 a 400 unidades por dia, ou 82 mil unidades por ano. A produção ocupa uma área de dois milhões de metros quadrados. Com uma força de trabalho de aproximadamente 9 mil funcionários, sendo 450 em nível gerencial, essa unidade conta com um orçamento anual de 400 milhões de euros para gastos com pessoal. Sua área de RH emprega cerca de 150 funcionários.

### 5.1 Estudo de Caso: a Gestão de Pessoas e o Projeto RYB.com

A área de RH na organização era tradicionalmente reconhecida como uma área operacional, envolvida em processos administrativos burocráticos, que não agregavam qualidade ao relacionamento entre chefes e subordinados e aos processos internos. Uma mudança na alta gerência desencadeou, entretanto, uma reação a esse estágio das coisas ao canalizar a insatisfação da área com sua identidade organizacional a um projeto estratégico concreto, que abrangia profundas alterações na organização social da área, além da ampla implementação da tecnologia da informação (TI) como uma nova maneira de se viabilizar e organizar os processos de gestão de pessoas.

O projeto RYB.com (*Reinvent your business.com*) foi uma iniciativa do novo gerente de RH, recém-chegado de outras áreas da empresa, que trouxe propostas de uma nova maneira de se pensar a gestão de pessoas. Segundo essas propostas, a área de RH deveria envolver-se menos com atividades operacionais e preocupar-se mais em desenvolver o relacionamento entre gerentes e subordinados, a partir do encorajamento de um perfil de funcionário mais autônomo, questionador e politizado na organização.

A estratégia traçada tinha como premissa a constatação de que os processos de gestão de pessoas deveriam ser de responsabilidade de cada área, já que eram inerentes ao relacionamento entre chefes e subordinados. A atuação da área de RH, dessa maneira, não deveria ser caracterizada pela centralização dos processos, já que isso levava ao empobrecimento do relacionamento entre chefes e subordinados. Até então os indivíduos sempre negociavam seus interesses com intermediação da área de RH. Com as mudanças, o RH deixaria de ser intermediário em questões operacionais; os gestores das diversas áreas e seus subordinados teriam que trocar informações e negociar essas questões entre si. Esse foi um primeiro passo no sentido de diminuir a distância entre gestores e seus subordinados e de promover um indivíduo mais politizado e autônomo na organização, que assume seus interesses pessoais e os negocia com sua chefia.

> Antigamente, executivos da área técnica, como eu, se preocupavam exclusivamente com questões relacionadas à produção, ao núcleo de nossa responsabilidade. Era normalmente um relacionamento de especialistas na área. Atualmente, este perfil de executivo está desgastado, e assumimos mais responsabilidades, gastamos mais tempo lidando com questões de relacionamento humano, questões mais subjetivas que influenciam o andamento de nosso trabalho.

A nova filosofia de gestão de pessoas assumia ainda a necessidade de a área de RH atender a área cliente da melhor forma possível, agregando qualidade ao relacionamento entre gestores e subordinados. Um analista resumiu da seguinte maneira os novos padrões de atuação da área:

> A filosofia era a de que o RH não deveria ser importante somente por estar lá, mas sim por agregar realmente qualidade ao relacionamento entre gestores, funcionários e empresa. Desta maneira, o RH deveria atuar não como um centralizador de operações relativas à gestão de pessoas, mas sim como um facili-

tador. Estes processos são inerentes ao cotidiano dos gestores, e não deveriam ser de inteira responsabilidade da área de RH. Dar mais poder ao cliente [outros departamentos da empresa] e atuar como um suporte especializado foi a forma de possibilitar ao RH uma atuação que agregasse mais qualidade à gestão de pessoas.

A implementação da nova filosofia de gestão defendida pela alta gerência implicava amplas e profundas transformações em todas as estruturas e processos da área de RH, que foram implementadas em um período de dois anos. Os processos da área foram totalmente reconfigurados, acentuando-se a atuação consultiva dos profissionais de RH. A tecnologia foi utilizada como ferramenta para a informatização dos processos administrativos de gestão de pessoas, de cujas tarefas repetitivas os analistas foram liberados, e permitiu também a geração de um novo fluxo de informações, que passou a ser utilizado pelos profissionais para o suporte especializado às questões de gestão de pessoas.

## 5.2 Estudo de Caso: o Processo de Mudança

O projeto RYB.com foi uma iniciativa da nova alta gerência de recursos humanos da organização, partindo da constatação de que uma parcela importante de seus funcionários, os mais antigos, não estava satisfeita com o sentido que dava tradicionalmente ao seu trabalho. Esses profissionais tinham sua atuação limitada, muitas vezes, a procedimentos operacionais burocráticos nos quais não viam um significado relevante.

> Há bastante tempo os profissionais mais antigos da área se queixavam da maneira como o RH estava organizado. Estes funcionários constituem a estrutura básica da área, são aqueles que influenciam diretamente o trabalho daqueles mais novos, ou daqueles que ficam temporariamente na área.

Tendo em vista que a implantação do novo projeto estava ligada ao desenvolvimento político e relacional dos indivíduos na organização, uma das primeiras providências do novo gerente de RH foi criar o cargo de *supervisão de estratégias e processos*, diretamente ligado a ele e responsável pelo planejamento e pela implementação de mudanças estratégicas na área. Para esse cargo, o gerente escolheu um indivíduo que se destacava como porta-voz e líder político da parcela de funcionários do RH insatisfeita com o perfil burocratizado da área. O papel do líder do projeto foi essencial no que dizia respeito à administração dos sentidos das mudanças, isto é, a maneira como os indivíduos interpretariam as mudanças. Segundo um dos analistas de RH entrevistados:

> O projeto não foi apresentado à equipe como uma solução para a diminuição de pessoas, o que os ajudou e motivou a aceitar a idéia. O projeto foi apresentado como uma maneira de transformar a natureza do trabalho na equipe — burocrático e centrado na continuidade de processos — para um trabalho mais consultivo, de resolução de problemas por meio da informação disponibilizada pelos sistemas.

A escolha do líder político informal para a condução do projeto de mudança conferiu-lhe legitimidade social e ressaltou a abertura da organização para ouvir os demais indivíduos e dar espaço a sua participação. Apesar da amplitude e da profundidade das transformações, o processo de informatização da gestão de pessoas na DaimlerChrysler em Wörth foi marcado pela disposição à mudança e pelo envolvimento por parte do grupo social diretamente afetado, construindo uma nova inserção na organização e transformando seu trabalho. O fato de estarem insatisfeitos com a situação anterior e de poderem participar ativamente do processo de mudança, formando grupos de trabalho, negociando significados e definindo em conjunto novos perfis e métodos de trabalho, contribuiu para o sucesso do projeto. A organização implementou de fato espaços de interação e de negociação entre os indivíduos, dando-lhes direito à participação efetiva.

Durante o processo de mudança, realizaram-se seminários e inúmeras reuniões nas quais os novos padrões de organização foram exaustivamente discutidos e negociados. Durante o período de implementação das mudanças, a gerência de RH estimulou ainda a interação entre os analistas, de modo que os mais familiarizados ao uso da tecnologia pudessem melhorar a capacitação dos menos familiarizados. O alto nível educacional dos profissionais de RH facilitou essa tarefa. Como destacam alguns analistas:

> A partir do cartão verde do chefe para a implementação do projeto, fizemos algumas telas e as apresentamos em um *workshop* da área no qual os supervisores foram responsabilizados pela geração de idéias e pelo mapeamento de processos e melhorias que poderiam ser implementados por meio da TI. Após um período de 4 a 6 semanas, quando as equipes tinham já uma idéia de seus processos e das possíveis melhorias, passamos então a buscar pessoas capacitadas para a programação das telas e sistemas.

> O projeto de informatização foi viabilizado por meio da participação intensa dos funcionários mais antigos da área, que são os "formadores de opinião". Estes funcionários, se não gostassem das novas ferramentas, elas dificilmente seriam bem-sucedidas no time inteiro. Essas pessoas trabalharam em parceria com a equipe de TI-RH para formatar ferramentas que realmente viessem a facilitar o trabalho na área. Neste processo, estes funcionários também influenciaram os outros a participarem ativamente das mudanças. Com o envolvimento destas pessoas, ficou mais fácil demonstrar o potencial das ferramentas e efetivamente introduzi-las na equipe.

> A adaptação aos novos padrões de trabalho foi mais fácil para mim, pois estou mais acostumado ao trabalho com os PCs. Para outros colegas, menos acostumados, foi mais difícil e tivemos que dar estímulo e assistência. Entretanto, atualmente esta situação não é mais problemática, todos desempenham suas atividades normalmente.

Depois de negociadas pelos analistas de RH as novas tarefas e perfis da área, havia a necessidade de se adotar a tecnologia para viabilizar a nova organização do trabalho. A equipe de RH solicitou à área de TI da empresa o suporte necessário ao desenvolvimento da tecnologia. Para surpresa de todos, a área de TI se recusou a dar esse suporte, o que forçou a equipe de RH a um trabalho em conjunto: a busca de uma outra equipe de TI que pudesse implementar seu projeto. O fato de terem desenvolvido o projeto e trabalhado em equipe para vencer obstáculos em sua implementação uniu ainda mais esses indivíduos em torno de seus objetivos.

Passamos a buscar pessoas capacitadas para a programação das telas e sistemas. A saída foi procurar pessoas nas universidades locais e na própria empresa. O perfil destas pessoas foi o amante de computador, o *hacker*, que foi utilizado para programação (...). Foram 12 estagiários. Foi exatamente na época do *boom* da Internet, havia muitas *start-ups* na Alemanha e foi difícil atrair os estagiários.

O resultado do processo de transformação da gestão de pessoas na organização foi a completa reconfiguração do modelo de trabalho.

O portal *Personal* é uma grande ferramenta que atualmente proporciona todos os tipos de informação tanto à área de RH quanto aos clientes. Antigamente tudo era *paper work*. Atualmente não há mais tanto trabalho burocrático e rotineiro, a não ser alguns processos mais específicos, como aqueles relacionados ao sindicato. Meu trabalho está baseado nos contatos pessoais, diariamente, e ao telefone também. As questões são muitas consultivas, como administração de salários nas áreas, desenvolvimento de carreira, como conseguir e administrar os benefícios etc.

## 6. Análise do Estudo de Caso: Liderança Transformacional na DaimlerChrysler

O projeto RYB.com foi uma mudança organizacional profunda iniciada pela alta gerência da área. Apesar disso, não foi um projeto fáustico, já que não se tratava de um modelo baseado em uma pretensa "racionalidade superior" da alta gerência, imposto de maneira *top-down* como o modelo ao qual a organização deveria se adaptar. Ao contrário, a organização escolheu como responsável pelas mudanças um indivíduo reconhecido como líder político dos funcionários de RH, sensível a suas necessidades e apto a administrar os sentidos das mudanças para que não fossem interpretadas como uma ruptura abrupta, mas como uma oportunidade para a formação contínua da identidade.

A criação de *espaços de transitoriedade* na organização implicou um diagnóstico anterior do sistema social a partir do qual se elaborou, dentro do processo de mudança organizacional, uma estrutura de transição que oferecia aos atores sociais um espaço de reconstrução identitária individual e coletiva para permitir a negociação e a construção do novo contexto a partir do anterior. Os funcionários de RH participaram de diversas reuniões e seminários nos quais tiveram oportunidade de negociar significados e idéias e desenvolver em conjunto um *novo projeto de empresa* para a área. A definição dos novos perfis e tarefas, o desenho das novas estruturas, tudo foi debatido e definido em conjunto. Os indivíduos estavam insatisfeitos com o antigo perfil de sua área e de seu trabalho, mas, a partir de suas competências anteriores, puderam negociar estruturas e redesenhar o novo, adaptando seus interesses à nova realidade.

Nesse processo, a equipe teve ainda que gerir conflitos e lutar pela implementação de seu projeto coletivo. Quando a área de TI se recusou a ajudá-los na implementação das mudanças, o fato de terem que trabalhar para vencer obstáculos e formar uma equipe de suporte buscando recursos para tanto ajudou o grupo a consolidar-se dentro do novo perfil autônomo e politizado que a organização buscava para a área. Dessa forma, os aspectos afetivos e a construção do sentido foram dimensões trabalhadas pelo grupo a partir do modelo transformacional de gestão de pessoas. Em resumo, os seguintes fatores contribuíram para a informatização e o sucesso da mudança organizacional na área:

- O diagnóstico anterior do sistema social permitiu a constituição de um grupo de trabalho entre os profissionais de gestão de pessoas em torno de objetivos compartilhados; essa comunidade, que agregou os principais grupos informais na área, foi formada em torno de indivíduos com muitos anos de empresa e indivíduos com menos tempo de casa sob a orientação de um líder político reconhecido como tal.

- O líder político do projeto foi sensível às necessidades dos liderados e competente ao administrar a maneira como os liderados interpretaram as mudanças.

- Não houve rupturas entre o *antigo* e o *novo*, entre o *passado* e o *futuro*, tanto na política de comunicação da organização quanto na condução da mudança e dos trabalhos do grupo pelo líder.

- Não houve a adoção de um discurso dogmático e messiânico; ao contrário, houve espaço para interação e negociação coletiva de significados e propostas. Permitiu-se, assim, a reconstrução do sentido do trabalho naquela comunidade e a *formulação conjunta de uma nova identidade da área de RH, associada a novos valores*.

- Após a definição da nova identidade da área, o grupo se articulou em torno dos meios operacionais para executar a transformação planejada. Por não ter encontrado dentro da organização o suporte tecnológico necessário, o grupo teve que buscar esse suporte fora da organização. A mobilização pela superação de obstáculos uniu o grupo e o fez trabalhar em conjunto por seu projeto, desenvolvido e implementado em equipe.

- Permitiu-se que os antigos funcionários de RH, inseridos durante anos em uma área operacional e burocratizada, fizessem uma *reconversão profissional*, por meio da formação do grupo de trabalho, no qual foram debatidos os rumos que o projeto deveria tomar, qual deveria ser o novo perfil e a organização da área dedicada à consultoria e à ação estratégica.

- Estabeleceu-se uma mudança gradual, evitando-se o *downsizing* e a conseqüente ruptura da comunidade.

## 7. Considerações Finais: Modelo Transformacional de Gestão de Pessoas e o *Paradoxo Passado* versus *Futuro*

Este estudo de caso mostra que há alternativas para o modelo fáustico, que propõe a ruptura entre passado e futuro para a criação do novo a partir de uma dita racionalidade superior que se impõe à organização. Em uma proposição que diverge do modelo fáustico, pode-se gerar o novo a partir do passado, em uma continuidade que envolve rupturas e contradições. Trata-se do *Modelo Transformacional de Gestão de*

*Pessoas*, representado metaforicamente pela imagem do deus romano Janus, deus das transições e transformações e que representa o crescimento e o amadurecimento dos indivíduos. São associadas a ele as mudanças na sociedade e as cerimônias de transição durante as vidas dos mortais. Janus nasceu na Tessália, Grécia, e ao se mudar para o Lácio, casou-se com a rainha, dividindo o reino. Após a morte de sua esposa, Janus passou a governar sozinho. Durante seu governo, a sociedade viveu um período de transição que a levou a um tempo de paz e prosperidade. Ao morrer, Janus recebeu o *status* de deus, em razão de sua vida dedicada a essas transformações. É representado com duas faces, uma olhando para o passado e a outra para o futuro. Nessa perspectiva de gestão de pessoas, concebe-se o futuro como uma continuidade do passado, recombinando-se e expandindo seus conteúdos e dimensões, e lidando com os paradoxos e as contradições como parte do processo evolutivo (Lindemans, 1997).

De fato, a linguagem e a construção do sentido, aliadas às políticas de gestão de pessoas, podem favorecer ou dificultar o processo de transição nas organizações entre um sistema e outro. A mudança organizacional é vista no modelo transformacional como uma crise não regressiva, superada pela consolidação de um novo sistema social construído a partir do construto anterior, que oferece a única experiência humana disponível para a consolidação do novo. Nessa perspectiva, o passado não se contrapõe necessariamente ao futuro: ele é a base de sua construção. Essa visão baseia-se na construção de *espaços de transitoriedade* nos quais a resistência ao novo modelo diminui à medida que são dadas possibilidades de ação aos indivíduos para construírem o novo a partir de suas competências antigas. A possibilidade de ser um ator social e político ativo na construção de suas novas inserções passa a ser valorizada nesse modelo, a partir do qual se emancipa o indivíduo.

O líder transformacional guia o processo de reconstrução do sentido da ação pelo grupo e administra o significado das mudanças organizacionais, isto é, como as mudanças serão interpretadas pelos indivíduos e como elas vão influenciar na construção dos novos padrões de identidade. Nesse aspecto, os *espaços de transitoriedade* devem permitir que as mudanças sejam interpretadas positivamente como meios para a formação contínua da identidade, e não como um momento de ruptura abrupta. Trata-se de diminuir a percepção de polarização entre a identidade passada e aquela a ser formada no futuro, incerta.

O *espaço de transitoriedade* criado na organização estudada é um exemplo de estratégia adaptativa. Em uma mudança do porte do projeto RYB.com, foi fundamental o estímulo à formação de uma estrutura na qual os padrões de interação social requeridos no novo contexto em formação pudessem ser negociados. Nesse caso, a história da organização, considerada em processos de mudança fáusticos como fruto de um sistema obsoleto, foi vista como fornecedora dos "insumos" humanos e dos materiais que permitiriam a construção do novo sistema, mesmo diante de uma situação na qual foram consolidadas práticas diversas e opostas às anteriores. O passado e o conjunto de habilidades desenvolvidas pela organização em sua história forneceram, portanto, os ativos estratégicos necessários à construção do seu futuro.

Segundo esse modelo, as redes informais de interação social e de poder também têm papel fundamental no sucesso de programas de mudança organizacional. A anomia, ou seja, a incapacidade de reconstituir um novo universo de normas e interações, é normalmente conseqüência de uma mudança radical na estrutura de poder e nas relações cotidianas de trabalho, e leva freqüentemente ao fracasso de programas de mudança organizacional fáusticos. Não podendo consolidar alianças políticas vitoriosas na nova organização como o faziam na antiga organização, os atores sociais não aceitarão o fracasso e resistirão a fim de preservar os meios sociais de manutenção de seu sucesso.

## Referências Bibliográficas

ANTUNES, R. *Os sentidos do trabalho*: ensaios sobre a afirmação e a negação do trabalho. São Paulo: Boitempo, 1999.

AZEVEDO, M., CALDAS, M. O discurso evolucionista e a prática involuntiva: um estudo empírico exploratório sobre o impacto de mudanças tecnológicas sobre o desenho do trabalho em call centers. In: XXVII ENANPAD, *Anais...* 2003.

APEL, K. *L'ethique à l'age de la science*. Lille: PUL, 1994.

BERGAMINI, C. A difícil administração das motivações. *RAE — Revista de Administração de Empresas*, Fundação Getúlio Vargas, 38:1, p. 6-17, 1998.

_____. Liderança: a administração do sentido. *RAE — Revista de Administração de Empresas*, Fundação Getulio Vargas, v. 34, n. 3, p. 102, 1994.

BERMAN, M. *Tudo que é sólido desmancha no ar*. São Paulo: Cia. das Letras, 1988.

BESSEYRE DES HORTS, C-H. *Gérer les ressources humaines dans l'entreprise — concepts et outils*. Paris: Editions de l'Organisation, 1988.

BLYTON, P., TURNBULL, P. (Eds.) *Reassessing human resource management*. London: Sage, 1992.

BRABET, J. *Repenser la gestion des ressources humaines*. Paris: Economica, 1993.

CALDAS, M., WOOD JR., T. *Transformação e realidade organizacional*. São Paulo: Atlas, 1999.

CALDAS, M. *Demissão*. São Paulo: Atlas, 2000.

FESTINGER, L. *A theory of cognitive dissonance*. New York: Prentice-Hall, 1957.

HABERMAS, J. *Ethique de la discussion*. Paris: Cerf, 1992.

LINDEMANS, M. Janus. In: *Encyclopedia Mythica*, 1997. Acessado em 11/03/2004 http://www.pantheon.org/areas/mythology/europe/roman/articles.html?/articles/j/janus.html.

MARTORY, B. CROZET, D. *Gestion des ressources humaines*. Paris: Natan, 1988.

MORIN, E., TONELLI, M. J., PLIOPAS, A. L. O trabalho e seus sentidos. In: ENANPAD, *Anais...* Atibaia, 2003.

NOGUEIRA, E. O tempo nas organizações: conceitos e resultados de estudo exploratório de caso. In: XXVII ENANPAD, *Anais...* Atibaia, 2003.

PERETTI, J. M. *Ressources humaines*. Paris: Vuibert, 1990.

SCHEIN, E., VRIES, K. Crosstalk on organizational therapy. *The Academy of Management Executive*, v. 14, n. 1, p. 31-51, fev. 2000.

SCHULER, R. *Personnel and human resource management*. St. Paul Miss.: West. 3ª ed., 1987.

SMIRCICH, L., MORGAN, G. Leadership: the management of meaning. *The Journal of Applied Behavioral Science*, v. 18, n. 3, p. 257-273, 1982.

STOREY, J., SISSON, K. Looking the future. In: SOTREY (ed.) *New Perspectives in Human Resource Management*. London: Routledge, p. 167-183, 1989.

VASCONCELOS, I., VASCONCELOS, F. Identidade e mudança: o passado como ativo estratégico. In: 1º ENEO, *Anais...*, Curitiba, 16 e 17 de junho de 2000.

_____. ISO 9000, consultants and paradoxes: a sociological analysis of quality assurance and human resource techniques. In: ENANPAD, *Anais...*, Campinas, 2001.

VERGARA, S., VIEIRA, M. M. F. Sobre a dimensão tempo-espaço na análise organizacional. In: XXVII ENANPAD, *Anais...* Atibaia, 2003.

WEICK, K. E., WESTLEY, F. Organizational learning affirming an oxymoron. In: S. R. E. CLEGG, HARDY e NORD (eds.) *Handbook of organization studies*, p. 440-458. Thousand Oaks, CA: Sage, 1996.

WOODMAN, R., CAMERON, K., IBARRA, H., PETTIGREW, A. Special research forum: change and development journeys into a pluralistic world. *Academy of Management Journal*, v. 44, n. 4, ago. 2001, p. 697-714, 2001.

# 6

# ISO 9000, CONSULTORES E PARADOXOS: UMA ANÁLISE SOCIOLÓGICA DA IMPLEMENTAÇÃO DOS SISTEMAS DE QUALIDADE E DA GESTÃO DE PESSOAS[1]

*Flávio Carvalho Vasconcelos*
*Isabella Freitas Gouveia de Vasconcelos*

## 1. Introdução — Normatização e Isomorfismo

A *teoria neoinstitucionalista* descreve a normatização como um dos mecanismos que causam o isomorfismo nas organizações, e que as levam à adoção de estruturas e práticas que seguem modelos e mitos idealizados e aceitos de maneira geral. De acordo com essa teoria, há uma tendência de padronização entre as organizações na medida em que buscam a legitimação em seus setores institucionais ao adotar modelos estruturais socialmente percebidos como os melhores. Dessa forma, entidades internacionais de normatização, como a International Standard Organization (ISO), são responsáveis pela definição de normas e pela emissão de certificados que são elementos-chave na definição das propriedades do isomorfismo de muitos setores.

Atores sociais e organizações adotam modelos institucionais não somente porque estes são percebidos como os melhores disponíveis, mas também porque, ao fazê-lo, são beneficiados com mais legitimidade em seu setor, o que os permite acessar certos recursos que aumentam a chance de sobrevivência da organização. A teoria neoinstitucional

---

1. Este capítulo foi elaborado com o apoio do FGV/EAESP/NPP — Núcleo de Pesquisas e Publicações da FGV/EAESP.

sugere que um setor institucional é um espaço que agrega diversas organizações que competem por recursos escassos. Setores institucionais são caracterizados pela elaboração de normas e regras que as organizações adotam para serem reconhecidas como competidoras legítimas, para que possam ter o apoio de outros atores sociais e organizações (Scott e Meyer, 1981).

Acadêmicos importantes dessa escola, como Powell, DiMaggio e Scott e Meyer, propõem uma tipologia dos processos que levam uma organização a mudar sua estrutura e suas práticas gerenciais para adotar um modelo normativo institucionalizado (Powell e DiMaggio, 1991; Scott e Meyer, 1981). Associações profissionais, organismos internacionais de normatização e entidades governamentais são atores importantes nos processos de criação e de modelagem de organizações.

Para esses autores, cada setor institucional é testemunha da confrontação de diversos modelos normativos, os quais engendram uma batalha simbólica no fim da qual um grupo pequeno de modelos normativos é reconhecido como mais eficiente e apropriado para cada setor. Esses modelos representam, então, o poder de equilíbrio no setor, refletindo o prestígio relativo de cada um dos atores ou organizações.

De acordo com essa teoria, as organizações adotam modelos institucionais por meio de quatro processos básicos de isomorfismo:

- coerção;
- indução;
- apropriação (comportamento organizacional mimético);
- normatização (autorização).

O *isomorfismo coercitivo* acontece quando um organismo externo impõe legalmente regras que devem ser seguidas por uma organização em um setor específico — por exemplo, quando uma entidade governamental implementa uma legislação que define as formas e procedimentos que um grupo específico de organização deve adotar, usando o poder normativo derivado da autoridade pública.

O *isomorfismo indutivo* acontece quando agentes econômicos que não têm autoridade legal para estabelecer o comportamento de outros agentes tentam fazê-lo ao estabelecer incentivos tangíveis para que organizações de um setor específico adotem certas formas e procedimentos organizacionais. Esses agentes econômicos geralmente promovem o isomorfismo ao prometer benefícios que incitam outros agentes econômicos a acreditar que a adoção das formas e procedimentos organizacionais em questão é mais favorável aos seus objetivos.

O *isomorfismo por apropriação* acontece quando organizações de um dado setor deliberadamente imitam modelos e práticas estabelecidos por empresas líderes. Essa prática, também conhecida como *comportamento organizacional mimético*, pode ser notada de maneira mais clara em setores nos quais a incerteza em relação à eficácia de modelos organizacionais é mais alta. Nessas situações, alguns modelos geralmente emergem como mais eficazes que outros.

O *isomorfismo normativo* acontece quando um organismo de normatização avalia e inspeciona outras organizações, dando-lhes o direito de uso de um selo que certifica que a organização segue os processos prescritos pelo organismo. Certificados de ISO 9000 se enquadram nessa categoria. A organização escolhe se quer adotar as normas da ISO 9000 e abrir suas práticas e rotinas para as auditorias do organismo certificador. Entretanto, em muitos casos, os padrões da ISO 9000 são quase mandatários, principalmente em certos setores nos quais agentes econômicos importantes os impõem como pré-requisitos para o relacionamento com fornecedores e revendedores. Para que tenham o direito ao uso do selo ISO 9000, as organizações devem provar que seguem os procedimentos e regulamentos descritos pelo organismo certificador.

A teoria neoinstitucionalista afirma que a estrutura formal de muitas organizações na sociedade pós-industrial reflete os mitos de seus contextos institucionais em vez das demandas de suas atividades produtivas. Normas, tecnologias e procedimentos são vistos como estruturas altamente institucionalizadas, que funcionam como mitos. Esses procedimentos técnicos institucionalizados são aceitos como meios de se alcançar objetivos organizacionais. São consideradas as melhores ferramentas disponíveis, e sua adoção é uma fonte de legitimação. Seu uso evita acusações de negligência. Como apontado por Meyer e Rowan:

Estruturas organizacionais são criadas e aperfeiçoadas com a emergência de mitos institucionalizados e, em contextos altamente institucionalizados, a ação das organizações tende a reproduzir padrões culturais predominantes nas líderes do setor. Mas uma organização precisa também fazer frente a demandas relacionadas às atividades práticas (Meyer e Rowan, 1991).

Procedimentos relacionados à ISO 9000 podem ser considerados mitos em algumas indústrias.

O objetivo deste capítulo é analisar a normatização pelos processos da ISO 9000 como forma de isomorfismo organizacional de acordo com a teoria neoinstitucionalista. Apresentamos dois estudos de caso em empresas francesas do setor de informática para mostrar que há duas maneiras de se implementar os padrões da ISO 9000: por meio dos *procedimentos em profundidade*, quando há preocupação com a eficiência organizacional e com a legitimidade externa, e através dos *procedimentos instrumentais*, quando há preocupação somente com a legitimidade externa. Nossa análise mostra que o fenômeno da resistência à mudança é comum em implementações de programas de ISO 9000 que têm grande impacto nos esquemas de poder da organização e nas estruturas informais. Para que essa questão seja enfrentada, sugerimos que os consultores abandonem métodos baseados na engenharia que trata somente do emparelhamento estrutural entre a organização e os requerimentos da ISO 9000.

## 2. Uma Tipologia dos Processos de Implementação da ISO 9000

Analisamos a adoção dos padrões de qualidade da ISO 9000 em duas empresas de informática localizadas na França. Foi também realizada uma pesquisa exploratória em 15 empresas francesas de consultoria especializadas em gestão da qualidade. A maioria dos consultores entrevistados que trabalha com a implementação da ISO 9000 usa métodos baseados na engenharia para reestruturar as organizações, tentando obter a conformação das estruturas formais da organização aos padrões estabelecidos pela norma. Eles costumam empreender inspeções da qualidade para preparar seus clientes à auditoria por uma entidade oficial para a obtenção do certificado. Esses métodos de consultoria são baseados na idéia de que as organizações funcionam de acordo com suas estruturas formais, e, na realidade, tentam aumentar o controle sobre as práticas organizacionais para criar um sistema *tightly coupled*, ou seja, centralizador. Conseqüentemente, muitos pesquisadores dessa escola teórica concluíram que existe uma diferença entre as estruturas formais e informais nesses contextos. Como apontado por Meyer e Rowan, as organizações no mesmo setor tendem a ser similares em sua estrutura formal, pois têm origens institucionais comuns. Mas elas apresentam grandes diferenças em sua prática efetiva (Meyer e Rowan, 1991).

Nossos dois estudos de caso confirmam essas proposições, e mostram que há duas maneiras de se implementar os padrões da ISO 9000: os *procedimentos em profundidade,* quando há preocupação com a eficiência organizacional e com a legitimidade externa, e os *procedimentos instrumentais,* quando há preocupação somente com a legitimidade externa (Vasconcelos, 2000).

## 2.1 A Implementação em Profundidade

Uma organização que busca a certificação ISO 9000 por meio desse tipo de intervenção tem dois objetivos:

- *Objetivos relacionados à eficiência organizacional e às estruturas internas.*

Baseado na idéia que as organizações funcionam de acordo com suas estruturas formais, o sistema de garantia da qualidade proposto pelas normas da ISO 9000 deveria ajudar, em teoria, as organizações a construir um sistema transparente e confiável de qualidade, aperfeiçoando a eficiência e a eficácia na produção. Nesse sentido, um dos mais importantes benefícios da ISO 9000 é a transparência que ela impõe aos procedimentos e rotinas organizacionais, que devem ser descritas e escritas. Esse procedimento tem o objetivo de compartilhar informações e promover a aprendizagem na organização.

- *Objetivos relacionados à legitimidade externa da organização.*

O direito de usar o selo ISO 9000 faz com que a organização seja percebida como pertencente a um certo nível de prestígio e diferenciação de mercado, o que contribui para uma melhor imagem organizacional e para a abertura de novos mercados, especialmente aqueles cujas organizações requerem a ISO 9000 de seus fornecedores.

Administradores que decidem implementar a ISO 9000 por meio de um processo em profundidade estão preocupados com esses dois tipos de objetivos. Essa implementação é geralmente associada à implementação de um programa de "Gestão da Qualidade Total" (TQM) e à existência de uma série de outros sistemas de gestão que objetivam controlar e aumentar o desempenho do sistema de produção.

## 2.2 A Implementação Instrumental

Num processo instrumental de implementação da ISO 9000, as organizações têm somente a legitimidade externa pelos padrões da certificação como objetivo. Essas organizações geralmente constroem uma fachada, fazendo o mínimo para satisfazer os requerimentos da ISO 9000. Muitas vezes, elas não têm sequer um sistema de garantia de qualidade aceitável.

Como publicado por Avery (1994), Jacques McMillan, um executivo da comissão européia de normatização, uma vez declarou o seguinte:

> A comissão européia está ainda muito comprometida com os padrões e com a qualidade em geral, enquanto o objetivo é a qualidade e o aperfeiçoamento da competitividade da indústria. A comissão não está interessada em apoiar a existência de um mercado artificial de qualidade e certificação, que serve apenas aos propósitos de seus provedores. Os padrões da ISO 9000 levaram muitos consumidores e usuários a pedirem a seus fornecedores que adotassem certificados de garantia da qualidade, mesmo quando esses certificados eram totalmente desnecessários para os propósitos, por exemplo, quando o consumidor realiza outras auditorias mesmo que a empresa tenha um certificado ISO 9000. Esse erro leva a situações nas quais empresas encaram primeiro o desafio de obter a certificação para

depois se preocuparem com a qualidade de seus processos. Esta abordagem leva a sistemas de qualidade artificiais, custosos, ineficientes e de curta duração, que não ajudam os operadores econômicos face aos desafios da competição global. (...) Algumas empresas foram bem-sucedidas em sua certificação sem realmente demonstrarem que sequer leram as instruções normativas da ISO 9000 ou 9004. Há um desencantamento crescente não somente em relação à certificação mas, mais importante e perigoso, em relação ao movimento completo em direção à qualidade (Avery, 1994, p. 23).

Adicionalmente, a certificação ISO 9000 tende a gerar um "efeito dominó": quando organizações grandes a adotam, elas normalmente requerem que um grande número de fornecedores faça o mesmo. Dessa maneira, os fornecedores são induzidos a se certificar. Esse fenômeno alastra a necessidade de certificação por uma grande parte da cadeia de produção, forçando muitas organizações a buscar a certificação em situações nas quais elas não acreditam que os padrões da ISO 9000 sejam adequadas em suas realidades específicas. Essas organizações estão mais propensas a adotar processos instrumentais de certificação. Como já discutido, em um contexto altamente institucionalizado, a ação organizacional precisa apoiar alguns mitos para ganhar legitimidade e benefícios. Como apontado por Bradley, um famoso especialista britânico nos padrões da ISO 9000:

> Entre empresas de todos os tamanhos, a razão para encararem a certificação pela ISO 9000 é aquela das pressões externas reais ou percebidas. Uma pesquisa da Lloyds Register Quality Assurance Ltd. concluiu que a qualificação para concorrências era uma razão primária pela qual firmas de todos os tamanhos se adequam aos padrões. A Federação dos Pequenos Negócios sustenta, a partir da experiência de seus membros, que o benefício mais importante da certificação é o marketing (Bradley, 1994, p. 12).

Outro problema potencial com os padrões de qualidade da ISO 9000 é a proliferação de consultores especializados em escrever seus procedimentos e em ajudar as empresas a organizar a fachada para obter a certificação sem modificar realmente as práticas adotadas pela firma. Alguns desses consultores oferecem relatórios pré-escritos e manuais que poderiam ser facilmente adaptados para a realidade das práticas organizacionais. Finalmente, como apontado por Brumm, a existência de um grande número de entidades autorizadas a empreender as auditorias requeridas e a emitir a certificação ISO 9000 foi destacada como uma fraqueza que favorece práticas instrumentais de implementação, contribuindo para a erosão do prestígio e da credibilidade da certificação.

> As organizações têm duas opções: elas podem simplesmente escolher serem registradas como possuidoras dos certificados ISO 9001, 9002 ou 9003 como seus clientes requerem: uma vantagem competitiva não necessariamente resulta desta escolha. Ou, elas podem usar a ISO 9000 como um ponto de partida para um esforço direcionado ao cliente, no qual o marketing é um elemento participante (Brumm, 1997, p. 35).

## 3. Estudos de Caso

### 3.1 O Caso Bull S.A.

Retomamos esse caso para mostrar que, especialmente quando pretendem implementar a certificação da qualidade em profundidade, os administradores podem deparar com mecanismos de resistência na organização que tornam o processo mais difícil que o esperado. Nesse caso, percebemos que as dificuldades fizeram a organização modificar os procedimentos de implementação, alterando a implementação para o enfoque instrumental.

No final da década de 1980, a indústria de informática sofreu uma significativa mudança tecnológica. Os sistemas baseados em Unix, arquiteturas abertas de *software*, começaram a conquistar mercados importantes antes dominados por tecnologias restritas que pertenciam aos principais produtores de informática. Os sistemas baseados em Unix permitiram que os programas para *mainframes* fossem produzidos e vendidos de uma maneira radicalmente diferente. Antes da era Unix, quase todos os programas requeridos por um computador *mainframe* tinham que ser escritos em linguagem proprietária daquele computador específico, restringindo seu fornecimento para o produtor original do aparelho e seus licenciados. Com a tecnologia Unix, produtos de software se tornaram transferíveis de uma plataforma para outra, permitindo a criação de mercados abertos para *software*. Consumidores que antes estavam atados a um só fornecedor tornaram-se livres para escolher produtos em um mercado diversificado.

A competição entre as empresas aumentou e os preços caíram dramaticamente. A substituição gradual dos grandes sistemas *mainframe* pelos computadores pessoais e redes de computadores pessoais forçaram as empresas a baixar seus custos e a trabalhar com volumes de produção mais baixos. As empresas mais bem-sucedidas nesse período foram aquelas que conseguiram implementar essas mudanças de maneira mais rápida e eficiente, adaptando suas estruturas, práticas e procedimentos.

As mudanças de equilíbrio de poder, isto é, a importância aumentada dos profissionais de marketing em relação aos engenheiros não foi muito bem equacionada em muitas empresas. Os antigos engenheiros de *software*, especializados em tecnologia proprietária, resistiram aos programas de mudança organizacional propostos pela administração. Valores, padrões, procedimentos e estruturas organizacionais foram questionados, e empresas como a Microsoft, com procedimentos padronizados, estruturas organizacionais informais e custos mais baixos, foram apontadas como exemplos de sucesso nesse novo contexto. Sistemas proprietários foram associados ao passado e a uma tecnologia obsoleta. Novas estruturas de administração, que acompanhavam a nova tecnologia, foram associadas ao futuro do setor. Entre elas, podemos mencionar a tendência a fábricas flexíveis e sistemas semipadronizados de produção de *software* (Cusumano, 1990; Cusumano e Kamerer, 1992).

Em resumo, em razão de rupturas tecnológicas, os modelos normativos antes dominantes na indústria de informática foram questionados, e novos modelos foram propostos, aceitos e copiados por muitas empresas, tornando-se fontes de legitimidade e de prestígio. Vamos analisar como uma divisão da Bull S.A., um grande fabricante europeu de informática, associou a implementação em profundidade dos padrões da ISO 9000 a uma completa reestruturação de seu sistema de produção de *software*, buscando consolidar novos valores e novas estruturas organizacionais.

O grupo europeu Bull S.A. é um dos maiores produtores mundiais de computadores. Foi criado na década de 1960 como conseqüência de decisões políticas do governo francês e com o objetivo de desenvolver a tecnologia de informática necessária para facilitar o crescimento da indústria de energia atômica do país. Devido a esse caráter estratégico, a empresa foi rapidamente adquirida pelo governo francês, que investiu enormes quantidades de dinheiro no treinamento de engenheiros, os mesmos que, durante os 30 anos seguintes, desenvolveriam grandes sistemas proprietários para a corporação. O maior objetivo da corporação naquele tempo não era o pelo lucro, mas o desenvolvimento local de tecnologias de informática.

No começo da década de 1990, devido às mudanças estruturais na indústria de informática descritas anteriormente, a companhia começou a acumular perdas enormes, que chegaram a um bilhão de dólares americanos em 1993. Nesse período, uma nova coalizão governamental rompeu com as práticas socialistas anteriores e decidiu privatizar a Bull S.A., apontando para esse propósito um executivo conhecido por ter reestruturado muitas empresas com sucesso. Ele e seu time de administração reformularam o plano estratégico da empresa, criando a "Nova Bull S.A." e a "Velha Bull S.A.".

A "Velha Bull S.A." foi formada por "profissionais antigos" especializados em sistemas proprietários. Estes haviam desenvolvido os *mainframes* e os sistemas proprietários cujas vendas e manutenção eram ainda responsáveis por 48% do faturamento da empresa. Esses sistemas desapareceriam gradativamente. A "Nova Bull S.A." correspondia ao desenvolvimento dos sistemas abertos baseados em Unix. Seguindo esse plano estratégico, os recursos gerados pelos sistemas proprietários seriam reinvestidos e transferidos para financiar o projeto da "Nova Bull S.A.", que incluía a aposentadoria precoce dos profissionais antigos e o recrutamento de jovens engenheiros especializados na nova tecnologia.

O grupo de profissionais antigos naturalmente questionou essas decisões, não apenas no que se referia ao conteúdo do plano estratégico da empresa, mas também à forma autoritária pela qual ele estava sendo implementado. Eles resistiram e evitaram adotar as novas diretivas. Notando o problema, a administração decidiu usar a implementação da ISO 9001 como uma maneira para consolidar novas normas, valores e padrões de comportamento na empresa, numa tentativa de vencer a resistência do grupo. Os profissionais antigos consideraram o programa da ISO 9001 uma ameaça a seu poder como especialistas, e resistiram ao que consideraram ser uma diminuição de sua autonomia e um aumento do controle por parte do departamento de gestão de qualidade e da administração de toda a corporação. Em dezembro de 1995, pouco antes da auditoria de certificação pela *Association Française d'Assurance Qualité* (Afaq), a organização francesa que emite os certificados, esse grupo declarou que não escreveria suas rotinas e procedimentos de trabalho conforme as normas da certificação, sabotando, assim, a auditoria de certificação. Por causa dessa falta de colaboração, os membros do departamento de qualidade tiveram que escrever os procedimentos de trabalho do grupo de profissionais antigos com urgência, para submetê-los aos auditores externos em um programa aparentemente coerente. A empresa obteve seu certificado de maneira artificial, construindo às pressas uma fachada somente para convencer os auditores, mas fracassou ao tentar implementar as normas da ISO 9001 em profundidade por causa do fenômeno de resistência organizacional, implementando no final das contas as normas da ISO 9001 de maneira instrumental.

### 3.1.1 Análise do Caso Bull S.A.

Como visto, os métodos de consultoria para a implementação da ISO 9000 são geralmente baseados na idéia de que as organizações funcionam de acordo com suas estruturas formais. A adoção desse tipo de procedimento de implementação gera um processo de racionalização no qual consultores e administradores tentam criar um ambiente *tightly coupled* para poderem aumentar o controle sobre as práticas organizacionais. O tipo de procedimento adotado pela Bull S.A. gerou tensões sociais e o fenômeno de resistências às mudanças. A abordagem psicanalítica mostra que, quando indivíduos se sentem ameaçados em suas identidades sociais por causa de sistemas de controle, eles manifestam suas *defesas sociais*, isto é, as maneiras como os grupos vão lidar com formas não contidas de ansiedade e medo.

Defesas sociais podem ser vistas como fontes de comportamento que bloqueiam as mudanças organizacionais. Um dos mecanismos sociais de defesa, como visto na organização estudada, é a *formação de reação*, que não permite a adesão dos funcionários às racionalidades das estruturas, o que maximizaria a efetividade no longo prazo. Ao contrário, esse tipo de reação os faz bloquear o programa de mudanças. Conseqüentemente, seria necessário quebrar o círculo vicioso dos programas de implementação da ISO baseados em modelos de engenharia, que aumentam o controle sobre o sistema organizacional e acentuam os mecanismos de defesa dos atores sociais que bloqueiam a efetividade do sistema de qualidade no longo prazo.

Na realidade, esse tipo de modelo de consultoria é equivocado em suas pressuposições de que, como apontado por Meyer e Rowan, "as organizações funcionam de acordo com seus próprios projetos organizacionais" e de que as atividades acontecem segundo as prescrições da estrutura formal (Meyer e Rowan, 1991, p. 56). Heckscher também destaca que as ligações formais da estrutura burocrática (como os padrões e normas da ISO 9000) são muito fracas para sustentar as atividades reais das organizações (Heckscher, 1994). Como discutido na teoria organizacional, quando todo mundo realmente segue as regras literalmente, o sistema não funciona adequadamente. A organização formal precisa dos sistemas informais e da flexibilidade para funcionar bem.

O caso da Bull S.A. confirma a proposição de que, à medida que tentativas para controlar e coordenar as atividades em uma organização levam a conflitos e perda de legitimidade, elementos da estrutura são desconectados das atividades. Como apontou Meyer e Rowan:

> A desconexão entre a estrutura formal e as atividades permite à organização manter a padronização e a legitimidade das estruturas formais enquanto as atividades respondem a considerações e necessidades da prática. A implementação do programa é ignorada e a inspeção e a avaliação são cerimonializadas (Meyer e Rowan, 1991, p. 57).

Esses autores afirmam também que a lógica da confiança e da boa-fé caracterizam a administração do cerimonial. Evitação, discrição e vista-grossa são alguns dos mecanismos que os atores sociais utilizam para reforçar a confiança nos mitos que racionalizam a existência da organização (Meyer e Rowan, 1991).

Essa é a razão pela qual a desconexão entre a estrutura formal e as atividades (fenômeno chamado de *decoupling*) permite que os funcionários se adaptem a novas regras e procedimentos, evitando a resistência organizacional. Disputas e conflitos são minimizados e a organização pode mobilizar suporte de uma variedade maior de elementos externos. A diversidade organizacional aliada a um sistema caracterizado pelo *decoupling* pode ser uma solução estável.

> Mesmo se, em certo grau, o *decoupling* separe as atividades dos critérios de eficiência e produza ineficiência, por mobilizar os participantes a agirem de boa-fé e a aderirem às racionalidades do sistema organizacional o *decoupling* pode maximizar a eficácia em longo prazo (Meyer e Rowan, 1991, p. 59).

No fim deste capítulo, mostraremos que, como as estruturas formais necessitam de sistemas informais e flexibilidade para funcionar adequadamente, seria interessante desenvolver métodos de consultoria alternativos baseados em dimensões organizacionais diferenciadas para lidar com essa questão. Diversidade, gestão do paradoxo, sistemas *loosely coupled* (descentralizados) e uma abordagem psicanalítica parecem ser maneiras promissoras de criar programas de ISO 9000 capazes de desenvolver aprendizagem e eficácia duradoura nas organizações.

## 3.2 O Caso WorldCorp/NTE

A WorldCorp é uma grande empresa multinacional americana que por muitos anos tem se mantido entre as líderes da indústria de informática. Como outras grandes empresas do setor, teve perdas significativas no começo da década de 1990, o que a levou a realizar um amplo esforço para adaptar suas estruturas e práticas ao novo cenário competitivo. No final de 1996, a WorldCorp teve novamente resultados financeiros positivos, após a implementação de um plano de reestruturação radical, a partir do qual reduziu sua mão-de-obra total de 600 mil funcionários em

1991 para menos de 350 mil em 1997. Esta pesquisa foi conduzida em um laboratório da WorldCorp R&D na Europa especializado em equipamentos de telecomunicação e redes, e considerado um dos mais importantes centros de pesquisa e desenvolvimento da empresa, especialmente com a crescente demanda por Internet e redes locais.

Apesar da prioridade estratégica do laboratório, sua força de trabalho foi reduzida, em 1996, de 1.600 para 1.000 funcionários. Isso levou a um aumento na carga de trabalho de cada funcionário, já que os pedidos de novos produtos e tecnologias aumentaram. Para lidar com essa questão, a equipe de administração do laboratório decidiu implementar uma nova estrutura matricial e um novo sistema de alocação de recursos humanos, conhecido localmente como *pipeline management*. Por meio desse sistema, 20% dos funcionários deveriam estar disponíveis à empresa para o desenvolvimento de projetos de longo prazo e atividades urgentes, enquanto 80% dos funcionários estariam alocados em projetos temporários. Essas transformações mudaram a estrutura da organização. Pouco antes de promover essas mudanças, a direção do laboratório havia implementado um programa de certificação ISO 9001.

A certificação ISO 9001 foi apresentada como a continuidade de um outro programa de gestão da qualidade. O programa de qualidade total anterior, utilizado desde 1986, havia introduzido alguns novos conceitos na organização naquele período. Na realidade, o programa introduziu as práticas de realizar pesquisas de mercado extensas e de "ouvir" os clientes, bem como desenvolver índices de qualidade para medir o desempenho do laboratório. O programa também objetivava entender o posicionamento da empresa em relação aos seus competidores, e promover o aperfeiçoamento contínuo dos processos de trabalho no laboratório.

Alguns dos engenheiros da WorldCorp/TNE criticaram a natureza formal e burocratizada dos programas de gestão da qualidade implementados no laboratório. Entretanto, suas críticas não se transformaram em resistência organizacional à mudança. O programa de certificação da ISO 9001 foi rapidamente implementado, sem grandes problemas, no laboratório. Ele não estava nem mesmo entre as princi-

## Capítulo 6 ISO 9000, consultores e paradoxos: uma análise...

pais preocupações da equipe de administração. A natureza formal das técnicas de gestão da qualidade usadas pelo programa anterior contribuiu para preencher os requisitos para a certificação. Na realidade, poucas mudanças foram necessárias, porque o nível de formalização usual da organização excedia o que era requerido para a certificação da ISO 9001. Em outras palavras, a ISO 9000 não representou mudanças significativas nas práticas e rotinas do laboratório.

Apesar do caráter formal e burocrático da WorldCorp, a equipe de administração do laboratório permitiu o desenvolvimento de grupos informais que formavam uma organização paralela real. Os engenheiros do laboratório se comunicavam com seus colegas americanos e europeus utilizando a Intranet corporativa, criticando abertamente a organização burocrática formal e propondo soluções comuns para os problemas. Esta organização informal não se opunha, entretanto, à organização formal; ao contrário, ela funcionava como uma organização complementar, na qual os profissionais se comunicavam com seus pares, trocavam idéias e opiniões, compartilhavam problemas e soluções e freqüentemente protestavam contra o *status quo*, encontrando e liberando forças para tolerar a estrutura organizacional burocrática do laboratório.

Acostumados a procedimentos formais e burocráticos, os funcionários do laboratório não resistiram ao programa de certificação, que não representava uma ameaça ou uma mudança significativa no sistema social do laboratório. De fato, as normas demandaram somente algumas poucas mudanças em seus sistemas correntes, que incluíram a adoção de novos modelos, valores e formas de comportamento. O sistema social da organização caracterizava-se pela falta de mobilizações e protestos. Atores sociais expressavam sua insatisfação por meio dos canais de comunicação oficiais ou pela Intranet. O laboratório obteve sua certificação em fevereiro de 1997 sem maiores problemas. A implementação dos padrões da ISO 9000 não ameaçou interesses estabelecidos, como aconteceu na Bull S.A. Ela não envolvia disputas de poder, pois não implicava transformações no sistema de regras consolidado na organização. Entretanto, após dois anos, a maioria das inovações introduzidas pelo programa de qualidade total e pela certificação ISO 9001 tinha desaparecido.

## 3.2.1 Análise do Caso WorldCorp/NTE

Mesmo quando a implementação da ISO 9000 funciona bem e a empresa cria o que pode ser considerado um bom sistema de garantia da qualidade, há limites nos modelos de consultoria baseados na engenharia adotados por especialistas em ISO 9001. Como apontado por Heckscher, esses métodos de consultoria geram um fenômeno inesperado: o fracasso bem-sucedido (*the successful failure*). Apesar de a maioria dos envolvidos em programas de gestão de qualidade expressar satisfação, pesquisas mostram que até 75% das inovações desaparecem dentro de três anos (Heckscher, 1994). Nossas observações na WorldCorp/NTE confirmam esses resultados. No fim do capítulo, faremos mais considerações sobre essa questão.

## 3.3 Comparando a Implementação da Certificação na WorldCorp/NTE e na Bull S.A.

A comparação entre os dois casos sugere que o conceito de *relevância social* pode nos ajudar a entender o papel dos programas de certificação na mudança organizacional. Programas com relevância social baixa são aqueles que demandam algumas modificações superficiais nas práticas da organização. Sua implementação não perturba o *status quo* na organização nem desequilibra o sistema social. O caso da WorldCorp apresentado aqui é um exemplo claro dessa dinâmica. Programas de ISO 9000 com alta relevância social têm implicações profundas nas estruturas, procedimentos e culturas das organizações nas quais são implementados, pois objetivam a mudança organizacional profunda e duradoura. O caso da Bull S.A. é um bom exemplo dessa dinâmica.

Ambas as organizações estudadas usaram métodos consultivos tradicionais para facilitar a implementação da ISO 9001, e nossas conclusões se concentrarão nos limites desse tipo de abordagem. As proposições em relação aos modelos de consultoria e às dinâmicas de gestão da mudança, formuladas a partir do estudo desses casos, são as seguintes:

- Quanto mais o processo de implementação da ISO 9000 causar mudanças significativas no sistema social da organização, mais a organização estará propensa a resistir à mudança.

- Quanto menos o processo de implementação da ISO 9000 causar mudanças significativas no sistema social da organização, menos a organização estará propensa a resistir à mudança.

Essas proposições sugerem que a extensão da mudança social produzida pela implementação da ISO 9000 é uma questão importante. Apesar disso, consultores especializados no assunto, como mostrado pela pesquisa apresentada a seguir, ignoram este fato. Os resultados desta pesquisa sugerem que quando os consultores têm sucesso na implementação em profundidade da ISO 9001 usando métodos tradicionais, eles normalmente deparam com um fenômeno inesperado: o fracasso bem-sucedido. Baseado nessa observação, é possível formular ainda uma terceira proposição:

- Quanto menos o programa de implementação da ISO 9000 mudar o sistema social de uma organização, mais ela estará propensa a experimentar o fracasso bem-sucedido.

A Tabela 6.1 mostra algumas disfunções dos métodos convencionais de consultoria e suas conseqüências inesperadas.

Tabela 6.1 — Disfunções dos métodos convencionais de implementação da ISO 9000

| Nível da mudança | Dinâmica do processo | Resultado do programa de mudança |
|---|---|---|
| Programas de ISO 9000 com pouca relevância social, implementados por meio de métodos convencionais de consultoria. | Fracasso bem-sucedido. | Implementação da ISO 9000 em profundidade tem sucesso, mas as inovações técnicas não duram. |
| Programas de ISO 9000 com alta relevância social, implementados por meio de métodos convencionais de consultoria. | Resistência à mudança. | Implementação da ISO 9000 em profundidade fracassa e se torna instrumental. |

## 4. Os Limites dos Modelos de Consultoria para Certificação ISO 9000 Baseados na Engenharia

Conduzimos uma pesquisa exploratória com quinze empresas francesas de consultoria que implementam os padrões ISO 9000. Os resultados mostram que, em processos de implementação da certificação em profundidade, os consultores tentam harmonizar as estruturas, normas e procedimentos organizacionais e os pré-requisitos da certificação. Na realidade, por si só, a certificação ISO 9000 apenas indica a existência e o funcionamento de um sistema de garantia da qualidade que preencha certos padrões mínimos requeridos. Conseqüentemente, a maneira mais comum de implementar sistemas da qualidade é a reestruturação. A maioria dos consultores entrevistados, cerca de 80%, usa um modelo linear de consultoria baseado na engenharia — o objetivo (alcançar a certificação) é definido claramente, e então implementado por meio de um processo diretivo; a partir da definição do objetivo, buscam-se os meios de alcançá-lo. Como já visto, esse método pode gerar um fracasso bem-sucedido ou resistência às mudanças. Na realidade, um limite importante da intervenção estrutural produzida por esse modelo de implementação da certificação é que ela é normalmente um processo de mudança abrupta e dolorosa, como foi evidenciado no caso da Bull S.A. (Heckscher, 1994; Vasconcelos, 2000).

McKingley e Scherer mostram que a reestruturação organizacional em um ambiente turbulento tem a conseqüência imprevista de produzir ordem cognitiva no curto prazo nos altos executivos e nos consultores engajados no processo, uma vez que a reestruturação cria a percepção de uma congruência entre a estrutura organizacional interna e as condições atuais do ambiente. Entretanto, reestruturar implica também um paradoxo, porque uma segunda conseqüência inesperada dessa estratégia de gestão é, no longo prazo, a desordem no ambiente interno (McKingley e Scherer, 2000, p. 735). Heckscher enfatiza os limites desses métodos convencionais:

> Para lidar com a desordem, consultores agem como educadores, tentando persuadir, treinar e internalizar nos atores sociais idéias que, na melhor das hipóteses, somente eles têm (Heckscher, 1994, p. 138).

Devemos perguntar agora: como construir sistemas da qualidade duradouros? Como consultores podem ajudar as empresas a aproveitar ao máximo os potenciais benefícios da ISO 9000 e de sistemas da qualidade durante os anos seguintes à auditoria e à certificação?

Sustentamos que, para garantir a eficácia e a longevidade de um sistema de qualidade implementado na organização por meio de um processo em profundidade, o consultor especializado na ISO 9000 deve ir além dos métodos de consultoria baseados somente na harmonização adequada das estruturas organizacionais e dos requerimentos da certificação. Sugerimos os modelos psicodinâmicos de consultoria, como desenvolvidos por Argyris e Schön, Hirschhorn, Schein e outros autores, como complemento ao modelo convencional de consultoria da qualidade. Defendemos uma abordagem multidimensional dos métodos de consultoria para lidar com a complexidade que caracteriza a mudança organizacional. Nossas observações mostram que a maioria dos métodos de consultoria usados na implementação de procedimentos da ISO 9000 insiste em adotar uma abordagem convencional e linear (Argyris e Schön, 1978; Hirschhorn, 1997; Schein, 1965).

## 5. Paradoxo Organizacional: Ferramenta de Gestão de Pessoas

Janice Klein indica que os procedimentos associados aos sistemas de gestão da qualidade são baseados no controle operacional — na observação do desempenho real, na comparação desse desempenho com um padrão e na tomada de decisões se o desempenho observado é significativamente diferente dos padrões de comparação. Para que esses sistemas funcionem de forma eficiente, a organização precisa do comprometimento dos atores sociais com os procedimentos da gestão de qualidade.

A busca desse comprometimento é essencial para a eficácia de um processo de mudança como a certificação ISO 9001. Em uma etapa de definição de rotinas para a certificação, o discernimento e as decisões dos funcionários em relação aos procedimentos e métodos de trabalho devem estar dentro dos limites fixados pelas normas de certificação.

Conseqüentemente, um paradoxo pode aparecer uma vez que há contradições entre a necessidade da disciplina operacional requerida pela certificação e o *empowerment* dos funcionários em relação às decisões operacionais. Se esses funcionários são considerados peritos na determinação dos métodos de trabalho, eles podem não aceitar os novos padrões de trabalho requeridos para a certificação da qualidade. Nesse caso, a diminuição das resistências às mudanças e o aumento do comprometimento dos funcionários com o novo sistema de gestão da qualidade depende da clarificação e da resolução do *paradoxo autonomia* versus *centralização* (Klein, 1994, p. 181). Mas como administradores e consultores podem utilizar a abordagem dos paradoxos como uma poderosa ferramenta de gestão de pessoas para entender melhor os fenômenos de resistência às mudanças e de fracasso bem-sucedido?

Lewis (2000), baseada nos trabalho de Argyris, Kets De Vries e outros, argumenta que a gestão do paradoxo requer ferramentas que ajudem pesquisadores, consultores e administradores a explorar tensões contraditórias, círculos de reforço e sua gestão (Argyris, 1993; Kets De Vries, 1995). A autora defende que as tensões paradoxais são construções polarizadas, nos níveis da percepção, da cognição e da socialização, que mascaram a existência concomitante de verdades contraditórias. A maioria dos indivíduos acentua as contradições do sistema social ao interpretar a realidade por meio de conceitos polares e opostos. Tais esquemas de referência permitem que os atores dêem sentido a realidades complexas, mas levam ao viés de percepção que, uma vez estabelecido, os torna indivíduos resistentes à mudança. No processo de significação da realidade, os círculos de reforço perpetuam e exacerbam a tensão e o estresse organizacional, gerando reações defensivas nos atores sociais.

A gestão do paradoxo é a tentativa de se explorar tensões perceptivas para direcionar a energia potencial para as idéias construtivas (*insights*) e para o poder, fatores que podem viabilizar uma mudança relevante. A gestão do paradoxo implica explorar, em vez de suprimir as tensões. Lewis cita três mecanismos psicodinâmicos para explorar as tensões geradas pela percepção polarizada da realidade: aceitação, confrontação e transcendência.

## 6. A Gestão do Paradoxo Organizacional e o Modelo Psicodinâmico de Consultoria

Hirschhorn enfatiza as três fases do desenvolvimento organizacional nos Estados Unidos: a primeira, depois da Segunda Guerra Mundial, baseada na *qualidade de vida no trabalho*. Na década de 1980, começa a segunda fase do desenvolvimento organizacional, que foi caracterizada pelos programas de gestão da qualidade. As empresas incentivavam seus funcionários a ajudar na reestruturação da produção de bens e serviços. Como escreveu o autor, "os administradores não quiseram mais limitar o impacto do descontentamento dos funcionários. Em vez disso, eles os mobilizaram para reformatar e reprojetar o trabalho" (Hirschhorn, 1997, p. 5). Agora começa a terceira fase. Muitas empresas estão começando a emergir da fase de corte de custos. Cada fase personaliza o trabalho de maneira mais profunda e aproxima a organização de uma cultura da abertura.

> A personalização do trabalho tem o potencial de nos permitir alcançar um entendimento em profundidade dos nossos propósitos e dos propósitos de nossas instituições, do ambiente institucional que os formata e das capacidades e intenções das pessoas com as quais trabalhamos (ibidem, p. 126).

O modelo de consultoria psicodinâmico pode permitir que administradores tenham um entendimento mais detalhado dos efeitos do aumento da personalização do trabalho. Métodos convencionais de consultoria não oferecem as ferramentas para o entendimento dessas questões. Pesquisadores e consultores em psicodinâmica organizacional usam métodos mais próximos da pesquisa histórica. Uma proposição conectando uma causa e um efeito ganha credibilidade somente quando está relacionada a uma série mais ampla de eventos. A história dos eventos torna-se uma narrativa coerente.

Hirschhorn e Barnett enfatizam o fato de o método de consultoria baseado na psicodinâmica das organizações considerar o conceito de contradição como básico:

> A psicanálise das organizações destaca o comportamento freqüentemente paradoxal dos funcionários. Ela considera o conceito como básico para entender o comportamento dos atores sociais (Hirschhorn e Barnett, 1993, p. 3).

Conseqüentemente, quando praticada como disciplina clínica e como forma de consultoria organizacional, essa abordagem usa a interpretação como maneira de se apreender e compreender, e o diálogo como maneira de se clarificar e negociar os paradoxos do comportamento organizacional

Essa abordagem é baseada nos trabalhos de autores como Edgar Schein, Peter Frost e Kets De Vries, entre outros. Schein e Frost mostraram que os níveis de estresse e ansiedade produzidos nas atividades de uma organização podem ser considerados metaforicamente como "toxinas sociais" (Schein, 1965; Frost e Robinson, 1999). Adicionalmente, Kets De Vries sustenta que mesmo que os modelos psiquiátricos individuais sejam insuficientes para lidar com os complexos sistemas humanos, muitos conceitos clínicos que têm sua origem no diálogo entre indivíduos podem ser usados nos dois contextos (Kets De Vries, 1995). As contribuições de psiquiatras do Instituto Tavistock podem ser vistas como extrapolações do encontro de duas pessoas (Bion, 1959; Jaques, 1955). O trabalho de Melanie Klein mostra que, para lidar com a ansiedade, a criança desenvolve mecanismos de defesa, incluindo *splitting*, introjeção e projeção. Dessa forma, disfunções organizacionais podem ser vistas como manifestações de mecanismos de defesa — a maneira como grupos de indivíduos lidam com formas não contidas de ansiedade e medo (Klein, 1965).

Consultores em psicanálise organizacional usam esses conceitos para entender as estruturas, os processos, a cultura e o ambiente de uma organização em termos de mecanismos inconscientes de defesa desenvolvidos por seus membros para lidar com a ansiedade coletiva e individual derivada dos medos latentes. Outros autores, de uma perspectiva concebida principalmente na França, analisam o medo e a ansiedade não somente como fontes de motivação, mas também como fontes de comportamento disfuncional. Enriquez, Pagès et al. mostram como o desequilíbrio entre pulsões de vida e de morte (Eros e Tanatos) pode ser visto como fonte de comportamentos que bloqueiam a mudança organizacional (Enriquez, 1991; Pagès et al., 1991).

Propomos que, especialmente no caso da implementação da ISO 9000 com grande relevância social (processos de mudança que têm profundas implicações nas estruturas, procedimentos e cultura das organizações), seja adotada uma abordagem consultiva multidimensional para que as questões discutidas até agora sejam mais bem enfrentadas. Mas o que significa utilizar uma abordagem psicanalítica ou ferramentas de gestão dos paradoxos organizacionais para tratar desses problemas? Exemplificaremos essas questões usando o caso Bull S.A.

Vamos relembrar os aspectos mais importantes do caso e analisá-lo utilizando a abordagem psicanalítica. O grupo de profissionais antigos, engenheiros de *software* que representavam o passado da organização, rejeitou o projeto da "nova Bull S.A". Notando esse problema, a administração da organização decidiu utilizar a implementação da ISO 9001 como meio de se consolidar as novas normas, valores e padrões de comportamento na empresa, numa tentativa de "dobrar" a resistência daqueles atores sociais ao novo modelo organizacional. Os antigos profissionais resistiram, tentaram sabotar o programa ISO 9001. A empresa, então, obteve a certificação por meio de um processo superficial, construindo uma grande fachada às pressas apenas para convencer os auditores. A implementação da certificação em profundidade fracassou.

O primeiro paradoxo que podemos encontrar no caso estudado é o *paradoxo passado* versus *futuro*, que discutimos em capítulos anteriores. Esse fenômeno acontece freqüentemente durante mudanças tecnológicas significativas, programas inovadores de gestão da qualidade etc. Nesse caso, o mecanismo de defesa dos profissionais antigos foi a *formação da reação*, comportamento que implica a manifestação excessiva do sentimento ou de práticas opostas àquela que é ameaçadora. Em nosso caso, a formação de reação foi a sabotagem aos procedimentos da certificação pelos engenheiros de *software* — uma prática contra a administração. Quebrar o círculo de reforço entre as percepções polarizadas do passado e do futuro, que contribuiu para perpetuar e exacerbar a tensão organizacional e a reação defensiva, seria um passo fundamental para restaurar a cooperação e o diálogo entre os atores sociais.

O dilema principal na mudança organizacional é a criação do futuro a partir do passado. O passado é a fonte de todo o conhecimento e das competências na organização. Como evidenciado no caso da Bull S.A., as pessoas podem ter dificuldades em colaborar com um programa de mudanças radicais quando se identificam com o passado e o vêem sendo destruído. Na medida em que a identidade social é fortemente dependente das experiências passadas, as organizações devem aceitar o passado como um ativo estratégico, um repositório de competências e o criador do vínculo que une as pessoas. Assim, a gestão do paradoxo significa que os atores sociais devem aceitar o passado como um recurso para viabilizar o presente e o futuro. Os indivíduos estão mais dispostos a aceitar e a comprometer-se com a mudança quando uma "ponte" entre o passado e o futuro é erguida, permitindo que sejam negociados ou transferidos valores e experiências passadas para a criação de suas identidades futuras (Brown e Starkey, 2000). Se os administradores da Bull S.A. tivessem abraçado essas questões no processo de mudança, possivelmente teriam evitado alguns de seus problemas mais significativos.

## 7. Conclusões

É possível implementar a ISO 9000 de uma maneira criativa?

A certificação ISO 9000 em profundidade pode permitir que as pessoas compartilhem informações, promovendo a aprendizagem na organização. Isso depende, entretanto, da maneira como ela é implementada. A perspectiva psicodinâmica sugere que, para promover a mudança e a efetiva aprendizagem na organização, os administradores devem implementar as ferramentas de racionalização e a tecnologia de maneira que a informação seja utilizada para desafiar as idéias existentes e para desenvolver novas perspectivas para o futuro. A tecnologia pode gerar novas informações, reconfigurando a natureza do trabalho e as interações sociais de uma maneira produtiva (Zuboff, 1988). Brown e Starkey (2000) mostram também que a informação que ameaça o autoconceito organizacional é normalmente ignorada, rejeitada, reinterpretada ou escondida. Esses autores mostram também que a literatura tende a ser superotimista em relação à fraqueza das barreiras à aprendizagem organizacional, diminuindo a relevância das dificuldades inerentes a esse processo:

A perspectiva psicodinâmica sugere que, uma vez que uma pessoa abraça a identidade de uma organização em aprendizagem, os atores organizacionais precisam aceitar que o processo de formação da identidade nunca termina, já que a organização vai desenvolver uma série de identidades através dos tempos, que refletem a evolução dos autoconceitos da organização e de seus membros (Brown e Starkey, 2000, p. 108).

A perspectiva psicodinâmica também sugere que isso não é uma tarefa fácil. Mas Argyris mostra que é possível lidar com essas dificuldades e promover a aprendizagem de circuito duplo (Argyris, 1992). Essa é a razão pela qual sustentamos que a abordagem psicodinâmica é a complementação dos métodos tradicionais de consultoria. Um diagnóstico cuidadoso das tensões sociais dentro e fora da organização pode contribuir para a mudança organizacional eficaz, na qual são construídas ligações entre a aprendizagem e a eficácia organizacional.

## Referências Bibliográficas

ARGYRIS, C. *On organizational learning*. Cambridge, MA: Blackwell, 1992.

_____. *Knowledge for action*: a guide to overcoming barriers to organizational change. San Francisco: Jossey-Bass, 1994.

_____. SCHÖN, D. *Organizational learning*: a theory of action perspective. Reading, Mass: Addison-Wesley, 1978.

AVERY, S. *What's wrong with ISO 9000?* Purchasing, v. 116, n. 3, p. 49-53, 1994.

BARNET, C., HIRSCHHORN, L. *The psychodynamics of organizations*. Philadelphia, PA: Temple University Press, 1993.

BION, W. R. *Experiences in groupes*. Nova York: Basic Books, 1959.

BRABET, J. *Repenser la gestion des ressources humaines?* Paris: Economica, 1993.

BRADLEY, M. Starting management from ISO 9000. *The TQM Magazine*, v. 6, n. 1, p. 50-54, 1994.

BROWN, A. D., STARKEY, K. Organizational identity and learning: a psychodynamic perspective. *The Academy of Management Review*, v. 25, n. 1, p. 102-120, 2000.

BRUMM, E. Managing records for ISO 9000 compliance. *Quality Progress*, v. 28, n. 1, p. 73-77, 1997.

CUSUMANO, M.A. Shifting economies: from craft production to flexible systems and software factories. *Research Policy*, n. 21, p. 453-480, 1990.

CUSUMANO, M. A., KEMERER, C. F. A Quantitative analysis of U.S. and japanese practice and performance in software development. *Management Science*, n. 11, p. 1394-1406, 1992.

EISENHARDT, K. M. Paradox, spirals, ambivalence: the new language of change and pluralism. *The Academy of Management Review*, v. 25, n. 4, p. 703-706, 2000.

ENRIQUEZ, E. *L'organisation en analyse*. Paris: PUF, 1991.

FROST, P., ROBINSON, S. The toxic handler: organizational hero and casualty. *Harvard Business Review*, 77: 97-106, 1999.

HECKSCHER, C., DONNELLON, A. *The post-bureaucratic organization*. Thousands Oaks, Ca: Sage, 1994.

_____. *Reworking authority*. Cambridge, Ma: The MIT Press, 1997.

JAQUES, E. Social systems as a defense against persecutory and depressive anxiety: 478-498. In: KLEIN, M. (ed.) *New directions in psycho-analysis*. London: Tavistock, 1955.

KETS DE VRIES, M. F. R. *Organizational paradoxes*: clinical approaches to management. New York: Routledge, 1995.

KLEIN, J. The paradox of quality management: commitment, ownership, and control: 178-194. In: HECKSCHER C., DONNELLON A. (eds.) *The post-bureaucratic organisation*. Thousand Oaks, Ca: Sage,1994.

KLEIN, M. *Contributions to psycho-analysis*. London: Hogarth Press, 1965.

LEWIS, M. W. Exploring paradox: toward a more comprehensive *guide*. *The Academy of Management Review*, v. 25, n. 4, p. 760-776, 2000.

MCKINLEY, W., SCHERER, A. G. Some unanticipated consequences of organizational restructuring. *The Academy of Management Review*, v. 25, n. 4, p. 735-752, 2000.

MEYER, J. W., ROWAN, B. Institutionalized organizations: formal structure as myth and ceremoy: In: POWELL W., DIMAGGIO P. (eds.) *The new institutionalism in organizational analysis*. Chicago, Il: The University of Chicago Press, 1991.

PAGÈS, M., BONETTI, M., GAULEJAC, V. D., DESCENDRE, D. *L'emprise de l'organisation*. Paris: PUF, 1991.

POWELL, W., DIMAGGIO, P. *The new institutionalism in organizational analyses*. Chicago: Chicago University Press, 1991.

_____. The iron cage revisited: institutional isomorphism and collective rationality in organization fields. In: POWELL, W., DIMAGGIO, P., (eds.) *The new institutionalism in organizational analysis*. Chicago, Il: The University of Chicago Press, 1991, p. 63-83.

SCHEIN, E. H. *Organisational psychology*. Englewood Cliffs: Prentice-Hall, 1965.

SCOTT, R., MEYER, J. *Organizational environments*: ritual and rationality. Bervely Hills, Ca: Sage, 1981.

_____. The organization of societal sectors: propositions and early evidence: In: DIMAGGIO, P., POWELL, W. (eds.) *The new institutionalism in organizational analysis*. Chicago, Il: The University of Chicago Press, 1991.

ZUBOFF, S. *In the age of the smart machine*. New York: Basic Books, 1988.

# PARTE III

## PARADOXOS, CULTURA E DIVERSIDADE NAS ORGANIZAÇÕES

# 7

# PARADOXOS CULTURAIS NA GESTÃO DE PESSOAS — CULTURA E CONTEXTO EM UMA COOPERATIVA AGROINDUSTRIAL

*André Ofenhejm Mascarenhas*
*Isabella Freitas Gouveia de Vasconcelos*
*Roberto Max Protil*

## 1. Introdução

Parte significativa dos estudos atuais sobre os paradoxos organizacionais adota os princípios do interacionismo simbólico ao tratar das contradições e dos fenômenos que atrapalham a construção de sentido comum pelo grupo organizacional e, assim, dificultam sua ação. Ao assumirmos essa linha de pensamento, devemos entender as organizações como culturas, o que implica dizer que os padrões de cultura organizacional são a base para a interpretação, a valorização e o estabelecimento de todas as práticas sociais em uma organização, já que a partir desses padrões seus membros organizam sua interação social. Os trabalhos que partem dos princípios desse paradigma de pesquisa abordam temas como as dificuldades dos indivíduos em conciliar papéis sociais diferentes e contraditórios, que exigem ao mesmo tempo posturas, éticas, vocabulários e posicionamentos opostos, e as contradições que dificultam a comunicação, impedindo a criação de um sentido comum para a ação organizacional.

Ao associar os princípios do interacionismo simbólico à visão dialética de evolução social, pretendemos neste capítulo avançar a discussão sobre os paradoxos organizacionais conceituando e analisando os *paradoxos culturais na gestão de pessoas*, que surgem quando práticas sociais são interpretadas a partir de repertórios culturais distintos na organização, o que causa percepções divergentes da realidade. Tratamos também dos potenciais conflitos na gestão de pessoas que aparecem quando os indivíduos ou grupos se deparam com esse tipo de paradoxo, e os analisamos em termos de sua influência na evolução do sistema organizacional.

Iniciamos o estudo por meio de uma revisão teórica. Discutimos brevemente o conceito de paradoxo organizacional em uma perspectiva dialética de evolução social e a visão da organização como um complexo contexto cultural. Os princípios dos modelos instrumental e político de gestão de pessoas são discutidos a seguir. Tais modelos são encontrados em contextos culturais distintos, marcados respectivamente pela hierarquização das relações e pela negociação e consenso. São conceitos essenciais para nossa discussão sobre os paradoxos culturais na gestão de pessoas, caracterizados após a apresentação de dados etnográficos, que por sua vez são interpretados a partir de reflexões sobre as relações entre subculturas organizacionais e determinados modelos de gestão de pessoas. Ao final, fazemos ainda breves considerações sobre estudos futuros acerca desses paradoxos, que serão retomadas no próximo capítulo.

## 2. Paradoxos Organizacionais — Uma Perspectiva Dialética de Análise Social

Lewis (2000) mostra como, a fim de atribuir sentido e de compreender os sistemas complexos e ambíguos nos quais estão inseridos, os indivíduos e grupos nas organizações têm a tendência de polarizar suas percepções em torno de elementos contraditórios e inconsistentes. A partir disso, começam a agir em função dessa percepção polarizada. Os paradoxos são, dessa maneira, realidades socialmente construídas a partir de percepções polarizadas dos atores sociais, que, ao atribuir sentido a sua experiência, representam a realidade complexa na qual estão inseridos por meio de percepções contraditórias que passam a orientar sua ação. A autora afirma que os paradoxos podem assumir uma variedade de elementos contraditórios e incoerentes nas organizações, como perspectivas, sentimentos, interpretações, identidades ou práticas (Lewis, 2000).

Esse tema envolve uma concepção dialética da evolução social. Hegel (1941) afirma que a realidade é o fluxo eterno dos contraditórios. Assim, termos paradoxais não são dois positivos excludentes, mas dois predicados contraditórios do mesmo sujeito (Sabelis, 1996). Segundo a corrente filosófica hegeliana, a contradição dialética revela um sujeito que surge, se manifesta e se transforma graças à contradição de seus predicados, tornando-se outro do que era pela negação interna dos mesmos. Trata-se do processo de tese-antítese e síntese. Em lugar de a contradição ser o que destrói o sujeito, ela é o que o movimenta e o transforma, fazendo-o síntese ativa de todos os predicados postos e negados por ele (Myeong-Gu e Creed, 2002).

Uma perspectiva dialética de análise estuda a construção social da realidade por meio do construto social, das contradições geradas por ele, e da transformação do sistema social pela práxis. A denominação construto social refere-se ao sistema social produzido a partir de interações políticas dos indivíduos em busca de seus interesses específicos. Padrões culturais e sociais emergem dessas interações e são institucionalizados no sistema social recém-formado. Esse sistema social ou construto é composto por diversos grupos e estruturas interconectadas de forma mais ou menos autônoma, que produzem também padrões culturais e sociais específicos (Poole e Van de Ven, 1989). Um exemplo seria um sistema organizacional formado por regras, normas e padrões de comportamento gerais, porém contendo subgrupos e subsistemas, cada qual com suas microdinâmicas ou subculturas particulares. As rupturas e inconsistências nos diversos subgrupos do sistema organizacional geram ambigüidades e contradições perceptivas, que impulsionam a práxis social.

A práxis é a livre e criativa reconstrução dialética do sistema social, uma vez que, a partir das contradições perceptivas, os subgrupos organizacionais podem se movimentar no sentido de questionar o sistema e as regras presentes e agir politicamente para modificá-las (Davis, Maranville e Obloj, 1995). Os indivíduos insatisfeitos com as regras vigentes são agentes de mudança em potencial. Esse processo, entretanto, gera tensões no sistema social. No campo de psicodinâmica organizacional, autores como De Vries (1995), Frost e Robinson (1999), e Enriquez (1991), entre outros, analisam os efeitos dos paradoxos organizacionais e sustentam que os grupos de atores sociais desenvolvem reações defensivas que aumentam o nível de estresse no sistema organizacional. As contradições perceptivas e os paradoxos, que incomodam esses agentes, geram, portanto, a energia para a transformação do construto social.

## 3. A Organização como um Contexto Cultural e a Abordagem de *Diferenciação*

Podemos caracterizar a organização como um contexto cultural. Para isso, usaremos a abordagem antropológica interpretativa e algumas de suas críticas mais importantes. Cultura são conjuntos de representações em cujos contextos os eventos, ações, objetos, expressões e situações ganham significados específicos. São os padrões de significação que conferem sentido à interação humana. Geertz, o mais importantes expoente da antropologia interpretativa, defende um conceito de cultura essencialmente semiótico. Como diz Geertz (1989, p. 15), "acreditando, como Max Weber, que o homem é um animal amarrado a teias de significados que ele mesmo teceu, assumo a cultura como sendo essas teias e sua análise". Metaforicamente, o autor entende a cultura como um texto ou um conjunto de textos lidos pelos atores sociais, com os quais eles dão sentido a suas ações sociais (Jaime Júnior, 2002).

Ao discutir a proposta interpretativa de Geertz, Thompson (1995) e Fischer (1985) sustentam ainda que os fenômenos culturais estão inseridos em contextos e processos socialmente estruturados, implicados em relações de conflito e poder. Segundo esses autores, os indivíduos estão inseridos em esferas distintas da estrutura social, em diferentes posições na sociedade, e possuem, portanto, capitais econômicos, culturais e sociais diferentes. Dessa maneira, eles constroem interpretações distintas dos fenômenos simbólicos, já que possuem diferentes percepções, biografias, interesses e papéis. Thompson argumenta que os fenômenos culturais devem ser analisados levando-se em conta os contextos sociais estruturados, dentro dos quais eles são produzidos e interpretados, já que os atores sociais lêem o mundo a partir da posição que ocupam na estrutura social. Utilizando-se da metáfora dos textos de Geertz, Thompson diz que, como os textos literários, os leitores constroem interpretações distintas por possuírem conhecimentos prévios diferentes.

Barbosa discute esse conceito. Segundo ela, a cultura são regras de interpretação da realidade, sistemas de classificação que permeiam os grupos sociais e instauram os domínios da experiência humana (Barbosa, 1999). Essas regras e sistemas criam condições para o compartilhamento de sentidos e representações comuns nos grupos sociais, e são o substrato a partir do qual a interação humana ganha significados específicos. Como afirma a autora, a cultura deve ser entendida como "redes" de significados que "se combinam e se recombinam, gerando sempre novos padrões que formam os contextos nos quais se desenrolam e se tornam significativas as ações sociais" (Barbosa, 1999, p. 142). Essas redes podem ser entendidas como sistemas subjacentes a todas as práticas cotidianas nos grupos, dando sentido a todas elas.

O conceito de cultura descrito brevemente acima pode ser aplicado aos contextos organizacionais. Numa organização, a cultura pode ser definida como os conjuntos de representações e estruturas de significação renegociadas constantemente pelos membros da organização e a partir dos quais eles dão significado às suas ações, no contexto de sua interação social. As idéias anteriormente apresentadas nos permitem perceber que os diversos conjuntos de representações encontrados dentro de uma organização relacionam-se de forma estreita aos contextos socioculturais nos quais seus membros se inserem. Isso acontece porque tais grupos sociais formam sua concepção de mundo a partir de suas experiências em diversas esferas da vida cotidiana, e estão inseridos de forma desigual na estrutura social. Dessa forma, grupos sociais imersos em contextos socioculturais distintos interagem segundo padrões distintos. Esta é uma das chaves para se explicar o aparecimento de subculturas em uma organização.

O conceito de cultura organizacional apresentado anteriormente é utilizado como base para pesquisas que adotam uma abordagem de diferenciação, que tem seu foco nas manifestações culturais interpretadas de maneira inconsistente entre os grupos organizacionais. Martin (2002) mostra que, em uma abordagem de diferenciação, a cultura organizacional é entendida como a união de diversas subculturas, entre as quais as manifestações culturais podem ser interpretadas de maneira inconsistente. Esses grupos distintos interagem no sistema organizacional a partir de seus sistemas próprios de significação e de seus sensos de prioridade. Tais subculturas podem ser entendidas como contextos culturais distintos encontrados dentro das organizações. São conceituadas e classificadas na maioria dos estudos por meio de dimensões como a distância do poder, as categorias profissionais, o gênero, as identidades demográficas etc. (Martin, 1992, 2002).

Martin (2002) argumenta, a partir de amplo levantamento bibliográfico, que essa abordagem não é a mais difundida entre os pesquisadores do tema. Esta seria a abordagem de integração, que se foca nas manifestações culturais que são interpretadas de maneira consistente entre os grupos. A adoção da abordagem de integração implica a elaboração de visões consensuais da cultura organizacional. Dessa forma, a cultura é o que é claro e compartilhado pelos membros da organização. Nessa abordagem, a ambigüidade é excluída.

Ao adotarmos a abordagem de diferenciação para a análise cultural, as diversas vozes nas organizações não são silenciadas. Percebe-se então que a cultura organizacional não pode ser considerada um único sistema fechado de valores que serve como roteiro para a ação naquele contexto. Diferentemente, esse conceito de cultura organizacional diz respeito a um complexo agrupamento de conjuntos de significados criados e recriados constantemente, segundo os quais os indivíduos, inseridos em contextos sociais estruturados, dão sentido a sua experiência e organizam sua interação social. Podemos dizer que esse complexo agrupamento de padrões culturais é a base para o estabelecimento e a interpretação de todas as práticas sociais em uma organização, já que a partir desses padrões seus membros organizam sua interação social. Isso quer dizer que os diversos sistemas de representação, negociados dentro dos grupos e entre eles, são a base para que as práticas sociais ganhem significados específicos e sejam compreendidas e valorizadas de maneiras específicas (Martin, 1992; Fleury, 1996).

## 4. Contexto Cultural e os Modelos Instrumental e Político de Gestão de Pessoas

A partir da discussão da organização como um contexto cultural desenvolvida anteriormente, podemos destacar dois modelos de gestão de pessoas e sua relação com determinados contextos culturais. É importante destacarmos neste momento o conceito de modelo de gestão de pessoas adotado. O conceito não se restringe ao caráter instrumental da gestão de pessoas, mas diz respeito às diferentes lógicas que influenciam o comportamento na organização. O modelo de gestão de pessoas, dessa maneira, sistematiza componentes políticos, ideológicos, sociais e comportamentais que orientam a ação e a decisão no contexto organizacional. Os modelos apresentados a seguir foram identificados por meio de uma grande pesquisa realizada na década de 1990 por pesquisadores na França e nos Estados Unidos. Foram feitos o recenseamento e a sistematização das práticas e modelos didáticos por meio dos quais as organizações e os indivíduos representam sua experiência. Cada um dos modelos de gestão de pessoas, entretanto, deve ser entendido como uma categoria da qual cada contexto particular se aproxima mais ou menos, dependendo das particularidades culturais que são a base do sistema social. Trata-se de tipos ideais, isto é, de modelos que se aproximam mais ou menos das realidades empíricas, mas que serão utilizados como ferramenta para nossa análise (Brabet, 1993).

Esses modelos refletem idéias consagradas no pensamento administrativo, e têm pressupostos diferentes. O *Modelo Instrumental de Recursos Humanos* reflete o pensamento da Escola Clássica de Administração, com alguns aperfeiçoamentos, e é encontrado em contextos em que o formalismo, a autoridade e a rigidez permeiam as relações sociais (Trootings et al.,1989). O *Modelo Instrumental de Gestão de Pessoas* caracteriza-se pelo pressuposto da existência de uma "racionalidade superior" na organização. A gestão de pessoas pressupõe a idéia de que a empresa é considerada um instrumento racional de produção, cuja estratégia é definida por seus diretores em função das pressões do mercado. A administração de recursos humanos tem a função de implantar essa estratégia buscando a maximização do resultado econômico, uma vez que em tese toda a comunidade organizacional será beneficiada. Os empregados são considerados seres utilitaristas e condicionáveis, já que seria possível levá-los a adotar os comportamentos esperados, medindo-se as respostas aos estímulos dados.

Esse modelo baseia-se no argumento de que a sociabilidade harmônica gera a eficiência econômica e vice-versa, o que significa que o conflito é disfuncional e prejudicial ao sistema social. Procura-se evitar os conflitos ou resolvê-los rapidamente, pois considera-se que um ambiente harmônico, sem contestações ou resistências e com um alto grau de conformidade por parte dos atores sociais, favorece a produtividade na empresa. Os debates são considerados desnecessários e as decisões devem ser tomadas pelos dirigentes. Não se fala em atores sociais, mas em agentes. Dentro desse modelo de gestão, a organização deve fomentar a construção da dinâmica social considerada mais adequada aos seus objetivos. A "racionalidade superior", dessa forma, refere-se ao pressuposto de passividade dos ditos agentes organizacionais ante a administração, que possui as capacidades e a visão do mundo adequada para conduzi-los em direção ao sucesso geral.

Diferentemente, o *Modelo Político de Recursos Humanos* reflete os princípios da Democracia Industrial e se baseia principalmente nos trabalhos de Herzberg e dos pesquisadores do Instituto Tavistock de Londres. É um modelo típico de contextos nos quais valores como o consenso, a diversidade e a igualdade de direitos dos membros da organização permeiam as relações sociais. Diferencia-se do modelo anterior pela importância dada à dimensão política na organização e pela incorporação da idéia de conflito e divergência tendo em vista os diferentes interesses dos atores organizacionais. Reconhece-se a existência de várias lógicas de ator e de critérios de ação válidos, dentro do modelo da racionalidade limitada de Simon, segundo o qual toda a racionalidade é relativa ao ator social que decide, não existindo uma racionalidade absoluta inquestionável (Simon, 1947 e 1955). O conceito da racionalidade limitada revela que toda decisão é contingente e deve ser analisada dentro do contexto social do momento da tomada de decisão.

Nele os indivíduos são percebidos como atores participando e influenciando as mudanças, nos seus diversos níveis de atuação. Um bom gerente tem como objetivo obter a coesão integrando os interesses particulares dos diferentes grupos de atores visando a obtenção de uma solução negociada junto à direção da empresa (Beer et al., 1985; Brabet, 1993). A organização é um espaço de jogo estratégico entre esses atores sociais, no qual a negociação é vista como necessária à boa implantação das estratégias.

Cada um dos modelos citados reflete princípios diferentes que influenciaram a teoria organizacional em determinados momentos e é encontrado em contextos organizacionais nos quais os indivíduos compartilham padrões de significado distintos (Brabet, 1993). Apesar de tais modelos ainda não terem sido validados no Brasil em uma pesquisa abrangente, o estudo de caso deste capítulo permite ilustrar essa tipologia uma vez que as representações que os grupos de atores organizacionais fazem de sua experiência podem ser classificadas por meio desses modelos (Vasconcelos e Vasconcelos, 2002). A partir deste estudo de caso, podemos discutir o conceito de *paradoxo cultural na gestão de pessoas*.

## 5. Estudo de Caso: a História da Cooperativa Agroindustrial

A cooperativa estudada, constituída em 1951 no Paraná, foi criada para representar os interesses econômicos, políticos e sociais de colonos europeus imigrantes, que formaram uma comunidade agrária. Para compreendermos o contexto cultural desses imigrantes, é necessário fazer uma breve retrospectiva histórica. Descendentes de europeus que haviam colonizado entre os séculos XVII e XVIII extensas áreas do vale do rio Danúbio, essas famílias eram organizadas em pequenos povoados e viviam há mais de 200 anos transmitindo de geração em geração valores e tradições próprias à sua cultura, baseada em pequenas comunidades nas quais a sobrevivência dependia da cooperação e da ajuda entre seus membros, que se organizavam pela autogestão.

A autoridade era tradicional e a comunidade, regulada por valores e hábitos transmitidos de pai para filho. Os colonos eram muito apegados à sua terra e às suas tradições. No entanto, devido à Segunda Guerra

Mundial, e tementes do avanço do exército soviético e de represálias políticas e étnicas, esses colonos foram obrigados a abandonar, entre 1943 e 1944, as terras dessa fértil região da Europa central, nas quais suas famílias tinham vivido durante mais de dois séculos. Tendo em vista um programa de colonização coordenado pelo governo brasileiro em conjunto com a Cruz Vermelha Internacional, aproximadamente 2 mil dessas famílias imigraram para o Brasil e foram assentadas em 5 vilas.

Esses imigrantes tinham em comum padrões culturais fortes que tinham sido transmitidos de geração para geração. Eles organizaram sua comunidade no Brasil em torno dos mesmos padrões culturais que herdaram de seus antepassados — um sentido forte de comprometimento com a comunidade, autogestão, igualdade de direitos e a noção de que uma família deveria colaborar com a outra de forma organizada a fim de minimizar as dificuldades de todos.

Após quase 50 anos de atuação, a cooperativa agroindustrial em questão é hoje uma das 500 maiores empresas brasileiras, segundo o levantamento anual da revista *Exame*, com um faturamento de aproximadamente R$ 280 milhões. Em seu quadro social e funcional constam mais de 500 associados e 900 funcionários, e 100% dos associados apresentam fidelidade absoluta, ou seja, toda compra de insumos e toda venda da produção agrícola é feita nos entrepostos da cooperativa. Em 1998 a organização cultivava trigo, cevada, aveia, milho e soja, além de produzir carne suína. Na área industrial conta com um moinho, uma fábrica de rações, uma industria de processamento de soja e uma maltaria.

## 5.1 Estudo de Caso: Sucessão e Implantação do Sistema ERP na Cooperativa Agroindustrial

Durante 28 anos, a cooperativa tinha sido dirigida por um líder que fazia parte do grupo dos fundadores. Esse homem tinha imigrado para o Brasil com 18 anos e tomado parte do processo de criação da comunidade de imigrantes e, posteriormente, da cooperativa. Líder carismático e empreendedor com grande habilidade política e capacidade de negociação, tornou-se em pouco tempo o representante dos valores da comunidade — a autogestão, a igualdade de direitos e o consenso.

Os padrões culturais dos imigrantes estavam fortemente representados na cultura organizacional da cooperativa, em que, sob influência do diretor-presidente, as soluções a serem adotadas eram decididas após um processo político no qual os representantes dos cooperados participavam. Tratava-se de um sistema com práticas semi-estruturadas. Por meio da articulação e de negociação com os atores sociais relevantes na administração da cooperativa, e com a anuência do Conselho Administrativo, que representava os cooperados, o diretor-presidente garantia a segurança e a estabilidade daquele contexto.

No ano de 1994, o diretor-presidente morreu subitamente. O vice-presidente era uma pessoa inexpressiva politicamente, mas por ser um bom agricultor e advindo de uma família numerosa e bem representada na comunidade, tinha sido designado à função. Sempre esteve à sombra da administração, ou seja, tinha pouca ou nenhuma influência sobre a administração e praticamente não decidia nada. Apesar de sua posição na organização estudada, o grande salto em sua carreira se deu quando, no início da década de 1990, foi criada na região uma central de cooperativas formada por cinco outras instituições. Nessa oportunidade, foi empossado como presidente da central de cooperativas, pois era o representante da instituição majoritária, e passou a acumular os dois cargos: vice-presidente na cooperativa estudada e presidente na central de cooperativas. Foi quando conheceu duas figuras importantes em sua carreira política, o diretor comercial e o assessor de RH da central.

Quando do falecimento do diretor-presidente, os cooperados, após 27 anos de uma liderança carismática, deveriam eleger um novo presidente. Em decorrência do choque, da desorientação pela perda do líder e da falta de lideranças, a comunidade optou por eleger o então vice-presidente para um mandato determinado, na esperança de que não houvesse descontinuidade na condução da cooperativa. Logo ao tomar posse, o vice-presidente, agora novo presidente, procurou se cercar de pessoas que pudessem assessorá-lo na empreita, e trouxe para a cooperativa o diretor comercial e o assessor de RH da central de cooperativas que também presidia.

O diretor comercial assumiu o cargo de gerente comercial. Pessoa extremamente hábil, tratou de montar uma estrutura de poder na cooperativa, a começar pelo setor de TI, no qual conseguiu colocar uma pessoa de sua confiança, para assim ter acesso ao sistema de controle da organização. Também influenciou a indicação da pessoa responsável pelo controle da chamada "conta cooperado", ou seja, além do acesso ao sistema de controle, ele também tinha conhecimento de todas as movimentações financeiras dos cooperados. O assessor de RH continuou nessa função e também se mostrou extremamente dominador e influente, chegando a ser uma espécie de "guru" do novo presidente.

Como não dispunha de ampla visibilidade interna e de amplo apoio dos cooperados, e tinha a difícil tarefa de substituir um líder carismático, o novo presidente decidiu, sob influência de seus aliados, construir rapidamente uma imagem de pioneirismo e visão de futuro. Para isso, decidiu pela introdução de ferramentas técnicas consideradas as melhores e pela associação de seu nome a elas. Foi nesse momento que surgiu a idéia de se implementar um sistema ERP, que naquela época era considerado uma inovação, e que traria para a cooperativa o título de ser a primeira cooperativa brasileira a integrar todo o seu processo de gestão. Com esses objetivos, ele passou a utilizar um discurso baseado na adaptação da cooperativa à sociedade pós-industrial e na transformação da mesma em uma organização de aprendizagem, baseada na inovação e na mudança.

## 5.2 Estudo de Caso: a Decisão e o Processo de Implementação do Sistema ERP

Para implementar suas idéias, o novo presidente deveria então negociá-las com as outras instâncias da administração. Entretanto, para tentar construir rapidamente uma imagem gerencial positiva, associando o seu nome à informatização da organização, o novo presidente decidiu, sem um estudo prévio sobre as necessidades do sistema organizacional, implementar o mais rapidamente possível o ERP — Entreprise Resource Planning.

Os sistemas do tipo ERP são sistemas de informação que permitem a integração de toda a gestão de uma empresa, agilizando os processos de decisão por meio da melhoria do acesso e do compartilhamento das informações. Eles permitem ainda que o desempenho da empresa seja constantemente monitorado (Caldas e Wood, 1999 e 2003). A implementação desses sistemas implica um amplo processo de mudança organizacional, já que tem conseqüências sobre o modelo de gestão, a arquitetura organizacional, os processos de negócios, as relações de poder etc. Como afirmam Wood e Caldas, os esforços de implementação desses sistemas são normalmente marcados pela atmosfera de urgência, sem o devido cuidado com todos os aspectos dessa complexa mudança, o que leva muitas vezes ao fracasso de tais empreitadas.

Nesse processo de decisão, podemos apontar algumas particularidades. Ao levantar a bandeira da informatização, o novo presidente teve alguns aliados: o gerente comercial, o gerente administrativo e o assessor de RH. Entretanto, formou-se rapidamente um grupo opositor, composto por quadros da área industrial. Esses indivíduos, liderados pelo gerente industrial, acabaram não participando da reunião que decidiu pela compra do sistema, pois o gerente industrial naquela época estava fora do país.

O gerente industrial era uma pessoa com sólida formação profissional em engenharia, oriunda do quadro de cooperados e conhecida pela comunidade por seu pragmatismo técnico e senso ético. Foi um dos responsáveis pela construção do parque industrial da cooperativa e sempre participou das principais decisões nos tempos do antigo presidente. Pelo seu pragmatismo técnico, questionou a viabilidade de se introduzir o sistema ERP sem realizar uma reengenharia organizacional da cooperativa. Essa decisão de implementação do sistema foi realizada à sua revelia, e por esse motivo foi um crítico feroz do sistema e também forte opositor do novo presidente. Por ironia do destino, grande parte da customização do sistema teria que ser feita em módulos relacionados à área industrial (recebimento, classificação, limpeza, processamento, armazenagem e movimentação de grãos).

Sem que o conselho administrativo da cooperativa percebesse, o novo presidente assinou um contrato com uma empresa de consultoria. O contrato previa, inclusive, que caso o sistema ERP não funcionasse, a responsabilidade total seria da empresa contratante, ou seja, caso o sistema não fosse operacional, a cooperativa assumiria o prejuízo sozinha, sem poder responsabilizar a empresa de consultoria prestadora do serviço. De acordo com o contrato, o sistema seria implantado em duas fases. Em um primeiro momento, seria implementado nas funções de suporte administrativo, no controle das contas correntes dos cooperados e na recepção e controle dos estoques de cereais. Eram essas as áreas da cooperativa controladas pelos indivíduos aliados ao novo presidente. Em uma segunda fase, o sistema seria implementado nas atividades industriais e em outros controles financeiros específicos da atividade cooperada, ou seja, as áreas controladas pelos opositores do projeto. O processo, entretanto, durou e custou muito além do previsto, gerando resistências na organização. O grupo ligado à área industrial, contrária à implementação do sistema e excluída da tomada de decisão, não cooperou efetivamente no processo de implementação.

Os problemas começaram logo no início do processo, com uma avaliação inadequada das características e das necessidades da cooperativa agrícola. Apesar da grande experiência da empresa de consultoria encarregada do projeto, ela não possuía familiaridade com o setor agrícola. Dessa forma, os técnicos responsáveis pela implementação do ERP subestimaram as dificuldades de customização do sistema para uma cooperativa agroindustrial, que possui características organizacionais próprias. Dessa forma, eles não realizaram nenhum estudo ou diagnóstico em profundidade, importando os sistemas padrão que possuíam, específicos do setor industrial, para a cooperativa agrícola.

A má avaliação das especificidades dessa organização ficou patente com a quantidade exorbitante de rotinas que acabaram sendo desenvolvidas na última hora, a fim de adaptar-se um sistema típico de empresas industriais às práticas organizacionais da cooperativa. A maioria das empresas industriais e comerciais que utilizam esse sistema desenvolve geralmente entre 10% e 15% de rotinas novas com esta linguagem. Esse é o limite normal para a criação de novos códigos e procedimentos necessários no processo de customização do sistema e de adaptação às necessidades do cliente específico. Todavia, no caso da cooperativa, chegou-se ao extremo de se reescrever 60% das rotinas, ou seja, para que o sistema padrão funcionasse, os técnicos tiveram que recriar seis vezes mais códigos do que o normal, quase refazendo toda a programação. Isso fez que o processo de implantação atrasasse, adicionando custos exorbitantes a ele, uma vez que as horas extras de programação necessárias à customização do sistema eram responsáveis por um aumento significativo dos custos de produção.

Ao final de 1998, nas vésperas das eleições para o novo dirigente da cooperativa, o presidente impôs aos consultores que o sistema teria que estar funcionando em janeiro do ano seguinte. Mesmo que não funcionasse a contento, o presidente queria associar seu nome a ele, com vista no processo eleitoral. Dessa forma, o sistema acabou sendo implantado apenas parcialmente, e somente o módulo financeiro funcionou adequadamente. Apesar da tentativa de construção de uma imagem interna positiva, os cooperados, representados pelo conselho de administração, não o reelegeram.

Em março de 1999 a nova diretoria eleita reavaliou imediatamente o projeto de implantação do ERP. Inicialmente, tentou negociar com a empresa de consultoria uma solução aceitável para os problemas. A empresa se propôs a terminar o sistema, mas com um grande custo adicional. Foi então contratada uma empresa de auditoria, que constatou imediatamente o excesso de rotinas na linguagem e os altos custos que isso geraria na manutenção do sistema. Diante desse quadro a nova direção resolveu abortar a implantação do ERP, e ingressou com uma ação judicial para anulação de algumas cláusulas contratuais, pedindo ressarcimento pelos prejuízos.

## 6. Análise do Caso: Paradoxo Cultural na Gestão de Pessoas

Os atores sociais entrevistados mostraram que não tinham, na época da reeleição, conhecimento concreto dos dados detalhados sobre a implementação do ERP, uma vez que eles eram mantidos sob estrita confidencialidade pelo presidente. O que levou então o conselho de cooperados a não reeleger o presidente, a despeito dos esforços de associar a implantação do sistema ao seu nome e do fato de que os cooperados desconheciam o custo real do projeto e os problemas na implementação?

Para o Interacionismo Simbólico, os indivíduos exercem papéis nas organizações e se comunicam para construir o sentido comum de sua ação. A organização é considerada um conjunto de papéis e representações, em cujo contexto os indivíduos constroem e apreendem os significados socialmente compartilhados. Esses significados regulam a interação entre os indivíduos e lhes fornecem expectativas recíprocas em suas experiências cotidianas. Os significados socialmente compartilhados tornam habituais certos tipos de comportamento em determinadas situações e interações sociais.

A maioria dos cooperados compartilhava valores participativos e democráticos que eram a essência da identidade coletiva, e estava imersa num contexto em que a *confiança*, a *negociação* e o *consenso* compunham o núcleo constitutivo dos processos sociais. É relevante discutirmos o conceito "nativo" tradicional de tomada de decisão. Durante os 27 anos de liderança carismática na organização, seus membros estavam inseridos em um contexto no qual a decisão era considerada um processo de construção coletiva do consenso. Por meio da influência e da articulação política do líder, as decisões eram tomadas após um processo durante o qual os atores sociais relevantes eram sensibilizados para as questões em pauta e construíam as resoluções influenciando e sendo influenciados pelo líder. Nesses processos, nossas observações indicaram a importância da confiança entre os diversos atores sociais relevantes para a construção dos consensos. Mesmo que não participassem todos os indivíduos de todas as decisões, a confiança deveria ser mantida por meio de processos de decisão em que os atores relevantes exercessem plenamente sua margem de manobra em seus níveis de atuação no sistema social.

Podemos dizer que as premissas do modelo político de gestão de pessoas freqüentemente estruturam as relações sociais em contextos nos quais a negociação e o debate entre os atores sociais são as regras do sistema (Brabet, 1993; Wiazosky e Silva, 1999). Em contextos organizacionais marcados por esses padrões culturais, os indivíduos são percebidos como atores dotados de visões complementares da realidade e que participam e influenciam as mudanças. O líder deve buscar o consenso, integrando as visões e os interesses dos diferentes grupos políticos e visando à obtenção de uma solução negociada com a direção da empresa (Beer e Walton et al., 1985; Brabet, 1993). A organização é um espaço de jogo estratégico entre esses atores sociais, no qual a negociação é vista como necessária à boa implantação das estratégias.

Percebe-se que os conflitos organizacionais narrados no caso foram decorrentes do processo de decisão liderado pelo novo presidente, no qual foi decidida a implementação do sistema ERP. Apesar da identificação da maior parte da organização com o conceito "nativo" de tomada de decisão descrito anteriormente, nossas observações permitiram a identificação de duas subculturas na organização. Cada uma era caracterizada por visões diferentes acerca da condução da empreitada, e compartilhava conceitos distintos de tomada de decisão. O antagonismo entre essas duas subculturas ficou claro por ocasião das discussões sobre o projeto de informatização. Em uma atitude típica do modelo instrumental de gestão de pessoas, o grupo político do novo presidente excluiu do processo de decisão seus opositores, que eram atores sociais relevantes, e implementou em regime de urgência o sistema, em uma atitude de imposição. Essa decisão quebrou as relações de confiança entre os indivíduos no sistema organizacional e os obrigou a trabalhar de acordo com critérios técnicos que lhes eram impostos de cima para baixo, sem a devida negociação para o consenso, como típica da cultural organizacional majoritária. Nesse sentido, os demais atores sociais foram forçados a exercer o estranho papel de meros executores de uma estratégia definida unilateralmente por um grupo diretivo.

O que aconteceu na cooperativa foi um *paradoxo cultural na gestão de pessoas*. Os estudos atuais sobre paradoxos organizacionais que partem dos princípios do Interacionismo Simbólico apontam fenômenos que atrapalham a construção de sentido comum pelo grupo organizacional e que dificultam sua ação. Esses trabalhos mostram que os paradoxos na gestão de pessoas muitas vezes estão relacionados à existência simultânea de interpretações inconsistentes na mesma organização, resultado de leituras diferentes da realidade organizacional (Vasconcelos, 2003). No caso da cooperativa, a leitura da realidade organizacional feita pelo novo presidente e seu grupo permitiu-lhes legitimar uma mudança abrupta, autoritária, na qual se rompia com o presente em nome do progresso. Essa postura baseava-se na convicção individual e tecnocrática do novo presidente. Entretanto, no contexto da interação desse grupo com outros que compartilhavam outras convicções, a postura do novo presidente foi interpretada como uma ameaça ao sistema e à coletividade, gerando resistência e estresse.

Como coloca Jaime Júnior (2002), tratou-se de uma *clivagem interpretativa*, a existência simultânea de interpretações inconsistentes ou contraditórias de um mesmo objeto — os atos do novo presidente — em razão de repertórios culturais distintos. Podemos descrever esse fenômeno da seguinte forma: a primeira interpretação da realidade foi aquela do novo presidente e de seu grupo de influência. Eles assumiram que, por meio de suas ações, transmitiriam a imagem de competência e modernidade. A segunda interpretação foi a dos outros grupos organizacionais, segundo a qual as ações do novo presidente demonstravam seu caráter autoritário, não alinhado ao seu sistema social, o que os incomodava (Vasconcelos, 2003; Lewis, 2000). Como definido por Eisenhardt, tratava-se da existência simultânea de leituras irreconciliáveis da realidade organizacional, que geraram padrões de conduta incoerentes: a atitude unilateral do presidente e os padrões de interação social na organização baseados na confiança e na negociação (Eisenhardt, 2000).

Podemos interpretar o que aconteceu na cooperativa a partir de uma visão dialética de evolução do grupo social. Essa perspectiva analisa a construção social da realidade através do construto social, das contradições geradas por ele e da transformação do sistema social por meio da práxis. A abordagem de diferenciação implica a visão da organização como um complexo construto social formado pelo agrupamento de conjuntos de significados criados e recriados constantemente, segundo os quais os grupos de indivíduos dão sentido a sua experiência e organizam sua interação social. O paradoxo cultural na gestão de pessoas é uma contradição que surge e influencia a ação dos indivíduos no contexto da dinâmica de interação entre os grupos organizacionais, ou subculturas. A hegemonia alternada de um ou de outro grupo pode fazer que determinadas interpretações sejam consideradas predominantes, o que não diminui entretanto a percepção de contradições e de conflitos nas organizações. No caso estudado, o grupo organizacional do novo presidente, hegemônico durante seu mandato, conseguiu sustentar suas interpretações entre os outros grupos organizacionais, mas sofreu as conseqüências do paradoxo cultural no momento em que sua hegemonia foi questionada, à época das eleições.

As contradições perceptivas impulsionam a práxis, que pode ser conceituada como o conjunto de atividades individuais e coletivas para a contínua reconstrução do sistema social (Hillmann, 2001), uma vez que subgrupos organizacionais podem se movimentar no sentido de questionar o sistema e as regras presentes e agir politicamente para modificá-las. A dinâmica de interação entre os grupos na cooperativa estudada impunha o confronto das interpretações divergentes da realidade organizacional no momento das eleições. Naquela ocasião, o grupo que representava os cooperados, hegemônico naquele momento, percebeu, ao analisar o agressivo processo de mudança organizacional, que seus interesses e valores poderiam estar ameaçados no contexto organizacional. Assim, resistiu à perda de espaço no sistema social e reagiu de maneira coerente, não reelegendo o novo presidente e seu grupo.

## 7. Considerações Finais: os Estudos Sobre os Paradoxos Culturais na Gestão de Pessoas

Podemos considerar que a cultura organizacional influencia profundamente a maneira como as ações, atitudes e posturas dos atores sociais vão ser interpretadas e valorizadas no contexto organizacional. O desenvolvimento de estudos sobre esse tema caracteriza-se por suas múltiplas abordagens teóricas e metodológicas. Como apontam diversos autores, a abordagem hegemônica parte de um conceito integrador de cultura e se concentra nas manifestações culturais que são interpretadas de maneira consistente entre os grupos. Nessa abordagem, os pesquisadores buscam construir visões consensuais da cultura na organização, a saber: o que é claro e compartilhado pelos membros da organização (Mascarenhas, 2002; Barbosa, 1999; Martin, 1992 e 2002). O conceito de cultura organizacional de Schein (1985), nesse caso, é uma das referências mais utilizadas:

> Se não há consenso, ou se há conflito, ou se as coisas são ambíguas, então, por definição, aquele grupo não tem uma cultura em relação àquelas coisas (...) o compartilhamento e consenso são centrais à definição, e não escolhas empíricas" (Schein, 1991, p. 248).

O estudo dos paradoxos culturais na gestão de pessoas, entretanto, requer um outro olhar sobre o tema, como veremos com mais detalhes no próximo capítulo. Como descreve Martin (2002), a abordagem de diferenciação é utilizada em pesquisas sobre a cultura organizacional cujo foco é a busca das manifestações culturais interpretadas de maneira inconsistente entre os grupos organizacionais. Tem-se aí outro conceito de cultura organizacional, que a considera a união de diversas subculturas que podem conviver se reforçando mutuamente, em conflito constante ou independentemente. Nessa abordagem, a ambigüidade é incluída como parte da complexa realidade cultural da organização (Martin, 1992 e 2002).

A idéia de paradoxo cultural na gestão de pessoas é útil para compreendermos o que aconteceu na cooperativa estudada. A análise do caso sugere que o paradoxo cultural é um elemento importante para a análise das dinâmicas de interação entre grupos organizacionais no contexto da evolução dos construtos sociais, o que tem implicações no entendimento de processos políticos e socioculturais. Se associarmos as idéias do interacionismo simbólico a uma visão dialética da evolução social, perceberemos que as contradições e inconsistências entre as subculturas de um sistema organizacional podem impulsionar a práxis e proporcionar a energia para a constante reconstrução desse sistema social. Nesse sentido, os paradoxos culturais são constitutivos dos sistemas sociais, pois influenciam sua contínua evolução. É possível acompanhar essas percepções e descrever como evoluem as subculturas dos diversos grupos em relação à organização no processo dialético de evolução.

## Referências Bibliográficas

BARBOSA, L. *Igualdade e meritocracia, a ética do desempenho nas sociedades modernas*. Rio de Janeiro: Editora da Fundação Getulio Vargas, 1999.

BEER, M. et al. *Human resource management*. Glencoe (Il.): Illinois Free Press, 1985.

BRABET, J. *Repenser la gestion des ressources humaines*. Paris: Economica, 1993.

CALDAS, M. P., WOOD JR., T. *Modas e modismos em gestão*: pesquisa exploratória sobre adoção e implementação de ERP. Foz do Iguaçu: ENANPAD, *Anais...* 1999.

_____. A parte e o todo — reducionismo e pensamento complexo na adoção de sistemas empresariais. In: RUBEN, G. et al. *Informática, organizações e sociedade no Brasil*. São Paulo: Cortez, 2003.

DAVIS, A. S. et al. The paradoxical process of organizational transformation: propositions and a case study. *Research in Organizationl Change and Development*, v. 10, p. 275-314, 1997.

ENRIQUEZ, E. *L'organisation en analyse*. Paris: PUF, 1991.

FISCHER, M. Da antropologia interpretativa à antropologia crítica. In: *Anuário Antropológico* — 83. Rio de Janeiro: Tempo Brasileiro, 1985.

FLEURY, M. O simbólico nas relações de trabalho. In: FLEURY, M., FISCHER, R. *Cultura e poder nas organizações*. São Paulo: Atlas, 1996.

FROST, P., ROBINSON, S. The toxic handler: organizational hero and casualty. *Harvard Business Review*, n. 77, p. 97-106, 1999.

GEERTZ, C. *A interpretação das culturas*. Rio de Janeiro: Livros Técnicos e Científicos, 1989.

HEGEL, F. *La phénomenologie de l'esprit*. Paris: Aubier, 1941.

HILLMANN, K. *Diccionario Enciclopédico de Sociologia*. Barcelona: Editorial Herder, 2001.

JAIME JR., P. Um texto, múltiplas interpretações: antropologia hermenêutica e cultura organizacional. *Revista de Administração de Empresas*, v. 42, n. 4, out./dez. 2002.

KETS DE VRIES, M. *Organizational paradoxes*: clinical approaches to management. New York: Routledge, 1995.

LEWIS, M. Exploring paradox: toward a more compreheensive guide. The Academy of Management Review, 25(4), p. 760-776, 2000.

MARTIN, J. *Cultures in organizations — three perspectives*. Oxford: Oxford University Press, 1992.

MARTIN, J. *Organizational culture — mapping the terrain*. Thousand Oaks: Sage Publications, 2002.

MASCARENHAS, A. Etnografia e cultural organizacional — uma contribuição da antropologia à administração de empresas. *Revista de Administração de Empresas*. São Paulo, v. 42, n. 2, p. 88-94, abr./jun. 2002.

MYEONG-GU, S., CREED, D. Institutional contradictions, praxis and institutional change: a dialectical perspective. *Academy of Management Review*, v. 27, n. 2, p. 222-247, 2002.

POOLE, M. S., VAN DE VEN, A. H. Using paradox to build management and organization theories. *The Academy of Management Review*, n. 14, p. 562-578, 1989.

SABELIS, I. Temporal paradoxes: working with cultural diversity in organizations. In: KOOT, W. et al. (eds.) *Contradictions in context: puzzling over paradoxes in contemporary organizations*. Amsterdam: VU University Press, 1996.

SCHEIN, E. *Organizational culture and leadership*. San Francisco: Jossey-Bass, 1985.

_____. What is culture? In: FROST, P. et al. (org.). *Reframing organizational culture*. London: Sage, 1991.

SIMON, H. *Administrative behavior*. New York: Doubleday, 1947.

_____. A behavioral model of rational choice. *Quartely Journal of Economies*, n. LXIX, p. 99-118, 1955.

THOMPSON, J. *Ideologia e cultura moderna*. Petrópolis: Vozes, 1995.

TROOTINGS, P. et al. (eds.) *New forms of work organization in Europe*. New Brunswick: Oxford Transation Publishers, 1989.

VASCONCELOS, I. *A dialética da mudança*: uma análise crítica do conceito de paradoxos organizacionais. Relatório de pesquisa apresentado ao NPP — Núcleo de Pesquisas e Publicações da EAESP/FGV. São Paulo, EAESP/FGV, 2003.

VASCONCELOS, I., VASCONCELOS, F. Gestão de pessoas e identidade social: um estudo crítico. *Revista de Administração de Empresas*, v. 42, n. 1, jan./mar. 2002.

WEBER, M. A "objetividade" do conhecimento nas ciências sociais. In: COHN, G. *Weber*. Coleção grandes cientistas sociais. São Paulo: Ática, 1997.

WIAZOWSKI, B. A., SILVA, C. A. B. Coordenação de cadeias produtivas: uma aplicação de sistemas dinâmicos ao agronegócio da carne bovina. *Anais do II Congresso da SBI-Agro – Agrosoft 99*, Campinas, 1999.

# 8

# CULTURA ORGANIZACIONAL E ANTROPOLOGIA INTERPRETATIVA – ULTRAPASSANDO A ABORDAGEM DE INTEGRAÇÃO NA PESQUISA E NA PRÁTICA

*André Ofenhejm Mascarenhas*
*Gideon Kunda*
*Isabella Freitas Gouveia de Vasconcelos*

## 1. Introdução

O desenvolvimento da pesquisa sobre cultura organizacional e a introdução desse conceito ao discurso empresarial podem ser caracterizados pela predominância de uma abordagem à cultura que Martin (2002) chamou de *integração*. Essa abordagem concentra-se nas manifestações culturais que são interpretadas de maneira consistente dentro de uma organização, e sua adoção implica a construção de visões consensuais sobre a cultura organizacional que excluem a ambigüidade. Pesquisadores dessa tradição definem a cultura organizacional como "o padrão de crenças e valores compartilhados que fornece significados aos membros de uma instituição e estabelece regras comportamentais dentro desta organização" (Davis, 1984, p. 1). Como Barley et al. (1988) mostraram, essa perspectiva foi primeiro introduzida por autores orientados à prática, mas mais tarde influenciou também pesquisadores da comunidade acadêmica.

No entanto, a perspectiva de integração ao conceito da cultura organizacional tem várias limitações. Em particular, a crítica da antropologia interpretativa a essa abordagem sugere que ela não considera toda a complexidade dos fenômenos culturais. Neste capítulo, aprofundamos a discussão teórica proposta no fim do capítulo anterior, incluindo também uma discussão sobre o uso do conceito de cultura do ponto de vista dos gerentes. Argumentamos que a incorporação da crítica da antropologia interpretativa à perspectiva de integração resultaria em uma conceituação mais sofisticada da cultura no campo dos estudos da cultura organizacional, o que permitiria entendermos as organizações como sistemas de significados socialmente construídos. Também argumentamos que as redefinições propostas podem ser usadas por administradores para melhorar processos de decisões dentro de organizações.

Começamos este capítulo com uma breve discussão sobre o uso da antropologia na teoria organizacional, e consideramos o uso de princípios etnográficos na investigação da realidade das organizações. Mostramos as diferenças entre a perspectiva de integração e duas abordagens alternativas à cultura organizacional. Apontamos então as limitações da perspectiva de integração e discutimos uma abordagem teórica capaz de superar essas limitações. Finalizamos o capítulo explorando como tal reconceituação pode contribuir para a melhoria dos processos de decisões.

## 2. Antropologia na Teoria das Organizações: um Breve Resumo Histórico

Considerando-se que toda teoria tem um componente ideológico, além de ser um conjunto de proposições, a análise histórica de Barley e Kunda (1992) mostra que a teoria das organizações e o discurso empresarial americano foram elaborados em ondas, e têm alternado entre retóricas de controle normativo e racional. A retórica do *controle racional* implica o desenvolvimento e o aperfeiçoamento de processos de produção. Na realidade, os proponentes da Administração Científica e do conjunto de teorias que os autores chamaram de *Systems Rationalism* se basearam na idéia de que a produtividade poderia ser melhorada por meio de métodos e de sistemas cuidadosamente articulados. As organizações eram vistas como máquinas, formadas por partes que poderiam ser analisadas, modificadas e remontadas de uma maneira mais efetiva. Como Motta e Vasconcelos (2002) afirmam, esses teóricos se baseavam na idéia de que desenvolver e melhorar racionalmente sistemas formais de trabalho, com o intuito de torná-los mais eficientes, aumentaria a produtividade, o que implicava a suposição de que as ações humanas seriam previsíveis e controláveis, e que sistemas bem ajustados e estruturados levariam aos resultados desejados.

Barley e Kunda (1992) mostram também que os proponentes das escolas de Melhoria Industrial (*Industrial Betterment*), Relações Humanas e Cultura Organizacional focavam-se no *controle normativo*. Controle normativo é a idéia de que os administradores podem controlar os trabalhadores de forma efetiva pela manipulação de seus pensamentos e emoções. Segundo essa visão, as organizações são grupos sociais caracterizados por valores em comum e pelo envolvimento moral. Proponentes dessas idéias argumentavam que a coesão e a lealdade eram as fontes mais importantes da produtividade, e, portanto, o papel do administrador era o de inspirar e motivar os trabalhadores, direcionando apropriadamente seus sentimentos, valores e emoções (Barley e Kunda, 1992). Com exceção do movimento de melhoria industrial, popular durante as últimas décadas do século XIX, a antropologia teve um importante papel como fonte de idéias e princípios metodológicos para teóricos das retóricas normativas de controle. Essas idéias influenciaram tanto a escola de Relações Humanas quanto a de Cultura Organizacional.

## 2.1 Antropologia nas Organizações: a Escola de Relações Humanas

Os primeiros estudos nas organizações influenciados pelas idéias da antropologia foram os experimentos de Hawthorne, desenvolvidos na segunda década do século XX pelos primeiros formuladores do que se veio a chamar de Escola de Relações Humanas. Para Richardson (1955), a antropologia é a ciência que, assim como a psicologia, foi a base para o desenvolvimento dessa escola de pensamento. Até então, os princípios da Escola de Administração Científica eram dominantes, e os experimentos de Hawthorne verificaram a existência de grupos informais de trabalhadores. Influenciados pela psicologia social e pela antropologia funcionalista, os pesquisadores mostraram a importância de se considerar processos informais dentro desses grupos para que se pudesse entender o relacionamento entre empregados e a organização formal. Essas descobertas foram o começo do movimento que questionou as suposições da Administração Científica.

Os estudos de Hawthorne demostraram uma grande diferença entre a realidade dos empregados e as suposições dos administradores, o que levou à conclusão de que o papel dos administradores seria o de criar condições para a colaboração espontânea entre trabalhadores. Essas conclusões sugeriram que a produtividade estava relacionada à satisfação no trabalho, e que esta estava relacionada aos grupos informais. O advento da Escola de Relações Humanas permitiu o desenvolvimento de novas perspectivas teóricas nos estudos organizacionais. Rompendo com as suposições da Administração Científica, Mayo (1933) argumenta que a teoria econômica não é adequada em seus aspectos humanos. A humanidade, do ponto de vista do autor, não poderia ser descrita como um grupo de indivíduos motivados por comportamentos egoístas.

Os princípios da antropologia foram essenciais para o desenvolvimento inicial da Escola de Relações Humanas. As principais contribuições da antropologia nesse contexto foram os princípios metodológicos da observação e a idéia de que grupos sociais eram fatores importantes na determinação do comportamento humano. Mais tarde, como Richardson (1955) sustenta, a antropologia permaneceu em um ponto de referência básico para o desenvolvimento dessa escola de pensamento. Segundo o autor, os estudos que se baseiam nos princípios antropológicos podem ser divididos em grupos, que buscam entender: (1) a dinâmica de pequenos grupos de trabalho, (2) as ações humanas nas organizações, (3) as comunicações humanas, (4) as interações entre relações sociais e estruturas técnicas, (5) os agrupamentos de empregados e (6) o funcionamento geral das organizações.

Com o desenvolvimento da Escola de Relações Humanas, a antropologia forneceu, além dos princípios teóricos, um referencial metodológico completo para o estudo das organizações: a *etnografia* ou *observação participante*. A etnografia consiste em atividades de observação e na familiarização do antropólogo com a cultura em estudo pela interação social com o grupo durante um longo período, utilizando-se de procedimentos de coleta, interpretação e sistematização de fatos. Esse método é considerado de importância central na produção do conhecimento antropológico. A pesquisa etnográfica permite a interpretação de uma cultura, a começar pela investigação de como seus sistemas de valores são organizados e de como influenciam o comportamento do grupo (Godoy, 1995; Rada e Velasco, 1997). Esse método de pesquisa, que representa uma ponte entre diferentes culturas, possibilta uma forma mais profunda de experimentação e de investigação de outras maneiras de viver, de outros valores e de outros sistemas de relações sociais.

A investigação etnográfica foi usada por pesquisadores nas décadas de 1950 e 1960 como forma de aprofundar o conhecimento sobre grupos sociais em organizações. No Reino Unido, por exemplo, Tom Lupton usou técnicas etnográficas para estudar a influência de grupos de trabalho na concepção de normas de produtividade em organizações. Nesses estudos, o pesquisador entendeu que sua participação teria que ser de total envolvimento na planta, o que requereria aprender o trabalho, a linguagem e os conceitos usados pelos trabalhadores durante os processos de interação social. Lupton usou essa abordagem para analisar situações sociais e formular teorias sobre aspectos mais amplos da organização. Segundo Lupton (1985), a pesquisa etnográfica permitiu a reconstrução de todos os aspectos que influenciavam a interação social dentro da organização:

> Este é o método que eu utilizei para desenvolver a antropologia social: primeiramente eu me envolvi como um trabalhador, me apresentei a todos como um pesquisador, e depois entrei no grupo. Este método consistia essencialmente em sentir eu mesmo a pressão social, em observar os acontecimentos e relacionamentos entre as pessoas, as conversas, e o que é mais importante, conversar com os colegas de trabalho sobre as razões pelas quais justificavam seu comportamento e explicavam o comportamento dos outros... (Lupton, 1985, p. 324).

## 2.2 Antropologia nas Organizações: Cultura Organizacional

Recentemente, com a emergência das teorias e da retórica da cultura organizacional, idéias antropológicas ganharam novamente importância no discurso empresarial e nas teorias organizacionais do *mainstream*. De acordo com Barley et al. (1988), o conceito de cultura organizacional começou a atrair atenção explícita no fim da década de 1970, no contexto de busca de respostas para o fraco desempenho das corporações americanas na competição com as empresas japonesas. A discussão sobre cultura organizacional começou com o reconhecimento do fracasso do conjunto das teorias racionalistas das organizações então predominantes (Barley e Kunda, 1992). Como Barley e Kunda (1992) afirmam, os teóricos da cultura organizacional sustentaram que, ao adotar sistemas racionais de controle, as organizações subestimaram a importância da autoridade moral, da integração social, da qualidade e da flexibilidade. O novo discurso sobre cultura organizacional surgiu como uma resposta às limitações das teorias racionalistas. Desde o fim da década de 1970 até 1982, os estudos sobre a cultura organizacional cresceram lentamente, porém com regularidade.

De acordo com Barley et al. (1988), o conceito da cultura organizacional entrou nas discussões sobre o comportamento organizacional por dois caminhos. O primeiro foi uma série de obras direcionadas à prática empresarial. Os autores argumentavam que estratégias racionalistas para desenvolver e controlar as organizações estavam gerando retornos marginais em termos de produtividade e de desempenho, e sugeriam que se os administradores prestassem mais atenção aos aspectos simbólicos da vida organizacional, eles descobririam ferramentas poderosas para melhorar a produtividade. De acordo com Barbosa (1999), o desenvolvimento do conceito da cultura por esse caminho foi uma conseqüência da lógica pragmática e instrumental intrínseca às atividades de administração. Ao se defrontar inicialmente com a questão de incorporar o conceito de cultura a essa lógica, os administradores tiveram de relacionar os aspectos objetivos e simbólicos de uma organização. Dessa maneira, eles esperavam que o novo paradigma produzisse novos e melhores instrumentos para entender e intervir na realidade organizacional (Barbosa, 1999, p. 135). Para manter a coerência com a lógica da prática administrativa, as primeiras discussões sobre a cultura organizacional na literatura orientada à prática eram caracterizadas pela busca da melhor aplicabilidade do novo conceito. Nesse sentido, a cultura foi entendida como uma variável organizacional, algo que podia e devia ser administrado.

Em termos de paradigmas antropológicos, a busca da maior aplicabilidade do conceito de cultura fez com que esses pesquisadores e praticantes adotassem um referencial funcionalista.[1] Essas abordagens são caracterizadas pela simplificação do fenômeno cultural por se concentrar nas manifestações culturais que são interpretadas de uma maneira consensual, excluindo a ambigüidade do processo cultural. De acordo com Barbosa (1999), a preocupação dos administradores foi o desenvolvimento de tecnologias efetivas para intervir na realidade cultural. Conseqüentemente, eles tinham que ver os fenômenos culturais como se fossem uma dimensão manipulável da realidade, um objeto de decisões racionais e conscientes, cujo destino poderia ser traçado por análises de custo-benefício. A abordagem funcionalista do conceito da cultura era mais apropriada para esses objetivos (Barbosa, 1999, p. 139).

O segundo caminho era mais teórico. Como no primeiro grupo de autores, este também estava interessado nas implicações sociais das interpretações compartilhadas. No entanto, este grupo não estava diretamente interessado na efetividade organizacional. Baseados nas idéias e métodos do *interacionismo simbólico* e da *antropologia interpretativa*,

---

1. Na antropologia, o paradigma funcionalista é caracterizado pelo entendimento da operação de sociedades humanas baseado na premissa de que cada manifestação cultural tem um papel e um significado, mesmo que muitas vezes papéis e significados não sejam facilmente identificados. Portanto, manifestações culturais devem ser entendidas em seu contexto cultural particular. Estudos dessa tradição geralmente trazem um retrato consensual do sistema cultural, mostrando as racionalidades "nativas" relacionadas a cada manifestação cultural (Da Matta, 1987). Na teoria das organizações, podemos dizer que esse paradigma é mais utilizado em estudos de integração com interesses gerenciais, apesar de nem todos os estudos desse tipo poderem se relacionar com o funcionalismo e vice-versa (Martin, 2002). O funcionalismo é freqüente e injustamente visto como um referencial conservador, relacionado ao estudo e à manutenção do *status quo*.

esses perquisadores se voltaram aos métodos fenomenológicos de investigar a cultura organizacional,[2] e viam em suas abordagens à cultura uma possibilidade de revolução paradigmática. Segundo eles, estudar a cultura organizacional permitiria que se entendesse as organizações como sistemas de valores socialmente construídos (Barley et al., 1988).

A partir de 1982, a produção sobre o tema cultura organizacional começou a crescer exponencialmente. Como Barley, Meyer e Gash (1988) sugeriram, esse crescimento pode ser relacionado ao successo comercial de três *best-sellers*: *Theory Z*, de Ouchi (1981), *In search of excellence*, de Peters e Waterman (1982), e *Corporate culture*, de Deal e Kennedy (1982). Esses livros atraíram a atenção das comunidades acadêmicas e gerenciais e fizeram o tema cultura organizacional dominante em pouco tempo. Depois de 1982, os dois caminhos pelos quais o conceito de cultura organizacional entrou nas discussões sobre comportamento organizacional perderam a maior parte de sua relevância. Barley et al. (1988) sugerem que houve um movimento no campo acadêmico pelo qual pesquisadores gradualmente adotaram preocupações gerenciais e centralizaram suas discussões em temas como o *valor econômico de manipular a cultura* e o *controle racional da cultura*. Os autores analisaram esse movimento em termos da teoria política de como as comunidades acadêmica e empresarial influenciam uma a outra. De acordo com essa teoria, empreitadas acadêmicas são definidas pelas preocupações e interesses da comunidade gerencial. Essa convergência de

---

2. O paradigma interpretativo, comum aos antropólogos interpretativos e interacionistas simbólicos, é baseado na idéia de que a realidade social não é mais do que a construção subjetiva de seres humanos que, por meio do desenvolvimento e do uso da linguagem comum e de suas interações corriqueiras, criam e sustentam o mundo social de significados compartilhados (Burrel e Morgan, 1994, p. 260). Esses estudos enfatizam a análise de contextos sociais nos quais indivíduos interagentes empregam uma variedade de práticas para criar e sustentar definições particulares do mundo, e baseiam-se na idéia de que a *realidade* e os *fatos* são essencialmente criações sociais (Burrel e Morgan, 1994, p. 271). Entre os autores que adotaram o paradigma interpretativo nos estágios iniciais de desenvolvimento dos estudos sobre cultura organizacional, podemos mencionar Wilkins, 1979, Van Maanen, 1979, Pondy et al., 1983.

interesses fez com que as *abordagens funcionalistas* do conceito da cultura organizacional se tornassem dominantes na pesquisa organizacional.

Uma outra explicação oferecida por Barley et al. (1988) sobre essa convergência de interesses foi que ela representou um desenvolvimento incompleto de um novo paradigma. Considerando que o segundo caminho mencionado anteriormente foi uma tentiva de se desenvolver uma teoria fenomenológica sobre a vida organizacional, é possível que a "rebelião interpretativa" tenha sido rapidamente sufocada pelo ressurgimento do funcionalismo. Como mostrado pelos autores, há evidências que sugerem que a retórica acadêmica se tornou mais funcionalista, aproximando as abordagens acadêmica e gerencial, já que os praticantes nunca abandonaram a posição funcionalista. Nesse caso, a convergência de interesses é simplesmente explicada pelo fato de que os acadêmicos meramente readotaram a abordagem funcionalista. Essa possibilidade também é explorada por Wright (1994). Segundo a autora, a razão de se introduzir o conceito de cultura nos estudos organizacionais foi teórica. Havia a percepção entre os pesquisadores e praticantes de que as organizações não deviam ser vistas simplesmente como contextos racionais e objetivos. No entanto, os conceitos foram utilizados de tal maneira que não refletiam pressupostos interpretativos, em um movimento incompleto em direção ao desenvolvimento desse paradigma nos estudos organizacionais.

## 3. *Cultura Organizacional*: Tradições de Pesquisa Atualmente

Atualmente, a importância do conceito da cultura organizacional permitiu a consolidação de várias tradições de pesquisa, baseadas em diferentes princípios metodológicos e teóricos. De acordo com ampla revisão da literatura feita por Martin (2002), as discussões sobre a cultura no campo da teoria das organizações podem ser divididas em três abordagens: *integração, diferenciação* e *fragmentação*. Entre a multiplicidade de conceitos de cultura, essas abordagens estão relacionadas à natureza do conceito usado pelo pesquisador. Como veremos, também é possível dizer que essas tradições estão associadas a três tipos de interesse de pesquisa: gerencial, crítico e descritivo, como sugere Martin (2002).

A *abordagem de integração* reflete o referencial funcionalista no conceito de cultura e é geralmente ligado a interesses gerenciais. Como discutimos anteriormente, essa abordagem tem sido a mais popular entre os pesquisadores. A abordagem de integração à cultura organizacional está ligada a uma tradição de pesquisa e de discurso gerencial que dá ênfase à associação entre o sucesso de uma organização e sua cultura. A adoção das premissas da perspectiva de integração implica a interpretação das manifestações culturais dentro da organização de uma maneira consistente e a construção de visões consensuais sobre cultura organizacional. Esta abordagem tem seu foco no que é claro e compartilhado por todos ou quase todos os membros de uma organização, e exclui a ambigüidade (Martin, 2002). A tradição de integração é marcada pela discussão das culturas fortes e fracas, das suas características predominantes, e das culturas diferenciadas e caracterizadas pela influência de um herói fundador. De acordo com essa tradição, há características que são mais ou menos apropriadas ao sucesso organizacional, e as organizações devem buscar mudanças culturais que viabilizem padrões mais próprios a seu desenvolvimento particular. Essa é a idéia de *cultura organizacional como uma vantagem competitiva*.[3]

A idéia da *cultura organizacional como vantagem competitiva* tem sido muito popular nos Estados Unidos. Segundo ela, a cultura é uma variável organizacional interna (Davis, 1984; Pettigrew, 1996; Kilman et al., 1986; Beckert, 1991; Peters e Waterman, 1982). Pesquisadores que adotam essa visão afirmam que a cultura evolui à medida que as organizações lutam para resolver problemas e se adaptar a seu ambiente. Nesse sentido, elas produzem ícones, lendas, mitos e valores para a ação. Schein (1985), por exemplo, diz que a cultura é o resultado de um

---

3. Como discute Martin (2002), a abordagem de integração à cultura organizacional inclui estudos de diversos tipos, e não somente aqueles de interesses gerenciais, cujas premissas são as descritas anteriormente. O que podemos dizer, entretanto, é que o referencial de integração tem sido amplamente utilizado para a discussão de questões gerenciais, já que essa abordagem tem mais afinidades com a lógica pragmática que permeia a atuação dos administradores. Esse fato faz que a maioria dos estudos nessa perspectiva tenha interesses gerenciais. Para exemplo de um estudo da abordagem de integração cujos interesses são críticos, veja Foucault (1977).

processo seletivo entre comportamentos favoráveis ao sucesso de uma organização em seu ambiente. Buscando resolver problemas de adaptação da organização ao ambiente, os indivíduos escolhem suas experiências positivas e descartam as negativas, e esses padrões de comportamento se tornam normas que são passadas de geração em geração. A cultura organizacional, de acordo com o autor, é uma variável sistemática que permeia todos os aspectos da vida cotidiana, e é permanente e compartilhada (1991). Pode-se defini-la como *o padrão de crenças e valores compartilhados que fornece significados aos membros de uma instituição e estabelece regras comportamentais dentro dessa organização* (Davis, 1984, p. 1). De acordo com esse conceito, a cultura é uma variável que caracteriza a organização, é permanente no sentido de ser difícil de se mudar, e é compartilhada no sentido de ser aceita e de não haver ambigüidades. A cultura é vista como algo concreto, o que abre espaço para discussões sobre intervenções culturais em organizações.

Apesar da abordagem de integração ter sido a mais amplamente usada, ela não é a única. Como mostra Martin (1992 e 2002), o conceito da cultura organizacional também tem sido desenvolvido em abordagens chamadas de *diferenciação* e de *fragmentação*. Pesquisadores dessas tradições geralmente baseiam seus estudos em teorias e conceitos de cultura mais próximos àqueles usados por antropólogos interpretativos. A antropologia interpretativa, como já mencionamos no capítulo anterior, utiliza um conceito essencialmente semiótico de cultura. Segundo Geertz (1989, p. 15), "acreditando, como Max Weber, que o homem é um animal amarrado a teias de significado que ele mesmo teceu, assumo a cultura como sendo essas teias ...". Essa visão implica o entendimento da cultura como *grupos de princípios cognitivos, conhecimentos, crenças e valores, em cujos contextos, eventos, ações, objetos e expressões ganham significados particulares*. A cultura é constantemente produzida e negociada no contexto da interação social entre os grupos.

Similarmente, na opinião de Barbosa (1999), o conceito de cultura se refere a regras de interpretação da realidade, a sistemas de classificação e interpretação que permeiam a interação dos indivíduos e grupos e criam condições que possibilitam o compartilhamento e a negociação de sentimentos e representações entre eles. A cultura é a base sobre a qual significados específicos da interação humana são construídos. A cultura deve ser vista como uma "rede" de significados que "se combinam e recombinam, sempre gerando novos padrões que formam o contexto no qual a ação social acontece e se torna significativa" (Barbosa, 1999, p. 142). Esta rede de significados está por trás de todas as atividades diárias e dá sentido a elas.

O conceito de cultura usado por antropólogos interpretativos reconhece a diversidade e a ambigüidade encontradas em grupos humanos. Ao discutir a abordagem interpretativa, Thompson (1995) e Fischer (1985) argumentam que fenômenos culturais estão imbricados em processos e contextos socialmente estruturados, e estão associados a relações de poder e de conflito. Na visão desses autores, os indivíduos estão posicionados em esferas distintas da estrutura social, e possuem formações econômica, cultural e social distintas. Por terem percepções, biografias, papéis e interesses diferentes, eles constroem interpretações diferentes dos fenômenos simbólicos. Conseqüentemente, fenômenos culturais devem ser analisados levando-se em consideração os contextos sociais estruturados nos quais são produzidos e interpretados. Ao criticar a abordagem de integração por meio do ponto de vista antropológico, Jaime Junior (2002) discute a importância de considerarmos a ambigüidade ao analisarmos a cultura organizacional. Ele afirma que discursos e ações simbólicas têm mais de um sentido, já que são sempre interpretados por vários receptores que possuem repertórios culturais distintos. Para que tenhamos uma idéia da complexidade dessa questão, o autor aponta que além de serem membros de organizações, indivíduos e grupos se identificam, por exemplo, com crenças religiosas, filiações políticas e origens étnicas, e estão inseridos em diferentes posições da estrutura social. Isso leva à diversidade de possíveis interpretações de fenômenos culturais em um contexto organizacional.

A partir do conceito de cultura brevemente descrito anteriormente, podemos reconceituar a cultura organizacional e defini-la como as *diversas estruturas de representações e significados, negociadas constantemente pelos indivíduos e grupos, por meio das quais eles interagem socialmente e interpretam a realidade organizacional*. Essa definição sugere que a cultura organizacional não pode ser simplesmente considerada um sistema fechado de valores que serve como um *script* para a ação naquele contexto. As idéias de Thompson (1995) e Fischer (1985) nos permitem perceber que os diversos sistemas de significados encontrados em uma organização estão diretamente relacionados aos contextos sociais nos quais seus membros estão inseridos. Isso acontece porque essas pessoas constroem seus conceitos de realidade a partir de suas experiências em diversas esferas da vida cotidiana, e são inseridas na estrutura da sociedade de diversas maneiras. Portanto, indivíduos inseridos em contextos sociais distintos interpretam a realidade e interagem socialmente de acordo com regras diferentes.

A abordagem interpretativa da cultura é geralmente usada como base para tradições de pesquisa que adotam as perspectivas de *diferenciação* e de *fragmentação* à cultura organizacional. A perspectiva de diferenciação se foca nas manifestações culturais que são interpretadas de maneira inconsistente dentro da organização. Essa abordagem assume que o contexto organizacional é composto por subculturas, e que o consenso existe somente no nível dessas subculturas. Membros dessas subculturas interagem por meio de seus próprios sistemas de valores e sensos de prioridades, e as subculturas podem ser vistas como unidades culturais dentro de um contexto mais amplo, que podem conviver em harmonia, independentemente ou em conflito. Pesquisadores dessa tradição geralmente classificam subculturas em termos de posição dos indivíduos na estrutura de poder, categoria profissional, sexo, identidades demográficas etc.

Quando se usa uma abordagem de diferenciação da cultura, as várias vozes encontradas em uma organização não são silenciadas. Como Martin (2002) afirma, a identificação de subculturas considera as dinâmicas de poder, de desigualdade e dominação nas organizações. Isso torna a perspectiva de diferenciação atrativa a acadêmicos críticos, que se concentram em questões como as diferenças entre subculturas de gênero e de raça e as relações entre elas.[4] Diferentemente daqueles

---

4. Apesar de os estudos críticos serem os mais comuns a adotar a perspectiva de diferenciação, Martin (2002) também cita estudos gerencialistas e descritivos baseados nessa abordagem. Para exemplos, veja Cox (1993) e Van Maanen e Kunda (1989). O capítulo anterior também pode ser considerado um estudo de diferenciação com interesses descritivos.

que adotam a perspectiva de integração, que consideram a cultura um sistema fechado de significados usado como um roteiro para a ação, pesquisadores da tradição de diferenciação vêem a cultura organizacional como um complexo agrupamento de sistemas de significados negociados constantemente entre subculturas (Martin, 1992 e 2002).

Enquanto a perspectiva de diferenciação ainda aceita o consenso no nível das subculturas, a perspectiva de *fragmentação* tem seu foco estrito no componente de diversidade da cultura. Pesquisadores dessa tradição entendem os relacionamentos entre manifestações culturais como relações nem claramente consistentes nem claramente inconsistentes. Em vez disso, eles defendem que manifestações culturais não são interpretadas por meio de padrões compartilhados de significados, mas que, devido à diversidade de origens e formações culturais entre os indivíduos, a ambigüidade está no centro da cultura organizacional. Martin (2002) oferece uma descrição metafórica da perspectiva de fragmentação. É possível imaginarmos cada indivíduo numa organização com uma lâmpada. Quando uma nova prática organizacional se sobressai e sua relevância é interpretada, algumas lâmpadas se acendem, mostrando que esses indivíduos interpretam essa prática como relevante, enquanto outros não. Quando outras práticas se sobressaem, outros grupos de lâmpadas se acendem, e nunca é repetido o mesmo padrão de lâmpadas acesas.

Como afirma Martin (2002), estudos de fragmentação têm seu foco na multiplicidade de possíveis interpretações, que não permite a formação do consenso abrangente na coletividade, típico da perspectiva de integração, nem a formação do consenso subcultural, típico da abordagem de diferenciação. Em vez disso, a perspectiva de fragmentação defende que cada manifestação cultural pode ser interpretada de diversas maneiras. O uso desse foco analítico pode ser relacionado a estudos com interesses descritivos.[5] Essa tendência pode ser explicada pelo fato de a complexidade da perspectiva

---

5. Veja Levitt e Nass, 1989, e Meyerson, 1991.

da fragmentação ser geralmente incongruente com as clarezas requeridas pelos estudos gerenciais e críticos.[6]

A discussão das três abordagens do conceito da cultura organizacional é resumida na Tabela 8.1:

**Tabela 8.1** – As três perspectivas teóricas ao conceito da cultura organizacional

| | PERSPECTIVA | | |
|---|---|---|---|
| | *Integração* | *Diferenciação* | *Fragmentação* |
| **Orientação ao consenso** | Consenso no nível da organização | Consenso no nível das subculturas | Falta de consenso |
| **Relação entre manifestações** | Consistência | Inconsistência | Não é claramente consistente ou inconsistente |
| **Orientação sobre a ambigüidade** | Excluí-la | Canalizá-la para fora das subculturas | Apreciá-la |
| **Interesses de pesquisa mais comuns** | Gerencial | Crítico | Descritivo |

Adaptado de Martin (2002, p. 95).

### 3.1 *Cultura Organizacional*: tradições de pesquisa no Brasil

Na pesquisa brasileira sobre cultura organizacional, a perspectiva de *integração* é amplamente utilizada. Pesquisadores consideram a cultura organizacional um atributo das organizações cuja formação é influenciada pelos padrões da cultura nacional. Essa tradição de pesquisa é uma tentativa de se entender o que se chamou de *cultura organizacional brasileira*, pelo delineamento do relacionamento entre a cultura organizacional e a cultura nacional, ou a influência que esta última exerce sobre a primeira (Barbosa, 1999; Alcadipani e Crubellate, 2003; Bar-

---

6. Apesar de os estudos descritivos serem os que mais adotam a perspectiva de fragmentação, Martin (2002) também ressalta que estudos gerenciais e críticos se baseiam nessa abordagem. Para exemplos, veja respectivamente, Weick (1991) e Alvesson (1993).

bosa, 1996; Motta e Caldas, 1997; Barros e Prates, 1996; Borges de Freitas, 1997; Bresler, 2000, Caldas; 1997). Como afirmam Motta e Caldas (1997, p. 18-19):

> (...) um dos fatores mais importantes que diferencia a cultura de uma empresa da cultura de outra, talvez a mais importante, é a cultura nacional. Os pressupostos básicos, os costumes, as crenças e os valores, bem como os artefatos que caracterizam a cultura de uma empresa, trazem sempre, de alguma forma, a marca de seus correspondentes na cultura nacional.

Baseada nessa premissa, a pesquisa na área tem seu foco nos traços culturais que podem ser encontrados de maneira homogênea nas organizações brasileiras. Apesar de mencionar a existência da diversidade na cultura nacional, os pesquisadores acabam por utilizar, explicita ou implicitamente, o modelo de integração da cultura nacional para explicar a formação de culturas organizacionais. Borges de Freitas (1997, p. 42), por exemplo, diz que:

> Por ser híbrida em sua formação e, mais recentemente, ter assimilado culturas imigrantes diversas (...), a sociedade brasileira pode dar certa impressão de que vive em um país de imenso caos cultural. Se ainda somarmos nossas diferenças regionais, vamos ter a sensação de que o Brasil é composto de vários países de culturas próprias (...). No entanto, parece haver uma unidade orgânica, um núcleo central, durável ainda que móvel, que pouco ou muito lentamente se modifica. É nesta unidade que se reconhece o gênio da nação (...). É nesta unidade, nesta alma, que os traços de brasileiros sumarizados neste artigo irão centrar-se.

Nessa tradição de pesquisa, a maioria dos pesquisadores não adota interesses gerenciais explicitamente, e temas que dizem respeito às preocupações gerenciais, como o *valor econômico* e o *controle racional* da cultura, não são predominantes (Motta e Caldas, 1997). Alguns pesquisadores, no entanto, adotam a perspectiva gerencialista ao analisar o impacto de traços culturais nacionais na dinâmica das organizações (Carbone, 2000; Barros e Prates, 1996). Esses pesquisadores debatem questões como as consequências da influência de certos traços culturais em atividades gerenciais. Por exemplo, Barros e Prates (1996) dizem que:

se fizermos prevalecer esses nossos traços naturais, de flexibilidade e de lealdade, sobre outros traços mais valorizados atualmente, como o paternalismo e o formalismo, estaremos repetindo em nível administrativo uma fórmula que repetidas vezes tem tido sucesso internacional no campo do esporte, da musica e de nosso Carnaval (ibidem, 142).

A perspectiva gerencialista é a base para as discussões sobre a mudança cultural:

Não resta dúvida de que é preciso aumentar nossa postura de arriscar. E para isso é preciso que a autoridade central, concentradora do poder, promova um outro tipo de relacionamento. Sair o máximo possível do paternalismo para transformar a relação de dependência não na independência total, mas na interdependência entre líderes e liderados (p. 142).

A Tabela 8.2 resume esta tradição de pesquisa:

**Tabela 8.2** — A principal perspectiva teórica sobre a cultura organizacional na pesquisa brasileira

| PERSPECTIVA DE INTEGRAÇÃO | | | |
|---|---|---|---|
| Orientação ao consenso | Relação entre manifestações | Orientação sobre a ambigüidade | Interesses de pesquisa mais comuns |
| Consenso organizacional derivado da cultura nacional | Consistência | Reconhece, porém exclui da pesquisa | Descritivo |

Adaptado de Martin (2002, p. 95).

Embora a abordagem de integração tenha sido historicamente a mais adotada no Brasil, ela não é a única. Mais recentemente, um número crescente de pesquisadores tem adotado outras premissas teóricas, além do método etnográfico. Por exemplo, o grupo de pesquisas chamado "Culturas Organizacionais Brasileiras", que trabalha desde 1985 baseado na Universidade de Campinas (além de pesquisadores da Fundação Getulio Vargas, da PUC/RS, da Universidade Federal do Paraná, do Espírito Santo e da Bahia), vem se dedicando ao estudo antropológico de organizações por meio de abordagens que transcendem a integração. A maior parte dessas pesquisas é uma tentativa de se estudar as interações sociais diárias no mundo dos negócios, e de revelar as formas de representação e de classificação que elas refletem (Ruben e Gonçalves, 2003; Ruben, Serva, Castro, 1996; Jaime Júnior, 1997, 2001, 2002).

## 4. *Cultura Organizacional* — Ultrapassando a Abordagem de Integração na Pesquisa

Como discutimos anteriormente, a perspectiva de integração tem sido predominante nos estudos sobre cultura organizacional desde a década de 1980. Essa abordagem, no entanto, tem diversas limitações que podem ser prejudiciais tanto para a pesquisa como para a prática gerencial. A seguir, fazemos uma breve revisão das críticas principais à abordagem de integração e discutimos suas implicações para a pesquisa.

Os estudos de cultura organizacional feitos em uma perspectiva de integração ignoram importantes questões que podem distorcer a interpretação da realidade cultural. Como afirmou Martin (1992), geralmente é possível questionar os estudos de integração em termos do que a linguagem dos textos evita, ignora ou esconde, e de como as diferentes vozes de membros da cultura foram distorcidas ou excluídas. A exclusão da *ambigüidade* do conceito de cultura nessa perspectiva é de importância central para o entendimento de suas limitações. Martin (1992) define a ambigüidade como a percepção de falta de clareza que faz plausíveis múltiplas explicações de um fenômeno cultural, em vez de uma só (p. 134). Apesar da multiplicidade de conceitos de cultura usados por pesquisadores que adotam a abordagem de integração, todos excluem a ambigüidade de suas definições. Schein (1991, p. 248) diz:

> Se não há consenso, ou há conflito, ou as coisas são ambíguas, portanto, por definição, esse grupo não tem uma cultura naquelas áreas (...) compartilhamento e consenso são centrais para a definição, não são escolhas empíricas.

Do ponto de vista da antropologia interpretativa, a exclusão *a priori* das múltiplas interpretações, na perspectiva de integração, simplifica e até distorce a realidade ao excluir das descrições da cultura as maneiras como membros ou grupos organizacionais importantes vêem, interpretam e agem sobre fenômenos culturais. Como Wright (1994) e Martin (2002) sugerem, a *cultura é um conceito pluralista e dinâmico*, que pode ser definido como os grupos de idéias e significados que são constantemente retrabalhados no contexto das interações diárias entre grupos e indivíduos, inseridos em estruturas sociais marcadas pela desigualdade no acesso ao poder e pelos conflitos. Segundo essa visão, a ambigüidade permite que se reescreva constante e dialeticamente os textos com os quais indivíduos e grupos dão significado a suas interações diárias. Nesse sentido, considerar a ambigüidade, expressada nas múltiplas visões e interpretações de fenômenos culturais, é essencial na análise cultural, já que nos permite entender mais profundamente as complexas dinâmicas culturais (Jaime Júnior, 2002).

Alcadipani e Crubellate (2003), adotando uma perspectiva pós-modernista, fazem uma crítica à principal tradição de pesquisa brasileira sobre cultura organizacional, na qual destacam a exclusão da ambigüidade e da diversidade e a desconsideração da complexidade das dinâmicas culturais nesses estudos. Eles argumentam que considerar os traços culturais brasileiros como determinantes da cultura organizacional parece ser problemático, e a idéia da *cultura organizacional brasileira* como uma variável externa parece ser baseada em suposições que simplificam demais a realidade. Os autores apontam dois problemas inerentes a essa abordagem. O primeiro surge dos limites da discussão de traços culturais nacionais de um ponto de vista histórico. Muitos pesquisadores baseiam suas descrições de traços da cultura brasileira em autores clássicos, preocupados com os primórdios da nossa sociedade. Essas análises assumem que a realidade cultural na sociedade brasileira é representada por um conjunto de características imutáveis que servem de infra-estrutura; por isso, a cultura não mudou, ou, se mudou, foi apenas de forma limitada. Para os autores, tal pressuposição, no entanto, não é válida. Traços culturais primordiais são raramente encontrados em sua forma original, isso se de fato eles chegaram a existir. Os autores argumentam que:

> torna-se forçoso contrapor generalizações e análises que buscam coerência histórica em traços culturais. A primeira questão que surge é se tais traços são hoje em dia iguais aos de 500 anos, ou melhor, se o paternalismo presente em uma empresa familiar brasileira é igual ao presente no engenho de açúcar (p. 72).

Percebe-se que o entendimento das complexas dinâmicas culturais é severamente reduzido. O segundo problema diz respeito à desconsideração da diversidade cultural do Brasil. Pressupor que todos os brasileiros, de norte a sul, agem de acordo com um conjunto de traços culturais coerentes implica ignorar a multiplicidade de maneiras criativas que as pessoas interpretam fenômenos culturais e reagem a estímulos ambientais, reduzindo dramaticamente a complexidade cultural que caracteriza a sociedade brasileira.

Críticos da exclusão da ambigüidade e do conflito na perspectiva de integração argumentam que tal distorção de realidades culturais tem, com freqüência, causas políticas. Como Martin (1992) argumenta, visões de integração sobre a cultura organizacional geralmente enfatizam a homogeneidade e a harmonia. No entanto, devido ao fato de os indivíduos e grupos interpretarem fenômenos culturais de múltiplas maneiras, e do consenso organizacional ser improvável, essas visões sobre a cultura podem ser entendidas como maneiras de se impor a autoridade de alguém sobre outro indivíduo. Martin (1992) diz especificamente que:

> Estudos de integração são criticados por legitimar práticas organizacionais e intelectuais que ignoram, não valorizam ou excluem idéias, opiniões e interesses daqueles que se afastam individualmente ou coletivamente de uma visão dominante (p. 68).

Diversos autores defendem a necessidade de se ultrapassar a abordagem de integração à cultura organizacional, incorporando as críticas descritas anteriormente aos estudos de cultura em organizações (Chanlat, 1994; Serva e Júnior, 1995; Jaime Júnior, 2002). Eles sugerem que a assimilação de premissas, conceitos e críticas da antropologia interpretativa às análises organizacionais permitiria o desenvolvimento da visão das organizações como sistemas de significados socialmente construídos. Nessa linha de pensamento, Martin (1992) sugere que os pesquisadores usem simultaneamente as três abordagens à cultura organizacional: *integração, diferenciação* e *fragmentação*.

Martin (1992 e 2002) mostra que a visão de *integração* abrange os aspectos culturais que são compartilhados pela maioria dos membros da organização. Já a perspectiva da *diferenciação* enfatiza as manifestações culturais que são interpretadas consistentemente dentro dos grupos, mas que geram interpretações inconsistentes entre os grupos. Finalmente, a perspectiva de *fragmentação* considera a ambigüidade que permeia os contextos culturais. Segundo Martin, quando combinadas, essas três perspectivas à cultura organizacional oferecem uma variedade de *insights* que cada abordagem única não oferece. Os pontos obscuros de cada abordagem são superados: enquanto a perspectiva de integração ignora os conflitos e as ambigüidades da cultura, as abordagens de diferenciação e de fragmentação tendem a ignorar o que a maioria dos indivíduos compartilha. Nesse sentido, a proposta de Martin permite a elaboração de interpretações mais completas da cultura organizacional.

A adoção da abordagem sugerida por Martin (1992) pode ser vantajosa para a pesquisa brasileira. Ela permitiria, por exemplo, um entendimento melhor das diversas maneiras pelas quais indivíduos e subgrupos específicos das nossas organizações interpretam e agem sobre traços culturais brasileiros. Dessa forma, poderíamos responder questões relacionadas às maneiras como esses indivíduos interpretam e operacionalizam o dito paternalismo brasileiro, por exemplo. Quais os significados desse termo para os diversos indivíduos e subgrupos organizacionais, e como estes conceitos são operacionalizados e influenciam a dinâmica das organizações? Se levarmos em consideração a multiplicidade de subgrupos e de indivíduos que geralmente formam as organizações brasileiras (como os administradores e os proletários, se considerarmos uma divisão política básica de uma organização), caracterizados pela formação cultural e pela inserção socioeconômica heterogêneas, percebemos que uma abordagem que considera as ambigüidades culturais nos proporcionaria um melhor entendimento de nossas organizações.

## 5. *Cultura Organizacional* — Ultrapassando a Abordagem de Integração na Prática Gerencial

É possível dizermos que a gestão é caracterizada pela pressuposição da existência de uma *racionalidade superior* nas organizações: a visão dos gerentes. Como Brabet (1993) descreveu, baseada em amplas pesquisas, as premissas do *modelo instrumental de gestão* têm influenciado historicamente a gestão nos Estados Unidos e na Europa. Segundo esse modelo, a administração assume que o mercado se impõe à empresa e que esta é um instrumento racional de produção, cujas estratégias são definidas pela direção em função das pressões do mercado e do setor. A função dos gerentes é implementar as estratégias, procurando os melhores resultados econômicos e a melhor *performance* de seus empregados; em teoria, toda a comunidade organizacional se beneficia do aumento da produtividade. Nesse modelo, os empregados são vistos como seres utilitários, condicionáveis por meio de técnicas derivadas de conceitos comportamentais de estímulo-resposta.

Segundo o modelo instrumental, os gerentes acreditam ser possível fazer que os indivíduos se adaptem aos padrões desejados de comportamento, medindo as repostas de cada estímulo e comparando-as às metas e aos investimentos realizados. A administração é baseada na idéia de que um sistema social harmonioso gera eficiência econômica e vice-versa, e que os conflitos são disfuncionais ao sistema social. Um ambiente harmonioso, sem questionamentos ou resistências e com um alto grau de conformidade por parte dos indivíduos aumenta a produtividade da empresa. Os gestores, portanto, devem estimular os processos sociais considerados mais apropriados aos objetivos organizacionais. Pressupor a existência de uma *racionalidade superior* implica a passividade dos indivíduos diante da alta administração, que possui a capacidade e a visão global necessárias para guiá-los em direção ao sucesso geral.

O modelo instrumental é baseado na idéia de que indivíduos e grupos de trabalho devem ser constantemente monitorados e controlados para que se comportem de acordo com os interesses e as decisões gerenciais. Como vimos anteriormente, a análise histórica de Barley e Kunda (1992) mostra que a necessidade gerencial de controle foi traduzida na forma de dois discursos empresariais: o normativo e o racional. Segundo Barley e Kunda, a popularidade das teorias da cultura organizacional representa o reaparecimento do discurso do controle normativo. Na opinião dos autores, os administradores, operando segundo a lógica da racionalidade superior e do controle, adotaram a retórica da cultura para que pudessem alcançar suas metas. Por meio dessa retórica, os administradores são vistos como líderes que têm o papel de formatar fenômenos culturais e processos sociais, instituir normas e valores e, então, inspirar e motivar os empregados. De fato, o interesse teórico e prático na cultura organizacional pode ser visto como mais uma manifestação da racionalidade superior da administração, em uma versão normativa.

Na realidade, o surgimento do tema cultura organizacional no discurso gerencial relaciona-se a uma busca por novas ferramentas de controle social para aumentar a produtividade. A criação de contextos sociais adequados que favorecessem a produtividade em organizações era uma meta principal para os administradores, cuja preocupação era desenvolver tecnologias efetivas de intervenção na realidade cultural (Barbosa, 1999). Devido ao seu foco em interpretações consistentes de manifestações culturais, a *abordagem de integração* à cultura era mais adequada aos objetivos de se promover um ambiente harmonioso, que permitisse melhor desempenho organizacional por meio de padrões de comportamento considerados adequados pela direção. De fato, a abordagem de integração é uma manifestação de como os administradores podem adaptar a temática da cultura às suas necessidades.

Entender e operacionalizar o conceito de cultura pela perspectiva de integração implica considerarmos a idéia da cultura como um motivador, um aglutinador do comportamento organizacional. Essa idéia se baseia no conceito de cultura como uma composição de símbolos e valores compartilhados por um grupo, no qual a palavra *compartilhar* quer dizer concordar, aceitar e se comprometer. Os administradores acreditam que empregados comprometidos com a cultura de uma organização aceitam e compartilham padrões de comportamento que os fazem mais produtivos e adaptáveis que outros. Nesse sentido, se uma organização tem uma cultura adequada, o comprometimento dos empregados com esses padrões de comportamento promoverá seu sucesso e desenvolvimento (ibidem).

Devido a sua convergência com os interesses gerenciais, a abordagem de integração à cultura organizacional rapidamente se tornou predominante. Os interesses diários e práticos da administração implicavam tornar concreta a idéia da cultura organizacional, de uma variável que pudesse ser manipulada pelos administradores. Conseqüentemente, tecnologias de gerenciamento foram desenvolvidas com a intenção de se promover os valores que as equipes gerenciais consideravam ideais para o sucesso do negócio. Nesse sentido, a cultura de uma organização é vista como resultado da conceituação gerencial e é transmitida por seminários, *workshops*, mídia interna, discursos gerenciais etc. A cultura se torna autônoma, algo que pode ser formatado pela equipe gerencial para maximizar os resultados de uma organização. Essa abordagem é a base para discussões sobre mudanças culturais numa organização, o que se tornou uma questão central para os administradores.

Kunda (1992), no capítulo introdutório de um estudo etnográfico em uma grande empresa americana produtora de alta tecnologia, ilustra o uso gerencial e prático da cultura com fins de controle:

> Jogadas de poder não funcionam. Você pode fazer o que quiser com eles. Eles têm que querer. Então você tem que trabalhar através da cultura. A idéia é educar as pessoas sem que elas saibam. Ter a religião e não saber como elas a assimilaram!

E há maneiras de fazê-lo, o autor continua:

> Hoje o Dave vai fazer sua primeira apresentação em Lyndsville (...) "Apresentações são importantes nessa cultura", ele diz. "Você tem que se entrosar, passar a eles a religião, passar a sua mensagem. É um mecanismo para transmitir a cultura." (...) O Dave é claro sabe o que ele quer alcançar: gerar um pouco de entusiasmo, deixar eles soltarem suas emoções, celebrar alguns dos sucessos, mostrar a eles que eles não estão sozinhos, fazer que sua presença seja sentida. E talvez dar a eles um exemplo da visão correta dos negócios.

Como descreve Kunda, apresentações sobre a cultura organizacional são usadas como mecanismos para a socialização de novos empregados, uma introdução aos princípios culturais de uma organização.

> Perto do *hall* de entrada do prédio, uma sala de conferência está sendo preparada para mais uma rotina de "formação cultural". Sozinha na sala, Ellen Cohen está se preparando para apresentar seu "módulo de cultura" para a "Introdução a Tech" [como a corporação é comumente chamada], um *workshop* para recém-contratados(...) Ela é uma engenheira "totalmente ligada à cultura". Nos últimos anos, ela se tornou a especialista na cultura da companhia. "Eu me cansei de programação. Toda pessoa tem seu limite. Eu conhecia os meus. Então eu aceitei uma posição gerencial e sou paga para fazer cultura agora".

A administração da cultura organizacional inclui manuais e comunicações internas que tratam de disseminar o que o corpo diretivo considera ser os padrões apropriados de interação social.

> Ela está preparando seu material agora, esperando os participantes chegarem. Em uma mesa ela está organizando as apostilas. Cada uma inclui cópias de seu trabalho "O Manual de Operações da Cultura — Versão 2"; uns impressos oficiais da companhia, uma cópia da última edição do Tech Talk, com uma entrevista com o presidente e várias frases de seu discurso "Nós somos um". (p. 5-6).

Uma análise do uso da retórica da cultura por administradores de muitas organizações revela sua natureza como uma forma de racionalidade superior. Em outras palavras, tal discurso gerencial coloca a perspectiva cultural do observador em um nível superior à do observado, como se esta última perspectiva não fosse válida ou representasse uma fase de evolução mais atrasada e menos desejável. A *racionalidade superior*, em resumo, refere-se à subordinação de diferentes perspectivas culturais na organização a uma só: a dos administradores e tomadores de decisão. Ela considera inferiores as outras perspectivas culturais, e dignas de atenção somente na medida em que são objetos dos esforços de mudanças organizacionais.

Tentar ordenar processos sociais a partir da premissa de uma racionalidade superior e promover essa racionalidade por meio de técnicas de controle são ações inspiradas em simplificações consideráveis da realidade organizacional que ignoram a variedade de repertórios culturais que podem ser encontrados nesses contextos. Considerando que as organizações são formadas por indivíduos e grupos que interagem de acordo com diversos sistemas de significados e representações, percebe-se que ações gerenciais baseadas numa dita racionalidade superior tendem a produzir *conseqüências inesperadas*, já que a realidade organizacional é interpretada segundo essa variedade de repertórios culturais, e tais repertórios não desaparecem por decretos gerenciais. Em vez disso, mesmo quando ignorados, esses repertórios podem até levar a comportamentos por parte dos membros da organização que os administradores vêem como prejudiciais aos objetivos organizacionais.

Em sua pesquisa, Kunda (1992) ilustra tais conseqüências inesperadas de manipulações culturais ao explorar as maneiras pelas quais os engenheiros na companhia de alta tecnologia interpretam os padrões da cultura organizacional promovidos pela administração, e formam seu comportamento no ambiente organizacional. Kunda constrói uma rica descrição das normas e valores que guiam o cotidiano organizacional dos grupos de engenheiros. Seu trabalho revela as ambigüidades e contradições vividas pelos indivíduos na organização e as maneiras pelas quais eles desenvolvem respostas à cultura corporativa, encarada como um mecanismo de controle. Nesse sentido, Kunda discute moralidade e comprometimento na organização — misturados com cinismo e ironia — e mostra os limites das técnicas de manipulação cultural e a necessidade de se gerenciar a contradição. O estudo de Kunda direciona a atenção à maneira como vários membros e grupos interpretam sinais corporativos e os transformam em comportamentos socialmente aceitáveis, mas não intencionados pelos administradores. O autor revela que a visão da administração sobre a cultura organizacional não é assimilada de uma maneira sistemática e previsível pelos empregados, mas de maneira criativa, contraditória e, muitas vezes, contraprodutiva.

Em termos gerais, parece que a premissa da existência de uma racionalidade superior nas organizações e as práticas gerenciais derivadas tendem a produzir conseqüências inesperadas em todas as esferas de ação e de decisão organizacionais. Por exemplo, profissionais de recursos humanos, que têm supervisionado e apoiado historicamente os processos de gerenciamento de pessoas, freqüentemente se envolvem em decisões que afetam grupos sociais e indivíduos inseridos em contextos socioculturais diferentes daqueles nos quais se posicionam. No entanto, os processos de tomada de decisões que afetam os membros desse grupo geralmente não incorporam suas perspectivas culturais. Não há como prever o impacto destas decisões e como elas serão interpretadas e operacionalizadas se os profissionais de RH não incluírem em seus processos de decisão o entendimento das estruturas de significação que serão a base para a compreensão e para a execução dessas decisões.

É nesse contexto que podemos ver a contribuição potencial de outras perspectivas à cultura organizacional que não a abordagem de integração adotada pelos administradores. A inclusão das perspectivas de diferenciação e de fragmentação (e as premissas da antropologia interpretativa que as baseiam) permite que os administradores construam um entendimento mais profundo e detalhado do ambiente social no qual estão inseridos; esse conhecimento pode ser usado para derivar um conjunto mais preciso e válido de parâmetros para a tomada de decisões. Especificamente, a perspectiva de integração à cultura organizacional exclui as maneiras como grupos organizacionais importantes vêem o mundo e operam nele. Em outras palavras, a exclusão das interpretações conflituosas e ambíguas de fenômenos culturais produz entendimentos inválidos da realidade organizacional, o que prejudica a ação gerencial.

Incorporar o conflito e a ambigüidade às descrições e análises sobre a cultura organizacional requer que a administração abandone o pressuposto da existência da racionalidade superior e da necessidade do controle por meio da cultura, em favor de se aumentar a precisão e a validade da visão dos administradores sobre a organização social em suas empresas. Podemos dizer que as organizações não são formadas por indivíduos utilitaristas que compartilham o mesmo repertório cultural, interpretam estímulos culturais da mesma maneira e, portanto, agem de acordo com a visão de mundo e os interesses gerenciais. Diferentemente, as organizações são arenas nas quais indivíduos que trazem repertórios culturais distintos, que se organizam em grupos distintos e produzem e negociam significados em contextos específicos, encontram-se e interagem. Uma conceituação mais rica da cultura deve fazer que os administradores deixem de entendê-la como algo que pode ser administrado e mudado de uma forma planejada e imposta de cima para baixo; em vez disso, os administradores passariam a considerar a cultura um referencial para se entender diferentes perspectivas que podem aperfeiçoar a tomada de decisões, melhorando assim as habilidades dos líderes para diagnosticar a realidade dentro da qual devem agir. Essa mudança conceitual implicaria inserir outras perspectivas culturais nos processos organizacionais de tomada de decisões, evitando que sejam dominados por uma única perspectiva cultural, a da administração. Nesse sentido, os processos de tomada de decisão típicos do *modelo instrumental*, isto é, as decisões planejadas e tomadas entre quatro paredes, são substituídos pela tomada de decisões caracterizada pela maior inserção e conhecimento, por parte daqueles por elas responsáveis, da dinâmica da vida real nos vários grupos sociais relevantes.

Essa visão mais ampla da cultura tem implicações importantes no que diz respeito às maneiras como os administradores usam a perspectiva cultural para guiar suas ações. Em primeiro lugar, os administradores não podem prestar atenção contínua e ativamente a todos os elementos de uma cultura. Em vez disso, eles deveriam se concentrar naqueles elementos que podem afetar suas tarefas imediatas. Por exemplo, considerando-se o gerenciamento de indivíduos de diversas formações culturais, os administradores devem se preocupar com as questões culturais que influenciam a comunicação, o compartilhamento de informação, o entendimento e desentendimento mútuo e a tomada conjunta de decisões. Nesses casos, os administradores devem se preocupar com questões como a cultura das reuniões e apresentações, as regras para o *feedback* e para dar e receber informações, as regras para o compartilhamento e uso do tempo ou quanto comprometimento pode ser realmente esperado de um empregado. Todos estes são aspectos da cultura que claramente formam e afetam as tarefas imediatas da gerência na obtenção de resultados. Tais elementos específicos são mais facilmente analisados e entendidos por administradores, e a tentativa de mudá-los é uma tarefa mais factível do que tentar mudar a cultura inteira.

A segunda conseqüência de uma visão mais ampla da cultura é que os administradores devem pensar explicitamente sobre ela somente quando sentem que há ou haverá um problema específico na prática gerencial. Nesses casos, faz sentido que os gerentes entendam a cultura como algo que influencia a ação e *investiguem conflitos e ambigüidades na dinâmica cultural* para encontrar pistas sobre o que está dando ou vai dar errado. Para aprofundar o entendimento que se tem da cultura organizacional, deve-se aprender as maneiras como os diversos indivíduos e grupos interpretam e organizam suas interações sociais. Incorporar o conflito e a ambigüidade à investigação da realidade organizacional direciona a atenção dos administradores à possibilidade de que os motivos para problemas gerenciais do dia-a-dia tenham sua origem nas diferenças de interpretação de situações por atores sociais cujas formações culturais são diferentes — que pertencem a categorias profissionais diferentes, a grupos etários, étnicos e de gênero diferentes, que desempenham funções diferentes, e assim por diante.

## 6. Comentários Finais

O conceito de cultura organizacional foi consolidado na teoria organizacional. No campo da prática gerencial, o conceito é a base de um conjunto de ferramentas vistas como poderosos instrumentos para se ganhar controle normativo e melhorar a *performance*. No entanto, a perspectiva de integração, adotada como base para a pesquisa e a prática, parece ter sido resultado de um processo de simplificação teórica no qual as preocupações e interesses de pesquisadores e administradores se fundiram. Esse processo pode ser explicado como resultado do desenvolvimento incompleto de um paradigma ou da adaptação de interesses de pesquisa aos interesses daqueles que controlam e alocam recursos organizacionais.

Em termos de pesquisa, argumentamos neste capítulo que a crítica antropológica à perspectiva de integração da cultura organizacional revela suas limitações e oferece uma alternativa mais útil e válida de conceituação das organizações como sistemas de significados socialmente construídos. Tal visão leva em consideração o conflito e a ambigüidade inerentes aos contextos culturais.

Em termos de prática gerencial, mostramos neste capítulo que a premissa da racionalidade superior dos dirigentes e a necessidade de controle social normativo por meio da cultura, que caracterizam modelos predominantes de gestão, relacionam-se a uma simplificação conceitual e empírica dos fenômenos culturais. Esforços para se manipular a cultura baseados na perspectiva de integração sofrem com visões parciais e distorcidas da realidade organizacional e resultam em conseqüências inesperadas, que freqüentemente estão desalinhadas dos interesses gerenciais no curto e no longo prazo. Uma postura interpretativa, que considera perspectivas múltiplas, conflitos e ambigüidades, permitiria que gestores ultrapassassem a limitada perspectiva da administração e desenvolvessem uma visão mais ampla das diversas racionalidades que operam na organização. Tal desenvolvimento, argumentamos, proveria os administradores de uma fundação conceitual e empírica mais sólida para suas decisões e ações.

## Referências Bibliográficas

ALCADIPANI, R., CRUBELLATI, J. Cultura organizacional: generalizações improváveis e conceituações imprecisas. *Revista de Administração de Empresas*, v. 43, n. 2, abr./jun. 2003.

ALVESSON, M. Organizations as rhetoric: knowledge-intensive firms and the struggle with ambiguity. *Journal of Management Studies*, n. 30, p. 997-1015, 1993.

BARBOSA, L. Cultura administrativa: uma nova perspectiva das relações entre antropologia e administração. *RAE — Revista de Administração de Empresas*, v. 36, n. 4, p. 6-19, out./nov./dez. 1996.

_____. O antropólogo como consultor organizacional: das tribos exóticas às grandes empresas. In: *Igualdade e meritocracia, a ética do desempenho nas sociedades modernas*. Rio de Janeiro: Editora da Fundação Getulio Vargas, 1999.

BARLEY, S. et al. Cultures of culture: academics, practitioners and the pragmatics of normative control. *Administrative Science Quarterly*, v. 33, n. 1, p. 24-60, mar. 1988.

BARLEY, S., KUNDA, G. Design and devotion: surges of rational and normative ideologies of control in managerial discourse. *Administrative Science Quarterly*, v. 37, n. 3, p. 363-399, set. 1992.

BARROS, B., PRATES, M. *O estilo brasileiro de administrar*. São Paulo: Atlas, 1996.

BECKERT, B. Changing the culture. *Computer Aided Engineering*, p. 51-56, out. 1991.

BORGES DE FREITAS. Traços para uma análise organizacional. In: MOTTA, F., CALDAS, M. (Orgs.). *Cultura organizacional e cultura brasileira*. São Paulo: Atlas, 1997.

BRABET, J. *Repenser la gestion des ressources humaines*. Paris: Economica, 1993.

BRESLER, R. *A administração e o Brasil*: as figuras do gestor, do colonizador e a imagem paterna. Tese (doutorado) — Escola de Administração de Empresas de São Paulo, Fundação Getulio Vargas, 2000.

BURREL, G., MORGAN, G. *Sociological paradigms and organizational analysis*. Londres: Ashgate Publishing, 1994.

CALDAS, M. Santo de casa não faz milagres: condicionantes nacionais e implicações organizacionais da fixação brasileira pela figura do "estrangeiro". In: MOTTA, F., CALDAS, M. (Orgs.). *Cultura organizacional e cultura brasileira*. São Paulo: Atlas, 1997.

CARBONE, P. Cultura organizacional do setor público brasileiro: desenvolvimento de uma metodologia de gerenciamento da cultura. *Revista de Administração Pública*, v. 34, n. 2, 2000.

CHANLAT, J. F. (Org.). *O indivíduo na organização*: as dimensões esquecidas. São Paulo: Atlas, 1994. v. 1.

COX, T. *Cultural diversity in organizations* – theory, research and practice. São Francisco: Barret-Koehler, 1993.

DAMATTA, R. *Relativizando*: uma introdução à antropologia social. Rio de Janeiro: Rocco, 1987.

DAVIS, S. *Managing corporate culture*. New York: Harper & Row Publishers, 1984.

DEAL, T., KENNEDY, A. *Corporate cultures:* the rites and rituals of corporate life. Reading, MA: Addison-Wesley, 1982.

FISCHER, M. Da antropologia interpretativa à antropologia crítica. In: *Anuário Antropológico* – 83. Rio de Janeiro: Tempo Brasileiro, 1985.

FOUCAULT, M. *Discipline and punishment*: the birth of prison. Londres: Lane, 1977.

GEERTZ, C. *A interpretação das culturas*. Rio de Janeiro: Livros Técnicos e Científicos, 1989.

GODOY, A. Pesquisa qualitativa — tipos fundamentais. *RAE — Revista de Administração de Empresas*, v. 35, n. 3, p. 20–29, maio/jun. 1995.

JAIME JÚNIOR, P. *Antropologia e administração:* encontro de saberes. Uma abordagem etnográfica. Campinas, dissertação de mestrado apresentada ao IFCH — Unicamp,1997.

JAIME JÚNIOR, P. O grupo de pesquisa em organizações empresariais: notas etnográficas sobre um encontro de saberes. *Revista de Administração Pública*, v. 35, n. 3, 2001.

_____. Um texto, múltiplas interpretações — antropologia hermenêutica e cultura organizacional. *Revista de Administração de Empresas*, v. 42, n. 4, out./dez. 2002.

KILMAN, R. et al. *Gaining control of the corporate culture*. San Francisco: Jossey-Bass, 1986.

KUNDA, G. *Engineering culture* — control and commitment in a high-tech corporation. Philadelphia: Temple University Press, 1992.

LEVITT, B., NASS, C. The lid on the garbage can: institutional constraints on decision making in the technical core of college-text publishers. *Administrative Science Quarterly*, n. 34, p. 190-207, 1989.

LUPTON, T. Laisser parler lês faits. In: CHANLAT, A. DUFOUR, M. (Orgs.). *La rupture entre l'entreprise et les hommes*. Montreal: Québec/Amérique, 1985.

MARTIN, J. *Culture in organizations* – three perspectives. Oxford: Oxford University Press, 1992.

_____. *Organizational culture* — mapping the terrain. Thousand Oaks: Sage Publications, 2002.

MAYO, E. *The human problems of an industrial civilization*. New York: McMillan, 1933.

MEYERSON, D. "Normal" ambiguity? A glimpse of an occupational culture. In: FROST, P. et al. (Orgs.). *Reframing organizational culture*. London: Sage, 1991.

MOTTA, F., CALDAS, M. (Orgs.) *Cultura organizacional e cultura brasileira*. São Paulo : Atlas, 1997.

MOTTA, F., VASCONCELOS, I. *Teoria geral da administração*. São Paulo: Thomson Learning, 2002.

OUCHI, W. *Teoria Z* — como as empresas podem enfrentar o desafio japonês. São Paulo: Fundo Educativo Brasileiro, 1982.

PETERS, T., WATERMAN, R. *In search of excellence*: lesson's from America's best-run companies. New York: Harper & Row, 1982.

PETTIGREW, A. Is corporate culture manageble? *Annual Strategic Management Society Conference*. Singapore, out. 1996.

PONDY, L. et al. *Organizational symbolism*. Greenwich, CT: JAI Press, 1983.

RADA, A., VELASCO, H. *La lógica de la investigación etnográfica*. Madrid: Trotta, 1997.

RICHARDSON, F. Anthropology and human relations in business and industry. *Yearbook of Anthropology*, v. 0, p. 397-419, 1955. Disponível em http://www.jstor.org.

RUBEN, G. et al. Resíduos e complementaridade: das relações entre a teoria da Administração e a Antropologia. *Revista de Administração Pública*. v. 30, n. 3, maio/jun. 1996.

RUBEN, G., GONÇALVEZ, A. Novas tecnologias, novas identidades coletivas? Incomensurabilidade e cultura na sociedade de informação. In: RUBEN, G. et al. *Informática, organizações e sociedade no Brasil*. São Paulo: Cortez, 2003.

SCHEIN, E. *Organizational culture and leadership*. San Francisco: Jossey-Bass, 1985.

_____. What is culture? In: FROST, P., MOORE, L. et al. (Orgs.). *Reframing organizational culture*. London: Sage, 1991.

SERVA, M., JÚNIOR, P. J. Observação participante e pesquisa em administração, uma postura antropológica. *RAE — Revista de Administração de Empresas*, v. 35, n. 3, p. 64-79, maio/jun. 1995.

THOMPSON, J. *Ideologia e cultura moderna*. Petrópolis: Vozes, 1995.

VAN MAANEN, J. The fact of fiction in organizational ethnography. *Administrative Science Quarterly*, n. 24, p. 539-550, 1979.

VAN MAANEN, J., KUNDA, G. "Real feelings": emotional expression and organizational culture. In: CUMMINGS, L., STAW, B. (Orgs.). *Research in organizational behavior*, v. 11, p. 43-103. Greenwich: JAI, 1989.

WEICK, K. The vulnerable system — an analysis of the Tenerife air disaster. In: FROST, P., MOORE, L. et al. (Orgs.). *Reframing organizational culture*. London: Sage, 1991.

WILKINS, A. *Organizational stories as an expression of management philosophy*. Dissertação não-publicada, Stanford University, 1979.

WRIGHT, S. "Culture" in anthropology and organizational studies. In: WRIGHT, S. (Org.). *Anthropology in organizations*. London: Routledge, 1994.

# 9

# BATOM, PÓ-DE-ARROZ E MICROCHIPS — O FALSO PARADOXO ENTRE AS DIMENSÕES MASCULINA E FEMININA NAS ORGANIZAÇÕES E A GESTÃO DA DIVERSIDADE[1]

*André Ofenhejm Mascarenhas*
*Flávio Carvalho de Vasconcelos*
*Isabella Freitas Gouveia de Vasconcelos*

## 1. Introdução — Paradoxos Organizacionais e as Dimensões *Masculina* e *Feminina* nas Organizações

Neste capítulo, identificamos e discutimos o falso paradoxo entre as dimensões masculina e feminina nas organizações. Existe uma tradição de estudos ligados ao gênero em teoria organizacional. São utilizados em pesquisas os conceitos de *dimensão masculina* — planejamento, lógica, estratégia, rigidez, regras e normas, ordem — e *dimensão feminina* — sensibilidade, afetividade, flexibilidade, informalidade, espontaneidade, criatividade, intuição — nas organizações, como tipos ideais. Apesar de úteis para fins didáticos e de pesquisa, separa-se de modo artificial essas duas dimensões nos estudos organizacionais, procurando-se estudar os dois estereótipos separadamente.

Em muitas organizações atuais, entretanto, a separação dessas duas dimensões também pode ser observada. Em uma burocracia, por exemplo, que é vista como uma estrutura organizacional de origem patriarcal, os valores característicos de um estereótipo masculino pre-

---

[1]. Este capítulo foi elaborado com o apoio do NPP/EAESP/FGV — Núcleo de Pesquisas e Publicações da EAESP/FGV.

dominam sobre os valores típicos de um estereótipo feminino. Sustentamos se tratar de um paradoxo, já que muitas vezes essas dimensões são utilizadas pelos indivíduos para a representação da realidade organizacional e são vistas como incompatíveis (Lewis, 2000). Entretanto, este capítulo mostra tratar-se de um falso paradoxo: deve-se evitar tomar essas duas dimensões como opostas e incompatíveis. Argumentamos que as duas dimensões são complementares e na verdade uma não deve existir sem a outra nas organizações. O estudo de caso sugere que a percepção de incompatibilidade entre as dimensões masculina e feminina e a predominância da dimensão masculina nas organizações podem se mostrar disfuncionais, sugerindo que valores tidos como femininos devem estar associados à dimensão masculina na busca de modelos organizacionais mais equilibrados.

A busca de um equilíbrio dinâmico entre ordem e caos, entre a impessoalidade burocrática e a afetividade, e entre a rigidez e a flexibilidade é o ideal, evitando-se dicotomias e paradoxos, que podem gerar situações radicais e disfuncionais. As dimensões masculina e feminina são complementares e é o equilíbrio entre elas que deve ser perseguido nas organizações. Nesse sentido, mostraremos como a organização burocrática deve oferecer *espaços de diferenciação* ou de *expressão identitária* aos atores sociais, independentemente do seu sexo, a fim de que estes possam conviver com uma organização do trabalho que se mostra muitas vezes rígida e despersonalizante. A última parte deste capítulo traz ainda considerações sobre a gestão do *paradoxo masculino* versus *feminino* nas organizações, indicando a importância da gestão da diversidade para se enfrentar os problemas discutidos aqui.

## 2. As Dimensões *Masculina* e *Feminina* e o Comportamento Organizacional

Debora Sheppard (1984), em seus estudos sobre as estratégias típicas adotadas pelos indivíduos nas organizações, sintetiza os valores e características atribuídos às dimensões masculina e feminina por meio de tipos ideais.² À *dimensão masculina* corresponderiam as qualidades de racionalidade, dinamismo, empreendedorismo, estratégia, autonomia, independência, competitividade, liderança e lógica. À *dimensão feminina* corresponderiam as qualidades de intuição, emotividade, submissão, empatia, espontaneidade, maternidade, cooperação, lealdade e apoio.

Estes tipos ideais foram construídos a partir das expectativas de papel ligadas ao sexo, típicas da sociedade ocidental. Salientamos, entretanto, que essa análise não implica o fato de que homens não possam ser criativos ou flexíveis ou mulheres não possam ser rígidas e disciplinadas. Comprova-se que existe uma tendência de mulheres adotarem certos tipos de papéis e estratégias de diferenciação e de homens adotarem outras formas de expressão, dada a influência da socialização primária e da definição de papéis sexuais na formação de seus repertórios culturais e de seus modelos mentais (Sheppard, 1984). Na verdade, membros de ambos os sexos possuem normalmente características das duas dimensões, e o que se observa na prática é uma predisposição de homens e mulheres para a adoção de certos padrões de comportamento diferenciados.

Nesse sentido, algumas das estratégias e dos papéis típicos adotados pelos homens, que os "inspirariam" em seu comportamento nas organizações, seriam "o guerreiro" — que luta por seus objetivos — e "o pai" — que protege e orienta. Outros papéis masculinos freqüentes são "o sedutor", que usa de charme, carisma e afetividade para influenciar as pessoas, "o machão", que impõe sua primazia por meio da ironia e do escárnio em relação ao sexo feminino e a seus subordinados, "o menino", o discípulo leal etc. Alguns dos papéis típicos adotados por

---

2. Trata-se de um recurso metodológico. O tipo ideal é uma tendência refinada, e não uma realidade empiricamente comprovada. Segundo Weber (1997, p. 106), "obtém-se um *tipo ideal* mediante a acentuação unilateral de um ou de vários pontos de vista, e mediante o encadeamento de grande quantidade de fenômenos isoladamente dados, difusos e discretos, que se podem dar em maior ou menor número ou mesmo faltar por completo, e que se ordenam segundo os pontos de vista unilateralmente acentuados, a fim de se formar um quadro homogêneo de pensamento".

mulheres em organizações seriam "a autoritária", estereótipo de Margareth Thatcher, "a mãe", que aconselha e protege, conquistando a confiança e o poder, "a mulher liberada", que prioriza a carreira, a "sedutora", "a filha", discípula leal que busca proteção e apoio do chefe, a "intuitiva ou empática", que percebe e analisa os problemas ligados ao clima organizacional etc. Essas estratégias fariam parte de um *repertório cultural inconsciente* adquirido na educação e que inspiraria, em certa medida, os indivíduos a adotar certos tipos de comportamento em suas relações sociais no ambiente de trabalho (Sheppard, 1984). A autora relaciona assim comportamento organizacional e socialização primária.

Hofstede, em sua abrangente pesquisa sobre cultura organizacional e sobre diferenças culturais nacionais, mostra como a cultura de uma mesma corporação varia de país para país em suas características masculinas ou femininas. A cultura organizacional, por meio de mitos, símbolos, anedotas e costumes, cristaliza certos hábitos e formas de conduta tidos como adequados para homens e mulheres. Assim, existem organizações masculinas, femininas e outras que mostram um equilíbrio maior nas formas de comportamento que induzem (Hofstede, 1987). Aidar et al. (2000) aplicam as dimensões da pesquisa de Hofstede à prática administrativa brasileira ao analisar o conceito de "jeitinho". Visto como um mecanismo de ajuste baseado na afetividade e caracterizado pela tolerância e adequação das regras à realidade a partir da compreensão das dificuldades e obstáculos, o "jeitinho" é uma característica cultural brasileira, inerente ao funcionamento de nossas instituições e próxima do estereótipo feminino de ação (ibidem).

## 3. Organização Burocrática e a Família Patriarcal

O Direito Romano foi a expressão jurídica de um modelo familiar baseado na figura do *pater familias*, o pai, chefe autocrático, que detinha o poder de determinar o destino de seus familiares e o controle dos recursos, possuindo poder de vida e de morte sobre sua descendência. Esse modelo extrapolou a estrutura familiar e embasou as relações sociais em um nível mais amplo, constituindo a base da organização burocrática do estado e de diversas outras instituições sociais, nas quais os valores tidos como masculinos predominavam. Alguns trabalhos sobre grandes corporações burocráticas mostram como essa estrutura é embasada por uma ética paternalista, que oferece proteção, segurança, estabilidade e benefícios aos trabalhadores em troca de sua lealdade e obediência incondicionais (Heckscher, 1994; Pagès et al., 1991). É possível argumentar que no modelo burocrático se expressam os papéis sociais típicos de uma estrutura familiar patriarcal (Sheppard, 1984).

Assim, a estrutura burocrática, caracterizada por sua racionalidade instrumental, disciplina, ordem e obediência às leis e regras, e baseada em um modelo de autoridade formal e hierárquica, na impessoalidade, no controle e na rigidez, possui características próximas a um modelo militar no qual a dimensão masculina predomina. A burocracia mecânica e a Administração Científica de Taylor estariam baseadas nesses valores. Em contrapartida, teóricos da Escola de Relações Humanas, como Elton Mayo e outros, salientavam a importância da afetividade e de fatores psicossociais, relacionados a um estereótipo feminino, ao qual se atribuiriam valores como tolerância, sensibilidade, empatia, flexibilidade, afetividade etc.

Assim, reproduzindo os padrões da sociedade patriarcal, durante muitos anos as mulheres tiveram dificuldade em assumir funções ligadas à tomada de decisão e ao controle de recursos nas empresas. Tradicionalmente, elas ocupavam funções ligadas ao apoio, a servir e a secundar os homens em suas funções, ou então tarefas mecânicas. A maioria das mulheres trabalhava como recepcionista, secretária, datilógrafa, assistente, operária, vendedora etc., funções não ligadas à gerência, como mostram diversos estudos. Casamento e gravidez eram considerados eventos limitantes para a eficiência do trabalho das mulheres.

Maria Irene Stocco Betiol, em sua pesquisa sobre as ex-alunas de uma instituição de ensino de Administração na cidade de São Paulo, mostra que a desigualdade sexual nas organizações é um fato que ainda persiste em nossa sociedade, independentemente da qualificação profissional da mulher.

> Os papéis femininos, aprendidos por serem considerados naturais pela sociedade, perdem valor de mercado. Os atributos da liderança do mundo masculino continuam sendo a autonomia, a agressividade, a primazia da racionalidade instrumental, o princípio da hierarquia e do controle (Betiol, 2000, p. 5).

Renaud Sainsaulieu, em pesquisa realizada na França na década de 1970, mostrou como a estrutura burocrática induzia as operárias a adotar um comportamento de *retirada estratégica* em relação aos seus pares — os operários — excluindo-se voluntariamente da tomada de decisões no que se referia a mobilizações, greves, movimentos sindicais etc. Além disso, elas adotavam o comportamento de "esconder-se atrás das regras", executando o mínimo exigido por seu trabalho e esquivando-se de participar em procedimentos como os círculos de qualidade ou outras atividades ligadas a programas que visavam estimular a participação dos operários em "momentos não-tayloristas em uma estrutura taylorista". Segundo as entrevistadas, antecipando a exclusão, elas renunciavam à luta para incluírem-se ou fazerem valer suas idéias, conformando-se com uma posição secundária na estrutura de poder local e renunciando à realização profissional. Buscavam a realização e dirigiam a sua energia para outros setores de sua vida social, tais como a família, igreja, clubes, associações etc. A vida profissional era vista como uma fonte de recursos necessários à sobrevivência, um mal necessário, ao qual dedicariam o mínimo de esforço possível, evitando assim um envolvimento com questões ligadas ao trabalho (Sainsaulieu, 1977).

## 4. Identidade e Organização

O conceito de *identidade* é utilizado por alguns psicólogos clínicos para expressar o sentimento de permanência e de continuidade que o indivíduo experimenta em suas relações sociais e que perde no caso de pressões extremas. Em relação à vida cotidiana, o conceito de identidade se refere ao esforço do indivíduo em realizar uma síntese de sua ação, equilibrando as forças internas e as forças externas que influenciam essa ação, a qual é fruto da inter-relação de sua realidade interior e da realidade externa construída pelo grupo social.

Em relação ao processo de formação da identidade individual e baseando-se no conceito hegeliano de *dialética do mestre e do escravo*, Sainsaulieu salienta a interdependência entre o *lado cognitivo* (compreensão do mundo) e o *lado afetivo* (o jogo de relações entre os desejos). O indivíduo não é capaz de completar o processo de obtenção da compreensão do mundo da qual fala Hegel e do desenvolvimento de sua capacidade de raciocínio se ele não é reconhecido em suas relações afetivas como alguém que detém uma forma autônoma de desejo. Uma dialética paralela que envolve de um lado o *nível do desejo* e do outro o *nível da razão* constitui dessa forma o indivíduo completo.

Sainsaulieu mostra que a identidade exprime a busca da força e dos recursos que permitam a expressão do desejo individual em sociedade, ou seja, o sujeito busca permanentemente a possibilidade de obter o *reconhecimento dos outros* do fato de que é alguém detentor de um desejo individual e autônomo. O conceito de identidade designa dessa forma a luta pela permanência dos meios sociais do reconhecimento de si e a capacidade do sujeito de atribuir sentido a sua experiência. Dessa maneira, a identidade do ser humano não é o ponto de partida sobre o qual se constrói o mundo social, mas, ao contrário, é um conceito dinâmico, é o resultado do jogo de relações envolvidas nas experiências de luta e conflito vivenciadas a cada momento (Sainsaulieu, 1977).

Em uma organização do trabalho burocrática, impessoal, baseada na igualdade formal diante das regras, os indivíduos têm a necessidade de diferenciar-se e de expressar suas particularidades a fim de suportar um cotidiano que muitas vezes os trata como peças de uma grande engrenagem produtiva que os despersonaliza. Entretanto, a organização oferece aos diversos grupos condições diferentes de acesso ao reconhecimento social. Nem todos encontram meios de "fazer valer" suas opiniões ou pontos de vista, uma vez que lhes é negada a participação, ou esta é limitada a breves momentos não tayloristas dentro de uma estrutura de trabalho rígida.

Sainsaulieu mostra como a organização, estruturando o cotidiano dos indivíduos, seu tempo, suas atividades e suas possibilidades de interação, e limitando suas oportunidades de exercer a criatividade, o debate político ou o aprendizado, oferece aos diferentes grupos de atores sociais oportunidades desiguais de desenvolvimento de suas habilidades políticas e cognitivas. Assim, enquanto certos grupos de atores sociais têm a possibilidade de manifestar sua opinião, de debater, de fazer valer seus pontos de vista e de desenvolver sua capacidade política e cognitiva (os executivos, gerentes etc.), os operários que trabalham em linhas de montagem, por exemplo, executando trabalhos repetitivos e mecânicos, têm pouca oportunidade de discussão ou debate, desenvolvem menos sua capacidade de questionamento e seu senso crítico, e são levados a adotar posições extremas e a agir sempre em grupo. O acesso à autonomia ou ao entendimento é assim distribuído desigualmente (ibidem).

Dependendo de suas possibilidades concretas de ação, os indivíduos muitas vezes têm a tendência de diferenciar-se em termos de categoria profissional por meio da ação coletiva, em grupo, seguindo um líder. Outros, ocupando cargos de gerência, encontram em suas atividades regulares a possibilidade de debater e de fazer valer suas opiniões individuais e características próprias. Dependendo de seu trabalho, de seu sexo, de suas habilidades e possibilidades de ação, os atores sociais buscam diferenciar-se e expressar-se em uma estrutura impessoal e rígida. A tolerância com essas formas de expressão por parte da organização burocrática é necessária para permitir que os indivíduos tenham uma "válvula de escape", a fim de liberar a tensão cotidiana causada pela despersonalização.

Segundo Hirschmann, trata-se da estratégia do *voice*, necessária à manutenção de uma atitude de lealdade em relação à organização. Assim, para a manutenção das regras, são necessários momentos de desobediência a essas mesmas regras, a fim de que se possa "continuar a jogar o jogo" burocrático (Hirschmann, 1970). Nesse sentido, a flexibilidade temporária é importante para a manutenção de uma estrutura rígida. A tolerância com a estrutura de poder informal é necessária em certa medida para a manutenção da estrutura de poder hierárquica formal. No Carnaval, a inversão simbólica vivida pelas classes sociais menos privilegiadas por ocasião do desfile é necessária como válvula de escape para a tolerância das desigualdades sociais concretas vivenciadas no dia-a-dia. Trata-se de um momento de glória e de brilho temporário dessas classes desfavorecidas (Da Matta, 1990).

Assim, baseando-se em seu repertório cognitivo e cultural, os atores sociais diferenciam-se de acordo com suas possibilidades, adotando comportamentos que desafiam as regras. As características femininas de tolerância, criatividade, expressividade e flexibilidade são fundamentais em uma organização marcada pela dimensão masculina. Esses tipos ideais são úteis enquanto instrumentos de análise. Na prática, tais características estão irremediavelmente ligadas.

Vemos que a "lógica", qualidade normalmente atribuída ao tipo ideal masculino, e a "afetividade", qualidade normalmente atribuída ao tipo ideal feminino, na verdade, caminham juntas e não podem ser separadas. A "racionalidade absoluta" atribuída ao estereótipo masculino não se manifesta na prática, uma vez que a divisão entre racional e irracional, lógico e afetivo mostra-se limitada. O indivíduo, em sua busca por emancipação e autonomia, sofre um processo de maturação no qual a atividade intelectual e os processos afetivos estão indissociavelmente ligados por mecanismos de identificação e de diferenciação. O conceito de *racionalidade limitada* (Simon, 1955) mostra também o caráter artificial do conceito de "racionalidade absoluta" próprio ao estereótipo masculino. A ação e a racionalidade são sempre relativas ao sujeito que decide, que, do seu ponto de vista, tem razões que justificam sua ação, a qual, no entanto, pode ser considerada "irracional" para outros que não compartilham desses valores.

## 5. Estudo de Caso: a Empresa de Informática

Este estudo de caso mostra como as dimensões masculinas da ordem e do controle devem ser equilibradas pelas dimensões femininas de flexibilidade e autonomia. Esse equilíbrio implica a necessidade de os indivíduos se diferenciarem diante de uma estrutura burocrática impessoal e baseada em uma igualdade formal fictícia. Trata-se de uma fábrica de uma grande empresa multinacional do setor de informática, em sua filial francesa na região parisiense. Na unidade eram fabricados *chips* de 4 MB de memória (tecnologia bipolar *Advanced Bipolar Line* e tecnologia FET/CMOS) e *chips* de 16 MB de memória (tecnologia Luna). Será nosso foco de análise a organização da linha de montagem dos *chips* de 16 MB, produzidos pela tecnologia mais avançada da época. Essa tecnologia deveria ser substituída anos mais tarde por uma nova tecnologia que permitiria fabricar *chips* com capacidade para 64 MB de memória. Naquela época, no entanto, os *chips* de 16 MB eram tidos como os mais modernos, e a tecnologia que permitia sua fabricação — linha "Advanced Cross Line" (ACL) — Luna — era considerada uma tecnologia de ponta, que exigiu grandes investimentos. Isso implicava um controle estrito da linha de montagem, dadas a enorme quantidade de dinheiro envolvida e a fragilidade do produto.

### 5.1 A Organização da Linha "Luna" — ACL "Advanced Cross Line"

Os empregados da linha ACL trabalhavam em turnos de trabalho "2 x 8", o que significa trabalhar uma semana durante o período da manhã (de 6h05 até 14h15), depois uma semana durante o período da noite (de 14h14 até 22h25), voltando a trabalhar depois no período da manhã e depois novamente no período da noite, alternadamente. A unidade na qual eles trabalhavam era totalmente isolada das demais unidades de produção da fábrica. Isso era necessário, já que o ambiente de trabalho devia ser totalmente esterilizado e um grão de poeira poderia estragar a produção dos *chips*, formados de unidades muito pequenas.

Dessa maneira, o local de trabalho era inteiramente isolado por vidros. Antes de ingressar na sala de trabalho, os funcionários tomavam uma "ducha" de um produto químico, a fim de serem esterilizados. Durante o trabalho, organizado de maneira taylorista a partir de tarefas repetitivas, os funcionários utilizavam roupas especiais que lembravam roupas de astronautas: enormes uniformes brancos inflados de ar, com um capacete que envolvia todo o seu rosto, a fim de que não contaminassem o ambiente com sua respiração.

Todos os dias, ao chegar para o trabalho, os funcionários (14 homens e 6 mulheres) cumpriam o ritual da mudança de roupa e da "ducha" de descontaminação. Por meio desse ritual, segundo eles, ao trocar suas roupas "civis" pelo uniforme inflado e ao colocar o capacete, eles se sentiam deixando o "mundo normal" e entrando em um ambiente à parte, em um mundo "completamente artificial", segundo suas declarações.

O isolamento da unidade incluía também as pausas para refeições. Cumprindo turnos de 8 horas, os funcionários dispunham de 45 minutos de almoço (ou jantar) e duas pausas de 15 minutos.

Havia um restaurante próprio dentro da unidade, o que permitia que os empregados saíssem da sala de trabalho para almoçar (ou, dependendo do turno, jantar) na própria unidade esterilizada, contaminando-se o mínimo possível. O fato de haver um restaurante na unidade, ainda que se exigisse dos funcionários a desinfecção por meio da ducha, aumentava o nível de controle sobre o ambiente, diminuindo a contaminação.

A necessidade de um ambiente totalmente esterilizado, sem poeira, devia-se ao fato de que o espaço entre as conexões elétricas media 0,5 mícron e um simples grão de poeira podia provocar defeitos em toda a linha de montagem. O trabalho dos empregados era mecânico e automático: eles obedeciam ao comando do engenheiro-chefe da linha de montagem e todos os seus movimentos eram gravados, filmados e analisados por um computador. Dado o grande custo do processo de fabricação e as enormes perdas financeiras provocadas por acidentes ou falhas, o controle de seus movimentos era estrito. O fato de o computador registrar todos os seus movimentos e analisar eventuais falhas e problemas fez que os indivíduos se sentissem constantemente vigiados.

Eles se sentiam trabalhando em uma prisão, em um ambiente artificial no qual "o ar é mais puro que o do MontBlanc ou de uma sala de cirurgia de um hospital". Eles não dispunham de muita autonomia em seu trabalho: no máximo, podiam escolher entre a solução "A" e a solução "B", de acordo com regras definidas em detalhe. Eles sempre deviam consultar o computador para justificar suas decisões, porque o computador gravava todos os dados e a seqüência da produção. A autonomia de que dispunham era limitada aos procedimentos do Controle Estatístico de Processos (CEP), devendo ainda obedecer aos parâmetros fixados pelos engenheiros. Quando a máquina que controlavam produzia peças que não estivessem dentro desses parâmetros, o operador devia consultar o computador e ajustar sua máquina.

Para os operadores, o computador era um "dedo-duro", porque mostrava aos engenheiros se o erro foi da máquina ou se eles, operadores, eram os culpados.

"Nós não podemos fugir da verdade expressa pelo computador, e nos sentimos controlados o tempo todo", "Não existe argumentação possível com o computador", "O sistema é fechado e implacável, rígido", "Nós nos sentimos fracos, prisioneiros diante do computador, uma vez que ele tem sempre razão, e que todos os dados estão gravados".

A maioria dos operadores, diante de um erro, esperava passivamente o veredicto do engenheiro de produção, que se baseava nos dados do computador. Alguns, no entanto, tentavam construir uma argumentação e justificar sua ação a partir desses mesmos dados. No entanto, parece ser difícil mostrar uma atitude ativa diante desse controle rígido:

Nós não temos muito a fazer diante de um erro: é impossível alterar-se os dados gravados no computador, o sistema é como Deus todo-poderoso: ele está lá, ele tem razão, ele controla tudo, então tudo bem, a gente aceita e fica em nosso canto, em paz.

O nível de alienação de alguns operadores diante do controle exercido pelo computador às vezes impressiona:

Eu pego um *chip*, o coloco em baixo da câmara de vídeo, e eu aperto um botão que executará testes de controle de qualidade. A partir disso, o computador fará neste *chip* 170 testes elétricos em menos de um minuto. Eu vejo os números e a interpretação do computador. Se existe defeito de fabricação, eu devo refazer os testes. Se eles mostram que ainda há defeitos, então eu devo chamar o engenheiro. Mas veja só: eu trabalho nesta sala envidraçada, neste ambiente artificial, com esta roupa, esta luz branca, e eu não vejo o tempo passar, eu não sei avaliar quantos *chips* eu testo por hora de trabalho. Já faz 3 anos que eu faço este trabalho e eu não compreendo o significado destes testes, porque o computador interpreta tudo. A única coisa que eu faço é seguir as instruções deste, quando se constata que há erros de fabricação ou não.

A lealdade desses funcionários em relação à organização reflete-se no orgulho em trabalhar com uma tecnologia sofisticada e um produto caro, que lhes confere um *status* especial na empresa — eles foram escolhidos para trabalhar nessa linha de montagem, especial, e sentem-se bem com isso. Entretanto, depois de alguns meses, os funcionários diziam ser impossível trabalhar em um ambiente tão artificial, em um trabalho tenso, que exigia um nível de controle enorme e com tão pouca autonomia.

## 5.2 O Problema: Queda da Produtividade

A rotina rígida de trabalho, o porte de uma roupa pesada, que os fazia se sentir "uns iguais aos outros", a falta de liberdade, o fato de trabalharem e comerem em uma unidade isolada, convivendo com o mesmo grupo, fez o nível da produtividade começar a cair. Diante da queda sistemática da produtividade, apesar de todos os esforços para corrigi-la, a empresa promoveu um grupo de estudos entre os operadores, com a ajuda de psicólogos e consultores, para entender os problemas responsáveis pela situação.

Por meio de um conjunto de entrevistas e testes, chegou-se à conclusão de que os operadores não suportavam a pressão de passar horas a fio em um ambiente tão diferente do "mundo normal", portando roupas "pesadas" que os "deformavam" e deixava-os tensos. Os fatores apontados como responsáveis pelos problemas na produção eram a sensação de isolamento de outros colegas pertencentes a outros setores da fábrica, a falta de liberdade em controlar seus movimentos mesmo na hora da refeição, quando continuavam confinados à unidade, o controle do computador e a jornada de trabalho "árida".

O grupo de seis mulheres manifestou um fator diferente do grupo de homens: o uso do uniforme, que limitava seus movimentos, as deixava "pesadas, deformadas, com dificuldade de locomoção". As mulheres dessa unidade, ao contrário dos homens, constituíam um grupo social que compartilhava suas sensações e dificuldades. A maioria dos homens não manifestou descontentamento com os uniformes ou equipamentos, mas o fato de estarem isolados da sociabilidade dos amigos e colegas de outras unidades, até na hora do almoço.

## 5.3 As Soluções

Valendo-se dessas constatações, foram feitas modificações na organização do trabalho. Os operadores e operadoras foram autorizados a almoçar e a jantar no restaurante comum às outras unidades. Eles passaram a colocar suas roupas "civis" e a freqüentar o mesmo ambiente que os operadores das outras unidades, não ficando mais isolados na hora do almoço, podendo sentar e conversar com quem desejassem. Apesar de só terem 45 minutos para a refeição e perderem tempo trocando de roupa e dirigindo-se ao restaurante de outra unidade (na prática, tinham 30 minutos para a refeição), os operadores e operadoras mostraram-se bem mais à vontade depois da modificação, tolerando melhor o confinamento durante o resto do período.

As operadoras, além disso, adotaram o hábito de se maquiar para o almoço. Segundo palavras de uma delas: "Colocar pó-de-arroz, sombra, batom, me sentir viva, bonita, depois de passar horas usando esse uniforme pesado e deformador". A liberdade de se fazer o oposto ao esperado, ao determinado pela regra, reassumindo o controle temporário sob características individuais básicas como o próprio corpo e a própria aparência, mostrava-se fundamental para o grupo de operadoras. Suas dimensões estética, pessoal e criativa eram assim expressas — elas se sentiam menos despersonalizadas durante um breve período.

Entretanto, para os engenheiros supervisores entrevistados, o comportamento das operadoras parecia irracional, um desperdício de tempo e de recursos. Segundo eles, era absurda a idéia de alguém passar pó-de-arroz e maquiagem, "sujar-se" com produtos químicos de difícil limpeza, que impregnam a pele, para depois de 40 minutos ter que tomar uma ducha de descontaminação. Afinal, toda a cultura da unidade e sua organização estavam baseadas em uma extrema preocupação com a limpeza e ordem do ambiente.

Essa atitude era compartilhada por cinco das seis operadoras. Apenas uma delas não gostava de se maquiar. Todas as outras mostravam satisfação em se arrumar, assumir o controle sobre a própria aparência e sobre os seus movimentos, nem que fosse somente durante a refeição. Esse intervalo era necessário para ajudar-lhes a tolerar um trabalho considerado impessoal e estressante e para reduzir a sensação de confinamento e artificialidade do ambiente de trabalho. A flexibilidade e a tolerância com comportamentos tidos como irracionais diante da lógica dos engenheiros mostrou-se aqui fundamental para assegurar a volta aos padrões de produtividade costumeiros por parte das operárias.

Os homens da unidade, por sua vez, incomodando-se menos com os uniformes, aumentaram a sua produtividade tolerando melhor o confinamento porque puderam almoçar no restaurante comum, sentando-se com quem quisessem, expressando-se, socializando-se livremente. Muitos dos 16 operadores tinham sido transferidos de outras unidades nas quais tinham amigos e companheiros e, ao contrário das seis operadoras da unidade, não formavam um grupo coeso. Reencontrar seus pares de outras unidades mostrava-se assim importante para eles. A expressão de suas afinidades, camaradagem ou afetividade durante a hora da refeição era uma característica essencial para eles.

## 5.4 Análise do Caso

Vemos assim que o desafio à lógica burocrática, à racionalidade instrumental e técnica, mostrou-se eficaz: a tolerância com o "desperdício" por parte da chefia e a mudança em uma organização que havia sido meticulosamente planejada foram ações importantes para garantir que a produtividade voltasse ao normal. O comportamento dos operadores e operadoras durante a pausa para a refeição, visto como "irracional" e "inadequado" por parte dos engenheiros de produção, passou a garantir o funcionamento do sistema "lógico e racional". Assim, a busca pela autonomia, a valorização da dimensão estética e pessoal por parte das operadoras, a criatividade, a auto-organização, a flexibilidade, a expressão da afetividade dos operadores ao buscar seus grupos de inserção social no momento da refeição, são características próprias do estereótipo feminino e mostram ser complementares às características de uma estrutura burocrática masculina, baseada na técnica, na meticulosidade e na rigidez.

Como mostram os estudos sobre identidade discutidos neste trabalho, os indivíduos necessitam do reconhecimento de sua diferença a fim de conquistar a autonomia e a capacidade de expressão simbólica e o raciocínio lógico. A massificação e a despersonalização podem levar à perda da identidade, à confusão mental, à anomia (ausência de normas e padrões de referência) e à alienação. Nesse processo de diferenciação e auto-afirmação, ocorre uma maturação que envolve simultaneamente as dimensões afetiva e lógica do indivíduo. As duas são indissociáveis. Os atores sociais, na medida de suas possibilidades, do espaço político e das habilidades de que dispõem, lutam para expressar-se e para conquistar sua autonomia. É por esse motivo que devem existir *espaços de expressão identitária* ou *de diferenciação* mínimos para tornar a organização burocrática viável e suportável. Caso isso não ocorra, como no caso anterior, fenômenos como a apatia, a falta de interesse no trabalho e a resistência organizacional levam à queda da produtividade e da qualidade na produção, exigindo que a organização busque formas de ajuste para corrigir esses problemas.

No estudo de caso citado, verificamos que, além de atender às necessidades concretas de expressão individual, estética, de socialização etc., a luta desses grupos para encontrar "brechas" na organização e obter modificações no sistema era uma forma de reagir à mecanização de seu trabalho e à vigilância constante. Tratava-se de uma ação política, de um fenômeno de resistência organizacional. Suas solicitações visavam assim fazer valer e reconhecer os seus pontos de vista, suas diferenças individuais e grupais.

Obter uma vitória pessoal sob uma estrutura impessoal que os controlava de modo estrito, na qual se sentiam prisioneiros, tendo todas as suas ações filmadas, gravadas e analisadas pelo computador, tornava sua situação similar àquela analisada por Foucault, o Panóptico de Jeremy Bentham — um sistema penitenciário no qual a transparência das ações de todos os detentos era total, levando a uma visibilidade irrestrita de seus comportamentos e à possibilidade de controle total por parte da administração. Não eram apenas homens e mulheres lutando por melhores condições de trabalho e uma maior liberdade durante a pausa: eram atores sociais que não queriam continuar passivos diante do controle rígido de suas ações pelo computador. Reagindo a esses controles, os atores afirmavam, ainda que em pequena escala, sua dimensão política e social.

De fato, Zuboff descreve esse tipo de sistema em seu trabalho *The panoptic power of information technology*. Esse modo de controle, o panóptico, foi criado a partir do modelo de Jeremy Bentham, e é assim descrito:

> Este é um sistema de informações que traduz, registra e expõe o comportamento humano. Ele pode prover a transparência universal da era do computador em um grau de esclarecimento que excederia até as fantasias mais exóticas de Bentham. Esses sistemas podem se tornar panópticos de informação que, livres das limitações de tempo e espaço, não dependem de arranjos físicos para o trabalhoso registro da administração industrial. Eles não requerem a presença mútua dos objetos de observação. Eles nem requerem a presença de um observador. Sistemas de informação podem registrar automática e continuamente quase tudo que seus arquitetos desejam observar, independentemente das intenções específicas trazidas para o processo de construção do sistema, ou dos motivos que guiam a interpretação e a utilização das informações. O correspondente da torre central é a tela do computador. (Zuboff, 1988, p. 322)[3]

Os operadores e as operadoras reagiram ao que consideravam um excessivo controle de seus erros pelo computador e ao que consideravam ser um grau de impessoalidade exagerada do sistema organizacional (dimensões do tipo ideal masculino), afirmando por alguns comportamentos e solicitações a sua pessoalidade e afetividade (dimensões do tipo ideal feminino). As solicitações do grupo de homens, no entanto, eram diferentes das do grupo de mulheres. Diversos estudos sobre diversidade e gênero mostram que no esforço para reagir às características opressivas de um sistema rígido, homens e mulheres possuem, de modo geral, possibilidades diferentes de ação e espaços políticos desiguais. Apesar disso, a mobilização dos operadores e operadoras pela mínima flexibilização das regras mostrava-se fundamental

---

3. *It is an information system that translates, records and displays human behavior. It can provide the computer age version of universal transparency with a degree of illumination that would have exceeded even Beetham's most outlandisch fantasies. Such systems can become information panipticons that, freed from the constraints of space and time, do not depend upon the physical arrangement of buildings or laborious record keeping of industrial administration. They do not require the mutual presence of objects of observation. They do not even require the presence of an observer. Informations systems can automatically and continuously record almost everything their designers want to capture, regarless of the specific intentions brought to the design process or the motives that guide data interpretation and utilization. The counterpart of the central tower is a video screen.*

para que conquistassem espaço político e de negociação em um ambiente "controlado pelo computador", no qual não existia "espaço de argumentação".

Os operadores agiram, assim, consciente ou inconscientemente, com o único elemento de que dispunham: diminuindo o ritmo da produção. Essa era a "arma" para a conquista de algumas concessões que, apesar de parecerem irrelevantes ou singelas, eram o exercício da estratégia de *voice* e protesto, necessária para a continuação do "jogo burocrático" e a manutenção da lealdade com o sistema. A partir dessa primeira conquista por concessões e ajustes em sua organização do trabalho, os atores sociais testavam o sistema, a fim de, no futuro, mobilizar-se novamente obtendo novas concessões, talvez de maior abrangência (Foucault, 1979, Hirschmann, 1970).

## 6. Considerações Finais: Falso Paradoxo *Masculino* versus *Feminino* e a Gestão da Diversidade

Como mostra Scott (1986), o sexo faz parte dos dotes biológicos naturais e é uma variável binária. O gênero, no entanto, é socializado nos indivíduos pelo comportamento adequado a cada sexo. Estes são padrões comportamentais socialmente construídos que muitas vezes implicam a submissão dos interesses das mulheres aos interesses dos homens. Calás e Smircich, em seu texto "Do Ponto de Vista da Mulher: Abordagens Feministas em Estudos Organizacionais" (Calás, Smircich, 1999), analisam vários estudos e constatam que, apesar de certos avanços, a segregação sexual nos empregos e nas organizações persiste como um fenômeno mundial, assim como a desigualdade remuneratória entre os sexos. Segnini e Betiol mostram que, também no Brasil, apesar do crescimento da participação da mulher no mercado de trabalho, a partir da década de 1960, as desigualdades no que se refere a possibilidades de promoção, salário e participação política ainda se fazem presentes atualmente (Segnini, 1999; Betiol, 2000). Ferguson (1984) aponta um fenômeno por trás dessas desigualdades: a *reprodução homossocial*. Quando os níveis mais altos de gerência de uma organização são ocupados por certos indivíduos do estereótipo "homem branco de alto nível econômico", estes tendem a promover e dar espaço para outros indivíduos em conformidade com esses padrões demográficos. Reproduzem-se assim os padrões de estratificação social, sexual e racial de uma sociedade patriarcal nas estruturas organizacionais.

Tendo em vista as desigualdades de oportunidades no que se refere à participação política e ao acesso a cargos de gerência, muitas mulheres, como nos mostra Sainsaulieu em seu estudo com operárias, já assumem de antemão a atitude de retirar-se da disputa e conformar-se com as condições de trabalho existentes, buscando compensações afetivas e realização em outras esferas de sua vida social. Esse grupo renuncia, pois, ao ambiente profissional como fonte de diferenciação e de reconhecimento, envolvendo-se com a família ou com a comunidade como espaço principal de expressão identitária (Sainsaulieu, 1977). Essa situação contribui para que a dimensão masculina se perpetue nas organizações em detrimento dos valores e comportamentos considerados femininos. Nesse sentido, o que é considerado feminino deve ser evitado, ao mesmo tempo em que o estereótipo masculino é valorizado como o ideal no que diz respeito à interação social no contexto organizacional.

Conquistas como a realização profissional, a autonomia, a diferenciação e o fortalecimento da identidade no contexto organizacional ainda é privilégio de poucos. Em muitas organizações, mesmo que a burocracia admita alguns *espaços de diferenciação e expressão identitária*, adotando alguma flexibilidade e permitindo certa autonomia necessária ao seu funcionamento, como mostra o caso citado, estes são muitas vezes alguns momentos "não tayloristas", breves pausas em estruturas que continuam sendo rígidas e despersonalizantes. O fato de homens e mulheres terem chances desiguais de sucesso na conquista por melhores posições nas organizações demonstra a distância que ainda devemos percorrer em direção a um equilíbrio dinâmico entre as dimensões de comportamento características dos dois gêneros. Nesse sentido, chama a atenção no caso estudado o fato de os engenheiros responsáveis pela linha de produção serem todos homens, e a idéia de *gestão da diversidade* passa a ser útil.

O conceito de diversidade nas organizações pode ser dividido em dois elementos: diversidade como *composição numérica* e diversidade como *comportamento* (Rosenzweig, 1998). O primeiro elemento refere-se à composição da força de trabalho: os atores sociais de identidades variadas em relação ao gênero, grupo étnico, experiência cultural etc. Não é possível alcançar o equilíbrio dinâmico entre as dimensões de comportamento masculino e feminino, por exemplo, se a organização não fomentar o seu desenvolvimento no que diz respeito à inserção de ambos os gêneros no contexto organizacional. Isso implica estimular a contratação de mulheres, normalmente o gênero mais desprivilegiado, e seu desenvolvimento na organização de maneira que ocupem as mais variadas posições.

Entretanto, isso não é tudo. O segundo elemento que compõe o conceito de diversidade refere-se ao comportamento dos atores. A organização deve permitir que os atores não alinhados ao estereótipo tradicional expressem plenamente suas diferenças no ambiente de trabalho. Mandell e Kohler-Gray (1990) sustentam que o comportamento organizacional está estruturado a partir do estereótipo do administrador homem e branco, cujos valores e comportamentos são tidos como ideais. Gerir a diversidade, para os autores, implica nos movermos em direção à aceitação e à inclusão de dimensões de comportamento não alinhadas a esse estereótipo. Assim, os novos atores, como mulheres e minorias, não devem ser encorajados a se alinhar aos valores e comportamentos tradicionais, mas a expressar suas diferenças como forma de se alcançar o equilíbrio dinâmico entre as diferentes dimensões do comportamento.

Além disso, é importante que todos os atores sociais conservem em si, em sua ação política, as características associadas ao tipo ideal masculino aliadas às características atribuídas ao tipo ideal feminino. É no desafio de conjugar essas duas lógicas, aparentemente contraditórias mas essencialmente complementares, que o ser humano encontra sua expressão mais completa. Como contrapartida para se alcançar o equilíbrio entre as dimensões de comportamento, as organizações devem permitir a expressão humana em sua plenitude, já que o predomínio absoluto de uma ou outra dimensão mostra-se disfuncional.

Queremos dizer que gerir a diversidade implica uma mudança cultural abrangente, que vai além do planejamento e da execução de novos sistemas e práticas organizacionais de gestão de pessoas. Para maximizar as vantagens potenciais da diversidade e minimizar suas desvantagens, o comportamento organizacional deve basear-se em outros valores que não aqueles que consideram o estereótipo do administrador homem e branco como o ideal e único a ser perseguido (Cox, 1994). Segundo Thomas (1991), a gestão da diversidade na organização implica criar um ambiente no qual todos possam desenvolver plenamente seu potencial individual na realização dos objetivos coletivos. Algumas das questões que podem ser feitas agora, como bem colocou Fleury (2000), são: como mudar padrões culturais dominantes em uma organização? Que políticas e práticas para a gestão de pessoas devem ser implementadas para a gestão da diversidade? Essas questões são complexas e não possuem respostas formatadas. Cada grupo organizacional deve buscar suas soluções, adaptadas ao seu ambiente organizacional. A integração da diferença se trata de um esforço constante e de um ideal a ser continuamente perseguido pelo grupo organizacional.

## Referências Bibliográficas

AIDAR, M. et al. Cultura organizacional brasileira. In: WOOD JR., T. (Coord.). *Mudança organizacional*. São Paulo: Atlas, 2. ed., p. 34-58, 2000.

BETIOL, M. I. S. Ser administradora é o feminino de ser administrador?, artigo apresentado na *1ª Conferência da Rede Aliança*, HEC/França, 2000.

CALÁS, M., SMIRCICH, L. Do ponto de vista da mulher: abordagens feministas em estudos organizacionais. In: CALDAS, M., FACHIN, R., FISCHER, T. (Orgs.). Handbook *de estudos organizacionais*. São Paulo: Atlas, p. 275-329, 1999.

COX, T. *Cultural diversity in organizations:* theory, research and practice. San Francisco: Berrett-Koehler Publishers, 1993.

DA MATTA, R. *Carnaval, malandros e heróis, para uma sociologia do dilema brasileiro*. Rio de Janeiro: Guanabara, 1990.

FERGUSON, K. *The feminist case against bureaucracy*. Filadelfia: Temple University Press, 1984.

FLEURY, M. Gerenciando a diversidade cultural: experiências de empresas brasileiras. São Paulo, *Revista de Administração de Empresas*, v. 40, n. 3, 2000.

FOUCAULT, M. *Discipline and punish*. New York, NY: Vintage, 1979.

HECKSCHER, C. *The post-bureaucratic organization*. Thousand Oaks, Ca.: Sage, 1994.

HIRSCHMANN, A. *Exit, voice and loyalty*. Cambridge, Mass: Harvard University Press, 1970.

HOFSTEDE, G. *Cultures and organizations* — software of the mind. New York: Mcgraw-Hill, 1997.

LEWIS, M. W. Exploring paradox: toward a more comprehensive guide. *The Academy of Management Review*, v. 25, n. 4, p. 760-776, 2000.

MANDELL, B., KOHLER-GRAY, S. Management development that values diversity. *Personnel*, AMA, mar. 1990.

PAGÈS, M. et al. *L'emprise de l'organisation*. Paris: PUF, 1991.

ROSENZWEIG, P. Managing the new global workforce: fostering diversity, forging consistency. *European Management Journal*, v. 16, n. 6, p. 644-652, dez. 1998.

SAINSAULIEU, R. *Identité au travail*. Paris: PFNSP, 1977.

SCOTT, J. W. Gender: a useful category of historical analysis. *American Historical Review*, v. 91, p. 1053-1075, 1986.

SEGNINI, L. R. P. Nota técnica: do ponto de vista do Brasil: estudos organizacionais e a questão do feminismo. In: CALDAS, M., FACHIN, R. FISCHER, T. (Orgs.). Handbook *de estudos organizacionais*. São Paulo: Atlas, p. 330-334, 1999.

SHEPPARD, D. Image and self-image of women in organizations. In: ANNUAL CONFERENCE OF THE CANADIAN RESEARCH INSTITUTE FOR THE ADVANCEMENT OF WOMEN. Montreal, 1984.

SIMON, H. A behavioral model of rational choice. *Quartely Jounal of Economies*, n. LXIX, p. 99-118, 1955.

THOMAS, DAVID A. Making differences matter: a new paradigm for managing diversity. *Harvard Business Review*, v. 74, n. 5, Boston set./out. 1996.

WEBER, M. A "objetividade" do conhecimento nas ciências sociais. In: COHN, G. *Weber, coleção grandes cientistas sociais*. São Paulo: Ática, 1997.

ZUBOFF, S. *In the age of the smart machine*. New York, NY: Basicbooks, 1988.

# PARTE IV

## PARADOXOS ORGANIZACIONAIS, VALORES E GESTÃO

# 10

# TRANSITORIEDADE E PERMANÊNCIA NAS RELAÇÕES DE TRABALHO: DISCURSOS PARADOXAIS PARA A (DES)CONSTRUÇÃO SOCIAL DA IDENTIDADE

*Isabella Freitas Gouveia de Vasconcelos*
*João Marcelo Crubellate*

## 1. Introdução — Relações de Trabalho, Identidade e o Paradoxo *Permanência* versus *Transitoriedade*

Neste capítulo, analisamos aspectos das relações entre empresas e empregados, conforme expressas em "peças" discursivas vinculadas ao pensamento empresarial predominante, e seu possível impacto na construção da identidade em contexto de trabalho, uma vez que essas relações se tornam cada vez mais marcadas pela exigência paradoxal no que concerne aos vínculos do trabalhador com a empresa empregadora.

O impacto das relações de trabalho sobre vários aspectos da vida humana, como sua identidade, constitui um assunto tradicional em várias áreas do conhecimento. Isso se justifica por várias razões, entre as quais a clara noção de que o trabalho se relaciona com a reprodução material da vida humana, individual e coletiva. Além disso, há que se notar o fato de que a vida humana adulta se passa, em sua maior parte, no ambiente de trabalho ou em torno de questões pertinentes ao trabalho.

No entanto, é igualmente importante notar que é característica da sociedade contemporânea o crescente vínculo entre trabalho e emprego em organizações formais. Em conseqüência, o estudo do trabalho passa a implicar o estudo da evolução organizacional, no sentido de que essa evolução e as transformações no mundo do trabalho passam a ser, no mínimo, co-dependentes. Assim, e na medida em que o trabalho impacta a constituição da identidade pessoal, parece pertinente admitir a coerência de um foco analítico de nível organizacional para que se entenda, pelo menos parcialmente, aquele fenômeno de natureza individual.

Identificamos que o discurso empresarial dominante retrata as empresas como estando atualmente imersas em contextos socioeconômicos que as forçam a adotar novas estratégias de relacionamento com seus empregados, bem como exigir dos trabalhadores a internalização de novos valores profissionais, como o individualismo e a competição. A análise desse discurso mostra que a organização solicita do indivíduo que se comprometa com o projeto da empresa, dedicando-se à realização de seus objetivos e metas. Porém, ao mesmo tempo, o indivíduo deve estar atento ao meio ambiente e às outras organizações, mantendo uma *network* de contatos por meio da qual possa encontrar ajuda se repentinamente ficar desempregado. A mesma organização que solicita o comprometimento do indivíduo anuncia que a relação empregatícia é transitória.

No caso específico do estudo retratado neste capítulo, o paradoxo se dá por meio de uma orientação de ação do trabalhador baseada em demandas contraditórias: uma polarização da ação em torno da *permanência* e da *transitoriedade* das relações com a organização empregadora. Em resumo, a situação paradoxal consiste na exigência de um tipo de comprometimento e envolvimento com o trabalho que pressupõe a permanência como contrapartida e, simultaneamente, a construção discursiva da transitoriedade no posto de trabalho como condição normal no presente momento das empresas.

Neste capítulo, assumimos a premissa de que uma das principais funções da teoria social é revelar a natureza contingente de fenômenos que, à primeira vista, podem ser interpretados como fatos externos à consciência humana. Sobre essa base, propomos compreender as relações entre organização formal e identidade humana como fenômeno que se estabelece no âmbito da realidade socialmente construída. Como se observará, a noção predominante principalmente no pensamento gerencialista admite que amplas e inescapáveis mudanças no contexto organizacional, mundial e local, afetam de forma decisiva e inapelável essa relação. Esse é um pressuposto realista que, conforme admitimos neste estudo, tem entre outras funções esconder a intenção não declarada e relativamente articulada de ordenar (no sentido utilizado por Weick, 1969) um contexto mais favorável a interesses econômicos e administrativos. Espera-se que tais intenções possam ser reveladas pela análise das formas pelas quais as supostas mudanças e sua natureza são apresentadas no discurso organizacional ou em "peças" discursivas que podem ser consideradas representativas do universo organizacional.

Certamente a exploração de tal tema constitui ampla agenda de pesquisa, que neste capítulo é retratada de forma bastante limitada. Buscamos aqui identificar as estratégias discursivas pelas quais se procura legitimar novas formas de relacionamento entre empresas e empregados e, ao mesmo tempo, as condições que supostamente determinam a necessidade de novas relações. Também interpretamos essa estrutura discursiva em relação à noção de identidade, no intuito de antecipar suas possíveis conseqüências no processo de constituição da identidade em um contexto de trabalho que se torna crescentemente marcado pela condição paradoxal *permanência* versus *transitoriedade*. O que se espera não é um retrato exaustivo da problemática, mas apenas exemplificar a existência de forte consistência discursiva em torno da questão da mudança do trabalho e da necessária adaptação do trabalhador às novas circunstâncias, o que em si já põe sob dúvida a suposta realidade factual de tais circunstâncias, dada a demanda por tal esforço de convencimento.

Este capítulo busca inicialmente posicionar a questão central em termos teóricos, explorando a noção específica da construção da identidade em contexto de trabalho. Discutimos também algumas macrocondições institucionais modernas que marcam o contexto organizacional e definem as novas condições de trabalho como, por um lado, condições de reflexividade pessoal e profissional e, por outro lado, como condições de natureza cultural e discursivamente construída do novo contexto organizacional com que supostamente se defrontam as empresas empregadoras. Tal referencial nos serve de base para a análise dos dados empíricos, que compõem a segunda parte do estudo.

## 2. Identidade, Valores e Ação: a Construção Social da Identidade

Berger e Luckmann (1989) apresentam uma visão da conduta humana na qual o papel dos valores é preponderante. Para a corrente do Interacionismo Simbólico, a socialização primária seria a base da construção da identidade do indivíduo e o fundamento de seus critérios de decisão. Segundo seus pressupostos, o indivíduo age de acordo com suas crenças. Assim, para esses autores, o momento básico da interiorização dos valores é a infância pós-edipiana, mas a interiorização de normas e regras se prolonga durante toda a vida do indivíduo, tendo em vista sua participação em novos universos de interação. O Interacionismo Simbólico concilia, assim, o pressuposto weberiano de liberdade de escolha humana com um modelo segundo o qual o sistema de valores é anterior a todos os outros sistemas sociais: a interiorização de normas e as decisões tomadas pelos atores sociais seriam sempre reguladas pela preexistência de valores incorporados pelo indivíduo em sua socialização primária. Esses pressupostos levam a conceber o sistema de ação dentro de uma perspectiva sistêmica, na qual os valores preexistentes no sistema social oferecem aos indivíduos não só seus objetivos, mas também os meios sociais legítimos para atingi-los (regras, normas e papéis sociais).

Assim, as crenças e os valores dos indivíduos seriam os limites à sua capacidade de ação e à sua escolha. Dentro desses limites, o homem é considerado um ser em princípio livre para escolher o curso de suas ações ou para decidir abster-se de agir. Isso vale principalmente no caso de ações que são consideradas voluntárias, isto é, que pertencem à esfera das relevâncias volitivas, e não das impostas. O significado dessas ações surge exatamente em função de se "comportar de um modo e não de outro". Dessa forma, mesmo no domínio das situações impostas, as ações do homem não são inteiramente predeterminadas. Mesmo na situação mais coercitiva, um homem pode decidir não agir conforme lhe é ordenado, se estiver disposto a aceitar as conseqüências da desobediência (Schutz, 1943).

Berger e Luckmann (1989, p. 34) dizem a esse respeito:

> Por um momento vemo-nos realmente como fantoches. De repente, porém, percebemos uma diferença entre o teatro de bonecos e nosso próprio drama. Ao contrário dos bonecos, temos a possibilidade de interromper nossos movimentos, olhando para o alto e divisando o mecanismo que nos moveu. Este ato constitui o primeiro passo para a liberdade.

Em resumo, essa visão define realidade social como fruto de uma construção humana, por meio da interação e da negociação dos diversos grupos sociais, que interpretam a realidade segundo critérios preexistentes, característicos de sua cultura. Ao agir, no entanto, os indivíduos influenciam e transformam esses mesmos critérios e padrões nos quais basearam sua ação em um processo dialético de reinterpretação e de reconstrução da realidade social. Conseqüentemente, reconhece-se, ainda que de forma parcial, um certo grau de liberdade do ser humano no que refere a suas escolhas e critérios de decisão. Os padrões culturais e valores têm, porém, um grande peso no processo decisório segundo essa linha de análise.

Já Renaud Sainsaulieu, em seu modelo sobre Identidade no Trabalho, e de modo diverso do Interacionismo Simbólico, desenvolve uma argumentação na qual considera a ação humana ainda menos determinada pelos valores incorporados na socialização primária. Baseando-se nos trabalhos de Simon sobre a racionalidade limitada, segundo a qual a racionalidade ou lógica de decisão de um indivíduo seria influenciada pelo seu presente e pelo seu passado, e a partir do que Boudon chamou de *efeito de posição* (a decisão depende da posição que o ator social ocupa em um contexto de ação específico e que condiciona o seu acesso às informações pertinentes) e de *efeito de disposição* (a decisão depende das características mentais, cognitivas e afetivas do indivíduo que decide, características estas que são pré-formadas por sua socialização passada), Sainsaulieu mostra em seu modelo que os critérios de decisão de um ator social no momento presente são influenciados, sim, por sua socialização passada, mas que dependem em muito também das influências, condições e problemas do "aqui e agora" (Boudon, 1991; Simon, 1955, 1956 e 1957). Os trabalhos sobre a racionalidade limitada destacam o caráter incerto e dinâmico do comportamento humano.

Os trabalhos de Festinger sobre a dissonância cognitiva reforçam o argumento de não determinação da ação humana. Em um livro publicado em 1957, Festinger define processo cognitivo como todo conhecimento, opinião ou crença do indivíduo a respeito de si mesmo, de seu comportamento e dos fatos relativos a um contexto de decisão. Segundo o autor, o indivíduo enfrentaria em várias ocasiões uma dissonância ou uma oposição entre várias cognições, encontrando-se em uma situação de impasse que provocaria uma sensação de "desconforto" psicológico, que ele tentaria reduzir pela adoção de várias estratégias possíveis: contestar seus valores de base, adotando novos valores, ou conservar aqueles valores, mudando sua ação (Festinger, 1957).

Assim, essa argumentação questiona o princípio da anterioridade do sistema de valores sobre os outros sistemas sociais, mostrando, por meio dos estudos de Festinger e dos outros autores, que os valores não determinam o comportamento, assim como o comportamento não determina os valores. Essas duas variáveis não seriam explicadas por uma lógica linear de causa-efeito, mas constituiriam um sistema. Os novos comportamentos de um indivíduo poderiam originar novos valores, fazendo-o questionar seus valores antigos, ou poderiam, ao contrário, ter o efeito de reforçar ainda mais estes últimos. Em resumo, pode-se dizer que essas pesquisas, bem como as teorias de Festinger sobre dissonância cognitiva, permitem libertar o indivíduo do que Wrong (1977) chamou de uma concepção "hipersocializada" do ser humano, que busca unicamente no passado dos indivíduos, e em suas experiências de socialização marcantes, a explicação de seus comportamentos presentes.

Segundo o argumento da não determinação da ação humana, a capacidade de ação estratégica, ou seja, a capacidade de se perceber as oportunidades de ação, de prever as conseqüências e os riscos de cada alternativa e de assumir esses riscos executando a decisão, varia de pessoa para pessoa, segundo a origem social e o meio cultural. A capacidade de ação estratégica é fundamental para a construção da identidade do indivíduo a partir de suas interações em sua atividade cotidiana de trabalho, e pode ser melhorada e exercitada por meio das interações com os outros indivíduos em diversos tipos de situação.

## 3. O Desenvolvimento da Identidade Social a Partir do Trabalho

Adotando-se, pois, o pressuposto teórico de não determinação da conduta humana pelo sistema de valores, como explicitado antes, Sainsaulieu desenvolve seu modelo de identidade baseado nos estudos de Erikson (1972), para quem o sentimento de identidade é um sentimento caracterizado pela percepção da própria unidade e de uma continuidade temporal. Em relação ao seu aspecto subjetivo, a *identidade* é a percepção pelo indivíduo de que existem em si semelhanças consigo mesmo e uma continuidade nos procedimentos de síntese internos relativos ao seu ego; existem também diferenças em relação aos outros que caracterizam o seu estilo individual.

A partir dessa visão, pode-se dizer que a identidade implica duas dimensões:

a) *sameness* — a dimensão da permanência, na qual o ego conserva algumas características básicas durante o processo biológico e histórico ao qual o indivíduo é submetido em sua vida;

b) coerência — tendo em vista o processo social e o processo biológico que envolvem o indivíduo, a tarefa de seu ego é garantir uma função de síntese, um princípio de organização segundo o qual o ser humano se mantém enquanto personalidade coerente cuja individualidade é percebida pelos outros, mesmo considerando as transformações às quais está submetido.

Assim, o conceito de identidade é utilizado por Sainsaulieu em seu modelo para expressar o sentimento de permanência e de continuidade que o indivíduo experimenta em suas relações sociais e que perde no caso de pressões extremas. Em relação à vida cotidiana, o conceito de identidade se refere ao esforço do indivíduo em realizar uma síntese de sua ação, equilibrando as forças internas e as forças externas que influenciam essa ação, a qual é fruto da inter-relação de sua realidade interior e da realidade externa construída pelo grupo social.

Segundo Sainsaulieu (1977), o reconhecimento dos outros é um dos elementos fundamentais na construção da identidade do indivíduo, que ocorre de modo dinâmico, a partir de suas interações sociais "aqui e agora". Christophe Dejours (1993, p. 69)reforça a importância do reconhecimento do grupo social na formação da identidade, dizendo que "no mundo subjetivo, o sentido dado ao trabalho depende de jogos de identidade e da participação; o que o indivíduo espera de seu trabalho é também uma retribuição moral: o reconhecimento".

Dejours (1993) destaca a importância do reconhecimento de utilidade (utilidade social, econômica e técnica das contribuições particulares e coletivas à organização) e do julgamento de beleza (validade ética, estética), ambos conferidos pela hierarquia, pelos pares ou pelo grupo social e que influem na percepção que os indivíduos desenvolvem sobre o valor social de seu trabalho e no conceito que desenvolvem de si próprios.

Sainsaulieu mostra como uma das forças motrizes da evolução da personalidade individual e da luta por reconhecimento social é a experiência do conflito nas interações humanas. É na experiência do conflito em sociedade que o sistema social interage com o sistema individual da personalidade e que essas duas esferas se entrecruzam. O conceito de identidade designa a parte do sistema de personalidade do sujeito que reage permanentemente à estrutura do sistema social. A identidade exprime essa busca da força e de recursos que permitam a expressão do desejo individual em sociedade, ou seja, o sujeito busca permanentemente a possibilidade de obter o reconhecimento dos outros do fato de que ele é alguém detentor de um desejo individual e autônomo. O conceito de identidade designa, dessa forma, a luta pela permanência dos meios sociais do reconhecimento de si e a capacidade do sujeito de atribuir sentido à sua experiência.

## 4. O Modelo de Sainsaulieu sobre a Construção da Identidade no Trabalho

Sainsaulieu baseia-se nos trabalhos de Hegel a fim de fundamentar seu modelo. Analisando a filosofia hegeliana, o autor salienta a interdependência entre o lado cognitivo (compreensão do mundo, acesso à racionalidade) e o lado afetivo (o jogo de relações entre os desejos).

O indivíduo não é capaz de completar o processo de obtenção da "compreensão do mundo" da qual fala Hegel e do desenvolvimento de sua capacidade de raciocínio se ele não é reconhecido em suas relações afetivas como alguém que detém de forma autônoma um desejo. Uma dialética paralela que envolve, de um lado, o nível do desejo e, do outro, o nível da razão constitui o indivíduo completo.

A luta entre os desejos dos diferentes indivíduos envolve uma relação social cujo objeto é o reconhecimento de si próprio pelos outros. Vencendo esse conflito, o ser humano pode obter o reconhecimento de sua individualidade. A identidade do ser humano não é, então, o ponto de partida sobre o qual se constrói o mundo social, mas, ao contrário, é um conceito dinâmico, resultado do jogo de relações envolvidas nas experiências de luta e de conflito por ele vivenciadas a cada momento.

Um ponto fundamental da filosofia hegeliana é mostrar como as experiências conflituosas do indivíduo terão mais tarde conseqüências importantes sobre sua identidade e sua "visão de mundo", ou seja, na formação de sua lógica de ator e de seus critérios de decisão. No decorrer do processo de expressão do desejo e de apropriação do objeto, o sujeito encontra inevitavelmente, uma vez que ele vive em sociedade, um outro indivíduo cujo desejo concorre com o dele em relação ao mesmo objeto. Nesse confronto de desejos nasce a dialética do "mestre e do escravo", que conferirá ao indivíduo o reconhecimento de si próprio pelo reconhecimento dos outros. Ele se reconhecerá então a partir do julgamento social de seu valor. O valor que o indivíduo atribui a si próprio depende então da medida social de seu valor.

Dentro da linguagem hegeliana, pode-se dizer que o que permite ao indivíduo sustentar seu desejo por algo é a possibilidade concreta de vencer tendo em vista as relações de poder que o cercam. O indivíduo deve ter condições sociais mínimas para enfrentar a luta e poder sair vencedor pelo menos algumas vezes, a fim de sair da cadeia contínua de identificações com os poderosos que o envolve e afirmar sua própria individualidade, diferenciando-se finalmente.

As desigualdades no acesso aos recursos e ao poder nas relações entre adultos, principalmente no ambiente de trabalho, têm como conseqüência o fato de que vários indivíduos não podem impor sua diferença aos outros, vivendo a fundo os conflitos e vencendo-os ao menos em parte. Alguns privilegiados têm acesso aos meios concretos de impor sua diferença, fazendo os outros aceitarem suas idéias e sua mediação, impondo seus significados e seu pensamento. A "morte simbólica", ou seja, a impossibilidade de refletir e criar por si próprio, de atribuir sentido aos objetos e à experiência, pode gerar confusão mental, anomia e perda da identidade.

De acordo com esse paradigma, o acesso à identidade é o resultado de um processo conjunto de identificação e de diferenciação que se expressa nas relações intersubjetivas em dois níveis:

- no nível da relação afetiva identificatória que não envolve relações de conflito;
- no nível político, do jogo de poder social, no qual o indivíduo se desliga do primeiro nível impondo sua diferença.

Pode-se então elaborar a hipótese de que se a identidade da criança e seu desejo são fortemente ligados à história de suas identificações sucessivas, a identidade do adulto depende também dos meios sociais de que ele dispõe para sustentar sua diferença nos conflitos e, dessa forma, sair da cadeia de identificações (Sainsaulieu, 1977). A luta pelo poder não é, então, um fim em si, mas o sinal de um jogo mais profundo que envolve a personalidade dentro de uma relação social que se prolonga no tempo e no espaço (Vasconcelos, 1997).

Podemos dizer que as relações cotidianas de trabalho geralmente se constituem em um espaço no qual o indivíduo pode se exercitar em seu caminho de busca pelo entendimento, na constituição de uma racionalidade própria. Como os meios de obter o reconhecimento dos outros são repartidos desigualmente, as chances que os indivíduos possuem de diferenciar-se e de afirmar uma racionalidade própria são distintas e, nesse sentido, o impacto das condições de trabalho sobre a identidade são também desiguais, mas sempre importantes.

O sujeito dispõe de um passado cultural, de hábitos adquiridos por processos de identificação característicos de sua socialização primária e secundária, mas o universo social do trabalho, no qual ele arrisca "aqui e agora", pode representar para ele uma realidade totalmente diferente de sua realidade passada. O perigo do presente o obriga a confrontar as características de percepção, análise e julgamento desenvolvidas no decorrer de sua história passada com as aptidões necessárias à sua sobrevivência na situação presente. Os valores anteriores, adaptados a sua realidade passada, podem não assegurar mais o sucesso nas relações presentes, e a aprendizagem de novas capacidades estratégicas por meio das relações de trabalho pode levá-lo a tomar consciência de outras lógicas de ação e de realidades que não correspondem necessariamente à sua lógica ou ao seu meio de socialização. Os recursos intelectuais, afetivos e cognitivos por ele desenvolvidos no passado, seus valores e a sua visão de mundo, podem não mais ser suficientes para ajudá-lo a compreender, a decidir e a agir na situação presente.

O confronto com seus próprios valores e características de base será mais forte à medida que o indivíduo se sinta oprimido pela nova realidade e busque compreendê-la. Ele reverá, então, sua lógica de ação, e buscará uma nova visão de mundo, que integre suas experiências passadas e que explique também suas novas percepções e sensações, permitindo-lhe encontrar novos meios de ação. Assim, a aptidão para se analisar as diversas opções e assumir riscos nas relações interpessoais e coletivas (ou seja, a capacidade estratégica de cada indivíduo) é fruto de um aprendizado concreto nas relações de trabalho. Ao menos no que se refere à aprendizagem por heurística e à experimentação, a estrutura de trabalho tem uma influência desigual no desenvolvimento da capacidade cognitiva e analítica dos indivíduos, uma vez que alguns têm a oportunidade de experimentar um jogo relacional sutil, enquanto outros vêem limitadas suas oportunidades de desenvolvimento sociopolítico.

## 5. Um Retrato da Modernidade Contemporânea: Condição Paradoxal e a (Des)Construção da Identidade no Trabalho

No sentido weberiano, a modernidade pode ser descrita como a expansão das instituições européias, em ritmo e abrangência cada vez maiores (Weber, 1996; Giddens, 1991). Para autores como Giddens (1991),

Giddens et al. (1997) e Beck (1997), o atual estágio de modernização alcança um ponto de radicalização no qual tanto a velocidade das mudanças sociais quanto sua amplitude se dão com intensidade sem precedente. As conseqüências dessa radicalização são interpretadas de diferentes formas, por diferentes autores. Aqui pretendemos interpretá-las à luz do modelo de construção da identidade no trabalho, conforme proposto por Sainsaulieu (1977).

Giddens (1997) entende que a dinâmica de modernização pode ser entendida como reflexividade institucional, isto é, o grau elevado de consciência individual quanto às forças sociais que influenciam a conduta em sociedade. Isso, contudo, representa para ele apenas um dos aspectos relevantes do processo de modernização. Deve-se chamar a atenção para o fato de que tal reflexividade — o questionamento de todas as "autoridades últimas" (ibidem, p. 108) — traz consigo elevado grau de ansiedade, o que influencia decisivamente as relações de confiança entre especialistas e indivíduos leigos, e, em decorrência, as relações entre pessoas, para além dos relacionamentos formais. A confiança se torna muito mais confiança na especialização (em sistemas abstratos ou peritos) do que no especialista: "Com o desenvolvimento dos sistemas abstratos, a confiança em princípios impessoais, bem como em outros anônimos, torna-se indispensável à existência social" (Giddens, 1991, p. 122).

Ao contrário da postura relativamente otimista que outros autores (principalmente Beck, 1997 e 1999) parecem apresentar em relação a tal constatação, ou pelo menos em relação a algumas de suas conseqüências, Giddens (1991 e 1997) a percebe como evidência de uma importante mudança nos padrões de construção da identidade pessoal em condições de modernização. Para ele, esse tipo de confiança não se coaduna com a confiança pessoal. Há, portanto, uma quebra da última, por conta dos padrões altamente impessoais aos quais os indivíduos devem se apegar como estratégia pessoal e social de sobrevivência na modernidade contemporânea. Assim: "As rotinas que são estruturadas por sistemas abstratos têm um caráter vazio, amoralizado — isso vale também para a idéia de que o impessoal submerge cada vez mais o pessoal" (Giddens, 1991, p. 122). Essas mudanças significam que atualmente as relações pessoais devem ser intencionalmente construídas, não mais se dando como produto de relações casuais ou espontâneas (Giddens, 1991; Giddens et al., 1997).

Mas a possibilidade de autoconstrução das relações pessoais e também da própria identidade individual não se dá de modo evidente e direto, como podem ser erroneamente interpretadas as noções mencionadas. Para Lash (1997), por exemplo, é possível admitir que a modernização reflexiva envolve a libertação em relação a tradições e maior liberação da ação individual. Por outro lado, há problemas vinculados a esse novo estágio da modernidade, dentre os quais uma certa crise de inovação crônica, processo pelo qual a possibilidade de reconstrução das estruturas sociais pode se tornar um problema para os indivíduos cuja capacitação não atinge o nível esperado e socialmente demandado para que eles possam reflexivamente reconstruir de modo contínuo suas relações sociais.

Mesmo entre aqueles com tal capacidade social, a dinâmica da modernização radical, com a perda dos vínculos afetivos ou com sua fluidez em graus elevados (Sennett, 1999), resulta geralmente na busca por alternativas identificatórias que mais se aproximam de um "fundamentalismo narcisista", uma busca desenfreada por formas de expressão de si mesmos que, entretanto, não compreendem necessariamente algum relacionamento social para além das relações sociais formais:

> Conforme o mundo vai assumindo um aspecto cada vez mais ameaçador, a vida torna-se uma interminável busca de saúde e bem-estar através de exercícios, dietas, drogas, regimes espirituais de vários tipos, auto-ajuda psíquica e psiquiatria. Para aqueles que perderam o interesse pelo mundo exterior, exceto na medida em que ele permanece uma fonte de gratificação e de frustração, o estado de sua própria saúde torna-se uma preocupação totalmente absorvente (Lash apud Giddens, 1991, p. 125).

Giddens (1991, p. 126) aponta como um dos aspectos implicados nessas observações o fato de que a identidade passa a ser um projeto de construção reflexiva, em meio a "estratégias e opções fornecidas pelos sistemas abstratos". Certamente, a validade analítica dessa constatação não supre a necessidade de uma validade concreta e de fato realizável na vida cotidiana. Nesse sentido, parece que lhe faltam as possibilidades, uma vez que as estratégias e opções fornecidas são exatamente os elementos que fragmentam as relações afetivas e pessoais nas quais se embasa a construção identitária, como se observou anteriormente no modelo de Sainsaulieu (1977). As condições oferecidas atualmente, como as analisa Sennett (1999, p. 27), são condições de "deriva no tempo, de lugar em lugar, de emprego em emprego". Se essas são as estratégias e as opções, resta perguntar que identidade se formará a partir delas. Concordando com Sennett (p. 159), admitimos que essa suposta identidade poderia ser assim definida: "Um eu maleável, uma colagem de fragmentos em incessante vir a ser".

Sem dúvida essas novas condições estruturais da sociedade capitalista implicam não somente novas instituições, tanto quanto um novo padrão de confiança em relação a elas, como apontam Giddens (1991) e Luhmann (1988). Para Luhmann (ibidem), em condições de modernização social os indivíduos tendem a abandonar a confiança inocente (baseada em crença) em relação à realidade, e a adotar uma atitude de confiança esclarecida, isto é, baseada no conhecimento dos riscos implicados na ação. É a idéia da reflexividade novamente discutida, e nesses termos ela pode até sugerir ou deixar a impressão de que pelo menos há maior espaço para a consciência individual quanto aos riscos que têm que ser assumidos para conviver em sociedade nas novas condições de trabalho e existência. Se assim for, pelo menos a segunda condição para a construção da identidade, segundo Sansaulieu (1977), estaria resguardada: haveria necessariamente maior espaço para a imposição da diferença individual, como aliás pode-se admitir quando se analisam movimentos sociais contemporâneos por direitos de minorias sexuais, movimentos ambientalistas ou mesmo movimentos de natureza racista que voltam a aflorar na Europa (Beck, 1997). Entretanto, talvez esses movimentos não signifiquem tudo o que parecem significar.

Giddens (1991) discorda parcialmente da estrutura conceitual proposta por Luhmann (1988), por entender que o fenômeno da confiança exige admitir que sempre está presente, na atitude de confiar, um certo grau de crença, e que, portanto, o grau de reflexividade em relação às estruturas políticas e sociais não é tão grande quanto se quer admitir. Para ele, o indivíduo não estará sempre e plenamente consciente dos riscos implicados na atitude de confiar em sistemas peritos, em face dos quais se desenvolve uma relação mais emocional que cognitiva. Como conseqüência disso,

> numa situação em que muitos aspectos da modernidade tornaram-se globalizados, (...) ninguém pode optar por sair completamente dos sistemas abstratos envolvidos nas instituições modernas. Esse é mais obviamente o caso de fenômenos como o risco de guerra nuclear ou de catástrofe ecológica. Mas ele vale de uma forma mais completa para amplas extensões da vida cotidiana (Giddens, 1991, p. 88).

Isso tem implicações para a conformação da identidade valendo-se das condições políticas e sociais circundantes.

Essas novas condições macroinstitucionais e o novo contexto de trabalho que elas estimulam, isto é, de contínua e intencional instabilidade e de individualização do risco (a individualização de toda responsabilidade pela construção da própria história de vida no trabalho), devem significar enorme desafio às visões tradicionais de mundo. Parece possível admitir que tais condições estejam estimulando todo um esforço para remodelar as estratégias de "sobrevivência" no cotidiano do trabalho, com conseqüências previsíveis e imprevisíveis sobre o trabalhador. Compreendendo o processo de construção da identidade como um processo duplo dependente das relações afetivas e dos conflitos de poder, nos quais os indivíduos tanto constroem de forma positiva (identificando-se com) quanto negativa (diferenciando-se de) sua "posição no mundo", parece possível admitir que: 1) a excessiva fragmentação e descontinuidade das relações de trabalho tiram a (ou impõem sérias restrições à) possibilidade de relação afetiva duradoura e 2) as condições macroinstitucionais (mudança contínua, individualização dos riscos, controles de natureza atuarial) criam condições desfavoráveis aos indivíduos, que precisam cotidianamente sobreviver a condições sempre percebidas como adversas e, portanto, não podem impor suas diferenças, enquanto ainda prevalece a necessidade de encontrar alguma coerência para si nas condições de extrema fluidez.

Além disso, deve-se observar que essa discussão teórica sugere que a perda da identidade, ou a dificuldade em construí-la no ambiente de trabalho, é fruto da forma como os indivíduos lêem seu contexto e incorporam grandes mudanças institucionais, e não necessariamente fruto direto dessas mudanças: há que se destacar os aspectos macro e microssociais implicados nessa questão, para se compreender adequadamente as atuais circunstâncias que marcam a relação entre empresas e trabalhadores.

Finalmente, toda a construção teórico-conceitual aqui desenvolvida parece sugerir uma abordagem empírica em dois planos. Um primeiro plano busca analisar as estratégias discursivas pelas quais as estruturas macroinstitucionais e suas conseqüências no mundo do trabalho são legitimadas. Nesse plano espera-se observar as diferentes estratégias discursivas utilizadas para justificar, defender e principalmente naturalizar as novas condições como realidade inescapável. Um segundo plano implica desvendar essas mesmas estratégias no âmbito do cotidiano de trabalho das organizações, isto é, não mais apenas no plano formal-discursivo, mas principalmente no âmbito da ação.

Na parte empírica deste capítulo, busca-se retratar os resultados de exploração do primeiro plano analítico antes mencionado. Seu foco foi, portanto, a tentativa de revelar as estratégias e mecanismos utilizados para naturalizar discursivamente aquele amplo quadro de macro-mudanças institucionais e de mudanças no âmbito do trabalho, para tornar persuasiva essa visão da realidade e também para revelar a visão discursivamente construída a respeito do efeito dessas mudanças nos vínculos identitários dos indivíduos em ambiente de trabalho. Como se observará, tal foco resulta na observação de que a tônica do arcabouço discursivo pelo qual se constrói culturalmente aquelas condições gravita em torno de uma demanda paradoxal de vínculo do trabalhador com a organização empregadora.

## 6. Aspectos Metodológicos do Capítulo

Para as análises empíricas realizadas neste estudo, utilizamos exclusivamente dados secundários, obtidos de publicações periódicas de grande circulação e que mantêm arquivos virtuais em seus respectivos *sites*. Especificamente, consultamos a revista *Exame*, o jornal *Folha de S.Paulo* e também a revista *Você S/A*, nos três casos pesquisando artigos publicados no período de janeiro a maio de 2003.

A forma de seleção dos artigos foi intencional. No caso das revistas, foram consultados seus respectivos arquivos eletrônicos, por meio dos quais acessamos as edições passadas, consultando os índices das publicações e procedendo a leitura dos títulos e resumos de artigos. Quando um artigo era considerado pertinente à temática deste estudo, era acessado na íntegra e, em seguida, copiado em arquivo à parte para posterior análise. No caso do jornal, utilizou-se um buscador temático, pesquisando o termo "RH". Uma vez acessados todos os artigos do período que continham essa expressão, tais artigos foram pré-selecionados pelo título e temática.

No total, foram selecionados oito artigos da revista *Exame*, oito da revista *Você S/A* e quatorze do jornal *Folha de S.Paulo*. Esses trinta artigos finais compuseram o *corpus* (ver Bauer e Aarts, 2002) a partir do qual se desenvolveu, em primeiro plano, uma análise de conteúdo (Bardin, 1977; Bauer, 2002) para analisar previamente suas temáticas principais e, assim, indicar os principais pontos sobre os quais deveria recair a análise de discurso. Identificaram-se principalmente as questões vinculadas à demissão, ao individualismo — seja em termos de competitividade, seja em termos de responsabilidade individual pela construção da própria carreira —, às atitudes que se espera de empregados em face da demissão e às novas qualificações dos trabalhadores.

Em seqüência à análise temática, realizou-se a análise do discurso, com o intuito de mapear a estrutura argumentativa em torno daquelas questões. Apesar de a análise de discurso constituir-se de um vasto conjunto de técnicas analíticas, Gill (2002, p. 247) aponta como suas características centrais

> uma visão da linguagem como construtiva (criadora) e construída; uma ênfase no discurso como forma de ação; e uma convicção na organização retórica do discurso.

A análise de discurso, portanto, implica que o pesquisador esteja interessado no efeito do discurso, ou no que ele pode produzir, mais do que nas motivações internas de quem o emite. Implica pôr foco no conteúdo, organização e funções do discurso (Gill, 2002), entendê-lo como ferramenta de construção da realidade e até mesmo como expressão de uma realidade em si mesmo e não como meio para se atingir conhecimento de uma suposta realidade subjacente a ele. Nesse sentido, considerou-se a técnica como adequada para os propósitos deste estudo. Como demonstra Gill (ibidem), a análise de discurso não se aplica apenas a grandes quantidades de informação. Aliás, dados seus objetivos principais, ela se apresenta como técnica que pode ser aplicada até mesmo a um único texto (como exemplifica a autora). Os resultados dessa etapa analítica e suas relações com a análise teórico-conceitual previamente apresentada neste capítulo serão retratados a seguir.

## 7. A (Des)Construção Social da Identidade no Trabalho

As duas revistas selecionadas como fonte de dados para este estudo são reconhecidas como publicações vinculadas à mídia de negócios, expressando portanto fortemente a visão empresarial quanto à variada gama de questões que explora. No que se refere ao jornal selecionado, isso não pode ser afirmado. Contudo, o primeiro apontamento que se pode fazer com relação aos dados obtidos com este estudo é que se percebeu forte consistência no discurso dos três periódicos, ao mesmo tempo em que foi possível admitir que o discurso, nos três casos, parece representar o pensamento empresarial no tocante às questões centrais aqui exploradas, isto é, as macromudanças institucionais, o posicionamento de empresas e empregados em face dessas mudanças e o problema da construção identitária dos indivíduos no contexto do trabalho. Em resumo, retratam a construção (ou desconstrução) cultural de uma nova identidade à medida que se espera uma forma paradoxal de vínculo do trabalhador com a organização na qual desenvolve seu trabalho.

Um primeiro aspecto que se pode observar é que, nos textos selecionados para este estudo, as empresas são retratadas como envoltas em um contexto de mudança cuja dinâmica é externa a elas. Essas mudanças seriam incontroláveis e, portanto, se apresentam como forças às quais as empresas devem se adaptar, sob o risco de não sobreviverem. Assim, vemos em um dos periódicos consultados a seguinte explicação:

> Estes são tempos tipicamente darwinianos — apenas os mais adaptados e os mais rápidos conseguirão sobreviver. Em 2003, apesar das turbulências, as empresas vão precisar manter um senso de direção. Mesmo que seguir em linha reta nem sempre seja possível, como quando um navio navega com vento adverso. Contudo, alguns princípios básicos se aplicam para sobreviver a esse bravo mundo novo (*Você S/A*).

Essa passagem se estrutura em torno de uma imagem de senso comum do termo "darwiniano". Pode-se dizer que se vincula o contexto de mudança à imagem de competitividade e adaptação como elementos de vida e morte individual. O artigo inicia com a seguinte frase: "Em tempos bicudos, só vai para frente quem tiver jogo de cintura". A função da imagem sugerida pelo termo "darwiniano", portanto, parece ser exatamente esta: inspirar conformismo com o contexto e competitividade individualista. Deve-se ter "jogo de cintura", mas não para contornar as demandas do meio, e sim para contornar a concorrência com as demais pessoas. A referência é ao profissional ou à empresa hipermodernos: altamente competitivos, mas igualmente conformados com as condições de competição impostas!

Em outro artigo do mesmo periódico, pode-se ler:

> Faz parte da vida. Uma das dificuldades em encarar a hora da demissão com serenidade está no fato de as pessoas ainda a receberem como uma espécie de atestado de incompetência. Mas, em um mundo globalizado em que fusões e aquisições se transformaram numa rotina e o enxugamento de gorduras numa questão de sobrevivência, é um erro pensar dessa forma. A demissão tornou-se uma possibilidade ainda mais presente na vida de qualquer profissional. E não significa necessariamente falta de capacidade, mas conseqüência das adaptações do mercado às mudanças. "A demissão não é o fim do mundo", ... "Se encarada com naturalidade, ela pode tornar-se a mola propulsora de uma nova fase profissional". (...) "É perfeitamente possível transformar essa fase de transição numa experiência bastante rica" (*Você S/A*).

Aqui, mais uma vez o ambiente das empresas é apresentado de modo naturalizado, como força imposta: é o mundo globalizado, o mundo das fusões e aquisições, que gera demandas vinculadas à sobrevivência da organização. O termo "sobrevivência" é chave no contexto da argumentação proposta pelo autor do texto, posto que invoca toda a sensação de legitimidade da ação discutida no artigo, isto é, a demissão de empregados. Ora, se é uma questão de sobrevivência, supõe-se que não há mais nada a fazer. Do mesmo modo, a forma como se apresenta, o contexto das organizações induz a que não se reflita sobre a origem desse contexto; afinal, as mudanças se tornaram rotineiras ("rotina" é um segundo termo-chave), sugerindo que são mudanças naturais e inescapáveis.

No tocante à questão da demissão, ponto-chave para que se discuta a construção da identidade no trabalho, o texto sugere que ela pode até se transformar em evento positivo para o empregado, em uma nova oportunidade em sua carreira. Tal discurso se assemelha à velha noção popular que propõe "sempre olhar pelo lado positivo!". Por isso, o texto argumenta que a demissão deve ser encarada com serenidade, como natural, como uma possibilidade na vida de qualquer profissional. Esta última menção tem a função de fazer que se acredite que todos, igualmente, estão sujeitos a serem demitidos. O texto não oferece qualquer outra evidência disso, a não ser a afirmação que faz.

Há outro aspecto importante na passagem reproduzida: deduz-se dela que é responsabilidade do empregado, individualmente, desenvolver atitude positiva diante da demissão. O texto sugere que se a demissão não é bem aceita, o problema está na atitude do empregado. É interessante notar que a empresa está justificada por demitir, porque é uma necessidade em face das mudanças do mercado, mas não se justifica o empregado não ter atitude positiva diante da demissão. O termo "enxugamento de gorduras", usado no texto, tem sentido bastante interessante, uma vez que expressa certa contradição do texto: todos estão sujeitos à demissão, mas quem foi demitido, na verdade, era "gordura". Em tempos de regimes alimentares e supervalorização da silhueta magra, não se pode negar o fato de que o termo gordura expressa conotação negativa. O texto trai seu objetivo, nesse aspecto, mas talvez isso pouco importe, porque sua função principal ainda está preservada, isto é, legitimar as demissões e deixar claro qual a atitude que se espera dos trabalhadores em face do risco de demissão. Afinal, ser demitido, segundo o artigo analisado, "faz parte da vida".

Quanto ao aspecto do individualismo, percebeu-se em outros textos sua força no discurso predominante naqueles periódicos, como se observa no trecho abaixo:

> Os profissionais costumam perguntar: o que a empresa reserva para mim? Quais as oportunidades que ela abrirá em minha carreira? A resposta é simples: a empresa não reserva nada para você e não vai abrir oportunidade nenhuma. (...) Sua carreira e suas oportunidades dependem de você e só de você, caro leitor. A carreira é feita pelo indivíduo, no mercado. A empresa é um meio para essa realização — um meio que você deve saber usar. Não é bom imaginar você mesmo apenas como uma peça da engrenagem da empresa. Dessa forma, é você que está sendo usado. (*Exame*).

Aqui a retórica do texto indica a individualização da responsabilidade por parte do empregado, ao mesmo tempo em que exime as empresas de qualquer responsabilidade quanto à carreira profissional de seus trabalhadores. A forma como a argumentação é conduzida no texto indica que seu objetivo é demonstrar que essa individualização é adequada porque, em primeiro lugar, não é próprio da natureza da empresa assumir essas responsabilidades — ela é apenas um meio para isso. Depois, porque quando o empregado assume a responsabilidade por sua própria carreira, ele escapa do risco de se tornar uma mera peça na engrenagem da organização.

Outro exemplo vem do depoimento de uma funcionária, a respeito de como uma determinada forma de avaliação ajudou-a a superar dificuldades:

> (...) se o profissional não tem uma reação positiva, isso pode culminar com uma demissão. Porém, na maioria dos casos, há reação, e isso acontece somente após a implementação de um plano de melhoria específico, com período estabelecido para uma reavaliação. Juliana (...), 25, historiadora e pesquisadora, recorreu ao aperfeiçoamento pessoal para dar a volta por cima. No final do ano passado, apresentou um quadro depressivo devido a uma sobrecarga de trabalho aliada à falta de reconhecimento salarial e ao cansaço, pois, em três anos, não tirou férias. "Abri o jogo com a gerência, disse que o salário não me agradava e que não via meu trabalho sendo reconhecido", lem-

> bra. [Juliana] continua na empresa e, apesar de não ter conseguido aumento ou férias, diz que driblou a má fase depois de ter focado sua carreira em projetos paralelos. "Hoje invisto mais em mim. Estou fazendo uma pós e tenho planos de montar uma empresa. O incentivo veio de mim mesma" (*Folha de S.Paulo*).

A estrutura do texto indica, novamente, que o trabalhador deve se responsabilizar individualmente pela superação das dificuldades que lhe impõem o trabalho e as mudanças em seu contexto. Isso é sua responsabilidade, e somente sua, uma vez que a empresa nada precisa fazer para que haja mudança, basta que o empregado consiga incentivar a si mesmo, como sugere o depoimento final. Deve-se perceber que essa é a função do depoimento: não houve qualquer alteração no contexto de trabalho, não houve aumento salarial nem diminuição da carga de trabalho. Contudo, a mudança na atitude da profissional reverteu a situação!

Outro ponto de destaque refere-se à demissão. A construção discursiva do significado da demissão apresenta-se, no âmbito dos textos selecionados para o estudo, como algo que impressiona. Reproduzimos, a seguir, algumas das passagens mais relevantes sobre a questão:

> Para frente é que se anda. Demissão não significa atestado de incompetência, mas uma fase de transição. Pense no futuro: até seu próximo emprego, você tem muito trabalho pela frente! (....)

> A demissão é, sem dúvida, um dos piores momentos da vida de um profissional. Conscientes do impacto que a perda do emprego tem na vida de um profissional, inúmeras empresas estão criando programas na tentativa de minimizá-lo. É a chamada demissão responsável. A Brasil Telecom, por exemplo, desenvolveu um programa chamado Apoio Daqui para ajudar os mais de 6.000 funcionários que foram demitidos durante seu processo de reestruturação, que começou em 2001 e foi concluído no ano passado. O pacote de desligamento incluiu preparação de currículos, orientação para entrevistas de emprego, contatos com clientes para negociar a absorção da mão-de-obra disponível e até empréstimos para aqueles com perfil empreendedor. Hoje, mais de 90% dos demitidos estão empregados e trabalhando a todo o vapor. A Volkswagen, com o seu Programa Evolução, recolocou 70% de um total de 242 funcionários desligados no ano passado. Já a Kaiser, que fechou três fábricas em 2002 e dispensou cerca de 400 pessoas, conseguiu recolocar mais de 30% delas.

Para isso, a pessoa precisa ter consciência daquilo que deseja e traçar um plano de carreira de longo prazo. Buscar uma nova oportunidade no mercado requer planejamento, estratégia e uma grande dose de paciência. E isso vale tanto para quem está desempregado como para aqueles que se sentem satisfeitos com o trabalho atual. Afinal, a gestão da carreira é responsabilidade do profissional — não da empresa. Para saber como montar uma boa estratégia de recolocação, *Você S/A* ouviu alguns dos principais consultores de carreira do mercado. Segundo eles, estas são as principais etapas do processo:

- Encare a realidade — Não adianta sair por aí dizendo que a empresa puxou seu tapete e foi injusta com você. "Quando um profissional se nega a aceitar a demissão e se deixa envolver pelo sentimento de revolta, demora mais tempo para começar a reagir", (....) "Nessas horas, a tendência é falar mal da última empresa e do chefe — e isso costuma ser fatal numa entrevista de emprego" (*Você S/A*).

Aqui o discurso busca aplacar as sensações negativas provenientes da demissão ou mesmo do simples risco de demissão. Trata-se de uma construção cultural da normalidade da demissão, o que parece altamente conveniente em tempos nos quais as empresas impõem a fluidez dos contratos e das relações profissionais com seus trabalhadores. Em seguida, o discurso da normalidade da demissão é parcialmente amenizado. Aceita-se aparentemente que há algo de ruim na demissão. A estrutura do texto implica dizer: as empresas estão conscientes disso, ao contrário do que possa aparentar.

O termo "demissão responsável" tem a função clara de legitimar a demissão como algo necessário e que é feito de forma responsável. Parece ser bastante conveniente. Por fim, o uso das estatísticas de recolocação dos profissionais demitidos parece tentar dissuadir o leitor da gravidade das demissões em massa (o que estarão fazendo os 10% da Brasil Telecom, os 30% da Volks e os 70% da Kaiser que não conseguiram outro emprego? Eles são detalhes pouco importantes no artigo!). Além disso, também sugere que os profissionais demitidos que conseguiram outro emprego, o conseguiram graças à Brassil Telecom, à Volkswagen, à Kaiser, e não por competência própria. A força com que o texto defende a posição das empresas impressiona. Ao dar destaque à parcela de contribuição das empresas para a conquista de novos postos de trabalho por parte dos empregados demitidos, o texto lança sombras sobre o fato de que aquelas mesmas empresas são também parte do problema, e talvez até mesmo as responsáveis principais por ele. De qualquer modo, ele induz a que se pense que quando os ex-empregados conseguem novo emprego, até isso é fruto do esforço das empresas. Tal estratégia discursiva dá destaque à solução para deixar sem discussão o problema e os implicados em sua origem.

A parte final da citação tem sua estrutura e organização em torno da idéia de que se você é um profissional, então deve aceitar a demissão como natural. A passagem sugere fortemente a passividade em face do evento da demissão, e também inspira a busca individual de uma solução: a responsabilidade por recolocação é somente de quem foi demitido.

Finalmente, reproduzimos uma última citação que aconselha o modo como empregados devem se posicionar diante do quadro de mudanças e da própria postura das empresas, defendida à exaustão nos textos examinados:

> Transforme-se num produto — "Você precisa saber se vender como se fosse um produto" (....) Para isso, deve ter argumentos que convençam a empresa a "comprá-lo" (*Exame*).

Nada mais apropriado em tempos de obsolescência programada dos produtos, que as pessoas ou profissionais se vendam como produtos. É coerente com o discurso de individualização e de aceitação da demissão.

O conjunto de citações reproduzidas anteriormente e as análises efetuadas parecem suficientes para dar evidência da expectativa que recai sobre os empregados nestes novos tempos, qual seja, uma atitude de aceitação da transitoriedade de suas relações com as empresas, mas transitoriedade de certo modo imposta pelas próprias empresas diante do suposto contexto com o qual elas devem lidar. O caráter paradoxal dessa transitoriedade está, entretanto, em que ela é admitida ao mesmo tempo em que se busca construir discursivamente a internalização de valores de trabalho que incluem o engajamento do trabalhador em seu contexto de trabalho e sua dedicação à empresa mesmo em termos afetivos. Tal evidência se percebe nas citações a seguir.

> O que é ter um relacionamento dignificante ou coisificante com a empresa? Quando uma pessoa é desrespeitada em sua dignidade, ela se coisifica e passa a tratar seu trabalho como uma coisa, e não como algo que lhe dê prazer e condições de se realizar. Um profissional que tem um relacionamento coisificante com a empresa está, na verdade, sendo desrespeitado por ela e por seus líderes. Por causa disso, ele simplesmente segue as normas e dá à organização somente a sua parte, trocando horas de trabalho por remuneração. Já o relacionamento dignificante ocorre quando a pessoa tem sua dignidade considerada. Ela, então, torna-se autônoma e luta por sua realização profissional e a da empresa. Esse profissional é mais produtivo e feliz. Como transformar um relacionamento coisificante em dignificante? Você só consegue promover mudanças numa empresa com o comprometimento das pessoas. Prova disso é que, de cada dez tentativas de mudança, apenas quatro decolam. E, para que os funcionários possam se envolver, só há um caminho: *eles precisam se autoconhecer*. Para flexibilizar o papel profissional, devem-se mudar valores...(*Você S/A*).

Nessa passagem, o texto é construído em torno de uma suposta alternativa dupla de modos de relacionamento com a empresa, que pode ser "dignificante" ou "coisificante". Além da incoerência do texto (que confunde causa e efeito entre o ser desrespeitado e a construção de relação dita "coisificante" com a empresa), outros aspectos podem ser ressaltados, em especial a caracterização que se faz das conseqüências dessas formas de relacionamento. Em resumo, o texto sugere que o que se espera do empregado ou, mais esclarecedor ainda, o que um dirigente deve obter de seus subordinados — uma vez que a estrutura do texto organiza-se para falar a dirigentes — é uma atuação que vá além da mera troca de "horas de trabalho por remuneração".

Percebe-se que não se discute, em qualquer momento, a legitimidade de tal expectativa: de certo, ela já se apresenta como legítima. É legítimo — e o texto contribui ainda mais para tal legitimidade — que se espere dos empregados engajamento maior do que supõe a mera troca, um engajamento que, no final das contas, seja mais proveitoso à empresa. E isso deve ocorrer na circunstância em que o empregado se torne "mais produtivo e feliz". Percebe-se que, além de maior produção, o contexto de trabalho deve também produzir maior felicidade. Tudo isso, por fim, é responsabilidade última do próprio profissional. Nem mesmo ao dirigente, a quem se dirige o texto, cabe tal responsabilidade. O profissional deve ser autônomo e se autoconhecer: seus valores precisam ser mudados, como conclui o trecho destacado na citação.

Tal construção discursiva aponta, enfim, para a individualização da responsabilidade, como já sugerimos anteriormente. Essas características da relação entre empregado e empregador são, então, marcadas pela expectativa de que se desenvolva um aprofundamento do engajamento por parte dos empregados, como fica também evidente em outros trechos que compõem o *corpus* deste estudo.

> O que é ser feliz no trabalho? É estar com a cabeça e as emoções voltadas para uma atividade que dê prazer. Fazer o que gosta, com competência. Felicidade — é isso e vale para qualquer papel que você desempenha na vida. Quem é feliz é produtivo e tem saúde física e mental (*Você S/A*).
>
> Ainda não é exigência explícita, mas outra característica vem se agregar à extensa lista de atributos valorizados hoje pelo mercado. Além de serem competitivos e criativos, de terem espírito de liderança, de falarem inglês, entre outras qualidades, agora os candidatos a um emprego e os funcionários já contratados devem apresentar também regularidade. O termo aqui significa manter harmonia no "gráfico de produção". "Quanto mais estável for o profissional e por menos fases ruins passar, melhor" (*Folha de S.Paulo*).
>
> Antes, se o profissional fosse competente tecnicamente, já possuía os requisitos necessários para encontrar um bom emprego. No mercado de trabalho de hoje, profissionais de todos os níveis têm sido demitidos porque não possuem comportamento que se ajuste à empresa (*Folha de S.Paulo*).

Aqui se percebe a expectativa que se busca construir em relação ao trabalho. O mesmo empregado que, como se viu anteriormente, é "convidado" a considerar normais situações de perda iminente de seu posto de trabalho, é também instado a encontrar felicidade no trabalho, a gostar do que faz para fazê-lo com competência, a manter um padrão de produtividade, além daquilo que já é correntemente esperado: competitividade, criatividade e espírito de liderança, "entre outras qualidades".

## 8. Conclusões

O discurso típico das publicações aqui analisadas, no período considerado no estudo, pode ser tido como representativo da visão empresarial. As organizações são retratadas como submetidas a forças externas que as pressionam a assumir determinadas decisões inescapáveis, principalmente a demissão e a imposição de novo perfil sobre seus funcionários.

Uma vez que tais circunstâncias são apresentadas como inescapáveis (sequer discutidas na maioria dos textos, mas apenas apresentadas como realidade de fato, o que já é em si a principal estratégia pela qual elas se legitimam nesses discursos), a atitude dos empregados deve ser de aceitação das conseqüências da nova realidade, mesmo quando ela implica a sua demissão. Nesse ponto os textos se tornam, em geral, mais argumentativos, mais extensos, com o uso de vários e diferentes argumentos, por vezes voltados a persuadir o leitor de que a demissão não é uma circunstância necessariamente prejudicial, por vezes reconhecendo aspectos negativos nela, mas propondo formas de superar os problemas decorrentes. Se o discurso predominante é de naturalização da perda dos postos de trabalho, por outro lado (ou em complemento) também se atribui ao trabalhador, individualmente, a responsabilidade por encontrar novo emprego, de modo que quando as empresas articulam planos de recolocação dos seus ex-funcionários, elas são retratadas como se fizessem algo para além de suas obrigações normais.

No tocante ao problema da identidade, o conjunto de discursos aqui analisados mostra-se como instrumento de legitimação da fragmentação das relações entre empresa e empregados, tônica do mercado de trabalho contemporâneo segundo a análise teórica que apresentamos anteriormente. Essa fragmentação, contudo, significa mais do que apenas a quebra das relações. Ela implica tanto a aceitação do caráter potencialmente transitório do compromisso da empresa com o empregado quanto a busca pelo aprofundamento das relações com a empresa, da parte do empregado, de quem é exigida a reconstrução de vínculos com a empresa com base em novos valores que incluam dedicação para além da simples "troca de favores", para além de uma relação apenas de obtenção de remuneração. No tocante à questão da identidade, é de se supor que tal paradoxo tenha conseqüências previsíveis.

Em termos do primeiro nível de construção da identidade, segundo o modelo de Sainsaulieu (1977) — construção de relações afetivas — os dados aqui analisados demonstraram que o trabalhador é atualmente "convidado" (para uma figura de linguagem tão comum nos textos aqui analisados) a não esperar da empresa e do empregador relações estreitas e duradouras, uma vez que não permanecerão por muito tempo no emprego. Mas se ao mesmo tempo se espera comprometimento da parte do empregado em relação à empresa e ao seu trabalho, o resultado mais provável, da perspectiva do trabalhador, parece ser possivelmente a confusão e graus elevados de ansiedade e de decepção, principalmente quando o "empregado comprometido" termina por defrontar-se com a realidade da demissão.

No segundo nível — que implica poder para se diferenciar —, vemos que aceitar a iminência da demissão significa perder poder de negociação e, portanto, poder de impor suas diferenças. Aliás, impor qualquer coisa sobre a empresa é o que menos se espera do empregado, segundo o que se observou no discurso dos periódicos. Ele no máximo pode questionar superiores e a empresa no tocante a contribuições que sejam benéficas ou produtivas à empresa, mas nunca além disso, isto é, nada que seja diretamente vinculado a qualquer interesse pessoal. A sugestão de construção individualizada de competências à parte da empresa e, de modo geral, a situação paradoxal identificada neste capítulo, sugerem fortemente que, afinal, o trabalho está deixando de ser considerado espaço para construção da identidade pessoal, pelo menos nos textos analisados. Resta saber se o tempo que sobra à parte do trabalho e se as relações pessoais dos indivíduos, cada vez mais incitados a construir e reconstruir cotidianamente suas competências, a renovar diariamente seu currículo e a não confiar na experiência passada, são suficientes para que eles desenvolvam qualquer outro vínculo de identidade.

Finalmente, se há de fato condições macroinstitucionais vinculadas à diminuição dos postos de trabalho em alguns setores organizacionais, senão na maioria deles, deve-se notar que tais condições são produto da própria sociedade e de todos os seus agentes, pessoais e organizacionais. Querer então concluir que tais circunstâncias são fruto de qualquer realidade natural ou de qualquer outra ordem que não a social é um equívoco, tão grande quanto a tentativa de individualizar a responsabilidade por suas conseqüências. Todas as estratégias discursivas aqui desveladas poderiam também ser analisadas como a tentativa de impulsionar o processo de reflexividade do trabalhador individual com relação à sua vida no trabalho e ao planejamento de sua carreira, reflexividade bem expressa no conceito, ora em moda, de "empregabilidade".

Contudo, como se observou em parte da discussão teórica que embasou este capítulo, tal reflexividade extrema não é condizente com as condições e os instrumentos sociais à disposição de grande parte da população, e essa individualização da responsabilidade que ela parece implicar em nossos dias pode ter conseqüências sérias. Em especial, note-se que são exatamente os trabalhadores a parte mais fraca — geralmente — na relação empregatícia, porque detêm tempo e recursos mais limitados para resistir à fluidez das novas relações de trabalho e à demanda por um tipo de existência profissional na qual qualquer possibilidade de planejamento se torna improvável, porque é improvável que se possa prever o futuro.

A impressão mais forte que fica deste estudo é que a corrosão da identidade, parafraseando Sennett (1999), parece ser a característica mais forte da vida profissional do trabalhador contemporâneo. A alternativa é reduzir drasticamente suas possibilidades de empregar-se, hoje e no futuro, quando se resolve contrapor-se ao discurso dominante. É difícil lidar com esses paradoxos da vida atual, na qual, parafraseando Marx, tudo *"que é sólido desmancha no ar"*.

## Referências Bibliográficas

BARDIN, L. *Análise de conteúdo*. Lisboa: Edições 70, 1977.

BAUER, M. Análise de conteúdo clássica: uma revisão. In: BAUER R, M., GASKELL, G. *Pesquisa qualitativa com texto, imagem e som*: um manual prático. Petrópolis, 2002, p. 289-217.

BAUER, M., AARTS, B. A construção do corpus: um princípio para a coleta de dados qualitativos. In: BAUER, M., GASKELL, G. *Pesquisa qualitativa com texto, imagem e som*: um manual prático. Petrópolis: Vozes, 2002, p. 39-63.

BECK, U. A reinvenção da política: rumo a uma teoria da modernização reflexiva. In: GIDDENS, A., BECK, U., LASH, S. *Modernização reflexiva*. São Paulo: Unesp, 1997, p. 11-72.

_____. *World risk society*. Cambridge: Polity Press, 1999.

BERGER, P., LUCKMANN, T. *A construção social da realidade*. Petrópolis: Vozes, 1989.

BOUDON, R. *L'idéologie*. Paris: Seuil, 1991.

DEJOURS, C. Intelligence pratique et sagesse pratique: deux dimensions meconnues du travail réel. *Education Permanente*, n. 116, p. 66-88, 1993.

ERIKSON, E. *Adolescence et crise* — la quête de l'identité. Paris: Flammarion, 1972.

FESTINGER, L. *A theory of cognitive dissonance*. New York: Prentice-Hall, 1957.

GIDDENS, A. *As conseqüências da modernidade*. São Paulo: Unesp, 1991.

_____. A vida em uma sociedade pós-tradicional. In: GIDDENS, A. et al. *Modernização reflexiva*. São Paulo: Unesp, 1997, p. 73-134.

GIDDENS, A et al. *Modernização reflexiva*. São Paulo: Unesp, 1997.

GILL, R. Análise de discurso. In: BAUER, M., GASKELL, G. *Pesquisa qualitativa com texto, imagem e som*: um manual prático. Petrópolis: Vozes, 2002, p. 244-270.

LASH, S. A reflexividade e seus duplos. In: GIDDENS, A. et al. *Modernização reflexiva*. São Paulo: Unesp, 1997, p. 135-206.

LUHMANN, N. Familiarity, confidence, trust: problems and alternatives. In: GAMBETTA, D. (ed.). *Trust*: making and breaking cooperative relations. New York: Basil Blackwell, 1988, p. 95-107.

SAINSAULIEU, R. *L'identité au travail*. Paris: Presses de la PNSP, 1977.

SCHUTZ, A. *The problem of rationality in the social world*. New York: Economica, 1943.

SENNETT, R. *A corrosão do caráter*. São Paulo: Record, 1999.

SIMON, H. A behavioral model of rational choice. *Quartely Journal of Economics*, LXIX, p. 99-118, 1955.

_____. Rational choice and structure of the environment. *Psychological Review*, LXII, p. 129-138, 1956.

_____. From substantive to procedural rationality. In: LATSIS, S. (ed). *Method and appraisal in economics*. Cambridge, Mass.: Cambridge University Press, 1957.

VASCONCELOS, I. *Os processos de formação e preservação da identidade social no trabalho:* uma análise crítica do processo de reestruturação da Bull França. Tese (doutorado) — EAESP/FGV, ago. 1997.

WEBER, M. *A ética protestante e o espírito do capitalismo*. São Paulo: Pioneira, 1996.

WEICK, K. *The social psychology of organizing*. Reading: Addison-Wesley, 1969.

WRONG, D. The oversocialized conception of man in modern sociology. In: DEMERATH, N., PETERSON, R. *System, change and conflict*. New York: The Free Press, 1977.

# 11

# IDENTIDADE E PARADOXOS ORGANIZACIONAIS NA ALFÂNDEGA BRASILEIRA

*Clóvis L. Machado-da-Silva*
*Eros E. da Silva Nogueira*

## 1. Introdução

Grande parte do que se produz nos estudos organizacionais apóia-se na noção de que as organizações são entidades distintas, com fronteiras claras, recursos materiais e humanos duradouros, uma ordem interna estabelecida, estruturas definidas e perenidade de existência ao longo do tempo. Alguns estudiosos, entretanto, vêm questionando já há certo tempo o entendimento de fronteiras organizacionais nítidas e duradouras (Aldrich, 1979; Scott, 1981 e 2003), pelo fato de esse pressuposto não se sustentar nas análises empíricas das organizações.

Não só se verifica a ocorrência de consistente reflexão a respeito do próprio conceito de organização, mas é também possível observar certa renovação do quadro teórico de referência a respeito da existência temporal e espacial de organizações, de como e por que elas se estabelecem, se mantêm ou se transformam, enfim, sobrevivem (Weick, 1973; Ramos, 1989; Alvesson, 1990; Scott, 1995 e 2001). A valorização dos processos organizacionais e das relações entre organizações, bem como a adoção de novos parâmetros de temporalidade nas relações intra e interorganizacionais, tem sido utilizada para explicar a estabilidade e a mudança organizacional em um cenário de crescente globalização da economia e dos mercados.

## Capítulo 11  Identidade e paradoxos organizacionais...

Nesse contexto, a concepção representativa da cultura que enfatiza aspectos simbólicos e sistemas de significados compartilhados permite compreender as organizações como realidades socialmente construídas, existentes muito mais na mente de seus membros do que em seus elementos formais e objetivos. Componentes organizacionais, como missão, objetivos, estrutura organizacional, regras, políticas e descrição de cargos e de procedimentos operacionais, são entendidos como desempenhando funções interpretativas. Constituem, assim, elementos de referência no modo pelo qual as pessoas pensam e dão sentido aos contextos e ao seu trabalho. Esses componentes nada mais são do que artefatos culturais para representar a realidade organizacional (Morgan, 1996).

Cultura, na acepção ampla do termo, não só oferece sentido às pessoas ao proporcionar referência às suas vidas, como constitui fonte de significado para sua identidade, na medida em que contribui para a compreensão de como se identificam para si e entre si. Assim, o conceito de identidade está intimamente ligado ao de cultura. Também no âmbito organizacional, os processos de definição, categorização e separação tornam a identidade elemento de reconhecimento e de diferenciação (Child e Rodrigues, 1993; Rodrigues, 1997).

A identidade organizacional, sob esse ângulo, pode ser considerada como resultante de uma representação compartilhada dos membros de determinada organização e daqueles com quem ela interage. A identidade organizacional, portanto, constitui elemento-chave interpretativo do senso compartilhado de realidade (Machado-da-Silva e Nogueira, 2001).

Diante do que foi brevemente exposto anteriormente, o foco deste estudo é a identidade organizacional da alfândega brasileira, entidade que existe formalmente desde 1808, antes mesmo da independência do Brasil. O caso da aduana é interessante, uma vez que desde sua criação até os dias atuais ela passou por período de longa permanência como organização, até ser envolvida em um processo de profunda mudança, que culminou em sua extinção e na incorporação de suas atividades por outra organização.

O estudo da identidade organizacional em situação como a da alfândega brasileira, em que essa identidade foi ameaçada ou negada, pode proporcionar subsídios para se compreender melhor a relação entre cultura organizacional e processos de mudança organizacional. Também pode ser útil para preparar as pessoas que atuam em organizações formais a lidar com situações de mudança decorrentes de fusões, incorporações, alianças estratégicas e outras que impliquem alteração em componentes ou na própria dinâmica da cultura, afetando as identidades sociais de seus membros (Machado-da-Silva e Fonseca, 1993; Machado-da-Silva et al., 1999).

A tentativa de demonstrar como valores, crenças e significados compartilhados são importantes para se compreender e lidar com os processos de manutenção e de renovação da identidade da organização, diante de mudanças fundamentais e conjunturais em curso, implica conhecer melhor os processos de natureza simbólica e cognitiva que ocorrem nas relações entre a organização e o contexto em que se insere. Esse conhecimento pode oferecer valiosa contribuição para a formulação de estratégias, assim como para ampliar a capacidade da organização de aprender a interpretar a si, ao ambiente e às interações sociais das quais participa.

## 2. Ação Social, Cultura e Identidade Organizacional

Weber (1991) considera a ação individual como o átomo fundamental de toda a sociedade e do próprio processo civilizatório. Os fenômenos sociais — como, por exemplo, organizações e coletividades — são constituídos a partir de significados comuns e são intersubjetivamente compartilhados,[1] quer em estruturas burocráticas de dominação, quer em instituições obrigatórias como o Estado.

---

1. "Essencial em Weber, contudo, é que o sentido da ação não é algo já dado que de algum modo seja 'visado' pelo agente como 'meta' da sua ação, mas é a representação que ele, como agente, tem do curso da ação e que comanda a sua execução [...]. Dessa forma seria possível evitar a impressão de que o sentido já estivesse de alguma forma 'pronto' antes de encetar a ação e fosse, portanto, uma referência objetiva já dada. No esquema analítico weberiano tudo passa pelas concepções ou representações que os agentes (sempre individuais, em última instância) têm dos motivos, meios e fins das ações sociais em que se envolvem. E motivos, meios e fins têm, para o agente, caráter significativo. Daí a dimensão de sentido da ação" (Cohn in Weber, 1991, p. xvi).

O processo moderno de racionalização social compreende a interação de valores, interesses e idéias, e resulta de fatores econômicos, políticos e sociais, historicamente situados no tempo e no espaço. Ademais, esse processo de racionalização não é unilinear; ele abarca ou se desdobra em processos concernentes a diversos níveis socioculturais e ordens institucionais (esferas de vida), nos quais avançam ou ocorrem com suas peculiares condições e velocidades. E em última instância, todavia, esses padrões de civilização e de racionalização[2] são provavelmente mais baseados em valores do que em interesses (Weber, 1991).

Em decorrência, na visão de Berger e Luckmann (1998), o mundo consiste de múltiplas realidades, nas quais a vida cotidiana ocupa posição privilegiada e dominante, apreendida como ordenada e objetivada previamente à tomada de consciência do observador. A vida cotidiana está associada a um forte sentimento de intersubjetividade e encontra-se estruturada temporal e espacialmente.

Nos estudos desse campo, trabalha-se com conceitos que pertencem aos níveis de análise do indivíduo e dos sistemas sociais. O indivíduo é compreendido como agente e sujeito de significados, produzindo-os, sofrendo-os e os reproduzindo. Essa visão privilegia a cognição, atribuindo às instituições a qualidade de construções cognitivas que podem influir na conduta humana, uma vez que são constituídas de tipificações recíprocas e intercorrespondentes de ações habitualizadas e tipos de atores. A ordem social seria, fundamentalmente, um compartilhamento social da realidade, uma formulação humana criada em interação social. Como produto da atividade humana, ela existe à medida que os indivíduos agem, interpretam essas ações e compartilham com outros essas interpretações. O compartilhamento dessas interpretações permite uma categorização comum de comportamentos

---

2. Kalberg (1980) afirma que os tipos de racionalidade analisados por Weber correspondem, em seu conjunto, a um esquema conceitual que pode ser sintetizado em quatro categorias de racionalidade: prática, teórica, formal e substantiva. Esses tipos de racionalidade correspondem à percepção de regularidade nas ações sociais, proporcionando a noção de que é possível compreender realidades aparentemente desconectadas e fragmentadas.

e de significados, o que habilita os indivíduos a agir coerentemente entre si (Berger e Luckmann, 1998).

Amplia-se, assim, a compreensão da interdependência entre ambiente e organizações, em termos de sistemas de informação e de processos cognitivos e, também, em termos de efeitos ambientais sobre os resultados organizacionais. Essa inter-relação varia de acordo com o tipo de organização, e até no interior de uma única organização podem ocorrer diferenças entre subunidades por enfrentarem diferentes condições ambientais (Machado-da-Silva et al., 1998).

A realidade social é vivenciada em interação social e apreendida num contínuo de tipificações e de significações compartilhadas. A estrutura social seria a reunião dessas tipificações e dos padrões recorrentes de interação estabelecidos por meio delas e que a compreendem.

As teorias e os universos simbólicos integram diferentes áreas de significação e permitem abranger a ordem institucional em uma totalidade simbólica. Eles permitem, também, ordenar as realizações e experiências humanas no tempo e no espaço; manter um senso de segurança, de legitimação e de participação inserida; estabelecer uma configuração que inter-relaciona os atores participantes, reconhece e constrói identidades estáveis e definidas.

> A análise da objetivação, da institucionalização e da legitimação aplica-se diretamente a problemas da sociologia da linguagem, da teoria da ação e das instituições sociais e da sociologia da religião. [...] Dito de maneira mais geral, afirmamos que a análise do papel do conhecimento na dialética do indivíduo e da sociedade, da identidade pessoal e da estrutura social, fornece uma perspectiva complementar essencial para todas as áreas da sociologia (Berger e Luckmann, 1998, p. 243).

Como afirma Giddens (1989), o estudo da vida cotidiana e dos contextos de interação social são essenciais para a análise da reprodução de práticas institucionalizadas. As identidades sociais e as relações entre prática e posicionamento mútuo entre atores estão associadas à configuração tempo-espaço da estrutura social, além de direitos normativos, obrigações e sanções que, em suma, constituem papéis a serem assumidos complementarmente pelos atores. Mas não são somente os indivíduos que estão posicionados em relação uns aos outros; os contextos de interação também estão. A natureza localizada da interação social implica diversos locais pelos quais as atividades cotidianas dos indivíduos são coordenadas. Os locais não seriam apenas lugares, mas cenários de interação em que os atores desempenham seus papéis. Assim, a reificação é uma forma ou estilo de discurso, no qual as propriedades dos sistemas sociais são vistas como tendo fixidez e qualidade como as que se atribui às leis da natureza.

Goffman (1985) também explora essa dimensão da consciência prática, interpretando as interações como rituais e atividades cerimoniais orientadas a afirmar crenças compartilhadas. A identidade não pode ser abstraída da representação social.[3] Os jogos rituais ocorrem nos encontros entre parceiros que desempenham papéis interdependentes e, assim, se afirmam e realizam seu sentido de existência. A estrutura social poderia ser considerada como resultante de uma rede de rituais interativos, por meio dos quais as pessoais aplicam emoções e recursos culturais em encontros que realizam e desempenham relações simétricas (solidárias) e assimétricas (hierárquicas).

Ao tratar da mesma temática, Bourdieu (1974 e 1999) enfatiza os elementos dóxicos (aceitos como verdadeiros, naturais e elementares) da ação, as classificações sociais, a consciência prática (entendida como o conhecimento não-conceitual) e a reprodução contextualizada da estrutura social, reunindo-os em torno da noção de *habitus*. *Habitus* seria um construto

---

3. A perspectiva empregada por Goffman (1985) é a da representação teatral. Ele usa o termo representação para se referir a toda atividade de um indivíduo que se passa em um período caracterizado por sua presença contínua diante de um grupo particular de observadores e que tem sobre esse grupo alguma influência. Parece oportuno sublinhar que a psicologia social se refere à representação social, noção que lhe é fundamental, como "uma forma de conhecimento, socialmente elaborada e partilhada, tendo uma visão prática e concorrendo para a construção de uma realidade comum a um conjunto social" (Jodelet, 1989, p. 106). Moscovici (1981, p. 181) conceitua representação social como "um conjunto de conceitos, proposições e explicações, originados na vida cotidiana no curso de comunicações interpessoais. Eles são o equivalente, em nossa sociedade, aos mitos e sistemas de crenças das sociedades tradicionais; podem também ser vistos como a versão contemporânea do senso comum". Essa aproximação da psicologia social enfatiza o entendimento de que representação é um processo mental dotado de sentido simbólico.

analítico, um sistema de improvisação disciplinado ou de regras genéricas que representam o que foi internalizado pelos atores, a partir do experimentado, com base nas tipificações compartilhadas de categorias sociais. O que foi internalizado abrange o cognitivo, o afetivo e o avaliativo.

Em razão do convívio e das histórias comuns, os membros de determinada fração ou segmento da sociedade compartilham hábitos similares, que desenvolvem e mantêm regularidade de idéias, de aspirações, de estratégias de ação e de padrões de apreciação estreitamente relacionados com as posições por eles ocupadas na estrutura social, e que eles continuamente reproduzem. As instituições seriam, então, inseparáveis da distribuição de atores, uma vez que só se tornariam ativas e efetivas se encontrassem aqueles que realizam nelas seus interesses e que se sentem integrados e em condições de seguir adiante.

Ainda, segundo DiMaggio e Powell (1983), o conceito de *habitus*, dentre outras contribuições: a) oferece hipóteses para se analisar por que e como os atores reproduzem e se submetem a estruturas sociais que não correspondem necessariamente aos seus interesses; b) não se circunscreve ao modelo freudiano de internalização, teorizando sobre um comportamento estratégico com base no passado mas não por ele completamente determinado; c) é alternativo à visão de Parsons[4] no que concerne à colocação das pessoas nas posições sociais.

---

4. Parsons (1969) descreve cultura com um modelo que envolve: (a) o domínio cognitivo (crenças e idéias compartilhadas); (b) a dimensão afetiva e expressiva; (c) as orientações valorativas. Conforme DiMaggio e Powell (1983), apesar de constituir rico modelo explicativo, sua vulnerabilidade reside, principalmente, no seguinte: (1) a cultura é vista essencialmente como elemento internalizado na personalidade, em detrimento de se aceitá-la igualmente como objeto referencial existindo "fora" do ator, o que limita a análise do uso estratégico da cultura para se perseguir objetivos e finalidades; (2) a internalização das orientações valorativas e das expectativas é colocada como centro da análise, destacando-se os aspectos avaliativos e desconsiderando os cognitivos; (3) a ação, em sua concepção, permanece racional, no sentido de que ela inclui uma quase intencional busca de gratificação, balanceada na composição entre a razão humana e os complexos e polifacéticos critérios avaliativos. O esquema explicativo de Parsons abarca as dimensões afetiva e valorativa, que orientam o indivíduo e, também, a noção de papel social, que estabelece correspondência entre os níveis individual e social de análise. O modelo não se limitou à concepção de racionalidade instrumental e nem à de anteposição básica entre paixões/interesses e motivações socializadas e internalizadas. Deixou, contudo, de incorporar os aspectos cognitivos constitutivos da cultura, conforme sugerido a partir dos estudos etnometodológicos e fenomenológicos.

Em suma, a abordagem analítica brevemente delineada nos parágrafos precedentes pode proporcionar recursos para se compreender os modos e os meios de perpetuação e elaboração de uma identidade compartilhada pelos membros de uma organização, considerando o nível do indivíduo e o nível social. Em relação ao caso estudado, o sistema aduaneiro, esse referencial teórico é base para analisarmos em que medida se justifica a hipótese da existência, da construção e da reconstrução de uma cultura.

## 2.1 Cultura

No entendimento de Geertz (1989), cultura não se reduz ao plano do complexo de comportamentos concretos, constituindo acima de tudo um conjunto de mecanismos de controle, planos, receitas, regras e instruções para governar o comportamento humano em sociedade. A influência da cultura no comportamento de indivíduos e grupos tem sido plenamente reconhecida, muito embora a cultura seja sustentada e condicionada por fatores sociais e psicossomáticos. Os seres humanos são causas de acontecimentos culturais. As causas humanas, por sua vez, são o resultado de situações de culturas antecedentes, que sofreram adaptações ou foram incorporadas às que lhes são posteriores. De certa forma, pode-se afirmar que existe uma continuidade de causação indireta de acontecimento da cultura para acontecimento da cultura, por meio dos seres humanos. Os aspectos culturais podem ser identificados em qualquer segmento da atividade social. As organizações não poderiam constituir exceção a esse universo cultural, pois elas próprias são referência dos acontecimentos culturais e *locus* da continuidade da causação indireta desses acontecimentos, mediante as interações sociais.

Trice e Beyer (1993) conceituam cultura como fenômeno coletivo que reúne e corporifica as respostas das pessoas às inevitáveis incertezas e ao caos presentes na experiência humana. Essas respostas podem ser categorizadas em dois grupos. O primeiro compreende a substância da cultura: os sistemas de crenças compartilhadas e emocionalmente animadas, que diversos autores denominam como ideologias. O segundo abarca as formas culturais, as entidades observáveis, incluindo as ações mediante as quais os membros da cultura expressam, afirmam e comunicam a substância da cultura uns aos outros.

O conteúdo ou substância da cultura pode ser descrito como o conjunto de crenças, valores e normas, qualificados como aspectos ideológicos por Trice e Beyer (1993), que impelem as pessoas à ação e a justificam para si e para os outros. A substância da cultura emerge principal e espontaneamente dos processos sociais informais, transitando entre vários níveis ou ambientes, tais como: sistemas transnacionais, nações, comunidades, segmentos de atividade tecnológica, segmentos ocupacionais e organizações formais. As crenças referem-se a relações de causa e efeito, que explicam como as coisas funcionam; os valores expressam preferências por comportamentos e resultados; e as normas indicam o que é esperado e aceitável para a comunidade.

Schein (1991) propõe que a cultura é produto aprendido em grupo; portanto, ela só pode ser encontrada onde haja um grupo com significativa história ou experiência compartilhada, manifestando-se em três níveis:

- *o nível dos pressupostos básicos ou fundamentais*: referente às percepções, sentimentos e crenças que residem no pré-consciente ou inconsciente, não sendo questionáveis porque são aceitos como aspectos da realidade, mas têm impacto e reflexo sobre os dois outros níveis;
- *o nível dos valores*: concernente às preferências, filosofias, objetivos e estratégias, que residem em nível consciente e que podem ser compartilhados apesar de passíveis de questionamento;
- *o nível dos artefatos*: correspondente aos processos, estruturas e outros fenômenos facilmente observáveis, tanto de natureza física e material como de natureza social.

Em conseqüência, para se levar a efeito qualquer investigação sobre cultura, torna-se necessário identificar um grupo, conhecer seus limites e suas condições de existência, tendo em vista a possibilidade da presença de subculturas, que podem ser identificadas em diferentes níveis ou esferas. Nesse sentido, Martin (1992) considera três perspectivas analíticas para a investigação da cultura no contexto organizacional, esclarecendo que elas não compõem uma metateoria ou um paradigma, mas capturam algumas das dimensões conceituais comuns entre os estudos nesse campo; devem ser tratadas, pois, como modelos referenciais interpretativos. São elas as perspectivas de integração, de diferenciação e de fragmentação.

Essas perspectivas são definidas a partir de três grandes dimensões:

- a relação entre as várias manifestações culturais na organização (consistência, inconsistência ou complexidade entre as manifestações);
- a orientação em relação à ambigüidade (excluindo-a, canalizando-a ou tratando-a como essencial);
- a orientação para o consenso ou homogeneidade entre as manifestações culturais (amplo consenso organizacional, consenso no nível subcultural ou multiplicidade de visões não-consensuais).

Nos estudos realizados a partir da perspectiva de integração, as manifestações culturais são entendidas como reforçando os mesmos temas, os membros da organização possuem atitude amplamente consensual e a cultura é descrita como homogênea, minimizando-se a possibilidade de ambigüidade. Já na perspectiva de diferenciação, as manifestações culturais são descritas como trazendo, muitas vezes, inconsistências; o consenso ocorre dentro das subculturas, mas entre subculturas verifica-se dissenso e conflitos, e a ambigüidade é tratada nas fronteiras entre as subculturas, preservando as características intra-subcultura e canalizando as diferenças para as relações com outras subculturas. Por fim, na perspectiva de fragmentação, o destaque fica por conta das ambigüidades, consideradas como essência da cultura organizacional — consenso e dissenso ocorrem em situações específicas, e sua existência e configuração estariam flutuando constantemente, sendo raras as consistências e as inconsistências claramente definidas e permanentes.

Linstead e Grafton-Small (1992) observam que a criatividade existe não só na produção, mas também no consumo da cultura, incluindo as práticas de exame, de adaptação de sentidos e de bricolagem. A cultura parece ter simultaneamente funções de integração e de diferenciação, podendo, portanto, conter e perpetuar não apenas consensos, mas ambigüidades, oposições, contradições e o inexplicável. Os significados são realizados, criados e recriados ativamente, em modos indexados, refletidos e dotados de propósito. Esses autores discutem se não constitui falácia a crença de que os significados são fixos e unidimensionais para que se explique, convenientemente, a coesão, a unidade e a cooperação. De outro ângulo, qualquer evento pode ser passível de diferentes interpretações, em conformidade com valores e interesses diversos, o que leva a crer que um evento pode conter, simultaneamente, muitos significados.

O entendimento tradicional e "logocêntrico" de que a linguagem é uma janela transparente da realidade pode se revelar vulnerável considerando-se que o aspecto determinante e significante da linguagem reside na diferença entre termos, e não em seu caráter referencial. Esse entendimento traz implícita uma lógica oposicionista de identidade; há um entendimento suplementar que nega o termo para que se reconheça sua existência significante e significativa, refletindo a idéia de que algo restará a ser providenciado para se atender a sempre insatisfeita necessidade.

## 2.2 Valores e Crenças

No tratamento do conceito de cultura em sua relação com o conceito de identidade organizacional, adota-se no presente estudo a abordagem metafórica, uma vez que ela provê componentes analíticos mais adequados para o melhor entendimento do fenômeno. A concepção é a de que existe uma rede de significados em processo de construção social,[5]

---

5. A perspectiva adotada parece se aproximar da exposta por Geertz (1989). A cultura não seria passível de estar circunscrita a um fenômeno mental, ou a padrões comportamentais, ou a expressões correspondentes a necessidades e desejos exclusivamente individuais. Ela compreenderia estruturas de significados compartilhados coletivamente. "O conceito de cultura que eu defendo, e cuja utilidade os ensaios abaixo tentam demonstrar, é essencialmente semiótico. Acreditando, como Max Weber, que o homem é um animal amarrado a teias de significados que ele mesmo teceu, assumo a cultura como sendo essas teias e a sua análise; portanto, não como uma ciência experimental em busca de leis, mas como uma ciência interpretativa, à procura do significado" (p. 15).

motivo pelo qual não se considera a cultura como algo variável. Nessa perspectiva, a ênfase recai nas visões cognitiva e simbólica, pois se pretende entender a concepção e a ação dos indivíduos participantes do grupo, e dos que com ele interagem, a respeito dos valores e crenças que têm sobre o próprio grupo, que julgam que outros tenham sobre o grupo e que suponham ser aceitos pela sociedade.

Em decorrência, "entende-se *cultura organizacional* como constituindo o conjunto de crenças, valores, artefatos, práticas e significados concebidos, aprendidos e compartilhados pelos membros de uma organização" (Machado-da-Silva e Nogueira, 2001, p. 39). Tal conjunto propicia sentido e permite a interpretação da realidade. Como elementos para identificação e descrição da cultura, no contexto deste estudo, adotam-se valores e crenças, principalmente por serem os mais amplamente aceitos entre os autores consultados.

Enz (1988) conceitua *valores* como as preferências dos indivíduos ou de grupos de indivíduos que os levam a ordenar cursos de ação, meios e fins, considerando-os como mais desejáveis em comparação a outras alternativas. Os valores estão essencialmente relacionados com as escolhas feitas pelo indivíduo ou grupo e com a atribuição ou reconhecimento de significado e oportunidade (temporal e espacial) a esses cursos de ação, meios e fins. Valor, para a autora, está relacionado tanto com o sentimento sobre o que é desejável (ou não), quanto com o processo de justificação das escolhas. Ele trata da noção de como a realidade deve ou deveria ser.

Por sua vez, Meglino e Ravlin (1998) distinguem entre os valores estabelecidos sobre um objeto, obtidos comparando esse objeto com outro, e os valores utilizados para descrever um sujeito. Estes últimos, ainda, poderiam ser subdivididos entre valores terminais — aqueles auto-suficientes que descrevem estados finais de existência (por exemplo: a sabedoria) — e valores instrumentais — aqueles que se referem a modos de comportamento (por exemplo: a honestidade, a solidariedade, a responsabilidade).

O entendimento de valor como preferência permite conceituar *crença* como estruturas mais implícitas, que delineiam as opções dos indivíduos e servem de fundamento à racionalização, envolvendo, portanto, pressupostos básicos de como a realidade é ou se apresenta (Enz, 1988; Schein, 1991).

A relação entre valores e crenças é interativa: de um lado, as crenças sustentam os valores, à medida que aquilo que as pessoas assumem como verdadeiro influencia o que valorizam; de outro, os valores podem dar origem a crenças na própria medida em que, reafirmados consistentemente em comportamentos bem-sucedidos, passam a ser internalizados gradativamente como verdade, tornando-se pressupostos subjacentes (Geertz, 1989; Martin, 1992; Sackmann, 1992; Hatch, 1997; Machado-da-Silva e Nogueira, 2001).

## 2.3 Identidade Organizacional

A identidade organizacional possui estreita relação com valores e crenças. Conforme afirmam Albert e Whetten (1985), a identidade organizacional compreende as crenças compartilhadas pelos integrantes de uma organização sobre o que para ela é central, distintivo e duradouro. Nas palavras desses autores:

> O critério de centralidade aponta as características vistas como a essência da organização. O critério de distintividade aponta os elementos que distinguiriam uma organização das outras com as quais poderia ser comparada. O critério de continuidade temporal ressalta as características estáveis no tempo (p. 265).

Esses três critérios seriam, cada um, necessários e, considerados em conjunto, suficientes para definir identidade organizacional como conceito científico.

O critério que pretende estabelecer o caráter distintivo da identidade, embora do ponto de vista de Albert e Whetten (1985) não seja uma propriedade mensurável, pode ser traduzido de diversas maneiras, tais como objetivos organizacionais estratégicos, missão, proposições ideológicas, valores, filosofia ou cultura específica. Esses autores argumentam, ainda, que os estudos sobre o tema precisariam considerar que as organizações podem não ter uma identidade unidimensional ou única; elas podem ser híbridas, compostas de múltiplos tipos. Eles entendem também que, em nível organizacional, possivelmente como se supõe ocorrer no nível dos indivíduos, a identidade organizacional é formulada e mantida por meio de interações, de forma análoga aos modelos propostos por Mead (1953) e Goffman (1985).

Nessa mesma linha de análise, Elsbach (1994) sublinha que a identidade de uma organização reflete seus atributos centrais e diferenciadores, incluindo seus valores essenciais, modos de desempenho e de agir e produtos. No nível dos indivíduos que participam da organização, a identidade organizacional é fruto do seu esquema cognitivo ou de sua percepção dos atributos essenciais e distintivos da organização, de sua situação e do seu posicionamento no contexto em comparação com outras organizações. O senso compartilhado de continuidade da organização pode estar amparado na percepção de continuidade proporcionada pelos discursos e narrativas que operam a estabilidade da ordem social ou grupal, inter-relacionados aos hábitos e aos recursos de comunicação — figuras conceituais, metáforas, signos e outros — adotados por eles (Alvesson, 1994).

Trabalhos mais recentes, também no âmbito da psicologia social, tratam a identidade organizacional como função da forma como a organização percebe a si mesma. Haveria, nesse enfoque, correlação entre identidade organizacional, autoconceito individual e imagem da organização (Dutton et al., 1994). Já outros estudiosos discutem o conceito de identidade organizacional sob a ótica de imagem organizacional ou corporativa, ou seja, sua imagem externa e a percepção dessa imagem externa (Alvesson e Berg, 1992).

Elsbach (1994) apresenta o ponto de vista de que é necessário distinguir entre dois tipos de percepção da identidade organizacional: 1) a identidade organizacional percebida por seus membros — aquilo que eles crêem ser seus atributos centrais, distintivos e duradouros; 2) sua identidade externa construída — aquilo que eles, os membros, pensam que aqueles que não pertencem à organização acreditam ser esses atributos centrais, distintivos e duradouros. Os dois tipos de percepção estão relacionados com representações cognitivas mantidas pelos indivíduos, membros e não-membros da organização.

Essa visão sugere alguns fatores que poderiam estar relacionados com o aumento da identificação organizacional. Primeiro, a distintividade dos valores e das práticas dessa organização em comparação com os de outras seria um importante fator para proporcionar um entendimento de identidade único e singular. Essa distintividade poderia explicar, em parte, o zelo missionário de membros de organizações recém-criadas ou que esposam objetivos específicos e altamente valorizados pela coletividade. O segundo seria o prestígio que a afiliação proporcionaria, tendo em vista os mecanismos de comparação social, afetando a auto-estima. Por último, a identificação organizacional ressaltaria a não-inclusão do indivíduo em outros grupos, sublinhando a homogeneidade dos que se sentem participantes e a separação ou segregação em relação aos não-semelhantes.

Assim, a identidade social seria um mecanismo cognitivo que tornaria possível o comportamento grupal. As definições situacionais e as autodefinições emergiriam por meio de interações simbólicas, em que os significados evolveriam as interações verbais e não-verbais dos indivíduos. O entendimento da singularidade da identidade de uma organização pode ser compartilhado não somente entre seus membros, mas também por outros indivíduos e grupos que se relacionam com ela, como fornecedores, clientes e consultores, por exemplo.

Nesse sentido, Turner (1986), ao analisar os aspectos sociológicos do simbolismo organizacional, argumenta que os indivíduos também mantêm uma concepção de sua própria identidade social, que é uma medida de seu autoconceito, definida pela sua associação ou afiliação com grupos sociais. Acredita-se que, em nível cognitivo, as identidades sociais dos indivíduos são delineadas em termos de múltiplas e hierárquicas categorias, incluindo diversas bases de referência, tais como geração, idade, raça, ocupação e afiliações organizacionais. Assim, a percepção a respeito da identidade organizacional pode ter efeito direto sobre a percepção da própria identidade social.

Diante da relação entre identidades social e organizacional, os estudiosos vêm procurando avaliar sua importância e extensão. As pessoas podem buscar identidades sociais mais positivas e aceitas, mediante associação com organizações que tenham identidade positiva (como se houvesse uma transferência dos atributos para a identidade social). O inverso também seria passível de análise: a ameaça à identidade organizacional ou ao grupo pode constituir ameaça à identidade social.

Desse modo, a identidade organizacional pode ser compreendida como resultante dos esquemas cognitivos ou da percepção a respeito dos atributos diferenciadores e essenciais da organização, incluindo seu posicionamento no contexto (*status*) e as comparações relevantes com outros grupos ou organizações. Eventos externos e situações ambientais que refutem ou coloquem em questão essas características definidoras podem ser percebidos como ameaças à percepção dos membros em relação à identidade da organização da qual fazem parte, e podem ocasionar, inclusive, consciência mais clara dos próprios atributos definidores da identidade organizacional (Albert e Whetten, 1985; Fiol, 1991; Elsbach e Kramer, 1996; Gioia e Thomas, 1996).

Vários elementos vêm sendo usados para explicar o fato de que as organizações possuem identidades coletivas, resultantes das crenças que seus membros compartilham sobre o que é central, distintivo e duradouro para cada uma delas. Muitos estudiosos afirmam que é menos importante se esses elementos justificadores de singularidade são ou não empiricamente válidos do que a evidência de que os membros se engajam intensamente nos processos de comunicação e de mútua influência para formular ou manter uma identidade coletiva. Essas organizações articulam um conjunto de expressões culturais, tais como símbolos, rituais, cerimônias e histórias, que traduzem, comunicam e codificam padrões organizacionais compartilhados de entendimentos e de comportamentos (Allaire e Firsirotu, 1984). Esse repertório de expressões culturais delineia e comunica a identidade coletiva da organização.

Ainda assim, nem sempre as pessoas estão conscientes desses atributos definidores da identidade organizacional, que podem permanecer subliminares para elas até que a identidade seja ameaçada ou desafiada (Albert e Whetten, 1985; Fiol, 1991). Muitas vezes alterações consideradas importantes no contexto ambiental, como as promovidas por novas normas que regulamentam o setor ou aquelas provocadas por redefinições de posicionamento estratégico entre concorrentes, podem revelar ou tornar mais evidente a identidade coletiva da organização.

A identidade organizacional também pode tornar-se mais saliente quando seus membros observam a eclosão de inconsistência entre ela e as estratégias da organização, ou quando as ações individuais de seus membros contradizem a identidade ou a imagem da organização (Alvesson, 1994). Quando isso ocorre, as ações individuais ou coletivas interrompem o curso normal de funcionamento organizacional, levando os participantes a se questionar sobre a finalidade e a natureza de suas atividades. Constituem momentos de revisão, de aprofundamento e de ampliação da consciência a respeito do que eles acreditam definir a organização; também são possivelmente momentos para rever a magnitude da conexão que mantêm, individual e coletivamente, com a organização.

## 3. Estudo de Caso: a Alfândega Brasileira

O quadro teórico de referência delineado na seção precedente forneceu as bases para a análise do caso da alfândega brasileira. Como se poderá observar na seqüência, os recursos conceituais e analíticos desse referencial teórico permitiram verificar se os membros da aduana lhe atribuem razão de ser e propósito, imagens e atributos próprios e até que ponto esses aspectos contribuem para um senso de existência e de identidade organizacional compartilhados.

### 3.1 Procedimentos Metodológicos

A presente pesquisa caracteriza-se como estudo de caso, com utilização de múltiplas fontes de evidência. A perspectiva do estudo é transversal, com avaliação longitudinal do período compreendido entre 1966 e 1998. A abordagem metodológica, predominantemente descritivo-qualitativa, permitiu analisar aspectos intersubjetivos, e, portanto, compartilhados, tais como percepções, compreensão do contexto ambiental e organizacional, significados relevantes e dinâmica das interações sociais de indivíduos e grupos. A investigação foi conduzida com base, em especial, nos discursos e nas práticas cotidianas, remetendo-os sistematicamente para o nível organizacional de análise.

Os dados primários foram obtidos mediante entrevistas semi-estruturadas com pessoas selecionadas, de acordo com critérios de amostragem intencional e estratificada casual. Foram realizadas doze entrevistas, assim distribuídas: quatro com ex-dirigentes da aduana, três com dirigentes em atividade do nível estratégico e cinco com gerentes dos níveis regional e local. As fontes secundárias compreenderam documentos internos e externos, artefatos, signos e símbolos que permitiram aferir, de forma complementar às entrevistas semi-estruturadas, a história, a cultura e a situação da organização em estudo.

No tratamento dos dados primários, foram utilizadas a análise descritiva e a análise de conteúdo. Análise documental e análise de conteúdo foram requeridas para tratamento dos dados secundários. Entre as diversas técnicas para se realizar a análise de conteúdo, escolheu-se a análise categorial temática, por possibilitar a identificação de unidades de significação, isto é, dos núcleos de sentidos que constituem a comunicação. A técnica de triangulação foi exaustivamente utilizada, para garantir maior confiabilidade e validade na análise dos dados provenientes das múltiplas fontes de evidência.

A contagem do tema, como unidade de registro e regra de recorte na codificação da análise categorial, foi levada a efeito com base na presença, na freqüência e na direção (favorável, desfavorável ou neutra). Enquanto processo de enumeração, a contagem pretendia simplesmente estabelecer dados adicionais comparativos entre as observações identificadas, sem finalidades quantitativas mais pretensiosas.

A fim de realizar a categorização, adotou-se como procedimento não utilizar um sistema predefinido de categorias. Os elementos constitutivos (núcleos de significado: temas que expressam preferências e/ou crenças) foram estabelecidos por diferenciação extensiva, analógica e progressiva entre si. Após a leitura analítica de todo o material, levou-se a efeito uma segunda leitura, revisando o conjunto de observações percebidas e identificadas na primeira. Somente a partir daí procedeu-se à classificação desses elementos e à tentativa de reagrupamento progressivo em categorias que fossem, o quanto possível, excludentes entre si, homogêneas e pertinentes aos objetivos do estudo.

Cabe assinalar que se verificou, nos dados analisados, a recorrência de determinados temas (por exemplo, soberania e nacionalidade) que não exprimem preferências ou orientações valorativas em si. Sua presença nos discursos parece compor parte essencial dos papéis assumidos e dos elementos descritivos das relações sociais. Esses temas e noções auxiliaram na suposição da durabilidade e da ubiqüidade do sistema social representado, bem como na explicação do posicionamento recíproco dos atores, constituindo dimensão importante no contexto cultural em estudo. À luz de suas características, foram qualificados como simbólicos, inclusive para diferenciá-los das noções valorativas e das crenças.

## 3.2 O Caso: Breve Retrospecto da Alfândega Brasileira

De modo geral, os historiadores reconhecem que as raízes da administração aduaneira brasileira remontam à própria organização pública portuguesa, e afirmam que sua origem precede a independência política do Brasil. Segundo esses pesquisadores, as primeiras iniciativas governamentais de regulamentação dos direitos e de organização da aduana, nos moldes de administração pública nacional, com organicidade própria e autonomia com relação à sua origem portuguesa, datam da Carta Régia e do Álvaro Régio expedidos pelo Príncipe Regente D. João VI, respectivamente em 28 de janeiro e 28 de junho de 1808.

Os dados históricos confirmam que as alfândegas constituíam a coluna central da administração e da arrecadação tributário-fiscal do Império. A participação dos direitos aduaneiros (impostos, taxas e outros) na receita pública total alcançava quase 70%. Daí a importância da aduana, seu prestígio e poder, que se prolongou por mais de um século.

A Reforma de 1934 privilegiou as funções administrativas do Ministério da Fazenda, em detrimento das funções de arrecadação tributário-fiscais. Propôs uma organização dos serviços orientada por critérios de racionalização e eficiência, separando finanças e administração. A partir daí, a aduana passou a ser denominada Diretoria de Rendas Aduaneiras. Todos os tributos e serviços fiscais não-aduaneiros, como, por exemplo, os referentes ao imposto de consumo, passaram a ser tratados por outro órgão, a Diretoria das Rendas Internas. Ambas tornaram-se os pilares principais do Ministério da Fazenda.

Em 1967, o governo federal decidiu criar uma nova estrutura para conduzir a administração tributária no Brasil. A Secretaria da Receita Federal foi criada e instalada em substituição à anterior Direção-Geral da Fazenda Nacional. O ato que criou a Secretaria da Receita Federal em 1968 e extinguiu o órgão encarregado pela aduana não estabeleceu nenhuma estrutura interna para conduzir e organizar a atuação aduaneira no Brasil.

Apesar de regimentalmente a aduana ter sido dissolvida em 1967, nessa situação permanecendo até 1985, e portanto por quase vinte anos, as atividades aduaneiras continuaram sendo prestadas e desenvolvidas pelas unidades locais especializadas remanescentes e pelos recursos humanos que sobreviveram à reforma, sem um comando estratégico e uma direção especializada no governo federal.

Somente em 1985, com o crescimento significativo das importações e a diversificação da pauta de exportações, a gravidade dos problemas na área aduaneira começou a merecer destaque, revelando a falta de estrutura organizacional para sua gestão e para atender à realidade econômica e às demandas dos operadores do comércio internacional. Nessa ocasião, foi elaborada uma nova versão do Regulamento Aduaneiro, consolidando a legislação principal e todas as outras esparsamente estabelecidas. Também foi criada a Coordenação-Geral, porém com seus espaços constitucionais e operacionais limitados pela competência concorrente dos outros sistemas internos da Secretaria da Receita Federal. Somente em 1992 é que foi admitida a redenominação de alfândega às unidades operacionais locais, especializadas nas atividades aduaneiras, em alguns dos portos e aeroportos brasileiros.

Em suma: a aduana brasileira, organização centenária criada em 1808, antes mesmo da independência do país, sofreu em 1967 uma interrupção ou descontinuidade em sua trajetória histórica. Curiosamente, durante todo o período em que nenhum órgão pôde ser denominado ou reconhecido formalmente como alfândega ou aduana, seus servidores e todo o público externo com quem se relacionavam mantiveram o entendimento, em suas práticas cotidianas, de que se tratava, em seu conjunto, de uma entidade aduaneira em atividade. A pergunta a ser respondida no presente estudo é, portanto: *como essas pessoas e com que finalidade mantiveram a noção de organização aduaneira, apesar de ela ter ficado extinta durante quase vinte anos, uma vez que seus servidores e atividades foram incorporados pela Secretaria da Receita Federal?*

### 3.3 O Caso: Identidade Organizacional da Aduana Brasileira

Questionados sobre a natureza da atividade aduaneira (ver Quadros 11.1 e 11.2), os entrevistados apresentam, como respostas, afirmações a respeito do que se pode considerar como sua missão (defender a economia nacional, proteger o trabalho nacional, afirmar a soberania nacional). Também nos documentos analisados constata-se freqüentes e acentuadas afirmações sobre sua missão, finalidade e papel. Observa-se nítido entendimento de que a natureza da atividade aduaneira é dominantemente estatal-econômica. A natureza social (*stricto sensu*) e a da arrecadação tributária ficam em segundo plano.

**Quadro 11.1 — Identidade da aduana**

| Crenças sobre: | Características da identidade da aduana |
|---|---|
| O que é essencial | a) definição da razão de ser, finalidade ou propósito;<br>b) caráter institucional de sua missão; |
| O que é distintivo | c) a exclusividade de seu papel social e sua historicidade; |
| O que é duradouro | d) sua origem institucional, natureza histórica e sua representação na ordem institucional;<br>e) as condições estruturais e estruturantes das práticas sociais. |

É evidente que os participantes do sistema aduaneiro consideram que a afirmação de sua missão é sua característica essencial mais importante, o núcleo justificador de sua existência. Nos dados analisados, esse entendimento confirma-se pelas afirmações feitas pelos não-participantes do sistema aduaneiro, que reconhecem e destacam esse atributo. Tal constatação é congruente com a afirmação de Albert e Whetten (1985) de que os membros e participantes de determinada organização podem enfatizar, dar relevo ou reconhecer o que consideram essencial nela quando se defrontam com situações em que percebem que a existência, a identidade ou a imagem da organização está sendo ameaçada, questionada ou confrontada.

O episódio de extinção da aduana em 1967, de sua absorção pela Secretaria da Receita Federal, das dificuldades daí decorrentes para realizar sua missão e das histórias das reações negativas e contrárias às pretensões de se restabelecer a autonomia da aduana são alguns aspectos das descrições que compõem os dados analisados e que nos permitem deduzir que há uma percepção compartilhada a respeito do contexto, atribuindo-lhe um caráter adverso.

As respostas às questões em torno dos atributos identificadores da aduana parecem refletir essa compreensão da existência de aspectos ambientais adversos ou ameaçadores a sua integridade identitária. Desse ponto de vista, é possível supor que as assertivas sobre o papel e a missão da aduana podem trazer afirmações sobre atributos que consideram essenciais na justificativa da sua existência e identidade, como parte de uma reação às atitudes ameaçadoras.

Além do mais, essas afirmações sobre o papel, a missão e a natureza de suas atividades são expostas como orientadoras do modo como as outras instituições sociais devem se relacionar com ela e, também, como critério para se aferir o que, dentre suas muitas atividades, é mais importante e pertinente à sua finalidade institucional.

Por outro ângulo, as afirmações consideradas aspectos essenciais de uma identidade aduaneira não são unívocas entre si, ou seja, não são necessariamente concordantes entre si. Essa constatação sugere ou uma ambigüidade inerente ou uma complexidade que as afirmações apenas refletem pobre e contraditoriamente, ou ainda que há uma percepção que corresponde a uma transição e a mudanças significativas e atuais na trajetória histórica dessa organização/cultura aduaneira. Coexistem crenças e valores correspondentes a duas orientações diferentes: de um lado, uma orientação normativa; de outro, uma orientação utilitária.

**Quadro 11.2** — Noções simbólicas integradoras da percepção de identidade aduaneira

| Essenciais | Conjunturais |
|---|---|
| • Soberania<br>• Nacionalidade<br>• Territorialidade<br>• Nação-Estado<br>• Legitimidade<br>• Historicidade | • Competitividade<br>• Eficácia<br>• Configuração corporativa |

*Fonte*: Dados primários e secundários.

Há referências, a partir do que se verificou neste estudo de caso, de que a organização aduaneira é considerada cumulativamente agência estatal reguladora, normativa, controladora e repressora — com destacado conteúdo ético em todas essas dimensões. Essas referências, que surgiram espontaneamente como respostas ao questionamento implícito sobre o tipo de organização e o que ela é, apresentam, *a priori*, coerência e consistência com as afirmações concernentes à sua missão e papel. Apesar da aparente atribuição de uma classificação genérica à aduana com base nessas dimensões, as afirmações contidas nos dados analisados destacam sua missão e papel como atributos de sua *exclusividade* e *distintividade* em relação a outras organizações.

É possível perceber que as comparações com outras entidades governamentais, que parecem desempenhar papel análogo ou aos quais se atribui a mesma característica (exemplos: como agente regulador, a Secretaria de Vigilância Sanitária; como agente normatizador, o Departamento de Câmbio do Banco Central; como agente repressor, o Departamento de Polícia Federal), são acompanhadas de proposições que sublinham que ela é diferente de outras organizações aparentemente similares. Essas proposições são resumidas (ver Quadros 11.1 e 11.2) nas noções de: a) exclusividade de sua missão, como um caráter distintivo de sua identidade ("a aduana é a única que tem por missão defender a soberania e as fronteiras econômicas nacionais"); b) historicidade ("a aduana tem história própria e presença ativa na história da economia brasileira"); e c) origens ancestrais ("a origem da aduana se perde na história e está estreitamente vinculada à existência do Estado").

As considerações apresentadas não esgotam as possibilidades de crenças identificáveis entre os dados e informações obtidos neste estudo. As que estão sendo apresentadas foram obtidas após análise recorrente e categorização das afirmações e temas simbólicos, que pareceram mais intensa e freqüentemente presentes, implicitamente ou não.

A análise das entrevistas realizadas permitiu identificar valores, crenças e outros atributos culturais e padrões simbólicos compartilhados que predominam no sistema aduaneiro, que delineiam sua identidade e indicam seu padrão de relacionamento com o contexto institucional de referência.

A categorização dos temas identificados na análise dos dados permitiu reconhecer dois grandes grupos básicos entre aqueles considerados crenças: a) as *crenças positivas* e b) as *crenças normativas*. Essa diferenciação conceitual foi proposta por Boudon e Bourricaud (1993) e se revelou útil neste estudo.

As crenças normativas tratam de questões de procedimento, propondo o que é conveniente e desejável, ideal ou não. As crenças positivas

> podem assumir a forma de enunciados que afirmam a existência ou a inexistência de um acontecimento ou, mais geralmente, de um estado de coisas, sua possibilidade ou sua impossibilidade; podem, com maior ou menor precisão, associar mera probabilidade ao acontecimento ou estado de coisas considerado (Boudon e Bourricaud, 1993, p. 107).

### 3.3.1 Identidade Organizacional da Aduana: Crenças Positivas e Quadro Institucional

Com base na análise dos dados, foi possível constatar que algumas crenças parecem estar estreitamente associadas entre si, assim como parecem estar associadas a determinados valores, o que sugere que elas podem constituir um sistema de crenças, diante dessa aparente associação e interdependência (ver Quadros 11.3, 11.4 e 11.5). As crenças identificadas, em seu conjunto, parecem afirmar que seu sentido está correlacionado a determinado ator em uma dada situação. Assim, confirma-se a assertiva de Boudon e Bourricaud (1993) de que a análise mais apropriada se faz a partir de seu sentido para o sujeito e de sua função de adequação, mais do que a partir de sua utilidade.

Há forte consenso de que a *missão da aduana* deve ser descrita principalmente pelas atividades de "defender e proteger a soberania e a economia nacionais" e de "combater o contrabando e a prática desleal de comércio". A missão aduaneira seria uma missão do Estado em favor da nação. Como se destaca adiante, essa afirmação pressupõe que a aduana se relaciona com o Estado, e não com governos, como se pairasse acima das transitórias contingências políticas. Na verdade, segundo os dados, a aduana é a expressão do Estado; é o Estado em ação. Na descrição da missão, surge ainda com expressiva intensidade a noção de que, em essência, a aduana defende o "trabalho nacional".

Da análise dos dados, pode-se inferir o forte senso de identificação entre a aduana e a noção de nação-Estado. As noções de nação e de Estado são entendidas como conjunto que constitui fundamento para o conceito de aduana. Percebe-se que os atributos caracterizadores da aduana deitam raízes nos atributos do Estado. Muitos dos pressupostos que justificam a ação aduaneira são derivados do que se pressupõe ser o Estado.

Assim, é possível concluir sobre a estreita inter-relação entre a visão do que seja a missão aduaneira e a compreensão compartilhada sobre *a natureza e o papel do Estado*. O Estado é visto como o poder máximo da nação; é a condição necessária para a afirmação da nação como um país soberano. Ele é formulado e organizado na ordem jurídica e dela é o guardião. O Estado é, então, guardião da legalidade, da ordem e da independência. E mais: o Estado cuida das fronteiras do país, de sua integridade e higidez biossocial. Ele é o gestor máximo da economia e das condições de trabalho. Deve gerir os recursos comuns para proporcionar o melhor para todos. Deve, também, agir para que as oportunidades sejam oferecidas a todos. O Estado constitui, assim, tema simbólico de grande importância na cultura da organização aduaneira em estudo.

Há também um pressuposto que parece afirmar a *existência do espaço*, particularmente em sua configuração de *territorialidade*, intrinsecamente relacionado com as noções de nacionalidade e de soberania. Esse pressuposto fica evidente, em nível macro, nas referências ao território aduaneiro, espaço no qual a entidade aduaneira exerce suas prerrogativas especiais, possivelmente para: a) contrapor-se aos outros territórios aduaneiros com quem se delimita internacionalmente; b) incluir todas as entidades que pertençam à nação-Estado dentro de seu território, logo, dentro de sua autoridade e competência; e c) estabelecer sua condição de agente institucional diferenciado dos demais. A noção de espaço, aqui, surge não só no seu sentido de extensão métrica quadrada ou cúbica, mas também expressando critérios mais sutis, como, por exemplo, o espaço econômico nacional e o espaço do trabalho nacional, ou, ainda, critérios implícitos quando se atribui à aduana o papel de "guardiã da soberania econômica" e de "marco da soberania nacional". Em nível micro, a afirmação territorial compõe a definição do espaço em termos de onde e quando se produzem os encontros e as práticas sociais, conforme resulta da análise dos artefatos culturais.

A aduana se insere em um *quadro institucional* no qual coabitam o nacional e o internacional, o que explica a crença em sua legitimidade. Sua autoridade, contudo, está correlacionada fortemente a uma ordem jurídica soberana. São freqüentes as referências à Constituição Federal e às leis como fonte do direito de impor conduta e exigir obediência. A *noção de ordem jurídica*, com um conjunto hierarquizado de leis e normas, complementa a visão de uma realidade de múltiplos interesses, ao intermediá-los, disciplinálos, protegê-los e os punir. A aduana exerce sua autoridade a partir da lei; ela é seu principal instrumento de trabalho.

Observa-se a existência do pressuposto de que a aduana, como instituição, conforme visualizado pelos seus membros e por outros entrevistados, deve adotar *postura de dominação* no que concerne a sua atuação em seu contexto (em vez de postura passiva, neutra ou conciliadora). O entendimento de que *o verdadeiro é empiricamente determinado* também se encontra presente. Tal entendimento é ilustrado pela freqüente contraposição entre os fatos e o direito (as normas), dramatizando a visão da natureza da realidade, como se pode inferir a partir do material analisado.

As entrevistas ocasionaram depoimentos em que se relatam casos representativos desse entendimento sobre a natureza da realidade. Freqüentemente esses casos se referem a uma importação ou exportação que estava ali, em plena ocorrência, um fato real[6] dotado de aspectos jurídicos, econômicos, internacionais e humanos — o agente aduaneiro está intervindo nesse fato (no seu fluir econômico e logístico). Sua investigação para compreender e apreender o fato é predominantemente empírica; ele busca nos próprios elementos que compõem o caso revelar a verdade sobre o fato. A norma, até certo ponto, traça a metodologia da investigação.

A análise dos dados coletados indica amplo consenso entre aqueles que participam ou interagem diretamente com o sistema aduaneiro, em relação às crenças identificadas — particularmente as denominadas crenças positivas, aquelas que afirmam ou negam a existência ou estado de algo, como se procurou sintetizar nos Quadros 11.3, 11.4 e 11.5, que são, em certa medida, auto-explicativos.

**Quadro 11.3** — Crenças positivas gerais que afirmam a existência de entidades institucionais

| | |
|---|---|
| • Existência da economia nacional | • Existência da ordem jurídica |
| • Existência da soberania nacional | • Existência dos interesses nacionais |
| • Existência da nação-Estado | • Existência da aduana |
| • Existência do território nacional | |

*Fonte*: Dados primários e secundários.

---

6. Há sempre ênfase nesse sentido da realidade, como a contrapor o caso aos controles *pós-facto* e aos fatos meramente documentais, como ocorre nas fiscalizações de outros tributos que não são oriundos de comércio exterior.

### Quadro 11.4 — Crenças positivas sobre a aduana e seu contexto

- A natureza da atividade aduaneira é predominantemente econômica.
- A missão da aduana é defender a economia e a soberania nacionais e combater o ilícito no âmbito econômico.
- A multiplicidade e diversidade de interesses com constante mudança de orientação e de composição caracterizam a natureza das relações no contexto em que a aduana atua.
- A legitimidade da aduana reside no fato de ser uma instituição internacional.
- A autoridade imediata da aduana tem fonte na ordem jurídica (leis).
- A aduana é o Estado em ação.

*Fonte*: Dados primários e secundários.

### Quadro 11.5 — Crenças positivas sobre as características da aduana

- A aduana possui missão exclusiva.
- Possui história própria e singular.
- Intervém na história.
- Possui origens institucionais.

*Fonte*: Dados primários e secundários.

A existência do Estado, seu papel e funções; a natureza da atividade aduaneira, sua missão e atividades; a existência e obrigatoriedade do ordenamento jurídico; a soberania do Estado e do ordenamento jurídico; a qualidade assimétrica do exercício do poder no relacionamento com a aduana (e com o Estado) e outros pressupostos semelhantes emergem da análise dos dados, de maneira consensual.

### 3.3.2 Identidade Organizacional da Aduana: Valores e Crenças Normativas

As crenças caracterizadas como normativas, por preservarem uma relação de causa e efeito valorizada, também apresentam consenso em sua maior parte. Transparece a aceitação, nas pressuposições, de que é conveniente e desejável agir de acordo com a legalidade; de que a legalidade é pressuposto da legitimação; que o Estado e a aduana trabalham para o bem comum; que a soberania do Estado e da nação deve ser preservada; que a prática desleal de comércio é abominável; e outras afirmações do gênero. As crenças normativas não foram diferenciadas de valores no presente estudo de caso.

A noção de *legalidade* parece permear todas as fontes, mediante a preocupação de cada um dos componentes do sistema aduaneiro em certificar-se de que a atuação individual e a da organização observam o disposto nos atos normativos que compõem a legislação brasileira. Essa noção é incorporada como elemento essencial de seu papel social, nacional e internacional, fundamento a justificar o exercício de suas atividades e o reconhecimento de sua legitimidade e autoridade. Como crença normativa[7] e valor, a noção de legalidade é projetada no exercício de suas atividades e se constitui em critério de juízo na avaliação das interações de terceiros.

A noção de legalidade foi entendida como a observação estrita daquilo que é normatizado, com conotação de imposição. Em que pese a coerência do entendimento do conceito, há dupla valência entre os entrevistados, traduzida pela descrição de que "as normas não conseguem prover todos os fatos, daí sua incapacidade de garantir totalmente a justiça". Surge, assim, a noção de *legalismo*, com conotação negativa, entendida como o excesso de preocupação com a legalidade e considerada por muitos entrevistados como incompatível com a missão aduaneira.

Conforme se depreende dos depoimentos dos entrevistados, a atuação do aduaneiro[8] deve se pautar pela *noção de justiça*. Na realiza-

---

7. Adotaram-se os conceitos de crença normativa e de crença positiva: aquela se referindo ao pressuposto prescritivo de conduta, esta concernente à pressuposição de existência ou de estado de algo, cujos motivos e referências teóricas serão mais detalhadamente explicados a seguir.
8. Tanto os documentos como as entrevistas, com freqüência, denominam de "aduaneiros" aqueles que compõem ou participam do sistema aduaneiro. Apenas para facilitar o desenvolvimento do texto, adotou-se, neste trabalho, a mesma denominação para identificar os atuais participantes desse grupo e, também, os ex-participantes que ainda se sentem identificados.

ção de suas atividades, a aduana intervém no fluir do fato econômico; assim, o aduaneiro deve avaliar o fato sob observação e decidir sobre sua admissibilidade, correção e condições. A noção de justiça compreenderia essa qualidade de decidir com equilíbrio, empregando o que é justo. À primeira vista, essa noção pode ser confundida com a noção de legalidade, mas a leitura e a releitura dos dados permitiu concluir que elas não se confundem, embora sejam interdependentes; até certo ponto, são utilizadas nos discursos como noções opostas, cuja tensão é sugerida como característica da missão aduaneira.

Há significativa identificação entre a idéia de atuação da aduana toda e de cada um de seus membros. Essa identificação pode explicar a presença expressiva da *noção de profissionalismo e competência técnica* como referência desejável ao desempenho aduaneiro. Nos discursos dos entrevistados, essa noção surge em referências diretas, ou em comentários sobre a necessidade de formação, inclusive jurídica, que os capacite a atuar com segurança e profissionalismo.

Constatou-se, também, intensa preocupação, compartilhada pelos entrevistados e presente nos documentos analisados, em reafirmar a probidade e a ética como referenciais essenciais à conduta individual e à imagem da aduana. No período imediatamente anterior à extinção do organismo formal, em 1967, e mesmo mais recentemente em sua história, observa-se forte preocupação interna com esse aspecto e com a suposição de que isso possa vir a abalar a imagem, o prestígio, a autoridade carismática, o poder e o moral da aduana e dos aduaneiros. A *noção de probidade e ética* foi posicionada pela maioria dos entrevistados como uma das mais importantes, senão a mais importante, a incorporar a atuação do setor. Existe correlação entre essa noção e aquelas de legalidade e de justiça. A primeira, por ser considerada um princípio mais abrangente, empresta qualidade às outras noções.

Destaca-se uma referência à busca de resultados como princípio norteador da ação aduaneira. A *noção de eficácia* procura representar as referências a essa busca de resultados, reunindo-as apesar das diferenças de critérios, enfoques e valência. Conforme já exposto, os documentos apresentam gradual substituição dos critérios exclusivamente tributários (montante arrecadado, como tributos sobre o comércio exterior) por critérios mais econômicos e sociais (controle eficiente do comércio exterior, das fronteiras econômicas e da segurança biossocial) na aferição da eficácia no desempenho.

Daí a ambigüidade e a tensão a que se referem os entrevistados, que julgam se tratar de uma das características próprias das atividades tipicamente aduaneiras, em contraste com as da Secretaria da Receita Federal: a primeira considerada mais econômica e social e a segunda mais financeira e fiscal. Da mesma forma, a conotação negativa associada no ambiente aduaneiro à postura denominada fiscalizadora, em detrimento de atitude mais compreensiva e interativa, é entendida como mais adequada e condizente com a natureza da atividade e do contexto do comércio internacional.

A *noção de competitividade* também é enfatizada e de certa forma relacionada à ação da aduana. Essa competitividade, entretanto, não diz respeito diretamente à aduana, mas às empresas e pessoas importadoras e exportadoras em conjunto, cuja atuação comercial liga-se à da aduana. Essa noção pode ser resumida como a preocupação com a eficiência, a racionalidade e a competitividade da economia nacional. O contexto que se lhe justifica é percebido como de intensa concorrência, competição e diversidade de interesses entre empreendimentos, nações e setores da economia internacional.

O entendimento compartilhado é o de que ao efetuar controles, fiscalizar, alterar a logística e outros procedimentos, a aduana está intervindo no fluir do fato econômico, podendo ocasionar o surgimento de situações com conseqüências sobre os custos do comércio exterior, que são suportados coletivamente pela sociedade e individualmente pelo importador ou exportador em cada situação.

Essa noção parece estar estreitamente relacionada à percepção compartilhada da natureza da missão aduaneira, particularmente de seu papel econômico e no padrão de sua interação com a comunidade. Sem aprofundar mais, por ora, nas considerações dessa noção, ela foi identificada na preocupação de "proteger a economia nacional" e "não reduzir suas condições de competitividade internacional", assim como no entendimento de que a aduana, ao combater o ilícito e a prática desleal de comércio, está cumprindo seu dever de permitir à economia um evolvimento natural e eticamente desejável. Afigura-se a crença positiva, como se comentará mais adiante, de que a economia internacional é inerentemente competitiva e que essa sua característica é justa, natural e promotora do bem e do progresso comuns.

Nesse sentido, parece existir forte correlação com a *noção de leveza*, muito freqüentemente levantada nas entrevistas e nos documentos de edições mais recentes, compreendida como a capacidade da aduana de agir com máxima eficácia e com o menor custo para todos os envolvidos. Outra noção ainda mais significativa, mas inter-relacionada, é a *noção de agilidade*, entendida como celeridade e rapidez na realização dos controles.

Conforme se depreende ainda dos depoimentos de alguns dos entrevistados, há um enfoque emergente na interação com a comunidade que se traduz nas noções de: a) *cooperatividade*, compreendida como a atitude aberta à cooperação com a comunidade e seus integrantes; b) *interatividade*, que se refere à atitude ativa e recíproca entre a aduana e os integrantes da comunidade, traduzida em interações efetivas e diálogo; e c) *responsividade*, entendida como a atenção e a valorização dos interesses da iniciativa privada, albergados pela ação da aduana.

Nesta primeira fase da análise, levantou-se número expressivo de temas indicadores de valores. A comparação dos temas nos documentos e entrevistas, tentando discernir sua especificidade e definir categorias representativas, permitiu perceber *a priori* que, como valores, eles não são princípios unívocos, explícitos, discretos e evidentes. Mantêm entre si, mais alguns do que outros dentro do discurso, composição e interdependência.

As noções valorativas de *legalidade*, *justiça* e *discernimento*, por exemplo, parecem refletir, em conjunto, orientação preponderantemente normativa. Contudo, é necessário frisar que essa percepção de afinidade e proximidade não reduziu, pelo contrário, aumentou a atenção para discriminar, inclusive comparativamente, o sentido próprio que cada uma delas representa. A noção de *justiça* (decidir com equilíbrio, atuando de forma justa) não se confunde com a noção de *legalidade* (observar o que dispõe a lei, a norma), nem mesmo com a noção de *discernimento* (perceber a variação dos e nos fatos). O mesmo raciocínio pode ser aplicado às noções de eficácia, agilidade e leveza, que parecem refletir uma orientação dominantemente utilitária, em conjunto.

**Quadro 11.6** — Noções valorativas e simbólicas — sistema aduaneiro brasileiro

| Orientações preponderantes | Normativa <<<<<<<<<<<<<<<<<>>>>>>>>>>>>>>>>>> Utilitária | | |
|---|---|---|---|
| Noções valorativas (preferências) | • Legalidade<br>• Assertividade<br>• Discernimento<br>• Justiça<br><br>• Profissionalismo<br>• Probidade/ética | • Ampla visão<br>• Cooperatividade/interatividade<br>• Competitividade | • Eficácia<br>• Agilidade<br>• Leveza |
| Noções valorativas (visões de si, atributos naturais) | | • Historicidade<br>• Corporatividade | |
| Noções e temas simbólicos | | • Nacionalidade<br>• Soberania | |

*Fonte*: Dados primários e secundários.

### 3.3.3 Identidade Organizacional da Aduana: Tensões entre Noções Valorativas

As orientações normativa e utilitária guardam entre si aparente tensão e dissonância entre noções valorativas, interpretadas como confronto ou incompatibilidade com: a) o viés mantenedor e preservador do *status quo*, atribuído às noções dotadas de orientação normativa; e b) a característica inovadora e conjuntural daquelas noções dotadas de orientação utilitária. Registraram-se manifestações de que essa dissonância é vivenciada na atividade aduaneira.

## Capítulo 11 Identidade e paradoxos organizacionais...

A percepção da incompatibilidade entre valores de sentido diverso é freqüente nos discursos, que indicam uma tensão intrínseca e uma ambivalência ou ambigüidade de propósito que parece caracterizar o entendimento compartilhado sobre a cultura aduaneira e diferenciar em relação a outras culturas organizacionais. Há evidências de que o entendimento a esse respeito não é exclusivo do grupo aduaneiro brasileiro, possuindo equivalente em outros países e mesmo alcance internacional.

As noções de legalidade, de justiça, de assertividade e de discernimento são distintas entre si e não são necessariamente congruentes (ver Figuras 11.1 e 11.2). Muitos depoimentos e conflitos observados envolveram o confronto entre a estrita exigência normativa e a dificuldade de situar inequivocamente o fato na situação genérica da norma, o que implicou a tentativa do fiscal aduaneiro em pautar sua decisão, sendo mais justo que legalista ou mais assertivo que justo, ou mais sensível às variações da realidade e, assim, mais assertivo, mas possivelmente menos atento à lei.

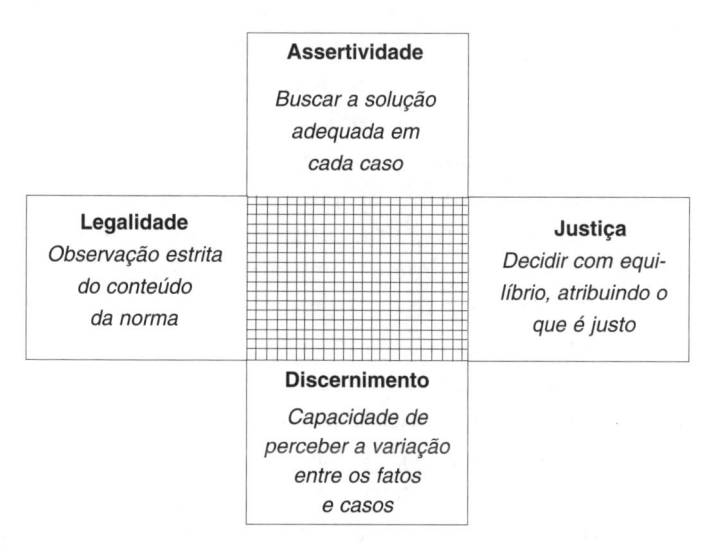

**Assertividade**
*Buscar a solução adequada em cada caso*

**Legalidade**
*Observação estrita do conteúdo da norma*

**Justiça**
*Decidir com equilíbrio, atribuindo o que é justo*

**Discernimento**
*Capacidade de perceber a variação entre os fatos e casos*

*Fonte*: Dados primários e secundários.

**Figura 11.1** — Incongruência entre noções valorativas.

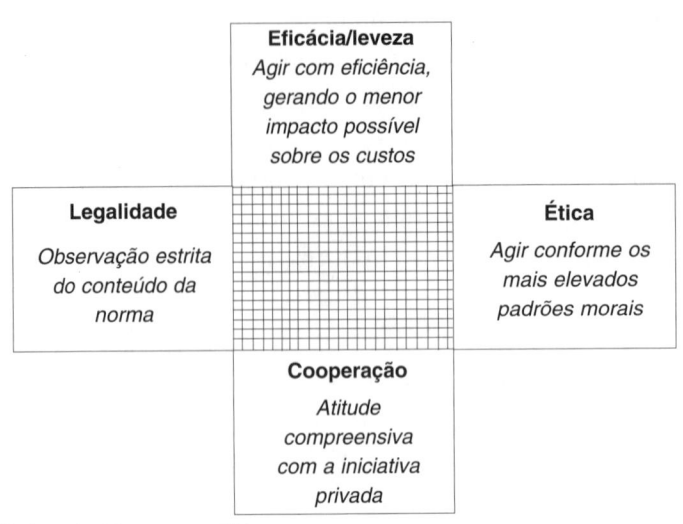

```
                    ┌─────────────────────┐
                    │   Eficácia/leveza   │
                    │  Agir com eficiência,│
                    │   gerando o menor   │
                    │   impacto possível  │
                    │   sobre os custos   │
┌───────────────────┼─────────────────────┼───────────────────┐
│    Legalidade     │                     │       Ética       │
│                   │                     │                   │
│ Observação estrita│                     │  Agir conforme os │
│  do conteúdo da   │                     │    mais elevados  │
│       norma       │                     │   padrões morais  │
└───────────────────┼─────────────────────┼───────────────────┘
                    │     Cooperação      │
                    │       Atitude       │
                    │     compreensiva    │
                    │    com a iniciativa │
                    │       privada       │
                    └─────────────────────┘
```

Fonte: Dados primários e secundários.

Figura 11.2 — Incongruência entre noções valorativas.

Outros exemplos de não-consistência são encontrados entre a noção de legalidade e as noções de eficiência, cooperação e leveza. Elas pretendem indicar que é desejável que as ações aduaneiras sejam mais compreensivas e responsivas aos interesses privados, isto é, caracterizadas pelo espírito de parceria com os setores econômicos — daí demandarem que as ações aduaneiras sejam mais rápidas, céleres e menos intervencionistas. Este é um dilema para o oficial aduaneiro, consciente de que a inspeção das mercadorias implica maiores custos e riscos de armazenamento, descumprimento de prazos contratuais e outras conseqüências contrárias aos interesses privados e, também, contrárias aos interesses comuns para uma economia mais competitiva.

Os depoimentos sugerem que a complexidade e a não-consistência entre valores e orientações normativas são entendidas como próprias da atividade aduaneira. Esse tipo de situação, em que há falta de clareza de significados e complexidade, leva à existência de muitas significações possíveis, e pode ser denominada ambigüidade cultural (Martin, 1992). O paradoxo organizacional acontece porque co-existem na organização diversas interpretações de fenômenos culturais.

Diante das freqüentes referências às situações concretamente vivenciadas, percebe-se que a atividade aduaneira é uma ação que se fundamenta em juízo de valor e juízo de fato interdependentes. Daí se inferir, primeiramente, que as noções valorativas não podem ser reduzidas exclusivamente a preferências individuais, uma vez que elas ocorrem nas interações e práticas realizadas enquanto atores sociais. E que, ademais, as noções valorativas indicam muito mais processos de avaliação e procedimentos de legitimação do que estados valorizados do sistema social e estados de legitimidade.

### 3.3.4 Identidade Organizacional da Aduana: Noções Simbólicas

Verificou-se ainda a recorrência de determinados temas (soberania, nacionalidade) que não exprimem preferências ou orientações valorativas em si (ver Quadro 11.7). Sua presença nos discursos parece compor parte essencial dos papéis assumidos e dos elementos descritivos das relações sociais. Esses temas e noções auxiliam a supor a durabilidade e a ubiqüidade do sistema social e a explicar o posicionamento recíproco dos atores, desempenhando uma dimensão importante no contexto cultural em estudo. Devido a suas características, foram qualificados de simbólicos, inclusive para diferenciá-los das noções valorativas e das crenças.

**Quadro 11.7** — Núcleos simbólicos, crenças, valores e outros artefatos culturais

| Crenças positivas e noções simbólicas | Valores | Artefatos |
|---|---|---|
| Existência de:<br>1. nação-Estado<br>2. ordem jurídica<br>3. economia<br>4. nacionalidade<br>5. interesses nacionais | Legalidade<br>• Justiça<br>• Assertividade<br>• Discernimento<br>• Eficácia<br>• Profissionalismo<br>• Ampla visão<br>• Agilidade<br>• Interatividade<br>• Historicidade<br>• Corporatividade | Eventos:<br>1. Despacho aduaneiro<br>2. Visitas<br>3. Inspeções<br><br>• Signos<br>• Símbolos<br>• Território<br>• Histórias<br>• Saga<br>• Prédios<br>• Recursos lingüísticos |
| • Nacionalidade<br>• Soberania<br>• Legitimidade | | |

*Fonte*: Dados primários e secundários.

As *noções de nacionalidade e de soberania* permeiam todos os discursos e documentos, com intensidade e freqüência expressivas, justificando que sejam consideradas como significativas referências na descrição da cultura da aduana. Como valores e como crenças positivas, elas integram a compreensão predominante sobre a natureza e a expressão da atividade aduaneira, sua missão e seu papel. As referências a essas noções são formuladas como se elas constituíssem realidades indiscutíveis e justificadoras, em última instância, da existência da aduana e de sua autoridade.

A *noção de historicidade* aparece freqüentemente nos discursos e documentos, e pode ser entendida como a qualidade ou estado de participar da história e, também, de possuir uma história própria e significativa. Embora tal atributo não seja ostensivamente exposto, ele transparece nas afirmações sobre a antiguidade da aduana, suas origens remotas, sua correspondência peremptória com a evolução econômica da civilização e das nações que podem ser consideradas verdadeiras crenças positivas, corolário dessa noção de historicidade. Ela parece conter uma qualidade mítica e não-racional, francamente tradicional, em relação às suas origens. A aduana, assim, não seria criada como resultado de vontades humanas; ela não seria comparável à grande maioria das organizações cuja existência tem um começo claramente determinável com a reunião das deliberações das pessoas, favorável ao início do empreendimento, em contraposição àquelas cuja origem é incerta, indeterminável ou mítica. Ela transcende esse nível, e tem sua origem em um plano mais elevado, no qual as forças e as condições sociais maiores envolvem e definem os modelos de sociedade e de civilização. Há um caráter de inevitabilidade a explicar a permanência da existência das aduanas por meio da sucessão de modelos políticos, ideológicos e econômicos ao longo dos séculos.

No entanto, sua existência não é transcendente, mas se efetiva no seio das questões políticas, econômicas, comerciais e jurídicas; logo, sua existência participa da história e com ela se confunde. *A priori*, a presença da historicidade como valor e como fulcro de crenças positivas concernentes parece se associar dominantemente ao plano dos interesses, mas é inegavelmente um forte atributo cultural.

> As aduanas surgem concomitantemente com os Estados nacionais. Muitos falam como se elas fossem as continuações dos antigos pedágios que eram cobrados nas passagens de pontes (...) Na verdade isso é uma conotação errônea, pois a aduana não é uma continuação disso... elas surgiram junto com os Estados soberanos de economia aberta e de mercado. Então, elas surgiram para desmanchar os antigos pedágios internos e estabelecer um território econômico e político comum e uma área de livre comércio neste território (...).

A historicidade da aduana, sua corporatividade internacional e seu caráter institucional são elementos consensuais de referência freqüente, que criam a percepção de unidade do grupo, de vinculação entre si e de superação das divisões políticas, funcionais e geográficas.

## 4. Considerações Finais

Da análise empreendida na seção precedente, verifica-se a invocação do papel institucional como significativa referência à descrição da identidade do organismo aduaneiro, com correlação com os conteúdos simbólicos axiais da ordem institucional (soberania, nacionalidade, servir defendendo e outros). Esses conteúdos simbólicos parecem integrar áreas de significação e abranger a ordem institucional em uma totalidade simbólica.

Os papéis desempenhados por atores sociais representam a ordem institucional. Alguns, contudo, representam simbolicamente essa ordem em sua totalidade mais do que outros. Alguns papéis não têm outra função senão a representação simbólica da ordem institucional como totalidade integrada, enquanto outros a assumem eventualmente. A aduana desempenha, assim, papéis institucionais, participando desse universo simbólico que transcende e inclui a ordem institucional.

Outro aspecto observado foi o corrente tratamento e as referências às atividades aduaneiras e às pessoas que as desempenham como se esse conjunto constituísse um todo, dotado de existência própria autônoma, e fosse um fenômeno supracotidiano. A falta de organicidade, de autonomia e de estruturação em organização distinta não impede que aduaneiros e não-aduaneiros (aqueles que não desenvolvem atividades aduaneiras) se refiram à aduana como um fato objetivado. A aduana tem existência, assim como existem o Estado, a nação, a soberania e outros fenômenos reificados da experiência humana.

É importante destacar, também, que os discursos indicaram a existência de maior ou menor afinidade e proximidade entre as noções valorativas. Além disso, elas se apresentaram em composição e em situações institucionais contingentes, ou seja, inseridas em determinado contexto de relação de significado e entendimento. Dessa forma, valores e crenças parecem constelar-se numa rede de relações de interdependência entre si e com o contexto em que são representados.

Os valores foram definidos como padrões de julgamento, cujos significados compartilhados indicam o preferível ou desejável, e que podem expressar a idéia de como deve ou deveria ser a realidade, a idealização ou o ideal. Os dados analisados permitiram conhecer alguns desses valores, denominados nesse trabalho como noções ou orientação valorativas. Alguns parecem constituir verdadeiros eixos articuladores (legalidade *versus* ilegalidade; lealdade *versus* deslealdade [comercial]; eficácia *versus* ineficácia; justiça *versus* injustiça) de padrões entre noções ideais, permeados de ambigüidade no que diz respeito à significação desses valores. Essas noções parecem compor a descrição e a percepção da identidade organizacional aduaneira à medida que:

- tornam-se recursos adicionais nos processos de comparação social e de categorização;
- estabelecem padrões qualificativos sobre os padrões e modos de interação;
- são significados compartilhados que permitem, em conjunto com as crenças, dar sentido, formular e interpretar a realidade e a si mesmo;
- são comunicados e reanimados nas práticas sociais e atributos culturais.

Os valores e as crenças identificados no estudo apresentam alto grau de correspondência com os propósitos atribuídos ao sistema aduaneiro, especialmente no atendimento ao contexto e na eleição dos significados e idéias que o compreendem e descrevem. Esses valores e idéias também parecem corresponder à especialização, à padronização, à formalização e à centralização desempenhadas pelo sistema aduaneiro.

O consenso de que ele é o herdeiro e sucessor da tradicional alfândega brasileira realça e explica, em parte, que se enfatize a diferença que ele mantém, em termos de senso de propósito, em relação à Secretaria da Receita Federal. Esse entendimento traz, em si, questionamentos sobre:

- a validade da mudança ocorrida em 1967 (a extinção e incorporação da antiga aduana);
- o papel reservado ao sistema aduaneiro nas condições em que existe atualmente;
- o grau de compatibilidade das práticas gerenciais, da estrutura organizacional e da cultura organizacional, antes e depois da incorporação;
- a natureza do relacionamento entre o sistema aduaneiro e a Secretaria da Receita Federal.

Esses aspectos parecem indicar a importância desses fatores para se compreender os desdobramentos e os processos adaptativos pós-incorporação ou pós-aquisição. Realçam, também, sua correlação com o conceito de identidade organizacional e o poder explicativo que proporciona para se descrever e analisar as reações às mudanças e as reações tendentes a manter os critérios referenciais de categorização social.

## Referências Bibliográficas

ALBERT, S., WHETTEN, D. A. Organizational identity. In: CUMMINGS, L. L., STAW, B. M. (eds.). *Research in organizational behavior*. Greenwich: Jay Press, 1985, p. 263-295.

ALDRICH, H. L. *Organizations and enviroments*. New Jersey: Prentice-Hall, 1979, p. 75-105 e 265-290.

ALLAIRE, Y., FIRSIROTU, M. Theories of organizational culture. *Organizatio Studies*, v. 15, n. 3, p. 193-226, 1984.

ALVESSON, M. Talking in organizations: managing identity and impressions in an advertising agency. In: *Organization Studies*, 15/4, p. 535-563, 1994.

_____. Organization: from substance to image? *Organization Studies*, v. 11, n. 3, p. 373-394, 1990.

_____, BERG, P. O. *Corporate culture and organizational symbolism*. New York: Walter de Gruyter, 1992.

BERGER, P. L., LUCKMANN, T. *A construção social da realidade:* tratado de sociologia do conhecimento (15. ed.). Petrópolis: Vozes, 1998.

BOUDON, R., BOURRICAUD, F. *Dicionário crítico de sociologia*. São Paulo: Ática, 1993.

BOURDIEU, P. *A economia das trocas simbólicas*. São Paulo: Perspectiva, 1974, 1999, p. 15-60 e 337-361.

CALDAS, M. P., WOOD Jr., T. Identidade organizacional. *Revista de Administração de Empresas*, v. 37, n. 1, p. 6-17, 1997.

CHILD, J., RODRIGUES, S. B. The role of social identity in the international transfer of knowledge through business ventures. In: 11th EGOS Colloquium (1993: Paris), Actes... Paris: EGOS, 1993.

DIMAGGIO, P. J., POWELL, W. W. The iron cage revisited: institutional isomorphism and collective rationality in organizational fields. *American Sociological Review*, v. 48, n. 2, p. 147-160, 1983.

DUTTON, J. E. et al. Organizational images and member identification. *Administrative Science Quarterly*, v. 39, p. 239-263, 1994.

ELSBACH, K. D. Managing organizational legitimacy in the California cattle industry: the construction and effectiveness of verbal accounts. *Administrative Science Quarterly*, v. 39, p. 57-88, 1994.

ELSBACH, K. D., KRAMER, R. M. Members' responses to organizational identity. *Administrative Science Quarterly*, v. 41, p. 442-476, 1996.

ENZ, C. The role of value congruity in interorganizational power. *Administrative Science Quarterly*, v. 33, p. 284-304, 1988.

FIOL, C. M. Managing culture as a competitive resource: an identity-based view of sustainable competitive advantage. *Journal of Management*, v. 17, n. 1, p. 191-211, 1991.

GARFINKEL, H. *Studies of etnomethodology*. Englewood Cliff, New Jersey: Prentice Hall, 1967.

GEERTZ, C. *A interpretação das culturas*. Rio de Janeiro: Guanabara Koogan, 1989.

GIDDENS, A. *A constituição da sociedade*. São Paulo: Martins Fontes, 1989.

GIOIA, D., THOMAS, J. Identity, image and issue interpretation: sensemaking during a strategic change in academia. *Administrative Science Quarterly*, v. 41, p. 370-403, 1996.

GOFFMAN, E. *A representação do eu na vida cotidiana*. Petrópolis: Vozes, 1985.

HATCH, M. J. *Organization theory* — modern, symbolic and postmodern perspectives. New York: Oxford University Press, 1997.

JODELET, D. Représentations sociales: un domaine en expansion. In: FARR, R., MOSCOVICI, S. (eds.) *Les représentations sociales*. Paris: Presses Universitaires de France, 1989.

KALBERG, S. Max Weber's types of rationality: conerstones for the analysis of rationalization process in history. *American Journal of Sociology*, v. 85, n. 5, p. 1145-1179, 1980.

LINSTEAD, S., GRAFTON-SMALL, R. On reading organizational culture. *Organization Studies*, v. 13, n. 3, p. 331-355, 1992.

MACHADO-DA-SILVA, C. L., FONSECA, V. S. Homogeneidade e diversidade organizacional: uma visão integrativa. In: ENCONTRO ANUAL DA ANPAD, 17, 1993. Salvador. *Anais...* Salvador: ANPAD, 1993, p. 147-159.

MACHADO-DA-SILVA, C. L. et al., Mudança e estratégia nas organizações: perspectivas cognitiva e institucional. In: ENCONTRO ANUAL DA ANPAD, 22, 1998. Foz do Iguaçu. *Anais...* Foz do Iguaçu: ANPAD, 1998. 1 CD-ROM.

MACHADO-DA-SILVA, C. L. et al. Um modelo e quatro ilustrações: em análise a mudança nas organizações. In: ENCONTRO ANUAL DA ANPAD, 23, 1999. Foz do Iguaçu. *Anais...* Foz do Iguaçu: ANPAD, 1999. 1 CD-ROM.

MACHADO-DA-SILVA, C. L., NOGUEIRA, E. E. S. Identidade organizacional: um caso de manutenção, outro de mudança. *Revista de Administração Contemporânea*, v. 5, Edição Especial, p. 35-58, 2001.

MARTIN, J. *Culture in organizations:* three perspectives. New York: Oxford University Press, 1992.

MEAD, G. H. *Espiritu, persona y sociedad:* desd el punto de vista del condutismo social. Buenos Aires: Editorial Paidós, 1953.

MEGLINO, B. M., RAVLIN, E. C. Individual values in organizations: concepts, controversies, and research. *Journal of Management*, v. 24, n. 3, p. 351-389, 1998.

MORGAN, G. *Imagens da organização.* São Paulo: Atlas, 1996.

MOSCOVICI, S. *A representação social da psicanálise.* Rio de Janeiro: Zahar, 1981.

PARSONS, T. *Sociedades*: perspectivas evolutivas e comparativas. São Paulo: Pioneira, 1969.

RAMOS, A. G. *A nova ciência das organizações.* Rio de Janeiro: Editora da Fundação Getulio Vargas, 2. ed., 1989.

RODRIGUES, S. B. Cultura corporativa e identidade: desinstitucionalização em empresa de telecomunicações brasileira. *Revista de Administração Contemporânea*, v. 1, n. 2, p. 45-72, 1997.

SACKMANN, S. Cultures and subcultures: an analysis of organizational knowledge. *Administrative Science Quarterly*, v. 37, p. 140-161, 1992.

SCHEIN, E. *Organizational culture and leadership.* San Francisco: Jossey-Bass Publishers, 1991.

SCOTT, W. R. *Organizations* — rational, natural and open systems. New Jersey: Prentice Hall, 1981 (1. ed.), 2003 (5. ed.).

SCOTT, W. E. *Institutions and organizations.* Thousand Oaks: Sage Publications, 1995 (1. ed.), 2001 (2. ed.).

TRICE, H. M., BEYER, J. M. *The cultures of work organizations.* New Jersey: Prentice Hall, 1993.

TURNER, B. A. Sociological aspects of organizational symbolism. *Organization Studies*, v. 7, n. 12, p. 101-115, 1986.

WEBER, M. *Economia e sociedade*: fundamentos da sociologia compreensiva. Brasília: Editora Universidade de Brasilia, 1991.

WEICK, K. *A psicologia social da organização.* São Paulo: Edusp, 1973.

# 12

# FUNDAÇÕES COMUNITÁRIAS E PARCERIAS: O PARADOXO DA SOLUÇÃO DA DEPENDÊNCIA DE RECURSOS

*Mário Aquino Alves*

## 1. Introdução

Por mais de 30 anos, experiências de desenvolvimento local comunitário envolvendo ações da sociedade civil tornaram-se comuns nos Estados Unidos (Milofsky, 1988). Mas somente nos últimos anos as experiências nesse país deixaram de ter foco num simples objetivo, como habitação, por exemplo, e passaram a ter objetivos múltiplos, isto é, trataram de integrar metas em diversas áreas, tais como as de saúde e educação, incluindo o combate à violência e ao uso de drogas, melhorias urbanas e de habitação etc. A natureza dessas experiências também mudou, uma vez que passaram de meras campanhas para empregar pessoas ou de ajuda mútua, isto é, passivas e reativas, para um desempenho ativo e transformador, criando planos de desenvolvimento comunitários que gerassem emprego, renda e infra-estrutura para o atendimento das necessidades das famílias (Milofsky, 1988).

Um dos mecanismos de ação voltados para o desenvolvimento comunitário é a criação de fundações comunitárias como alternativa para a independência de recursos para sustentabilidade dos projetos. Em pesquisa realizada nos Estados Unidos, Joanne Carman observou que, na constituição do patrimônio dessas fundações locais, há sempre a participação de diferentes organizações, tais como o governo federal, agências estaduais e municipais, instituições financeiras e organizações filantrópicas (Carman, 2001). O que se espera é que esses fundos reduzam o grau de dependência de recursos externos dos projetos comunitários.

No Brasil, somente muito recentemente foram registradas experiências com grande capacidade de intervenção. Um dos poucos exemplos desse tipo de organização — fundação comunitária — é a Fundação X. Trata-se de uma experiência de quase quatro décadas de coordenação de um projeto de desenvolvimento social na cidade brasileira de Xisópolis. O que realmente chama a atenção no caso da Fundação X é o fato de que, por trás de uma experiência bem-sucedida de estabelecimento de uma fundação comunitária, há indicativos de que, se por um lado criou-se uma forte estrutura patrimonial para a geração de recursos para as entidades da sociedade civil (Terceiro Setor) que estão ligadas à Fundação X, por outro lado, surgiram novas dinâmicas de luta por recursos dentro da estrutura burocrática da fundação, que foi criada justamente para reduzir a dependência dos recursos externos e o desgaste da competição com outras entidades. Trata-se, portanto, de uma conseqüência disfuncional da organização burocrática (Merton, 1970), o que caracteriza um paradoxo na solução à dependência de recursos.

Para entendermos melhor essa disfuncionalidade geradora do paradoxo, faremos inicialmente um breve levantamento na literatura sobre as dificuldades encontradas para se efetivar um modelo de cooperação entre diversos atores da sociedade civil, explorando inclusive o modelo de parceria; depois faremos uma apresentação da Fundação X; por fim, discutiremos as peculiaridades da mesma, e apontaremos os elementos constituintes desse paradoxo.

## 2. A Sociedade Civil e o Desenvolvimento Local

As mais recentes contribuições teóricas sobre o desenvolvimento têm dado maior ênfase ao *desenvolvimento humano, na diversidade, no foco sobre as comunidades* e *na idéia de empowerment,* em vez de reduzi-lo a uma dimensão meramente econômica (Garden e Lewis, 1996). As políticas de desenvolvimento passam a ser mais centradas na formulação de estratégias voltadas para resolução de problemas locais do que para grandes ações macroeconômicas. Essa nova abordagem se reflete também sobre os agentes promotores de desenvolvimento. Cada vez mais, as organizações da sociedade civil são vistas como atores privilegiados na ação de desenvolvimento, já que são tidas como provedoras de serviços sociais mais eficazes e eqüitativos, com um maior grau de responsabilidade, comprometimento e legitimidade do que os organismos públicos e privados (Bird, 1994).

Muito embora as organizações da sociedade civil consigam lograr muitos êxitos na promoção do desenvolvimento, e existam inúmeras evidências empíricas para tanto, ainda não podemos ter muita certeza sobre a possibilidade de elas serem realmente mais eficazes do que os outros setores; ainda não existem estudos documentados suficientes para sustentar tal afirmação (Brett, 1993). Todavia, o que as diversas experiências têm mostrado é que uma ação coordenada entre organizações da sociedade civil e organismos estatais que atuam em uma mesma localidade pode aumentar — e muito — a eficácia dos projetos de desenvolvimento (Spink, 2001).

## 2.1 Coordenação e Suas Vantagens

A literatura sobre organizações da sociedade civil — principalmente a que trata especificamente da atividade das chamadas Organizações Não-Governamentais (ONGs) — é praticamente uníssona ao afirmar que a *coordenação* de atividades entre agentes de desenvolvimento é um elemento central na melhoria da performance geral das atividades das organizações não-lucrativas. Por meio da coordenação de atividades entre ONGs, gera-se uma eficiência muito grande na alocação dos recursos. Por exemplo, em vez de várias organizações investirem cada uma na elaboração de um diagnóstico das condições ambientais de uma localidade — motivadas por finalidades diversas — elas podem realizar um *pool* para fazer esse relatório e utilizá-lo em comum acordo (Eliot, 1987). Dessa forma, elas economizam não só seus próprios recursos, mas também podem deslocar suas "sobras" para outras atividades. Também no que diz respeito à eficácia das atividades, a coordenação é importante. Várias organizações atuando em esforço conjunto conseguem mobilizar recursos de maneira sinérgica, acelerando a disseminação de políticas sociais, como bem demonstrou Dawson no caso peruano (Dawson, 1993).

Outra dimensão bastante importante é a democrática. Como sabemos, partidos políticos que canalizam aspirações populares tendem a passar por um processo de centralização, fechando-se em suas cúpulas, naquilo que Robert Michels chamou de "lei de ferro das oligarquias" (Michels, 1982). ONGs que se sentem "donas" de uma determinada comunidade ou de um determinado segmento social correm o risco de padecer do mesmo mal. Atuando com outras entidades, as ONGs tendem a se tornar mais abertas, principalmente no que diz respeito aos processos decisórios, o que aumenta bastante sua democracia interna (Fisher, 1994).

Quanto mais as organizações da sociedade civil se tornam envolvidas no processo de formulação de políticas de desenvolvimento local, mais o trabalho coordenado se mostra imperativo. Associações nacionais, federações, conselhos e redes de colaboração local acabam construindo articulações dentro da esfera pública para promover políticas e ações coletivas dos atores da sociedade civil como um todo, buscando uma participação cada vez maior da população beneficiada nos processos decisórios.

## 2.2 Formas de Coordenação e Parcerias

As parcerias de coordenação de atividades entre organizações da sociedade civil podem ser de dois tipos: *formais* e *informais*. As coordenações formais são aquelas que expressam o compromisso de várias organizações em se reunir permanente ou temporariamente para a consecução de um determinado objetivo. São formações dos tipos: associações nacionais voltadas para causas comuns destas organizações, como a Associação Brasileira de ONGs (Abong); associações por segmentos funcionais do Terceiro Setor, como o Gife; associações de caráter local, como a X. Nesse tipo de coordenação, a tendência é a da institucionalização das práticas entre as diversas organizações, uma vez que são geradas forças de caráter isomórfico (coercitivo e normativo) que tendem a criar uma unicidade em termos de interpretação da realidade e de tipos de ação assemelhados (Powell e DiMaggio, 1991).

Já as formas de coordenação informal são, normalmente, elaboradas a partir do surgimento de redes locais mais flexíveis, geralmente ligadas a uma campanha específica e de duração não-permanente, como no caso de ações coordenadas entre paróquias, associações comunitárias e associações de pais e mestres para a reforma de escolas em uma determinada localidade. Esse tipo de coordenação possui uma lógica própria e efêmera, que só se estrutura para uma finalidade específica e que não procura criar outros tipos de laços ou comprometimentos futuros (Spink, 1989).

Embora não haja nenhum tipo de prescrição no que diz respeito ao tipo de coordenação mais adequado para ações voltadas ao desenvolvimento comunitário, Bennett (1995) ressalta o fato de que, em processos nos quais existe uma visão de longo termo para a formulação de políticas de desenvolvimento, a coordenação de atividades dos vários atores envolvidos (e aí se fala não somente da sociedade civil, mas do Estado e do setor privado lucrativo) deve passar por um processo de desenvolvimento institucional que necessita de um maior grau de formalização, até mesmo para evitar possíveis rupturas.

Podemos, dessa forma, entender que o processo de coordenação de atividades implica a formação de inúmeras parcerias. A criação de parcerias é vista como uma forma de estabelecer o uso mais eficiente dos escassos recursos, aumentar a sustentabilidade institucional dos projetos e ampliar a participação dos beneficiários (Lewis, 1996). Quer seja formal quer seja informal, o fato é que a coordenação de atividades e a criação de parcerias não são tão facilmente realizáveis, como quer deixar transparecer a retórica das chamadas organizações do Terceiro Setor (termos que determinados setores querem transformar em sucedâneo de sociedade civil). Muitos são os obstáculos para efetivar uma ação coordenada, principalmente em termos locais. São esses obstáculos que vamos analisar a seguir.

## 2.3 Problemas para a Efetivação de Parcerias e Ações Coordenadas

A palavra *parceria* pode assumir significados diferentes para diferentes atores, criando diversas relações entre organizações, que podem ter um caráter *ativo* ou *passivo*, como podemos ver pelo Quadro 12.1.

**Quadro 12.1** — Comparação entre os conceitos de parcerias ativas e parcerias passivas

| Parcerias ativas | Parcerias passivas |
|---|---|
| Processo contínuo | Projeto rígido com prazo fixado |
| Papéis negociados e mutáveis | Papéis rígidos |
| Papéis e ligações claras | Papéis e laços "nebulosos" |
| Riscos partilhados | Interesses individuais |
| Debate e desacordo | Consenso forçado |
| Aprendizado | Fluxos de comunicação baixos |
| Origens calcadas em atividades | Origens calcadas apenas em recursos |

*Fonte*: Lewis (1996).

No que diz respeito ao nosso objeto de análise, acredita-se que uma coordenação efetiva de atividades voltadas para o desenvolvimento de comunidades locais necessita que se estabeleçam parcerias do tipo *ativo*, nas quais os papéis de cada um dos parceiros sejam amplamente conhecidos e flexibilizados. Só que esse é um processo difícil de ocorrer, porque normalmente as parcerias estabelecidas são do tipo passivo. E por que isso acontece?

Acreditamos que as parcerias ativas são difíceis de se estabelecer devido a dois pontos principais: *a diversidade das organizações da sociedade civil* e *a competição por recursos*.

Incorporando uma grande variedade de instâncias informais e formais, a sociedade civil (Terceiro Setor) torna-se ainda mais complexa e heterogênea, uma vez que pode incorporar um sem-número de segmentos distintos, que agem e interagem simultaneamente. Esses segmentos, em muitos casos, possuem ideologias e lógicas de atuação diversas ou até mesmo antagônicas. Existe uma *diversidade* muito grande de organizações da sociedade, que variam desde grupos informais e associações locais a pequenas cooperativas, ONGs, instituições de benemerência e até grandes fundações corporativas. Trata-se, portanto, de um campo organizacional no qual os múltiplos atores esposam múltiplos interesses e, significativamente, relações assimétricas de poder (Bourdieu, 1972).

Já sabemos que essas organizações podem diferir em estrutura, ideologias, objetivos etc., mas uma coisa que sempre esquecemos é que tais entidades também são diferentes no que diz respeito à forma de organização e gestão dos seus recursos. Brett (1993) ilustra essa diversidade da seguinte maneira:

> Diferenças significantes existem entre grupos informais "face-to-face", onde nenhum tipo de pagamento prevalece, entre ONGs e cooperativas onde salários são pagos, mas que, no entanto, ainda proclamam ser agentes "movidos por valores" motivados por preocupações "solidárias". Estas últimas competem por recursos com agências públicas ou privadas e têm se tornado mais e mais parecidas com elas. ONGs prestadoras de serviço, normalmente patrocinadas por doações, possuem distintamente objetivos e obrigações diferentes de cooperativas financiadas pelas suas próprias vendas (Brett, 1993, p. 272).

Como podemos perceber, diferentes organizações da sociedade civil possuem graus de profissionalização e de burocratização de suas atividades. Ao trabalhar para atender as necessidades de uma comunidade, cada organização possui uma visão diferenciada sobre como o trabalho pode ser feito. Vejamos o exemplo de um trabalho voltado para comunidades que habitam a região dos mananciais da Grande São Paulo: enquanto as associações de base menos burocratizadas olham para os problemas de uma maneira mais próxima ao imaginário da população beneficiária, o que significa ter sua atenção voltada para a questão da moradia e do risco de "despejo" dos moradores, ONGs ambientalistas profissionais estão mais propensas a trabalhar de uma maneira mais "cosmopolita", pensando no risco que a ocupação desordenada desses mananciais pode acarretar para a continuidade do fornecimento de água. Cria-se assim um impasse de comunicação que se reflete na dificuldade de se traçar uma ação coordenada entre esses atores.

Outro problema que impede o estabelecimento de ações coordenadas é a existência de *competição por recursos*, especialmente recursos financeiros (Carrol, 1992). Para que possamos entender o porquê da existência de competição por recursos entre organizações da sociedade civil, devemos entender como a origem dos recursos das organizações da sociedade civil difere da origem dos recursos do Estado e das organizações com fins lucrativos.

No setor privado, os recursos financeiros vêm dos clientes que pagam pelos bens e serviços. No setor público, os recursos são obtidos da população por meio dos tributos e do pagamento de alguns dos serviços que ele presta. Já no que diz respeito às organizações da sociedade civil, os recursos que financiam suas atividades são oriundos de doadores, de contratos (convênios) com o Estado e também de beneficiários. Ocorre que o grau de liberdade na obtenção de recursos por parte de organizações da sociedade civil é menor do que nas outras esferas (Carrol, 1992).

Isso quer dizer que, enquanto o Estado e as empresas conseguem gerar por si próprios suas receitas (principalmente pela cobrança por serviços), as organizações da sociedade civil são quase que totalmente dependentes da discricionariedade dos demais atores do ambiente externo para conseguir os recursos necessários para sustentar suas atividades (Carrol, 1992). A *teoria da dependência de recursos* (Pfeffer e Salancik, 1978) mostra que essas organizações vivem uma relação de interdependência com o ambiente que as envolve. Essa interdependência gera as seguintes conseqüências:

- a interdependência varia de acordo com a disponibilidade de recursos relativa à demanda por eles. Em ambientes de maior oferta de recursos sobre a demanda, a dependência das organizações sobre os recursos é menor;

- a interdependência acontece entre organizações que trocam recursos no mesmo ambiente, ligando as organizações por meio do fluxo de transação.

Em ambientes de escassez de recursos, a competição entre as organizações da sociedade civil tende a aumentar. Mas se a escassez de recursos pode gerar uma situação de competição entre organizações sem fins lucrativos, essa mesma escassez também pode gerar uma boa oportunidade para que se estabeleçam parcerias duradouras. Dependendo do grau de maturidade administrativa e da vontade política entre as organizações, estas podem resolver se unir e coordenar suas atividades para superar os problemas resultantes desta escassez. Essa é ao menos a proposta da X, caso que descreveremos a seguir.

## 3. O Caso da Fundação X

Fizemos um estudo de caso (Yin, 1994) por meio de uma série de visitas à cidade de Xisópolis no período entre 1998 e 2001. Durante esse tempo, vários depoimentos foram coletados, de forma não estruturada, entre diversas pessoas envolvidas com a Fundação X (membros do Conselho Curador, membros da Diretoria Executiva, membros da administração, dirigentes de entidades filiadas e pessoas beneficiadas pelas ações da organização). Além disso, foram analisados diversos documentos públicos, bem como artigos de jornais e entrevistas em rádios da região.

A Fundação X é uma federação de entidades assistenciais de Xisópolis. Ela foi criada com o patrimônio doado em vida por um casal de fazendeiros sem filhos. A instituição foi fundada em 1964, e sua principal fonte de receitas é seu próprio patrimônio, constituído basicamente de uma fazenda de 192 alqueires, onde estão inseridos diversos projetos, entre eles alguns de cunho privado-lucrativo, como um shopping center e um grande hipermercado. O valor do total de seu patrimônio, segundo seu balanço patrimonial de 1999, é de R$ 15 milhões. A Fundação X recebe uma participação dos resultados de faturamento desses empreendimentos econômicos. A Fundação X possui ainda sede própria e alguns imóveis recebidos por doação, que rendem aluguéis. Por estatuto, esse patrimônio não pode ser alienado, o que evita sua extinção, garantindo a continuidade das atividades da Fundação X.

A governança da Fundação X é estruturada da seguinte forma: a Diretoria Executiva administra a entidade, com a supervisão de um Conselho Curador e de um juiz Curador de Fundações. Os membros da Diretoria e do Conselho são voluntários provenientes de diversos setores da sociedade de Xisópolis. Além da estrutura linear comum a associações civis, a Fundação X conta com o CEF (Conselho das Entidades Filiadas), um órgão consultivo ligado à X que tem como função básica promover a integração das entidades filiadas e debater os assuntos de interesse comum entre as diversas entidades, visando ao aprimoramento de suas atividades e a uma integração maior. Embora tenha apenas um caráter consultivo, o CEF tem tarefas importantes a cumprir por força do estatuto da Fundação X. São elas: opinar necessária e previamente sobre a concessão de recursos específicos à entidade filiada, para contemplar programas e projetos especiais; opinar sobre os assuntos que lhe forem encaminhados pela Diretoria Executiva; dirigir consultas e apresentar sugestões à Diretoria Executiva sobre assuntos do interesse das entidades; administrar o "Fundo de Emergência" e estabelecer normas para a concessão de auxílio às entidades por conta de recursos desse fundo.

É, portanto, por meio do CEF que os dirigentes das entidades participam da gestão da Fundação X. As reuniões do CEF servem — em tese — para a troca de experiências e a busca de soluções. Na prática, cada reunião se torna um verdadeiro fórum de debates sobre as questões sociais que afligem Xisópolis. Além disso, verdadeiras articulações são montadas para discutir o destino das verbas orçamentárias.

Em 2001, estavam filiadas à Fundação 103 organizações assistenciais da cidade de Xisópolis, distribuídas geograficamente por todas as regiões da cidade. O público-alvo da Fundação X abrange toda a gama de pessoas vulneráveis, de recém-nascidos a idosos, de subnutridos a desempregados, de portadores de deficiência a jovens sem formação profissional. Oferece abrigo, educação, saúde, treinamento, alimentação e habitação como forma de integrar milhares de pessoas à sociedade, evitando a exclusão e o agravamento dos problemas sociais. O objetivo da Fundação X é potencializar as iniciativas da sociedade civil, contribuindo para que as pessoas e as organizações se tornem auto-suficientes e possam contribuir para a melhoria da qualidade de vida. O Quadro 12.2 dá uma idéia do potencial de mobilização da Fundação X na cidade de Xisópolis:

Capítulo 12   Fundações comunitárias e parcerias...

**Quadro 12.2** — Número de pessoas assistidas — Ano base 1994

| | |
|---|---|
| Crianças e adolescentes, inclusive excepcionais | 30.400 |
| Adultos (doentes, portadores de deficiência etc.) | 11.000 |
| Idosos | 600 |
| Reeducandos | 3.000 |
| Famílias pobres | 4.000 |
| Grupos de mulheres | 1.000 |
| TOTAL | 50.000 |

Para dar suporte e atender às diversas necessidades das entidades filiadas, a Fundação X dispunha, no período da pesquisa, de uma equipe de 54 funcionários contratados, que eram submetidos a rotinas de treinamento para melhoria contínua do desempenho profissional de suas atribuições. Ela contava ainda com um corpo de voluntários de aproximadamente 30 pessoas, que atuava como suporte na promoção de eventos e nos programas de arrecadação de recursos promovidos pela Fundação X. Esses recursos captados, embora não sejam significativos para a atuação da entidade, mantêm mobilizados seus apoiadores e funcionam como uma abertura para todos que desejam participar financeiramente dos projetos propostos.

O Quadro 12.3, apresentado a seguir, dá uma idéia da movimentação de recursos tanto no que diz respeito ao seu destino como à natureza de suas origens:

**Quadro 12.3** — Movimentação de recursos — Em mil dólares

| | 1992 | 1993 | 1994 |
|---|---|---|---|
| **INVESTIMENTOS NAS ENTIDADES** | | | |
| Convênios-manutenção | 871 | 944 | 1.626 |
| Convênios-profissionalização | – | 20 | 126 |
| Convênios-construção e reformas | – | 136 | 380 |
| Serviços prestados às entidades | 451 | 584 | 840 |
| TOTAL | 1.322 | 1.684 | 2.972 |
| **RECEITAS** | | | |
| Donativos recebidos da comunidade | 106 | 171 | 197 |
| Rendimentos patrimoniais da fundação | 2.291 | 2.881 | 3.118 |
| TOTAL | 2.397 | 3.052 | 3.315 |

A grande fonte de recursos da fundação é originária dos rendimentos advindos de seu próprio patrimônio. Essa característica a coloca como uma das poucas instituições no Brasil que seguem o modelo americano de *grant makers*, ou seja, fundações consideradas independentes, já que possuem fonte de recursos próprios que são doados a organizações que não têm geração própria de renda. No Brasil, as grandes fundações são geralmente corporativas, isto é, vinculadas a grandes corporações privadas que constituem suas principais fontes de recursos. Portanto, essa característica ímpar da Fundação X desperta atenção por ser um raro exemplo de fundação autônoma que é financiadora de projetos sociais no Brasil.

O Quadro 13.3 demonstra que os recursos próprios da Fundação X eram suficientes para cobrir seus programas de investimento social. Na série apresentada, a Fundação X, no período entre 1992 e 1994, aumentou continuamente a aplicação de recursos, tendo inclusive mais que dobrado seus investimentos no período considerado. A grande parte dos recursos foi (e ainda é) aplicada em convênios de manutenção nas entidades filiadas.

### 3.1 A Fundação X e Seu Discurso

Por se tratar de uma organização autônoma, a Fundação X não depende de recursos de órgãos governamentais. Aliás, há mesmo um sentimento anti-Estado dentro da organização. Há um discurso incorporado nas diversas instâncias da Fundação X para deixar sempre claro que "as atividades da organização são apolíticas e apartidárias, sem qualquer vínculo com o poder público e com práticas clientelísticas e corruptas inerentes ao Estado". Apesar disso, pelo menos dois membros de destaque da organização (um membro do Conselho Curador e um ex-superintendente) já participaram de gestões municipais da cidade de Xisópolis, sempre na Secretaria de Bem-Estar Social.

Esse discurso de *independência* faz com que a formulação de programas de intervenção social da Fundação X floresça da inter-relação entre os próprios anseios das entidades filiadas e os objetivos programáticos da fundação. Por outro lado, cria condições para uma continuidade dos objetivos comuns propostos tendo em vista a garantia de recursos para sua implementação.

Uma outra característica importante da intervenção social da Fundação X diz respeito a sua atuação nas atividades-meio. As entidades filiadas têm que se preocupar exclusivamente com o cumprimento de sua missão, uma vez que toda a sua parte administrativa e legal é desenvolvida por técnicos da fundação. Assim, a Fundação X oferece uma série de serviços para as entidades filiadas, que compreendem a contabilidade, a folha de pagamento, o recolhimento de impostos e o apoio jurídico, mercadológico e de relações públicas. Por exemplo, a área de engenharia financia, a fundo perdido, obras de construção e reforma de instalações das entidades filiadas. Dessa forma, as organizações-membro ficam liberadas de suas preocupações gerenciais, concentrando-se em suas atividades-fim, voltadas para o desenvolvimento social.

Aqui também a Fundação X exerce um papel de extrema importância, uma vez que visa o aprimoramento do trabalho que as entidades desenvolvem para atingir seus objetivos sociais. Para esse aprimoramento, é oferecida uma grande variedade de serviços, dentre os quais o treinamento permanente de pessoal especializado em educação e profissionalização. Além disso, ela fornece suporte de especialistas nas áreas de psicologia, pedagogia, serviço social, economia doméstica e educação artística. Profissionais são contratados para planejar o trabalho social das entidades, assim como auxiliá-las na elaboração e na implementação de projetos sociais específicos. Nos últimos anos, a Fundação X vinha auxiliando a implementação de programas de geração de renda, por meio de apoio financeiro e técnico para a criação de oficinas, marcenarias, padarias, cozinhas industriais e outras atividades.

O que se nota nesse caso é uma tentativa da Fundação X de fazer com que as organizações a ela filiadas se tornem menos dependentes de recursos externos, em especial de recursos que possam ser originados de repasses do poder público. Em termos de discurso esposado, a Fundação X procura respeitar a autonomia e a independência das organizações filiadas, estimulando sua mobilização para o crescimento e a eficácia. Ocorre que, na prática, as organizações se "acostumam" ao modelo da Fundação X de gerenciamento de recursos. Se, por um lado, elas criam uma independência de recursos externos, por outro lado desenvolvem uma verdadeira dependência em relação à Fundação X e às determinações de sua estrutura dirigente, em especial das deliberações do CEF. Em outras palavras, cada entidade precisa de um grande poder de negociação junto às demais para conseguir que os recursos orçamentários sejam alocados para suas atividades.

Outra característica interessante da Fundação X é que, ao mesmo tempo em que ela professa em seu estatuto e em seu discurso uma abertura para uma pluralidade de organizações (quer seja em termos de finalidades, quer seja em termos ideológicos), existe claramente uma postura refratária em relação a organizações que destoam de uma ideologia que se mostra hegemônica entre os membros do CEF. Organizações mais combativas, com ideologias mais à esquerda do espectro político, não participam da Fundação X. Quando questionado sobre esse fato, um dirigente da Fundação X disse que o problema está no fato de que essas organizações "geralmente são vinculadas a partidos políticos, o que fere o caráter apartidário da X".

3.2 Análise do Estudo de Caso

O que levaria a Fundação X a migrar de um modelo de eficiência na eliminação da dependência de recursos externos para uma estrutura que faz com que essa dependência seja internalizada? Uma resposta para esse processo pode ser encontrada nos estudos que o sociólogo americano Robert K. Merton realizou sobre a burocracia e suas disfunções. Segundo o autor, certas disfunções das estruturas burocráticas são apenas aparentes e podem possuir uma funcionalidade na adaptação das organizações ao ambiente (Merton, 1970). De acordo com Merton, *funções* são as conseqüências observadas que propiciam adaptação de um dado sistema ao meio, e *disfunções* são as conseqüências observadas que diminuem a adaptação ao meio (Merton, 1970, p. 118). A presença de determinados elementos funcionais e disfuncionais em uma mesma organização classicamente constitui um paradoxo. Deve-se salientar ainda que o paradoxo é, nesse caso, fruto de uma relação social objetiva, ou seja, está no campo das funções, não no campo dos motivos, o que levaria a um processo de "subjetivação" dessas contradições.

Como mostramos anteriormente, para que possamos avaliar o modelo de fundação comunitária adotado pela Fundação X, devemos nos ater a duas questões básicas: como se efetiva a parceria entre as organizações-membro e qual o grau de dependência de recursos externos dessa organização. O tipo de parceria que a Fundação X pratica é o *passivo*, pelo qual a organização que deseja participar dessa federação deve assumir totalmente seus desígnios. Além disso, restringindo o grau de articulação das organizações com o Estado, a Fundação X impõe um modelo de gestão que é fortemente calcado em suas ideologias formadoras, e que trazem valores marcados por uma mentalidade gerencialista e empresarial.

Nela está presente uma *função manifesta* no funcionamento da Fundação X. Por funções manifestas, Merton entende "as conseqüências objetivas que contribuem para o ajustamento ou adaptação do sistema, que são intencionadas e reconhecidas pelos participantes do sistema" (Merton, 1970, p. 118). O *ethos* Fundação X é claramente gerencialista, algo reconhecido por todos os seus membros, e que justamente garante a legitimidade interna (junto aos dirigentes das entidades filiadas).

Mas, durante a pesquisa, emergiu uma outra função da Fundação X. Como foi dito por um dirigente de uma pequena organização-membro: "Se eu não sou membro da 'panelinha da Hípica', eu só consigo migalhas". A referência em questão é à Hípica Xisopolense, clube da elite de Xisópolis, do qual muitos dirigentes das entidades filiadas à Fundação X fazem parte. A crítica mais freqüente é a de que os dirigentes "de elite" conseguem manter um controle sobre as deliberações do CEF, o que impede que organizações "pobres" consigam uma melhor destinação de recursos para suas atividades. Haveria aqui, portanto, um outro tipo de função também estudada por Merton: a *função latente*. Por funções latentes entendem-se "aquelas que não constam das intenções, nem são reconhecidas" (Merton, 1970, p. 118). A principal função latente do sistema Fundação X é a reprodução das estruturas sociais existentes na cidade de Xisópolis. A estrutura de governança da

Fundação X acaba refletindo isomorficamente as estruturas sociais da cidade, de forma semelhante à descrita por Philip Selznick no caso da *Tennessee Valley Authority* (Selznick, 1984).

Ambas as funções existem e se relacionam diretamente a uma função adaptativa de integração ao ambiente da cidade de Xisópolis. Por um lado, há uma função manifesta de se atingir um padrão gerencialista no tratamento das organizações em Xisópolis; por outro lado, há uma função latente de manutenção do *status quo* na sociedade.

Pois bem, trata-se da criação de uma situação paradoxal entre as organizações parceiras da Fundação X, já que elas devem procurar abrigo em uma esfera "apolítica" e gerencial de captação de recursos, mas acabam presas à dinâmica política da Fundação X. As entidades da sociedade civil, ao aderir à fundação, devem recusar a aproximação do Estado (em qualquer de suas esferas), para que não se submetam a práticas fisiologistas para obter financiamento de seus projetos. Em substituição, o modelo administrativo da Fundação X cria um grau muito grande de independência externa de recursos para as organizações-membro. Por outro lado, esse modelo gera um alto grau de dependência em relação à estrutura administrativa da Fundação X, especialmente no que concerne ao CEF e às suas deliberações. As entidades aderentes passam a depender da dinâmica política da governança da Fundação X, que por sua vez reflete os interesses da alta sociedade Xisopolense. Dessa forma, as entidades são domesticadas no seu conteúdo político, e passam a se submeter a um novo regime de dependência de recursos, que as transforma em entidades muito semelhantes entre si, numa padronização de caráter isomórfico mimético-normativo (Powell e DiMaggio, 1991).

## 4. Considerações Finais

É inegável reconhecer que o trabalho da Fundação X é meritório e de grande importância. Afinal de contas, atendendo de forma direta e indireta um universo de 50 mil pessoas, a Fundação X tem um impacto sobre aproximadamente 18% da população pobre de Xisópolis. O que se questiona é se esse modelo, apesar de todo o discurso modernizador e técnico de emancipação organizacional e independência de recursos, não é ainda assim reprodutor de práticas assistencialistas e conservadoras, que pouco ajudam no desenvolvimento de formas mais participativas de cidadania.

## Referências Bibliográficas

BENNET, J. *Meeting needs*: NGO coordination in practice. London: Earthscan, 1995.

BIRD. *Relatoria General de la Conferencia sobre el Fortalecimento de la Sociedad Civil*. Washington, D.C., 1994.

BOURDIEU, P. *Esquisse d'une théorie de la pratique*. Genève: Librarie Droz, 1972.

BRETT, E. Voluntary agencies as development organizations: theorizing the problem of efficiency and accountability. *Development and Change*, v. 24, 1993.

CARMAN, J. G. Community foundations. *Nonprofit Management & Leadership*, v. 12, artigo 1, p. 7-25, 2001.

CARROL, T. *Intermediary NGOs*: the supporting link in grassroots development. London: Kumarian Press, 1992.

DAWSON, E. NGOS and the public policy reform: lessons from Peru. *Journal of International Development*, v. 5, n. 4, 1993.

ELIOT, C. Some aspects of relations between the north and the south in the NGO sector. *World Development*, v. 15, suplemento, p. 57-68.

FISHER, J. Is the iron law of oligarchy rusting away in the Third World? *World Development*, v. 22, n. 2.

GARDEN, K., LEWIS, D. *Anthropology, development and the postmodern challenge*. London: Pluto Press, 1996.

LEWIS, D. *NGO* — Government partnerships in an aquaculture project in Bangladesh: towards an institutional ethnography. Trabalho apresentado na 2ª Conferência da Sociedade Internacional para a pesquisa sobre o terceiro setor. 18 a 21 de julho, Cidade do México, 1996.

MERTON, R. K. *Sociologia:* teoria e estrutura. São Paulo: Mestre Jou, 1970.

MICHELS, R. *A sociologia dos partidos políticos*. Brasília: UnB, 1982.

MILOFSKY, C. *Community organizations:* studies in resource mobilization and exchange. New York: Oxford University, 1988.

PFEFFER, J., SALANICK. *The external control of organizations:* a resource dependency perspective. New York: Harper & Row, 1978.

POWELL, W., DIMAGGIO, P. (Orgs.). *The new institutionalism in organizational analysis*. Chicago: The University of Chicago Press, 1991.

SELZNICK, P. *TVA and grass-roots:* a study of politics and organization. Berkeley: University of California Press, 1984.

SPINK, P. A forma do informal. *Psicologia e Sociedade*, v. IV, n. 7, 1989.

_____. *Parcerias e alianças com organizações não-estatais*. São Paulo: Instituto Pólis, 2001; FGV/EAESP — Programa Gestão Pública e Cidadania.

YIN, R. *Case study research:* design and methods. Thousand Oaks: Sage, 1994.

# 13

## CONFIANÇA. CONFIANÇA?
## O PARADOXO ENTRE VALORES
## DECLARADOS E ATITUDES

*Maria Luisa Mendes Teixeira*

## 1. Introdução: o *Paradoxo Valores Declarados* versus *Valores Introjetados* nas Organizações

Os *valores* são crenças duradouras que, organizadas entre si, orientam a resolução de conflitos, os julgamentos e as tomadas de decisão. Constituem-se em componentes cognitivos nucleares que orientam as atitudes defendidas das pessoas e incontáveis comportamentos sociais (Rokeach, 1973). A noção de que os valores dos executivos influenciam a formação da cultura organizacional data de algumas décadas.

Segundo Beyer e Trice (1985) a cultura organizacional consiste numa "rede de concepções, normas e valores que são tomados por certos, e que permanecem submersos à vida organizacional". Schein (1986) estabelece três níveis em que a cultura organizacional pode ser apreendida: *artefatos visíveis*, o ambiente físico socialmente construído pelos indivíduos na organização; *valores*, que na maioria das vezes são apenas idéias manifestas ou idealizações; e *pressupostos inconscientes*, que consistem nas verdadeiras razões do comportamento dos indivíduos na organização.

Para Tifanny e Peterson (1999), os valores manifestos pelas organizações precisam ser traduzidos para o comportamento das pessoas que nela trabalham para que tenham força orientadora de ação. Dessa maneira, para que os valores declarados por uma organização sejam capazes de nortear seus rumos, é necessário que sejam compartilhados entre os indivíduos, fazendo parte da cultura organizacional. No entanto, valores declarados podem estar situados somente no nível dos artefatos visíveis quando expressos em documentos, ou no nível de valores, como idealizações, sem fazer parte dos pressupostos inconscientes que efetivamente guiam a ação dos indivíduos. Podemos analisar essa situação em termos do paradoxo *valores declarados* versus *valores introjetados* nas organizações.

O conceito de paradoxo diz respeito à percepção da realidade organizacional, o que pode acontecer em várias esferas do sistema social (Lewis, 2000). Para Ford e Backoff (1988), paradoxo é uma percepção construída pelos indivíduos diante da ambigüidade, uma simplificação polarizada da realidade, que esconde inter-relações complexas. Segundo Bateson (1972), ele é de natureza cognitiva e supõe a existência de tensões. As tensões inerentes aos paradoxos significam dois lados da mesma moeda e constituem-se de percepções polarizadas que mascaram a simultaneidade de realidades conflitantes.

A existência simultânea de valores declarados e não introjetados na cultura organizacional e de outros valores que dela fazem parte no nível dos pressupostos inconscientes pode levar os indivíduos a polarizar suas percepções do sistema organizacional. Nesse caso, têm-se duas dimensões da mesma realidade: em um pólo, os valores declarados e não introjetados, e de outro, os valores introjetados e não declarados. Essa é uma bipolaridade reducionista que pode mascarar interesses e forças conflitantes. Diante desse paradoxo, uma indagação se impõe: *por que os valores declarados de uma empresa podem não ser congruentes com os valores de fato introjetados em sua cultura e praticados pelos indivíduos?* Essa foi a questão central que orientou este estudo.

As organizações são espaços de contradição muito mais do que de consenso. A busca de consenso pode revelar uma tentativa de ocultar ou de mascarar a existência de interesses diversos e de forças que muitas vezes não operam na mesma direção no sistema organizacional. À luz do conceito de paradoxo, é possível concluir que uma declaração de valores tem a intenção de transmitir uma imagem de como a organização deseja ser vista, o que não quer dizer que essa organização seja efetivamente percebida de acordo com os valores que professa.

Entre as diversas classificações de valores, destaca-se aqui a de Rokeach (1973), que tem como critério a centralidade. Para o autor, os *valores* podem ser classificados em *finais* e *instrumentais*. Os primeiros representam finalidades de vida e os segundos, os meios para realizá-las. Vinson et al. (1977) consideram esses dois conjuntos de valores como *globais* e, associados a eles, entendem estar um outro conjunto, menos central: os *valores de domínio específico*, aos quais, por sua vez, estão associadas crenças avaliativas, isto é, atitudes. Os valores de domínio específico representam os valores *globais* nos diversos domínios de experiência. Os valores de uma organização podem ser considerados *valores de domínio específico*, pois são adquiridos na vivência da gestão.

*Atitudes* são orientações avaliativas diante de objetos, sejam eles físicos ou sociais. São formados por três componentes: *cognitivo, avaliativo* e *de conduta*. O componente cognitivo refere-se às informações que as pessoas têm do objeto para qual a atitude se dirige. O componente avaliativo diz respeito ao afeto ou desafeto em relação ao objeto. Por último, o componente de conduta refere-se à intenção de comportamento que se pretende assumir diante do objeto (Ros e Gouveia, 2001).

As relações entre valores e atitudes são abordadas em diversos estudos, dos quais pode-se ressaltar Rokeach (1973) e Vinson et al. (1977), que afirmam que *a cada valor corresponde um conjunto de atitudes*. Triandes (1971) e Rodrigues (1992) abordam as relações entre as atitudes e os comportamentos. As atitudes envolvem o que as pessoas pensam e sentem e como elas gostariam de se comportar, enquanto o comportamento não é determinado apenas por esses aspectos, mas também pelas conseqüências esperadas da ação.

Sendo os valores idealizações, uma declaração de valores pode refletir muito mais o que os declarantes pensam ser bem-visto declarar (valores declarados) do que o que verdadeiramente pensam e sentem (atitudes). Para se conhecer a coerência entre o declarado e o sentido, uma possibilidade consiste em comparar atitudes com valores declarados.

Para investigar a questão central proposta, este estudo teve por objetivo analisar os valores declarados por gestores para orientar as ações de uma empresa do ramo petroquímico na construção de relacionamentos confiáveis com os segmentos com os quais interage, e contrapor estes valores declarados às suas atitudes. Para avançarmos na compreensão do *paradoxo valores declarados* versus *valores introjetados*, tentou-se trazer à luz possíveis motivos para a polarização entre essas duas dimensões da realidade organizacional, o que pode contribuir para que ultrapassemos o reducionismo dessa bipolaridade.

## 2. Estudo de Caso: a Empresa do Ramo Petroquímico e sua Declaração de Valores Globais

A empresa estudada pertence ao ramo petroquímico e foi concebida com o objetivo de suprir o mercado interno de refino e de beneficiamento de derivados de petróleo.

Ao final da primeira metade da década de 1980, o cenário político-econômico do país traduzia uma postura moldada pela ditadura militar. A preocupação com a segurança nacional e com o protecionismo do mercado para a produção nacional era reforçada pela crise do petróleo. Dessa forma, tornava-se necessário adquirir o domínio de determinadas tecnologias fundamentais para o desenvolvimento e o controle da indústria de base e da infra-estrutura do País.

A parceria entre duas empresas brasileiras, uma estatal e a outra estrangeira, permitiu a instalação de uma nova fábrica do ramo petroquímico, em 1989, no Estado do Rio de Janeiro, a empresa caso deste estudo.

Durante a década de 1990, a empresa passou por diversas dificuldades causadas por fatores internos e externos. Na tentativa de superá-las, várias formas de gestão foram implantadas, entre elas a gestão participativa, a gestão da qualidade e gestão por valores. No entendimento da diretoria da empresa, a *gestão por valores* consistiria em fazer que toda a empresa se orientasse à relação com a sociedade, clientes, acionistas e empregados, por um mesmo conjunto de valores. Com esse intuito, a primeira providência tomada foi estabelecer os valores globais que os gestores entendiam que deveriam nortear as ações empresariais: *confiança, honestidade, respeito* e *cooperação*.

Vários autores têm se dedicado há algumas décadas aos estudos da *confiança* e à sua conceituação. De acordo com Rousseau et al. (1998), o conceito proposto por Mayer et al. (1995) tem sido o mais adotado na literatura sobre o tema. De acordo com esses autores, confiança é a

> pré-disposição, de uma parte, de ser vulnerável às ações de outra parte, baseada na expectativa que o outro irá desenvolver uma ação específica, importante para quem confia, e independente da habilidade da outra parte de monitorar ou controlar seu comportamento (p. 712).

Para Sheppard e Sherman (1998, p. 422) a confiança consiste na "aceitação dos riscos associados ao tipo e à profundidade da interdependência inerente a um dado relacionamento".

Segundo Rokeach (1973), honestidade e confiança podem ser consideradas componentes de um mesmo valor, no sentido de que quem é honesto é também confiável e vice-versa. Jian et al. (1999) reconhecem a honestidade, a lealdade e a confiabilidade como valores relativos à confiança, e Teixeira et al. (2003) identificaram, em pesquisa realizada junto a profissionais de nível superior, três dimensões inerentes à confiança: respeito, honestidade e crédito.

Pode-se dizer, à luz das idéias dos autores citados, que a empresa desejava ser percebida como confiável junto a seus *stakeholders*, e com estes estabelecer relações de confiança, de forma que eles aceitassem os riscos a ela associados de acordo com a profundidade da interdependência dos relacionamentos de cooperação.

Os valores globais, embora listados e divulgados por toda a empresa, não foram operacionalizados de imediato. O que seria agir com confiança e cooperação com relação aos empregados, aos clientes, à sociedade e aos acionistas? Decorrido algum tempo e frente a questionamentos por parte dos empregados sobre o que seria agir segundo os valores identificados, a alta administração se deu conta da necessidade de que fossem operacionalizados os valores declarados, momento em que surgiu a oportunidade para realizar esta pesquisa. Estariam os valores declarados introjetados na cultura organizacional, ou seriam apenas idealizações? Se fossem apenas idealizações, por que os valores declarados não eram efetivamente operacionalizados e os gestores só deram atenção a este fato em decorrência dos questionamentos dos empregados? Essas foram questões específicas que este estudo buscou responder.

## 2.1 Objetivos e Etapas da Pesquisa

A pesquisa teve por objetivo operacionalizar os valores globais — confiança, honestidade, respeito e cooperação — que haviam sido propostos pelos gestores da empresa, e realizou-se em duas grandes etapas. Na primeira, os valores globais foram traduzidos em valores de domínio específico pelos gestores e, em seguida, foram contrapostos a suas atitudes. Na segunda, coube aos empregados traduzir os valores globais em valores de domínio específico.

Essas etapas obedeceram à seguinte lógica: já que os valores deveriam nortear a vida da organização, então deveriam representar o pensamento de todos, e não apenas dos gestores. Além disso, deveriam estar introjetados na cultura organizacional. Portanto, deveria haver coerência entre valores e atitudes, pelo menos entre os gestores da organização.

## 2.2 Procedimentos Metodológicos

A pesquisa caracterizou-se como exploratória. Como os gestores influenciam a cultura de uma organização com seus valores e atitudes, optou-se por seguir a orientação de Duncan (1988) quanto aos procedimentos metodológicos. O autor defende a utilização dos métodos qualitativo e quantitativo para investigar a cultura pelo método triangular múltiplo combinado, envolvendo as seguintes técnicas de coleta de dados: a observação feita pelo pesquisador combinada à observação "nativa", isto é, feita por elementos da própria organização; a análise de documentos; o uso de técnicas qualitativas (entrevistas) para capturar o simbólico; o uso de técnicas quantitativas (questionário) para checar informações obtidas.

Os dados foram coletados em diversas etapas mediante entrevistas com roteiro semi-estruturado e questionário fechado ao qual foi acoplada uma escala Likert. Esses dados foram posteriormente tratados com análise de conteúdo e análise estatística, respectivamente. Os resultados de cada etapa eram apresentados e discutidos com o grupo sujeito da amostra e com um profissional da área de Recursos Humanos que atuava na empresa há alguns anos.

## 2.3 A Pesquisa e seus Resultados

### 2.3.1 Tradução dos Valores Globais Declarados pelos Gestores

A tradução de *valores globais* feita pelos gestores revelou valores de domínio específico considerados importantes para a condução dos negócios (Quadro 13.1). A tradução foi realizada mediante entrevistas com 12 diretores e gerentes, e os dados coletados foram tratados com análise de conteúdo. Os *valores globais* foram traduzidos considerando os diversos segmentos: clientes, acionistas e empregados.

**Quadro 13.1** — Valores declarados pela alta administração

| | Empregados | Clientes | Sociedade | Acionistas |
|---|---|---|---|---|
| **Respeito** | Casar prática e discurso, aceitando o empregado enquanto indivíduo e cumprindo todos os tratos | Atender às expectativas; ouvir; cumprir todos os tratos. | Viver em harmonia com ela, cumprindo leis e preservando o meio ambiente. | Seguir diretrizes propostas, agir de forma transparente e cumprir tratos. |
| **Honestidade** | Casar discurso e prática, definindo claramente as regras do jogo, inclusive de recompensa, evitando tratamento casuístico e estabelecendo critérios mantendo-as independentemente das situações; cumprir todos os tratos, adotando uma postura de falar a verdade (transparência) e possibilitando mecanismos de recurso diante de injustiças. | Atender às expectativas; agir com transparência; cumprir todos os tratos. | Agir de forma transparente, cumprir leis e possibilitar acesso às informações sobre situações que possam afetá-la. | Seguir diretrizes propostas, agir de forma transparente e cumprir tratos. |
| **Confiança** | Casar discurso e prática, acreditando no que o empregado diz no seu empenho, delegando autoridade e proporcionando espaço para a discussão aberta de idéias. | Agir de forma transparente; reconhecer erros; cumprir todos os tratos. | Ser transparente nas propostas oferecidas; preservar o meio ambiente; *cumprir leis*, liderar processos de desenvolvimento de qualidade de vida. | Demonstrar resultados conforme o esperado, oferecer perspectivas de crescimento, preservar o patrimônio, *seguir diretrizes propostas, agir de forma transparente, casar discurso e prática*. |
| **Cooperação** | Possibilitar o desenvolvimento do empregado, propiciando condições para um clima satisfatório e colaborando na solução de suas demandas. | Agir com transparência; cumprir todos os tratos, oferecendo produtos que correspondam ao desempenho esperado. | Preservar o meio ambiente; criar empregos; participar de atividades educacionais, socioculturais e de associações; promover o desenvolvimento tecnológico, e *cumprir leis*. | Atuar de forma proativa; ouvir necessidades; oferecer planos de trabalho que garantam o futuro. |

Analisando o Quadro 13.1, nota-se que o valor de domínio específico *agir com transparência* está presente em todos os segmentos. O valor *cumprir tratos* está presente em todos os segmentos, menos com relação à sociedade, na qual se destaca o valor *cumprir leis*. O valor *casar o discurso com a prática organizacional* apareceu associado principalmente com o segmento de empregados, enquanto o valor *seguir diretrizes propostas* aparece relacionado com o segmento de acionistas.

A partir desses resultados, algumas reflexões surgiram. Se os valores declarados integram a imagem que a alta administração deseja que a empresa tenha perante seus diversos segmentos, e se os valores *agir com transparência* e *cumprir tratos* são os que apareceram com maior ênfase, como saber se esses valores estarão presentes nos estratos mais profundos da cultura organizacional? As atitudes dos gestores confirmam ou não esses valores? E o que será agir com transparência? Para tentar lançar luz sobre essas questões, passou-se à análise das atitudes dos gestores.

### 2.3.2 *Valores Declarados pelos Gestores* versus *suas Atitudes*

Para atingir o objetivo relativo a esta etapa do trabalho, foi gerado um questionário fechado, com assertivas construídas a partir das entrevistas realizadas com os gestores da alta direção, e uma escala do tipo Likert com seis pontos, variando a pontuação de acordo com as assertivas "discordo totalmente a concordo totalmente". Identificadas as atitudes dos gestores com relação aos diversos segmentos, elas foram apresentadas aos 12 gestores para que as validassem, isto é, para ver se eles reconheciam que aquelas eram as atitudes que de fato possuíam.

Embora o grupo demonstrasse vontade de que a empresa, incluindo eles próprios, se guiassem por valores que fossem claros para todos, este foi um momento tenso da pesquisa. Como reagiriam ao perceber que a pesquisa havia revelado que os valores declarados não se traduziam em suas atitudes? Ao final do processo, quando os resultados foram apresentados, todas as atitudes mostradas foram reconhecidas como aquelas que orientavam suas ações e eles indicaram que desejavam mudar e tornar seus comportamentos coerentes com os valores declarados.

A análise revelou que *cumprir tratos* era um valor que se traduzia em atitudes principalmente com relação ao segmento de clientes e, em parte, com relação a acionistas e empregados, mas não estava presente com relação à sociedade. Com relação a esse segmento, o que a alta administração acreditava era que se deviam cumprir as leis e contribuir para a preservação do meio ambiente. Com relação ao acionista, os gestores acreditavam principalmente que deviam seguir as diretrizes propostas. Já com relação ao cliente, os gestores acreditavam que deviam cumprir os tratos, ouvi-los, aceitar seus sentimentos e atender suas expectativas.

*Agir com transparência* apareceu como um valor presente em todos os segmentos, menos com relação ao empregado. Porém, os gestores não acreditavam que deviam ter o compromisso de falar a verdade com relação a qualquer dos segmentos, indicando que *agir de forma transparente* era apenas um valor declarado. Mas agir de forma menos transparente ainda surgiu como uma atitude com relação ao empregado. Com essa percepção, priorizou-se na pesquisa a análise em profundidade das relações gestor-empregado no que se referia à coerência entre os valores declarados e a atitude e a prática organizacional.

**Valores declarados pelos gestores *versus* suas atitudes com relação ao empregado**

Para identificar as atitudes dos gestores com relação aos empregados, utilizaram-se os dados coletados pelo mesmo questionário destinado a identificar valores. Aplicou-se estatística descritiva, procurando identificar fortes concordâncias e discordâncias quanto à aplicação de um valor com relação a um determinado segmento. Sempre que não foi encontrada *forte concordância*, considerou-se que não havia uma atitude favorável à aplicação do valor para aquele segmento específico.

O tratamento de dados revelou que:

- Quanto ao valor *honestidade*, em contrapartida aos valores declarados, as atitudes eram:
    - definir regras do jogo, porém resguardar a liberdade para mantê-las e cumprir os tratos estabelecidos;
    - falar a verdade e casar discurso e prática de acordo com as situações, bem como ter liberdade para tratar caso a caso;
    - proteger-se, evitando mecanismos que permitissem ao empregado recorrer de injustiças;
    - receptividade a comentários alheios, como forma de controle.

- Quanto ao valor *confiança*, em contrapartida aos valores declarados, as atitudes eram:

  - o empregado até se empenha na prosperidade do negócio, mas tende a não dizer exatamente o que pensa e nem sempre diz a verdade;
  - empregado confiável é aquele que prova dizer sempre a verdade;
  - merece espaço para participar de discussão aberta de idéias o empregado que prova dizer a verdade e que se empenha no trabalho.

Analisando-se as atitudes relativas aos valores *honestidade* e *confiança*, nota-se que os gestores valorizavam os empregados que traziam informações sobre o que ocorria no chão de fábrica. Ao declarar que valorizavam comentários alheios, os gestores deixavam transparecer a utilização de uma forma de controle social. É possível especularmos a respeito da formação dessa realidade tendo em vista que a empresa começou a ser criada na época da ditadura: valores dessa época podem ter sido trazidos para dentro da organização. Manter um esquema para obter informações era uma prática fortemente valorizada no contexto social e histórico deste período do País.

É possível que, ao operacionalizar os valores globais com relação aos empregados, os gestores quisessem demonstrar que confiavam neles, mas suas atitudes traduzissem a necessidade de controlar sua própria vulnerabilidade e os riscos a ela associados.

- Quanto ao valor *respeito*, em contrapartida aos valores declarados, as atitudes eram:

  - considerar a individualidade alheia apenas parcialmente, havendo pressões para o indivíduo adaptar-se ao grupo;
  - menos disponibilidade do que a efetivamente declarada para os gestores aceitarem os limites e as potencialidades dos empregados.

Nessa empresa, os empregados eram escalados em pontos conforme determinação das chefias, o mesmo ocorrendo com promoções. Por outro lado, não se aceitava o empregado que não tivesse condição de ser promovido, ou que pudesse mudar de posto de trabalho. A política de recursos humanos orientava para que nesses casos o empregado fosse demitido.

- Quanto ao valor *cooperação*, os valores de domínio específico declarados aparentemente estavam em sintonia com as atitudes concretas, as quais eram:
  - colaborar com o empregado criando condições para um clima satisfatório e participar de seu desenvolvimento.

Neste ponto do trabalho, sentiu-se a necessidade de investigar junto aos empregados como eles entendiam que deveriam ser traduzidos e operacionalizados os valores globais declarados oficialmente, uma vez que, como se verificou, parte desses valores não era efetivamente praticada. Este procedimento visou tentar aumentar a compreensão dos motivos que levavam a incongruências entre os valores declarados pelos gestores e suas atitudes.

### 2.3.3 Tradução pelos Empregados dos Valores Globais Declarados

Para alcançar o objetivo inerente a esta etapa, foi aplicado um questionário aberto, com as mesmas questões aplicadas aos gestores mediante entrevistas. A amostra foi estratificada por área funcional e contemplou 40 empregados (17% do contingente), os quais foram selecionados aleatoriamente mediante sorteio. Os dados foram tratados com análise de conteúdo. Segundo esse grupo organizacional, os valores globais deveriam ser traduzidos em valores de domínio específico, da seguinte forma:

- **Honestidade:** ser honesto para com o empregado significa que se deve:
  - renegociar tratos sem objetivos ocultos;
  - disponibilizar mecanismos de defesa;
  - não aceitar comentários alheios;

- **Confiança:** confiar no empregado significa que se deve:
  - atribuir responsabilidade, acreditando em seu potencial;
  - reconhecer o direito à expressão sem represálias;
  - acreditar no que o empregado diz, embora nem sempre fale a verdade;

- oferecer espaço para discussão aberta de idéias independentemente de quem seja;
- negociar com espírito desarmado;
- não prejudicar o empregado.

- **Cooperação:** cooperar com o empregado significa que se deve:
  - trabalhar em todos os níveis juntos, com a mesma finalidade, sem precisar pedir ajuda;
  - sacrificar metas individuais em benefício de um objetivo global, porém sem sacrificar princípios próprios;
  - atender as expectativas dos empregados;
  - propiciar desenvolvimento.

- **Respeito:** respeitar o empregado significa que se deve:
  - cumprir tratos;
  - casar discurso e prática;
  - considerar a individualidade;
  - ter dignidade e consideração no trato pessoal;
  - reconhecer o direito a serem ouvidos;
  - reconhecer o direito à discordância.

### 2.3.4 O Paradoxo Valores Declarados *versus* Valores Introjetados na Organização

A partir da tradução pelos empregados dos valores globais declarados oficialmente, podemos caracterizar melhor o *paradoxo valores declarados* versus *valores introjetados* na organização.

Para isso, fez-se útil uma análise comparativa detalhada. Inicialmente, analisou-se a tradução dos valores globais em valores de domínio específico, realizada pelos empregados, e compararam-se os valores encontrados com as atitudes dos gestores. A partir dessa comparação, foi possível inferir possíveis comportamentos dos gestores observados pelos empregados. Por exemplo, se observarmos a coluna *valores declarados pelos empregados* com a coluna de *atitudes dos gestores*, veremos que, enquanto os empregados consideravam que não deviam ser aceitos comentários alheios, os gestores tinham uma atitude favorável a esses comentários, logo é possível inferir que emitiam o comportamento de aceitá-los (Quadro 13.2). Após essa etapa, comparou-se a tradução dos valores globais em valores do domínio específico realizada pelos gestores (coluna *valores declarados pelos gestores,* Quadro 13.2) com as *atitudes dos gestores,* seus *possíveis comportamentos observados pelos empregados* e a tradução dos *valores globais* em *valores de domínio específico* (coluna *valores declarados pelos empregados).*

**Quadro 13.2** — Contraposição de atitudes, valores declarados por gestores e empregados

| Valores declarados pelos gestores | Atitudes dos gestores | Possíveis comportamentos dos gestores observados pelos empregados | Valores declarados pelos empregados |
|---|---|---|---|
| | Receptividade a comentários alheios, como forma de controle. | Aceitação de comentários alheios. | Não aceitação de comentários alheios. |
| Possibilitar mecanismos de recurso diante de injustiças. | Proteger-se, evitando mecanismos que permitam ao empregado recorrer de injustiças. | Práticas de injustiça sem direito a defesa. | Disponibilizar mecanismos de defesa. |
| Definir regras do jogo, mantendo-as independentemente das situações. | Definir regras do jogo, resguardando a liberdade para mantê-las ou não. | Definem as regras do jogo, mas nem sempre as cumprem. | Renegociar tratos sem objetivos ocultos. |
| Cumprir todos os tratos. | Resguardar a liberdade para cumprir, ou não, tratos. | Definem tratos, mas nem sempre os cumprem. | Renegociar tratos sem objetivos ocultos. |
| Falar a verdade. | Falar a verdade de acordo com as situações. | Negociam tratos com objetivos ocultos. Os gestores nem sempre falam a verdade. | Renegociar tratos sem objetivos ocultos. Negociar com o espírito desarmado. |
| Possibilitar mecanismos de recurso frente a injustiças. | | Práticas que causam prejuízos ao empregado. | Não prejudicar o empregado. |

**Quadro 13.2** — Contraposição de atitudes, valores declarados por gestores e empregados *(continuação)*

| Valores declarados pelos gestores | Atitudes dos gestores | Possíveis comportamentos dos gestores observados pelos empregados | Valores declarados pelos empregados |
|---|---|---|---|
| Proporcionar espaço para discussão aberta de idéias. Evitar tratamento casuístico. | Merece espaço para participar de discussão aberta de idéias, o empregado que prova dizer a verdade e que se empenha no trabalho. | Há represálias à livre expressão. Não é oferecido espaço aberto para discussão de idéias igualmente para todos. | Reconhecer o direito a expressão sem represálias. Oferecer espaço aberto para discussão de idéias independentemente de quem seja. |
| Acreditar no que o empregado diz. | O empregado tende a não dizer exatamente o que pensa e nem sempre diz a verdade. | Os gestores tendem a não acreditar no que o empregado diz. | Acreditar no que o empregado diz, embora nem sempre fale a verdade. |
| Acreditar no que o empregado diz. | Empregado confiável é aquele que prova dizer sempre a verdade. | Os gestores tendem a não acreditar no que o empregado diz. | Acreditar no que o empregado diz, embora nem sempre fale a verdade. |
| Aceitar o empregado enquanto indivíduo. | Considerar a individualidade parcialmente: mais sentimentos, valores e desejos e menos limites e potencialidades. | Nem sempre é respeitado o potencial dos empregados. | Atribuir responsabilidade, acreditando no potencial do empregado. Considerar a individualidade. |

Ao analisarmos o Quadro 13.2, é possível identificarmos divergências entre os valores declarados pelos gestores, suas atitudes e os comportamentos que possivelmente emitem, indicando a existência de um *paradoxo de valores declarados* versus *valores introjetados* na organização estudada.

Como vimos, esse paradoxo se faz presente quando valores manifestados pelas organizações não são efetivamente traduzidos para o comportamento das pessoas que nela trabalham. Dessa maneira, os valores declarados podem estar situados somente no nível dos artefatos visíveis ou no nível de valores, quando expressos em documentos ou como meras idealizações que não orientam efetivamente o comportamento organizacional.

## 3. Considerações Finais

A questão que deu origem a este estudo diz respeito às razões pelas quais os valores declarados de uma empresa podem não ser congruentes com os valores de fato introjetados em sua cultura e praticados pelos indivíduos. A empresa estudada tinha nos valores relativos à *confiança* o seu alvo. Os gestores queriam mostrar aos seus *stakeholders*, e em particular aos demais empregados, que a empresa era confiável. Com esse objetivo, demonstraram o interesse em operacionalizar valores globais declarados de forma a atender às expectativas dos empregados, que de alguma maneira conheciam.

Entretanto, o principal valor de domínio específico relacionado à confiança, *agir com transparência*, apontado como aquele que deveria nortear as ações da empresa, não encontrava correspondência nas atitudes dos gestores nem estava introjetado na cultura organizacional. Está-se aqui diante de um fenômeno que pode ser entendido sob a ótica de Eisenhart e Westcott (1988) como um paradoxo de práticas organizacionais: de um lado a declaração de um valor, do outro a percepção de práticas que impedem a concretização desse valor.

Como vimos, a confiança implica vulnerabilidade entre as partes (Mayer et al., 1995) e riscos que estão associados à profundidade da interdependência das relações (Sheppard e Sherman, 1998). Entre os empregados e os gestores nessa organização, não falar exatamente a verdade consiste num mecanismo para proteger-se dessa vulnerabilidade. Os empregados declaram que querem que os gestores acreditem neles, mas que reconhecem que nem sempre falam a verdade. Os gestores, em contrapartida, procuram saber da verdade como forma de controlar e de se proteger, e para tal estimulam "comentários sobre o alheio". Os empregados, por sua vez, notam que os gestores também nem sempre falam a verdade e pleiteiam espaço aberto para discussões das idéias, sem represálias.

Nessa empresa, os gestores e demais empregados podem ser considerados dois grupos organizacionais com interesses conflitantes, mas que têm entre si uma relação de interdependência e que buscam seus próprios mecanismos de defesa e de mútuo monitoramento. Ao valor declarado *agir com transparência*, e porque era declarado, correspondia um conjunto de mecanismos utilizados por ambas as partes, gestores e empregados, que lhes permitiam identificar em que medida e até que ponto podiam agir de forma transparente e com quem. *Agir com transparência* aparece como sendo um anseio de todos, mas em si, impossível de ser praticado em plenitude se os diferentes grupos não aceitam correr todos os riscos inerentes à vulnerabilidade que esse valor acarreta.

Este estudo sugere a complexidade característica do comportamento organizacional, muitas vezes negligenciada em processos de mudança fadados ao insucesso. Nesse sentido, compreender as razões pelas quais valores declarados não são de fato praticados implica a diminuição do reducionismo com o qual se trata tradicionalmente o comportamento humano nas organizações. De fato, como um paradoxo organizacional, a bipolaridade perceptiva revelada neste estudo é ainda uma simplificação de uma complexa realidade cultural na organização, na qual valores diversos convivem de maneira harmoniosa ou conflituosa.

As conclusões ora apresentadas situam-se dentro dos limites do caso estudado. Porém, acredita-se que pesquisas buscando compreender os meandros e as razões do dito e do não dito, mas vividas dentro das organizações, podem contribuir para a compreensão do fenômeno da gestão organizacional e, em particular, evitar que investimentos sejam realizados em processos de mudança apoiados em percepções reducionistas da realidade.

# Referências Bibliográficas

BATESON, G. *Steps to an ecology of mind.* San Francisco: Chandler Publishing, 1972.

BEYER, J., TRICE, H. How an organization's rites reveal it's culture. *Organizational Dynamics,* 1986.

DUNCAN, J. *A proposal of multimethod approach to organizational culture research.* Datilografado, 1988.

EISENHARDT, K. M., WESTCOTT, B. J. Paradoxical demands and the creation of excellence: the case of just-in-time manufacturing. In: QUINN, R. E., CAMERON. *Paradox and transformation:* toward a theory of change in organization and management. Cambridge, MA: Ballinger, 1988.

FORD, J. D., BACKOFF, R. W. Organizational change in and out of dualities and paradox. In: QUINN, R. E., CAMERON. *Paradox and transformation*: toward a theory of change in organization and management. Cambridge, MA: Ballinger, 1988.

JIAN, J. et al. Towards an empirically determined scale of trust in computerized systems: distinguishing concepts and types of trust. In: *Proceedings of the human factors and ergonomics society.* 42 Annual Meeting, Chicago, 1999.

LEWIS, M. W. Exploring paradox: toward a more comprehensive guide. *Academy of Management Review,* n. 25, 2000.

MAYER, R. C. et al. An integration model of organizational trust. *Academy of Management Review,* 1995, n. 20, p. 709-734.

SCHEIN, E. *Organizational culture and leadership.* San Francisco: Jossey Bass, 1986.

RODRIGUES, A. *Psicologia social.* Petrópolis: Vozes, 1992.

ROKEACH. *The nature of values,* 1973.

ROS, M., GOUVEIA, V. V. *Psicologia social de los valores humanos.* Madrid: Biblioteca Nuova, 2001.

ROUSSEAU, D. M. et al. Not so different at all: a cross-discipline view of trust. *The Academy of Management Review,* v. 23, n. 3, jul. 1998.

SHEPPARD, B. H., SHERMAN, D. M. The grammars of trust: a model and general implications. *Academy of Management Review,* v. 23, n. 3, 1998.

VINSON, D. E. et al. The role of personal values in marketing and consumer behavior. *Journal of Marketing*, abr. 1977.

TEIXEIRA, M. L. M., POPADIUK, S. Confiança e desenvolvimento de capital intelectual: o que os empregados esperam de seus líderes? *Revista de Administração Contemporânea*, v. 7, n. 2, 2003.

TIFFANY, P., PETERSON, D. S. *Planejamento estratégico*. São Paulo: Campus, 1999.

TRIANDES, H. C. *Attitudes and attitude change*. New York, Willy, 1971.

YIN, R. K. *Estudo de caso:* planejamento e métodos. Porto Alegre: Bookman, 2001.

# POSFÁCIO

## O PARADOXO DA TEORIZAÇÃO E DA PRÁTICA ADMINISTRATIVA

*Carlos Osmar Bertero*

A questão da relação entre teoria e prática assume já há algum tempo ares problemáticos na área de estudos organizacionais. Embora o início da reflexão e dos estudos organizacionais tenha em sua origem não só cientistas sociais, mas especialmente pessoas ligadas à gestão de organizações, como os fundadores, Fayol, Taylor, Gilbreths, dentre outros, a questão gestionária tendeu a ser um divisor de águas entre os estudiosos de organizações, a tal ponto que parte substancial da literatura que se desenvolveu é muito mais ligada à análise, à reflexão crítica e simplesmente à crítica das organizações do que aos aspectos gestionários envolvendo a direção e a consultoria em organizações.

A lacuna entre a teoria e a prática, ou entre a teoria e suas aplicações, pode ser entendida se considerarmos que os cientistas sociais voltaram-se às organizações mais como campo no qual se testariam hipóteses ou se exemplificariam processos amplamente detectados na sociedade. As organizações seriam assim microcosmos sociais nos quais variáveis da sociologia, da antropologia, da psicologia social e da ciência política poderiam ser utilizadas. Freqüentemente essas abordagens, que se manifestaram por vezes importantes na literatura de cada uma das ciências sociais respectivas, não tinham nenhum interesse em gestão de organizações.

De outro lado, temos uma vertente claramente gestionária ou administrativista em estudos organizacionais que remonta a pessoas que não possuem, em sua maioria, formação em ciências sociais, mas se dedicaram a estudos organizacionais sempre com uma preocupação voltada à aplicação ou à prática gestionária. Fundamentalmente, a teorização seria uma forma de entender para poder melhor administrar ou assessorar administradores. Essa tradição tão antiga quanto a proveniente das ciências sociais mantém-se até nossos dias, e conta entre seus autores com nomes importantes da administração.

A separação se faz sentir igualmente no ensino, na pesquisa e na produção científica da área. Nos cursos profissionalizantes, que na América do Norte e na Europa são os MBAs, temos um predomínio de tópicos e temas ligados à prática administrativa. Teorias podem ser abordadas, mas sempre em função de apoiar o trabalho do gestor. O conteúdo típico pode ser encontrado em qualquer um das dezenas de títulos de livros que sempre carregam algo sobre comportamento organizacional e nos quais se abordam problemas que normalmente são considerados pertinentes à prática da administração, como liderança, conflito, criatividade, estilos de gestão, formatos organizacionais etc. Já os tópicos considerados acadêmicos são raramente tratados em cursos para profissionais e normalmente encontram na universidade um nicho em programas de doutorado ou de mestrado acadêmico ou em programas de ciências sociais.

Se atentarmos para o mundo das publicações, veremos que já de há muito a cisão se deu. Nos Estados Unidos há revistas acadêmicas ou científicas, como o *Administrative Science Quarterly*, o *Journal of Finance*, o *Journal of Marketing*, o *Journal of International Business Studies* etc., e as revistas profissionais, das quais a *Harvard Business Review* é certamente a de maior sucesso, visibilidade e tiragem. O momento decisivo foi quando a própria American Academy of Management fez a separação de suas publicações em *Academy of Management Journal*, destinada ao público acadêmico ou científico, e a *Academy of Management Executive*, voltada à prática. No Brasil, já tivemos a separação da mais antiga revista de administração de empresas, a *RAE — Revista de Administração de Empresas*, que recentemente passou a publicar também uma versão *RAE — Executivo*, separando a publicação em função de dois públicos distintos.

Essas manifestações nas áreas editorial, de ensino e de pesquisa indicam que a lacuna se criou e se consolidou com atitude de menosprezo recíproco. Acadêmicos enxergam os praticantes (executivos e consultores) com olhar de superioridade científica e crítica, considerando-os freqüentemente ingênuos, quando não mal-intencionados, e profissionais de administração estigmatizam acadêmicos e sua produção com a acusação de que são apenas teóricos e geradores de teorias, sem vivência, experiência e noção do que seja administrar.

A administração e especificamente a área de estudos organizacionais não pode virar as costas à prática administrativa. Seria qualquer coisa semelhante a médicos fugindo de ambulatórios e de centros cirúrgicos, evitando qualquer contato com pacientes. A elaboração de teorias e a busca do rigor científico não se opõem necessariamente à prática. As relações entre o saber e o fazer sempre constituíram um tópico importante no pensamento ocidental e continuam a sê-lo. Nada justifica que nos afastemos dele e o abandonemos como insolúvel na área da administração. Desde o pensamento grego, quando Sócrates se perguntava se a virtude poderia ser ensinada até o pragmatismo contemporâneo que define o conhecer como decorrência do agir, estamos a tratar e abordar, certamente de maneiras diversas, a relação entre conhecimento e ação.

A seguir, apresentaremos algumas reflexões sobre as dificuldades e a complexidade do relacionamento entre o teórico e o prático, fazendo um resgate histórico do tratamento da questão em alguns momentos decisivos de nossa cultura ocidental. Focaremos posteriormente a área organizacional e a questão da prática da administração em especial.

## 1. A Concepção Clássica

Atualmente, nos encontramos muitas vezes a tal distância da cultura clássica que é sempre útil retomar alguns tópicos básicos para que possamos chegar ao ponto que nos interessa, ou seja, como a relação entre teoria e prática, conhecer e fazer, saber e atuar ética e politicamente era vista e solucionada no pensamento clássico. Dada a imensa bibliografia existente, fica difícil escolher referências. Mas é de todo conveniente uma consulta ao interessante trabalho de Giovanni Reale (1999). Pode-se tentar responder a questão a partir da própria visão humanística clássica. Afinal, qual a finalidade da vida humana, onde o ser humano encontra sua maior alegria, sua maior satisfação, ou, numa frase, o que realmente poderá ao fim e ao cabo propiciar a felicidade? No *Filebo* (11 b, c), o personagem Sócrates intervém dizendo que

> (...) a afirmação de Filebo é que para todos os seres dotados de alma o bem consiste na alegria, no prazer, no gozo e no desfrute de tudo o que é bom (...) Eu de minha parte objetaria que não me parece ser este o caso. O bem para mim consistiria na sabedoria do pensamento, na inteligência, na memória e tudo que a estas coisas esteja relacionado (Platão, 1950, v. 2).

Não há dúvida que no universo grego clássico o conhecimento em si, a busca da verdade e sua contemplação eram a finalidade do ser humano e o que deveria trazer-lhe felicidade. Para o pensamento e para a cultura ocidental moderna e contemporânea, tais colocações soam no mínimo distantes e estranhas. Afinal, somos herdeiros da razão instrumentalizada, reverenciamos o "homem de ação", seja ele estadista, santo, empresário ou profissional bem-sucedido. Ideais contemplativos nos parecem até mesmo antinaturais. Como ficar satisfeito com a posse do conhecimento, que se imagina seja o verdadeiro, enquanto o mundo anda tão mal e há tantas coisas a melhorar? O conceito grego de contemplação, que a cristandade manteve durante algum tempo ao legitimar e recomendar a vida monástica, implicava uma visão de mundo relativamente estática. Nada de importante há a fazer ou deve ser feito para alterar ou mudar o mundo. Ele já está pronto. Numa cultura ocidental já cristianizada, o que restava a todos os fiéis era santificar-se enquanto se aguardava o final dos tempos com a volta triunfante de Cristo.

Mas nesse humanismo clássico, no qual a finalidade do homem livre era obter o conhecimento e viver a felicidade de sua posse, como se colocava a questão da relação entre a teoria e a prática, ou seja, entre o saber e o fazer? Mais uma vez nos valemos do pensamento de Platão. Quando se trata de organizar a vida humana criando uma comunidade, como ele expõe em sua *República* (Platão, 1950, v. 1), a proposta é claramente aristocrática, pressupondo-se que a estratificação social revela níveis diversos de capacitação e de competência humanas. Os três principais grupos sociais manifestam níveis diversos de capacidade humana. Na base estão os artesãos, no meio os guerreiros e no topo, governando a *polis*, os filósofos. Aí temos a resposta platônica ao relacionamento entre saber e fazer ou teoria e prática. Os filósofos sabem, só eles contemplam a verdade imutável no mundo das idéias e, portanto, apenas eles poderão nos governar. Não se estranha que Popper (1998) tenha se enfurecido com freqüência com o pensamento platônico, a partir de uma perspectiva de meados do século XX. Não é igualmente de estranhar que muitos vejam na utopia platônica a semente de todas as ideologias tecnocráticas.

Na concepção clássica não há problemas de relacionamento ou necessidade de construção de pontes entre a dialética e a ontologia de um lado e a ética e a política de outro. Existe uma unicidade entre o conhecer e o atuar eticamente e o governar com justiça. A posse do conhecimento assegura a retidão ética e a justiça do estadista. Em nível psicológico, pode-se dizer que temos uma união entre a inteligência e a vontade, com o predomínio da primeira. Não é possível deixar de fazer o que é verdadeiro. A posse do conhecimento assegura a prática da virtude. O filósofo é o único que pode ser um estadista e, ao governar a *polis*, realizar o império do bem e da justiça. Pode-se concluir que se busca o conhecimento, a sabedoria e a virtude; a ação justa virá por acréscimo e necessariamente. A questão dos *Transcendentais* que tanto inflamou os teólogos e filósofos medievais tinha aqui suas raízes. A ontologia, a ética e a estética eram aspectos diversos do próprio ser que se manifesta como verdadeiro, bom e belo.

A Idade Média ocidental nunca abandonou aspectos fundamentais do pensamento clássico greco-romano. A própria construção e a sistematização da religião cristã sob a forma de uma teologia implicou a utilização de todo um referencial conceitual proveniente da filosofia da antigüidade clássica. Platão e Aristóteles continuaram a ser os principais mentores e a fundamentar toda a construção filosófica e teológica que se desenrolou durante a Idade Média ocidental.

## 2. As Transformações da Idade Moderna

O termo Idade Moderna é reservado para designar um ponto no tempo em que profundas transformações ocorreram na cultura da Europa Ocidental. Tão profundas que estavam destinadas não só a alterar o panorama da própria Europa, mas de todo o mundo. O que nos interessa são as mudanças ou revoluções na filosofia e na ciência que tocam diretamente a questão das relações entre teoria e prática, ou saber e fazer. Já se disse que a Idade Média era caracterizada por uma visão de mundo teocêntrica, enquanto a Idade Moderna a torna antropocêntrica.

O Humanismo que floresceu em algumas cidades italianas nos séculos XV e XVI não redescobriu os clássicos greco-romanos, que os medievais nunca deixaram de ler, comentar e citar abundantemente, mas passou a lê-los de outra forma e a interpretá-los a partir de outra ótica. Tratava-se de um regozijo do humano pelo humano, e não necessariamente do humano como manifestação de um Deus transcendente. Na esfera da filosofia e da ciência, importa lembrar a valorização da razão e sua capacidade de libertar-se da tutela da teologia e de desenvolver uma esfera de investigação dotada de autonomia.

Os novos tempos trazem também uma nova maneira de relacionar o saber e a ação, em grande medida o resultado da revolução na filosofia e na ciência. No final da Idade Média e início da Idade Moderna, a Europa Ocidental, freqüentemente associada à noção de cristandade, não podia ser considerada um pedaço do mundo particularmente promissor. Um produtor de cenários do século XXI se para lá fosse transportado muito provavelmente se encantaria com as culturas chinesa e islâmica e veria nessas duas civilizações os grandes vetores a determinar o futuro da humanidade. Afinal, eram mais ricas, sofisticadas e detentoras de um capital intelectual que de muito superava a ignorância relativa da cristandade européia. Os grandes descobrimentos, empreendidos pelos navegadores europeus, iam exatamente em busca de toda a riqueza e da diversidade de mercadorias que estavam nas nebulosas Índias. E as grandes invenções na verdade não foram mais do que a introdução na Europa de coisas que existiam na longínqua China. Uma pergunta interessante a ser colocada seria por que islâmicos e chineses não produziram a revolução na filosofia e na ciência das quais resultou, entre outras coisas, a instrumentalização da razão que acabou por dar à cultura ocidental imensa vantagem na conquista da natureza e nas realizações econômicas, particularmente no desenvolvimento de tecnologias, como observado por Landes (1998).

O fato é que a revolução ocorreu mesmo na Europa e consistiu uma nova maneira de ver o conhecimento não mais como um fim em si, mas como um meio ou instrumento para alguma outra coisa. E essa outra coisa era o entender para controlar, para dominar e para poder colocar o conhecido numa condição de submissão relativa ao sujeito cognoscente. A revolução teve vários protagonistas, e entre eles cumpre ressaltar Descartes, Kepler, Galileu, Newton e Francis Bacon. São os fundadores da nova filosofia e de um novo tipo de conhecimento que é a ciência, que aos poucos vai se separando da filosofia até consolidar seu próprio domínio. O conhecimento científico separava-se da filosofia por duas razões principais: era sempre empiricamente fundado e caminhava para quantificar os achados. A primeira ciência foi a mecânica, e Galileu foi quem "aprisionou" os vários tipos de movimento em fórmulas matematicamente construídas e deduzidas. O novo tipo de conhecimento pressupunha uma certa regularidade na natureza, o que implicava algum tipo de determinismo. Tratava-se de detectar estas regularidades, conferindo-lhes a condição de "leis" que permitiriam se formalizasse o novo conhecimento ou a ciência.

O conhecimento científico, portanto, não objetivava o saber em si, mas o entendimento da natureza a fim de decifrá-la e controlá-la. O conhecimento científico preparava e era a ante-sala da tecnologia. Sendo o conhecimento não um fim em si mesmo, mas sempre um meio para que interviéssemos na natureza, criou-se a ponte e gerou-se a dependência entre conhecimento científico e tecnologia.

Retornando às culturas chinesa e islâmica, constatamos que o conhecimento que tinham da realidade, embora milenar, não assumira até então a forma de conhecimento científico como o que ocorreu na Europa Moderna. Isso auxilia na explicação de a revolução tecnológica não ter ocorrido naquelas civilizações, então mais avançadas, mas na relativamente retrógrada Europa cristã. É interessante observar que quase cinco séculos após esses acontecimentos terem deitado suas raízes na história, a comunidade científica ainda é predominantemente ocidental. Poucos países fora do ocidente possuem uma comunidade científica, e o ocidente continua absolutamente hegemônico pelos indicadores de produção científica e tecnológica.

Durante muito tempo trabalhou-se com a distinção entre ciência pura e aplicada, ou pesquisa básica e aplicações e desenvolvimento. Essas separações, hoje abandonadas, mostram a simbiose entre o conhecimento e suas aplicações, e indicam que a interatividade entre conhecer e aplicar, entre achados e descobertas e suas aplicações geradoras de tecnologia e de intervenções na natureza tornaram-se inseparáveis.

Essa digressão teve como objetivo reconstruir o cenário de relações entre saber e agir que chegaram aos nossos dias e a partir do qual começaram as primeiras tentativas de se elaborar um conhecimento administrativo que pudesse ser útil. Surgidas no século XIX, as primeiras teorizações organizacionais e administrativas nasceram num universo no qual as relações entre teoria e prática estavam claramente estabelecidas. Bastaria aos pioneiros da administração levar para o universo das organizações o tipo de conhecimento científico que já se havia desenvolvido no mundo das geociências, das ciências exatas e das ciências biológicas para que não houvesse lacuna, mas o seqüenciamento que se havia estabelecido no universo das demais ciências. Afinal, bastaria que a administração se tornasse científica para que se desenvolvesse uma tecnologia administrativa universal e aplicável independentemente das limitações de tempo e espaço.

## 3. Teoria e Prática nos Primórdios dos Estudos Organizacionais

Na contextualização do início do pensamento organizacional e administrativo, em sua vertente gerencialista, não se pode deixar de considerar que seus proponentes eram pessoas formadas numa mentalidade cientificista típica do século XIX, que herdou do Iluminismo a fé científica, a crença na capacidade cognitiva absoluta da razão e, juntamente com tudo isso, a esperança de que a ciência poderia construir um mundo não só mais sábio, mas também mais justo e mais ético.

## Posfácio: o paradoxo da teorização e da prática administrativa

Afinal, os primeiros gerencialistas eram formados em áreas vinculadas às ciências exatas e partilhavam uma concepção da ciência e do conhecimento que o século seguinte iria destruir ou desconstruir. O resultado é que os pioneiros produziram uma visão do conhecimento administrativo que hoje nos parece acrítica e ingênua, na qual o administrar seria algo razoavelmente fácil de ser feito desde que conhecêssemos os princípios e leis que regem o universo administrativo. Na medida em que o modelo de conhecimento que servia como premissa, mesmo que não explicitado, era o das ciências de tipo exato que já tinham produzido excelentes frutos tecnológicos, o mesmo se poderia esperar da administração. Assim estaria solucionado, ou simplesmente não se considerava o problema de tensões entre teoria e prática ou de teorias que não pudessem gerar aplicações. Como ocorrera com as geociências, exatas e biológicas, o conhecimento administrativo seria a antesala e o gerador de tecnologias administrativas. A penosa relação entre saber e fazer ou teoria e prática seria solucionada dentro do mesmo modelo das ciências que o século XIX já via como triunfantes.

Para os iniciadores da administração, os problemas que lhes pareciam graves e que mereceram eloqüentes denúncias eram o desperdício de tempo, de matéria-prima e de equipamentos, e conflitos e tensões entre trabalhadores, administradores e empresários eram simplesmente as conseqüências da ignorância. Tudo estaria solucionado, incluindo o conflito industrial, se soubéssemos cientificamente o que era administração, pois, se o soubéssemos, seríamos capazes de administrar cientificamente, o que implicaria eficácia, eficiência, justiça e um clima organizacional indiscutivelmente favorável.

Não se pode negar que estávamos de volta a um socratismo da antiguidade clássica. Na verdade, o objetivo do ser humano era chegar à sabedoria, ou pelo menos ser um amante da sabedoria, o que implicava sempre desejá-la e buscá-la, mesmo que não conseguíssemos atingi-la inteiramente. Mas uma vez conquistada, o sábio seria também justo e ético. A ciência moderna manteve parcialmente esses ideais helênicos, especialmente pela eliminação do chamado desvio ético, no momento central em questões de gestão. Não se pode negar que o mundo da administração, tanto pública quanto privada, constitui um universo cheio de corrupção, interesses particulares, corporativismo e manifestação de egoísmo em tudo contrários a uma cultura da cidadania. Difícil e inútil tentar saber se esses problemas afligem mais o mundo da gestão pública ou empresarial privada. Ambos poderiam partilhar eqüitativamente o grande fardo. Ora, se o socratismo e a unidade do saber e do agir se mantivessem, gestores e formuladores de política que têm conhecimento jamais poderiam ser injustos e imorais.

Desdobramentos da análise organizacional e da teorização em administração deixaram claro que as expectativas dos fundadores não se concretizaram. O que tivemos foi uma crescente lacuna que nos parece hoje quase impossível de ser preenchida. O primeiro grande golpe não tardou, e chegou em meados do século XX com o surgimento das diversas abordagens contingenciais, que eram, do ponto de vista epistemológico, abordagens relativizadoras. O contingencialismo coloca o conhecimento sempre no modo condicional, e nunca no indicativo presente, como convém aos juízos científicos. Tudo passa a depender de tudo. Nenhuma variável pode ser tomada como absoluta ou definitiva. Todas se constroem a partir de um relacionamento com todas as demais. Dessa forma, o conhecimento administrativo torna-se muito mais volátil e se distancia definitivamente de um universo epistemologicamente exato. Esse tipo de realidade não facilita a aplicação prática. Ao contrário, difere a ação, e quando a autoriza, o faz limitando-a a uma situação específica. A teorização universal de leis e de princípios que se aplicariam de maneira absoluta e universal cede o passo a aplicações pontuais e em situações específicas.

A expansão internacional dos negócios sob a forma de multinacionalização iniciada por empresas norte-americanas e européias, e hoje envolvendo um número crescente de empresas de diversas origens, aumentou ainda mais as dificuldades para a busca de princípios e práticas universalmente aplicáveis. As operações se realizavam em contextos culturais diversos das culturas de origem das respectivas empresas, e as peculiaridades de sistemas econômicos nacionais e regionais se afastavam em graus diversos do que acontecia nas economias nas quais as empresas tinham suas bases de operação e nas quais haviam realizado seu aprendizado. Na verdade, a multinacionalização, pela via da diversidade cultural, acabou por fortalecer a contingencialização, fragilizando ainda mais a possibilidade de um conhecimento com validade e aplicação universal.

As teorias de contingência e a conseqüente relativização da possibilidade de um conhecimento administrativo e organizacional calcado num modelo de ciências exatas e biológicas saído da revolução científica e filosófica da modernidade indicam a complexidade do objeto e não apontam prioritariamente para o sujeito. As dificuldades com a universalização indicariam que um modelo que se passou a chamar de positivista ou neo-positivista de ciência e conhecimento servia a um universo grande de ciências, mas não a todas. As ciências sociais foram as primeiras a abrir o debate já no final do século XIX. Alguns advogavam que os modelos científicos que deram origem às modernas ciências não poderiam se aplicar às ciências sociais. Os neokantianos da escola de Marburgo defendiam que ciências sociais apoiavam-se em juízos de valor, enquanto as ciências biológicas e exatas usavam juízos de fato. Isso bastaria para criar universos inteiramente distintos. Na verdade, as ciências sociais se aproximariam mais do universo da estética, da história e da ética. O objeto de conhecimento administrativo, pela sua complexidade, impediu que se tentasse entendê-lo sem recorrer a diversas ciências sociais. A sociologia, a psicologia, a história e a economia são utilizadas para esclarecer e explicar fenômenos administrativos desde o início do século XX. Se a dificuldade entre teoria e prática é típica também das ciências sociais, não é de estranhar que ela se estenda ao universo da administração.

Essa cisão entre valores e fatos, remontando aos neokantianos e à complexidade do objeto da administração, nos auxilia no entendimento de movimentos que se desenvolveram na segunda metade do século XX, e que estão conosco até hoje, como os diversos matizes do interpretacionismo, o simbolismo em estudos organizacionais e a gama diversa de abordagens críticas.

## 4. Teoria e Prática: Tendências Atuais

Nas dificuldades do equacionamento das relações entre teoria e prática na administração não seria possível completar o quadro sem atentar para o aparecimento das correntes críticas. As tendências a uma postura crítica com relação às práticas administrativas são mais antigas. Podem ser encontradas já na década de 1960, mas a emersão de um conjunto de autores e posicionamentos que se dedicam a criticar as práticas administrativas de várias perspectivas tem crescido com os tempos. Hoje podemos considerar consolidada a existência de uma perspectiva crítica (*critical management*) que se alimenta de várias teorias e filosofias. Não é nunca demasiado apontar a importância do marxismo e das colocações de inspiração marxista como importantes na formulação de uma perspectiva crítica em administração. Na verdade, o marxismo pode ser visto, em sua totalidade, como uma grande crítica ao capitalismo. Portanto, nada de estranho que sirva também como fundamento a uma crítica não só das práticas administrativas, mas da própria elaboração de teorias administrativas e organizacionais num contexto capitalista. O criticismo marxista deteve-se em alguns tópicos até o momento. Seria interessante mencionar a teorização administrativa como construção ideológica e o esforço por demonstrar que as tensões sociais e, particularmente, a luta de classes estão instaladas no interior das organizações, especialmente as empresariais, nas quais níveis hierárquicos e papéis organizacionais seriam a réplica de uma tensa e conflitante sociedade de classes antípodas. Ainda nessa linha, conviria lembrar o esforço por negar a mobilidade social e a meritocracia, dois tópicos relacionados à sociologia funcionalista e ao discurso gerencial. A denúncia de dominação da cena empresarial por classes e grupos dirigentes através de um emaranhado de interligações de diretorias e conselhos de administração (*interlocking directorates*) e os trabalhos relativos à exploração da mão-de-obra, com ênfase na desqualificação do trabalho (*de-skilling*) são encontrados no conhecido texto de Braverman (1987), que seria o corolário inevitável de um sistema de especialização num regime capitalista.

O que se chama amplamente e com grande liberdade intelectual de *pós-modernismo* também tem contribuído para o *critical management*. Da variedade de tópicos abordados pelos autores pós-modernos, caberia a chamada crítica e a rejeição das "grandes narrativas", com a conseqüente descrença na possibilidade de construção de uma teoria organizacional. Fica também o registro de que o pensamento pós-moderno contém traços profundos de ceticismo e de relativismo. O compromisso pós-moderno com a desconstrução leva inevitavelmente a uma posição que combina amargura e ironia com relação ao *mainstream* organizacional e administrativo.

Destaque especial na perspectiva crítica merece o trabalho de Michel Foucault. A contribuição de Foucault (1995, 2000, 2002 e 2003) às ciências sociais ainda está sendo analisada, mas é inegável que se trata de autor da maior relevância. A análise organizacional retém do pensamento foucaultiano, especialmente a análise do poder e a questão da disciplina. A concepção de organizações como prisões disciplinadoras é fundamental, bem como a análise do aparecimento do trabalho mobilizado e disciplinado com a modernidade e especialmente a partir da Revolução Industrial. A vida para o trabalho, com jornadas que ocuparam e ocupam a maior parte do dia, fazendo que a vida das pessoas se reduza a trabalhar, é algo que não encontra paralelo em outros tempos e outras culturas. Trabalhar mobilizadamente e durante todo o tempo e por toda a vida é algo que surge apenas contemporaneamente. O ser humano vivendo para trabalhar e nas condições de disciplina e opressão apresentadas por Foucault são características da modernidade.

Sem negar a importância e a pertinência do pensamento crítico em administração, focaremos especificamente as relações entre tal pensamento e a prática administrativa. Primeiramente cabe lembrar que os críticos começariam por recusar tal colocação pelo fato de não estarem absolutamente interessados na organização e na sua administração como gestão, mas apenas como objeto de uma reflexão e de um discurso crítico.

Mesmo assim caberia registrar a indiferença do pensamento crítico à gestão. Poderia ser visto como resquício de um certo aristocratismo. Na verdade, criticar e pensar pode ser mais valorizado do que o fazer gerencial. O pensar é mais nobre do que o fazer. Seria difícil, dessa maneira, atribuir mérito ao executivo competente ou ao empreendedor quando cotejado com alguém cuja profissão é exercer a reflexão crítica.

Em segundo lugar, a perspectiva crítica contém traços decisivos de rejeição ao sistema econômico existente e em grande medida ao tipo de sociedade em que vivemos. Especialmente a organização empresarial é vista como um local sempre propenso a particularizar interesses, de preferência dos acionistas e do próprio estamento dos administradores, e a concentrar os benefícios numa minoria em detrimento da maioria.

Um outro ponto é a visão de que o mundo administrativo é um local de violências contra o ser humano. A questão da antinomia indivíduo/organização não é nova, tendo sido explorada inclusive por autores com propósitos gerencialistas. Mas a perspectiva crítica vê freqüentemente o ambiente organizacional como um meio hostil ao indivíduo e à sua realização. É problemático ser humano em contextos organizacionais. O ambiente organizacional acaba por estimular nossa agressividade, nos seduz de várias formas, nos pressiona a que realizemos coisas que não faríamos se não fôssemos pressionados. O assédio moral é um coroamento dessas violências que se perpetram contra as pessoas. Sennett (1999) escreveu interessante e pertinente ensaio explorando a "corrosão do caráter" no modo capitalista de trabalho, no qual essas questões estão bem colocadas. A organização é uma prisão e, para ser um "bem-sucedido" membro da organização, é necessário abdicar de muitas coisas num *cruel trade off* ou conseguir sublimar suas patologias de maneira organizacionalmente favorável ou aceitável. Dessa maneira, muitas virtudes do comportamento de pessoas em organizações tendem a ser analisadas como sublimações de impulsos de personalidades problemáticas. Ao fim e ao cabo, as organizações não são lugar para pessoas saudáveis se realizarem, mas podem ser adequadas para que indivíduos com patologias latentes encontrem meios e modos de colocá-las a serviço da organização.

Outro ponto de importância explicitamente colocado ou subjacente como pressuposto em uma perspectiva crítica é o de que participar, aceitar ou compactuar de alguma forma com o mundo da administração como ela é atualmente exercida implica colocar-se numa posição eticamente questionável. O mundo da gestão é, portanto, um mundo, no mínimo, eticamente suspeito. Um bom número de fatos administrativos, envolvendo tanto empresas quanto a gestão pública, parece justificar o vaticínio de que o mundo administrativo é um lodaçal ético, particularmente no que diz respeito à corrupção, à busca de interesses particulares, ao desrespeito a consumidores, acionistas e outros segmentos da sociedade, à agressão ao meio ambiente e à utilização de um discurso, por parte de gestores de organizações, muitas vezes descolado e contradizendo as práticas.

A perspectiva crítica tende a apresentar a prática administrativa como a decorrência de uma instrumentalização deformadora e violentadora da natureza humana em sua essência. Os argumentos que aqui podem ser alinhados cobrem vários aspectos. Alguns que poderiam ser mencionados envolvem a exacerbação da individualidade e o conseqüente individualismo, percebido como vício e não como virtude; a meritocracia que leva a uma inevitável competição entre pessoas e grupos e que compromete seriamente a solidariedade, a cooperação e a generosidade potencial no relacionamento interpessoal. O clima gerado pelas práticas administrativas é tenso, insalubre ao indivíduo, fazendo que o trabalho e a vida organizacional representem para todos um grande sofrimento psicológico e por vezes também físico, como abordado na obra de Dejours (1997, 1999 e 2003), com o estresse inevitável e os tributos pesados que somos obrigados a pagar por viver e trabalhar em organizações.

Essas críticas sempre têm por trás de si pressupostos sobre a natureza humana. Se ela é violentada pela prática administrativa é porque há uma natureza humana que não pode conviver sem sofrer e se reduzir. Qual seria essa natureza? Há muito de rousseauniano e de herança iluminista nessa concepção. O ser humano é "naturalmente" generoso, cooperativo, propenso a adequar-se a outros estilos de ação que não são os normalmente praticados. Dessa maneira, a adequação à vida organizacional e ser nela bem-sucedido implica submeter-se a uma deformação de nossa própria natureza. A recusa em embarcar na prática administrativa pode não ser uma solução, mas seria pelo menos um mal menor.

Isso faz que a literatura crítica assuma um aspecto permanente de denúncia das práticas. Na verdade, denunciar não é apenas um momento factual em que descrevem e explicam as violências e equívocos da prática administrativa, mas chega as ser uma obrigação moral. Não denunciar pode ser entendido como adotar a posição de cúmplice. A tolerância estaria muito próxima ou seria confundida com a própria cumplicidade.

Outro elemento importante para o entendimento da perspectiva crítica é a afirmação de que o *mainstream* e as práticas administrativas estão fundamentadas em teorizações de inspiração de cunho funcionalista, o que equivale a um anátema. Isso porque a sociologia funcionalista é entendida como enviesada e focada em aspectos estáticos do sistema social e claramente comprometida com o *status quo*. Na medida em que boa parte da literatura produzida sobre organizações é claramente funcionalista, ou profundamente inspirada numa visão funcionalista da sociedade e das organizações, fica difícil aceitar as possíveis práticas derivadas de um corpo teórico entendido como faccioso e comprometido. Quando a inspiração não é claramente funcionalista, caso da maioria das propostas "prescritivas" e da enxurrada de modismos, resta então a recusa em levá-las a sério pelo fato de serem consideradas não científicas e/ou desprovidas de qualquer perspectiva crítica. Trata-se de colocações toscas ou simplesmente ingênuas na melhor das hipóteses, quando não maliciosamente comprometidas com os piores objetivos do sistema.

Se unirmos os três grandes grupos de dificuldades que se colocam para a questão das relações entre teoria e prática na administração, teremos primeiramente que considerar que as peculiaridades da administração mostraram ser impossível enquadrá-la num modelo científico de ciência exata, como imaginado pelos iniciadores do campo, certamente inspirados por ideais gerencialistas e oriundos do universo de aplicações tecnológicas bem-sucedidas, ou seja, das engenharias. Num segundo momento, assistimos à emersão do contingencialismo que elimina a possibilidade de um conhecimento administrativo de tipo universal e absoluto, como o existente nas ciências exatas e biológicas. A abordagem contingencial é a relativização e a abertura das portas ao casuísmo e à particularização. Embora o contingencialismo tenha em muito contribuído para o aprimoramento dos conhecimentos administrativos e para a qualificação da prática, ele acabou tendo um papel limitador quando se trata de criar uma ciência da administração ou uma teoria organizacional como a colimada pelos iniciadores do campo. Em terceiro lugar, há que se registrar a natureza da literatura crítica, freqüentemente se apresentando como alternativa, e que se posiciona como antipositivista, antifuncionalista, deliberadamente fora e oposta ao *mainstream* e definitivamente antigerencialista, e que vê a prática administrativa como um atentado à moralidade, às pessoas e à sociedade.

Essa involuntária convergência acabou por colocar a questão das relações entre teoria e prática numa situação difícil, com as características de uma cisão perceptível não só na produção científica das duas tendências, mas também no conteúdo dos cursos e na educação e formação de administradores.

## 5. Conclusões

Embora teoria e prática possam ser vistas como perspectivas distintas, isso não implica que sejam vistas como totalmente separadas ou trilhando caminhos paralelos. Não se pode colocar a teoria a serviço da prática sob pena de se estar incorrendo no equívoco de submeter a administração apenas ao interesse de administradores ou daqueles a quem estão representando, excluindo os interesses de todos os demais, particularmente dos que são administrados e que não influem em decisões e objetivos organizacionais.

O compromisso com a prática não deve ser colocado numa relação mutuamente exclusiva com a teoria, de tal forma que ou se teorize ou se gere, sendo essas duas ações vistas como incompatíveis. Ao gerirmos, estaremos necessariamente nos colocando dentro de um sistema no qual coações e procedimentos têm que ser necessariamente denunciados de uma perspectiva teórica que seja crítica. E ao teorizarmos, devemos nos abster de gerir para evitar que nos contaminemos com uma prática que denunciamos.

Embora se reconheçam as dificuldades da transição entre teoria e prática na área de administração, não se deve deixar de contemplar a possibilidade de que possa haver uma derivação prática de um conjunto de teorias, mesmo que isso não seja imediato. Na verdade, até nas ciências exatas e biológicas, nas quais a produção de tecnologias atesta uma dificuldade menor na aplicação de teorias, sempre existe um lapso de tempo entre teorização e aplicações.

Mas reconhecemos que pode haver uma opção por uma atitude puramente teórica, na qual não se objetiva nenhuma aplicação. Tal posição na literatura administrativa e organizacional tem sido adotada mais por autores que se posicionam criticamente e que manifestam ceticismo com relação não só à prática administrativa, mas ao tipo de sociedade em que vivemos, com seu sistema político, social e econômico. Dessa forma, a observação de que não geram aplicações não os atinge, uma vez que nunca pretenderam administrar ou gerenciar o "sistema".

A crítica à teoria administrativa predominante (*mainstream*) feita a partir de várias perspectivas, como a crítica de fundamentação marxista, a proveniente de autores inspirados nas diversas vertentes do socialismo utópico, na escola de Frankfurt, na psicanálise e nas várias posições que se consideram pós-modernas, sempre objetivou uma denúncia das práticas administrativas existentes. A constatação de que tais práticas seriam muito mais justificadas pela teoria predominante (*mainstream*), de inspiração fundamentalmente funcionalista, fez com que juntamente com a crítica ao *mainstream* também se colocasse por terra a possibilidade de uma prática de inspiração alternativa.

Caberia lembrar que a crítica vinda de várias frentes ao *mainstream*, de inspiração e produção predominantemente norte-americana, foi até o momento de eficácia relativa. Embora as críticas feitas ao *mainstream* sejam inquestionavelmente pertinentes em muitos aspectos, por outro lado, não se pode constatar a produção de um *stream* alternativo. O que se acabou por produzir foi uma enorme fragmentação que, além de não apresentar coerência, não mostra capacidade de diálogo entre suas diversas facções, a não ser o denominador comum de rejeição e crítica ao *mainstream*. Não se poderia deixar de considerar que o *mainstream* acaba buscando sempre mais vinculações com a prática que as diversas alternativas propostas.

O que deve ser cobrado daqueles que se colocam numa perspectiva crítica e alternativa ao *mainstream* é que as completem, procurando estabelecer uma ponte entre as formulações teóricas e a prática administrativa. Na verdade, o envolvimento com a teorização numa área como administração não pode deixar de lado a prática, da mesma forma que o envolvimento teórico da medicina não pode abandonar o âmbito da clínica. Caso isso não ocorra, deve-se considerar as teorizações e reflexões como importantes e relevantes, mas nas áreas específicas das variáveis e dos referenciais teóricos utilizados, ou seja, podem ser interessantes contribuições à sociologia, à psicologia, à antropologia, à história, à economia etc., mas sem relevância para a administração até o momento em que se tentar derivar alguma ponte para a prática administrativa.

Apenas quando isso ocorrer se poderá cogitar uma aproximação entre a teorização e a prática da administração que venha atender aos anseios do gestor. Isso impediria e também auxiliaria na explicação da atual cisão e do fosso entre o mundo da produção científica, como publicada nos periódicos considerados acadêmicos, e a preocupação e motivação de executivos e consultores, ou simplesmente de profissionais de administração. A quase totalidade do que se publica academicamente é desprovido de relevância e de interesse para o mundo da prática administrativa. Prosseguindo nesse caminho, a lacuna se manterá e os acadêmicos continuarão a ver no mundo dos profissionais um conjunto de práticas questionáveis, ingênuas e, na melhor das hipóteses, equivocadas, e os profissionais continuarão a ignorar a produção científica simplesmente porque o jargão utilizado lhes é literalmente incompreensível.

## Referências Bibliográficas

BRAVERMAN, H. *Trabalho e capital monopolista*. Rio de Janeiro: LTC, 1987.

DEJOURS, C. *O fator humano*. Rio de Janeiro: Editora da Fundação Getúlio Vargas, 1997.

_____. *Loucuras do trabalho*. São Paulo: Cortez, 2003.

DEJOURS, C. *Banalização da injustiça social*. Rio de Janeiro: Editora da Fundação Getulio Vargas, 1999.

FOUCAULT, M. *História da loucura*. São Paulo: Perspectiva, 1995.

_____. *The archeology of knowledge*. Londres: Routledge and Keagan Paul, 2002.

_____. *Vigiar e punir*. Petrópolis: Vozes, 2000.

_____. *Microfísica do poder*. São Paulo: Graal, 2003.

LANDES, D. S. *The wealth of nations* — Why some are so rich and some so poor. New York: W.W. Norton Company, 1998.

PLATON. *Oeuvres complètes* — nova tradução e notas por Leon Robin. Paris: Gallimard, coleção La Plêiade, 1950. 2 volumes.

POPPER, K. *A sociedade aberta e seus inimigos*. Rio de Janeiro: Itatiaia, 1998.

REALE, G. *O saber dos antigos* — terapia para os tempos atuais. São Paulo: Loyola, 1999.

SENNETT, R. *A corrosão do caráter*. Rio de Janeiro: Record, 1999.

Impresso nas oficinas da
Gráfica Palas Athena